Christine Watkins

DAS KLEINE GERICHT

Zeugnisse über die persönliche Seelenschau und über die Erkenntnis des Gewissens

www.queenofpeacemedia.com
Novato, California

Imprimatur:
Ramón C. Argüelles, STL
Erzbischof-Emeritus von Lipa
5.2.2020

Die Seelenschau wird auch auf den Philippinen, in Polen, Kroatien, der Slowakei, Mexiko, Spanien, Kolumbien, Italien, Ecuador, Brasilien, Portugal, Peru, Guatemala, Panama, Puerto Rico, Costa Rica, Nicaragua, El Salvador, Bolivien, Paraguay und Uruguay veröffentlicht. Auf Spanisch ist sie unter dem Titel *El Aviso: Testimonios y Profecías sobre la Iluminación de Conciencia* erhältlich.
Wenn nicht anders angegeben, stammen die in diesem Werk verwendeten Bibeltexte aus der Einheitsübersetzung von 2016.
Einige Namen wurden geändert, um die Privatsphäre der Personen zu schützen.

Ins Deutsche übersetzt von Mechtild Neiske

im Fe-Medienverlag, Hauptstr. 22,
88353 Kisslegg-Immenried

3. Auflage 2025

Gestaltung: Renate Geisler
Druck: orthdruk, Białystok, Polen

ISBN: 978-3-7171-1351-5

Printed in EU

Christine Watkins

DAS KLEINE GERICHT

Zeugnisse über die persönliche Seelenschau und über die Erkenntnis des Gewissens

INHALTSVERZEICHNIS

EIN HINWEIS FÜR NICHTCHRISTEN

Bevor Sie dieses Buch weglegen ...

Ich möchte mich in erster Linie an diejenigen Leser wenden, die dieses Buch zähneknirschend in die Hand genommen haben, um der Belästigung durch einen „religiösen" Freund oder Verwandten zu entgehen, der zwar gutmütig ist, aber Ihre Augen glasig werden lässt, sobald er mit seinem gewohnten „Gottesgerede" beginnt. Da Sie wenig Verständnis für solche Frömmigkeit haben, ist Ihr Herz vielleicht schon betrübt, wenn Sie einen Blick auf den Inhalt werfen. Vielleicht sind Ihnen Befürwortungen von Priestern und dezidiert „katholische" Ausdrücke aufgefallen, die für Sie in etwa so verständlich sind wie ein besonders abgelegener Dialekt der Marsmenschen. Sie sind also an dem Punkt, an dem Sie aufgeben, bevor Sie angefangen haben.

In einem zunehmend säkularen Zeitalter, in dem sich viele Menschen in den westlichen Industrienationen von der institutionellen Religion entfremdet haben, kann ich eine solche Reaktion durchaus verstehen, aber ich möchte Sie dringend bitten, sich davon nicht entmutigen zu lassen, weiterzulesen. Betrachtet man das Buch auf der Ebene der strengen Logik, so ist seine zentrale Behauptung letztlich keine religiöse (obwohl sie sicherlich Auswirkungen auf Fragen der Religion hat). Stattdessen geht es um eine universelle menschliche Behauptung: dass wir alle eine Erfahrung machen werden, bei der uns die Wahrheit unseres Lebens von A bis Z gezeigt wird, ohne die Möglichkeit der Selbstrechtfertigung – ein Spiel, in dem wir alle, wenn wir ehrlich sind, Spezialisten sind. Unsere üblichen Optionen, wenn wir mit einem schlechten Gewissen konfrontiert werden – uns selbst zu rechtfertigen, Ausreden zu finden und die Aufmerksamkeit auf die Fehler anderer zu lenken –, werden nicht zugänglich sein. Unser Gewissen wird „erleuchtet" sein, um diese Strategien als die moralischen Nebelwände zu erkennen, die sie sind.

Dies kann als „Lebensrückblick" an der Schwelle des Todes geschehen, wie viele derjenigen, die „von der Schwelle zurückkamen", in Form von Berichten über Nahtoderfahrungen bezeugt haben, die derzeit Gegenstand intensiver wissenschaftlicher Untersuchungen sind (der Dialog zwischen Wissenschaft und Religion ist mein eigenes berufliches Forschungsgebiet).[1] Oder, wie in dem Buch argumentiert wird, kann dies geschehen, während wir noch am Leben sind, während eines dramatischen weltweiten Ereignisses, einer „Erkenntnis des Gewissens", deren Ziel es ist, dass wir unser Leben zum Besseren verändern, als Ergebnis dessen, was wir über uns selbst entdecken.

Diese Behauptung mag sehr unwahrscheinlich erscheinen und kann sicherlich nicht ohne harte Beweise und strengs-

---

[1] Zu den führenden wissenschaftlichen Forschern, die Nahtoderfahrungen aus medizinisch-neurowissenschaftlicher Sicht untersuchen, gehören Sam Parnia, Leiter der AWARE-Studie an der Universität Southampton, Steven Laureys von der Coma Research Group an der Universität Lüttich und Bruce Greyson, Professor für Psychiatrie an der Universität von Virginia. Eine der umfassendsten neueren Untersuchungen von Nahtoderfahrungsberichten für ein allgemeines Publikum, die umso interessanter ist, als sie nicht aus einer explizit christlichen Perspektive geschrieben wurde, ist *God and the Afterlife: The Groundbreaking New Evidence of Near-Death Experience* von Jeffrey Long, M.D. und Paul Perry (New York: Harper One, 2016), eine Analyse von über 1000 Nahtoderfahrungsberichten, die der Near-Death Experience Research Foundation (nderf.org) vorgelegt wurden.

te Prüfung aufgestellt werden. Wenn sie wahr ist, dann wird sie auch unter dem Mikroskop Bestand haben. Wenn nicht, sollte sie bestenfalls in die Kategorie der (frommen) Fiktion, schlimmstenfalls in die Kategorie des religiösen Quacksalberproduktes eingeordnet werden.

Was sind also die Beweise? Im Wesentlichen dies: dass über mehrere Jahrhunderte hinweg und völlig unabhängig voneinander viele Frauen, Männer und Kinder – sogar eine Gruppe von Kindern – gesagt haben, dass ihnen auf übernatürliche Weise von der Realität der Seelenschau berichtet wurde, manchmal sehr detailliert. Allein die Vorstellung, dass manche Menschen Empfänger übernatürlicher Mitteilungen sein könnten, mag der *eingeschränkten* Wissenschaft völlig abwegig erscheinen (nicht, dass Wissenschaft notwendigerweise eingeschränkt *sein muss*), aber es sollte gesagt werden, dass ein Großteil der religiösen Literatur der Welt auf der Vorstellung beruht, dass „Propheten" existieren. Im Falle des Judentums und des Christentums ist dies ein zentraler Glaubensgrundsatz, da die prophetische Kommunikation als eine der Möglichkeiten angesehen wird, mit denen Gott in der menschlichen Geschichte spricht.[2]

Wie auch immer man sie betrachten mag, diese Zeugnisse können als *doppelt gleichförmig* bezeichnet werden. Erstens stimmen sie auf eine unheimliche Weise miteinander überein, die nicht durch einfaches Kopieren oder Ableiten von einem „gemeinsamen Vorfahren" (um die Sprache der Evolu-

---

[2] Dies wird sowohl in den hebräischen als auch in den christlichen Schriften bekräftigt: Amos 3,7: „Nichts tut GOTT, der Herr, ohne dass Er seinen Knechten, den Propheten, zuvor Seinen Ratschluss offenbart hat." Apg 2,17: „In den letzten Tagen wird es geschehen, so spricht Gott: Ich werde von meinem Geist ausgießen über alles Fleisch. Eure Söhne und eure Töchter werden prophetisch reden, eure jungen Männer werden Visionen haben und eure Alten werden Träume haben."

tionsbiologie zu verwenden) erklärt werden kann. Lassen Sie mich diesen letzten Gedanken etwas weniger wissenschaftlich formulieren. Wir haben hier eine Reihe von Quellen, die alle vorhersagen, dass ein bedeutsames Ereignis für alle Menschen auf der Welt eintreten wird – und das vielleicht eher früher als später. Doch diese Vorhersage hat keinen offensichtlichen literarischen Ursprung. Sie findet sich nicht direkt in der Heiligen Schrift und alles deutet darauf hin, dass die Quellen dieses Wissen nicht voneinander erhalten haben können. Woher stammten die Informationen also genau? Die Behauptung, dass sie auf übernatürliche Weise mitgeteilt wurden, mag absurd klingen, aber als „Erklärungshypothese“ kann sie in Ermangelung einer besseren Erklärung nicht verworfen werden.[3]

Es gibt jedoch noch eine zweite Art und Weise, in der diese Berichte als gleichartig bezeichnet werden können. Sie stimmen auffallend mit den Zeugnissen von Menschen überein, die sagen, dass ihr eigenes Leben durch eine solche Erfahrung – eine Seelenschau –, *die sie bereits gemacht haben*, radikal verän-

---

[3] In dem als Erkenntnistheorie bezeichneten Zweig der Philosophie, der sich mit der Frage beschäftigt, wie wir Dinge wissen, wird die Art der Argumentation, auf die ich mich hier beziehe, als „Rückschluss auf eine beste Erklärung“ oder „Abduktion“ bezeichnet (was in diesem Zusammenhang nichts mit Außerirdischem zu tun hat, wie ich hinzufügen möchte!). Wissenschaftler betrachten diese Art von Denkoperationen zugegebenermaßen manchmal als weniger sicher in Bezug auf die Erbringung von Beweisen, im Gegensatz zur strengen mathematischen „Deduktion“ oder zur „Induktion“ (Durchführung wissenschaftlicher Beobachtungen, Formulierung von Hypothesen und Durchführung von Tests); es ist in der Tat die Art von Denken, welche die meisten unserer täglichen Entscheidungen bestimmt, es sei denn, wir leben zufällig in einem Labor! Das bedeutet, dass es in der Praxis nicht als irrational angesehen werden kann, an etwas (vorläufig) zu glauben, weil es die beste verfügbare Erklärung zu sein scheint. Die Theorie der Abduktion wurde in der schottischen „Common-Sense“-Philosophie von Thomas Reid im 18. Jahrhundert entwickelt und dann von dem amerikanischen Philosophen Charles Sanders Peirce in die moderne Logik eingeführt.

dert wurde. Und solche Berichte, wie sie Christine Watkins in diesem Buch gesammelt und zusammengestellt hat, sind keineswegs erschöpfend.[4]

Ein Zeugnis ist nichts weiter als die Geschichte einer Person, mögen Sie einwenden. Aber wenn man anfängt, diese Geschichten zusammenzutragen und zu vergleichen, wird man schnell feststellen, dass es hier Phänomene gibt, die einer Erklärung bedürfen. Warum haben Menschen mit so unterschiedlichen Hintergründen, von denen einige ein Leben geführt haben, das jeder Art von religiösem Ideal entgegengesetzt ist, unabhängig voneinander dieselbe bemerkenswerte lebensverändernde Erkenntnis? Und warum machen sie *unaufgefordert* Erfahrungen, die sie nicht selbst verursacht haben?

Der beste Grund, warum der Skeptiker sich die Mühe machen sollte, dieses Buch zu lesen, lässt sich vielleicht in Form einer aktualisierten Version von Pascals Wette ausdrücken, dem Argument zugunsten des religiösen Glaubens, dem der berühmte französische Mathematiker und Philosoph im 17. Jahrhundert folgte.[5] *Wenn* ich den Inhalt dieses Bandes für wahr

---

[4] Zu den Persönlichkeiten, die internationale Aufmerksamkeit erregt haben und die behaupten, persönlich etwas Ähnliches wie die Seelenschau erlebt zu haben, gehören die polnischen Priester und Autoren Pater Adam Skwarczyski und Pater Augustyn Pelanowski sowie die griechisch-orthodoxe Vassula Rydén (sehr umstritten, aber von mehreren führenden katholischen Kardinälen und Erzbischöfen befürwortet). Eine besonders umfangreiche Reihe angeblicher Prophezeiungen zu diesem Thema, die in katholischen Kreisen ernst genommen werden, wird „Sulema" zugeschrieben, einer in El Salvador geborenen, aber in Québec lebenden Frau, die fast 800 Seiten angeblich inspirierten Materials in drei Bänden geschrieben hat, die vom Schweizer Parvis-Verlag veröffentlicht wurden. Dieses Material ist derzeit nur auf Französisch erhältlich; eine umfangreiche offizielle Auswahl von Auszügen aus den drei Bänden kann unter https://illuminationdelaconsciencetemoins.files.wordpress.com/2015/06/pdf-comment-se-preparer-a-lillumination-des-consciences-1.pdf heruntergeladen werden.

[5] https://plato.stanford.edu/entries/pascal-wager/ (abgerufen: am 5.9. 2019).

halte und mich entschließe, meine Ethik/Weltanschauung entsprechend zu ändern, was habe ich dann praktisch zu verlieren, wenn sich die Idee einer Erkenntnis des Gewissens letztlich als falsch erweist? Ich verliere nichts. Höchstens, dass ich auf einen Spaß machenden und egozentrischen Lebensstil verzichte, wie einige der Protagonisten in den folgenden Geschichten, was unabhängig von der eigenen religiösen oder philosophischen Einstellung wohl keine schlechte Sache ist.

Andererseits, wenn ich mich entschließe, die vorliegenden Zeugnisse zu ignorieren, und die Seelenschau sich als eine Realität erweist, der wir entweder in diesem Leben oder an der Schwelle zum nächsten Leben begegnen, was habe ich dann zu verlieren? Möglicherweise alles, und zwar auf ewig. Wenn diese Aufforderung, „mit den Prozentsätzen zu spielen", wie theologische Erpressung klingt, dann entschuldige ich mich im Voraus, aber Pascal war zweifellos einer der größten Denker der Geschichte, und obwohl seine Logik von vielen angefochten wurde, ist sie noch nicht endgültig widerlegt worden.

Ich kann mir vorstellen, dass einige Leserinnen und Leser sagen werden, dass dies trotz all der obengenannten Argumente kein Buch für sie ist, weil sie nicht zu dieser speziellen religiösen Subkultur gehören. Dem möchte ich entgegnen, dass die meisten der Personen, die in diesem Buch zu Wort kommen, dies auch nicht taten. Ihnen ist dasselbe Ereignis von tiefgreifender Bedeutung widerfahren, und sie haben sich in glücklichere Menschen verwandelt, die ihrem Leben einen neuen Sinn geben. Und das ist an sich schon erklärungsbedürftig.

Peter Bannister
M. Th. in Systematischer und Philosophischer Theologie, Universität von Wales
M. Phil. in Musikwissenschaft, Universität Cambridge

Peter Bannister ist ein britischer Theologe, der für die Abteilung Wissenschaft und Religion der Katholischen Universität Lyon in Frankreich gearbeitet hat. Seine Schriften über Spiritualität, Musik und Philosophie wurden von Cambridge University Press, Ashgate, Routledge, der Church Music Association of America, Christian Century Magazine und Thinking Faith, der Online-Zeitschrift der britischen Jesuiten, veröffentlicht. Er ist auch ein preisgekrönter Berufsmusiker, der mit seiner Frau in Frankreich lebt und für die internationale ökumenische Gemeinschaft von Taizé Orgel spielt.

VORWORT

von
Bischof Gavin Ashenden,
Kaplan der Königin von England
von 2008 bis 2017

Von Zeit zu Zeit fällt einem ein Buch in die Hände, welches das Geheimnis und die Macht von Gottes Plan für Seine Kirche von heute besonders deutlich macht, und dies ist ein solches Buch.

Wenn Sie sich fragen, ob Sie sich die Zeit nehmen sollten, dieses Buch zu lesen, möchte ich Sie dringend dazu ermutigen, es zu lesen.

Wir treten in eine Zeit tiefgreifender Veränderungen, Herausforderungen und geistlicher Konflikte ein, in der diejenigen, die Jesus lieben, jede mögliche Hilfe brauchen werden, um sich der Notwendigkeit zu stellen, zunächst ihre eigene Umkehr zu vertiefen und dann mit den Gaben des Geistes und dem Charisma der Kirche dem Bösen zu widerstehen, wo immer sie es finden. Wir werden diesem Bösen in uns selbst, in der Kirche und in der Welt begegnen.

Wir sind zu einem Kampf auf Leben und Tod berufen, nicht nur für den Leib, sondern vor allem für die Seele. Die Sprache der Seele und die Realität des geistlichen Kampfes zu lernen, ist heute eine Priorität für die ganze Kirche. Das gelingt zu wenigen.

Bei der Lektüre dieses wunderbaren Buches wird sich Ihr Herz öffnen und erwärmen, Ihr Verstand wird informiert und Ihr Wille erheblich gestärkt werden. Ich persönlich habe es verschlungen und konnte es nicht aus der Hand legen. Es deckt sich wunderbar mit meiner eigenen Erfahrung, als ich mich mit 19 Jahren mit einem Liter Wodka zu Tode gefahren habe, in den himmlischen Gerichtssaal gebracht, verurteilt und auf die Erde zurückgeschickt wurde, um neu anzufangen.

Sie werden fasziniert sein, in ähnliche Geschichten und in das Herz und den Geist Gottes eintauchen. Christine Watkins hat ein Buch geschrieben, das das Wirken der Heiligsten Dreifaltigkeit unter uns widerspiegelt, ein Buch, das dazu beitragen wird, sowohl die Menschen als auch die Kirche wieder zum Leben zu erwecken, gerade dann, wenn beide so dringend gebraucht werden.

Bischof Dr. Gavin Ashenden SSC LLB BA M Th Ph D.[6]
Christliche Episkopalkirche, UK
Kirche Stretton, Shropshire, England
23. September 2019

---

[6] Dr. Gavin Ashenden ist inzwischen zum römischen Katholizismus konvertiert und wurde am 22. Dezember 2019 in der Kathedrale von Shrewsbury, England, in die katholische Kirche aufgenommen.
Courtney Mares, „Former Continuing Anglican bishop to be received into the Catholic Church", Catholic News Agency, abgerufen: 10.7.2020, https://www.catholicnewsagency.com/news/former-continuing-anglican-bishop-to-be-received-into-the-catholic-church-60055
Alyssa Murphy, „Former Anglican Bishop Gavin Ashenden: Fighting the 'Anti-Christian Program,'" with video interview on EWTN, National Catholic Register; December 20, 2019, abgerufen: 20.7.2020, https://www.ncregister.com/daily-news/former-chaplain-to-the-queen-gavin-ashenden-fighting-the-anti-christian-pro

EINFÜHRUNG

In der biblischen Geschichte gab es wichtige „Vorher"- und „Nachher"-Ereignisse, die den Verlauf des menschlichen Lebens auf der Erde verändert haben. Das erste Ereignis war der Sündenfall, als der paradiesische Garten Eden in eine Welt des Kampfes und der Schande verwandelt wurde. Nach vielen Generationen spülte die Sintflut die Sünde der Erde fort und hinterließ nur eine rechtschaffene Familie und Tierpaare, die das Land wieder bevölkerten. Dann ereignete sich das langerwartete und größte aller Ereignisse, die Menschwerdung, die den Lauf der Menschheit grundlegend veränderte. Gott wurde Mensch, um Sein Volk zu retten, und durch Seinen Tod und Seine Auferstehung öffnete Er die Pforten des Himmels und schenkte allen, die sich dafür entscheiden, eine Zukunft, die noch glorreicher ist als das verlorene Eden.

Heute könnte in naher Zukunft eine weitere bedeutsame Veränderung auf uns zukommen, von der die große Mehrheit der Menschen nichts weiß. Dieses Ereignis wurde von Heiligen und heiligmäßigen Menschen, einschließlich der Mutter Gottes, mit vielen Titeln versehen. Sie nannten es die Seelenschau, die Erkenntnis des Gewissens, die Erleuchtung aller Seelen, die Erleuchtung allen Bewusstseins, das Zweite Pfingsten, das Neue Pfingsten, das Persönliche Gericht, das Barmherzige Vorgericht und den Großen Tag des Lichts.

Was ist dieses Ereignis? Es handelt sich um einen Wendepunkt in der Zeit, an dem alles Licht der Sonne erlöschen und eine dichte Dunkelheit die ganze Welt bedecken wird. Dann wird ein strahlendes Licht am Himmel erscheinen, ähnlich zwei Sternen, die zusammenstoßen und ein Zeichen von Jesus Christus zurücklassen, der triumphierend am Kreuz hängt und für alle in Seiner Herrlichkeit sichtbar sein wird. Aus den Löchern der Wunden in Seinem Körper werden helle Strahlen hervorbrechen und die Erde erleuchten – und gleichzeitig jede Seele durchdringen und das Gewissen eines jeden erleuchten. Alle werden ihre vergangenen Sünden und die Folgen dieser Sünden sehen, ob sie an die Existenz Gottes glauben oder nicht.

Die Seelenschau wird der größte Akt der Barmherzigkeit für die Menschheit sein, seit Jesus auf die Erde kam. Sie wird sowohl global als auch zutiefst persönlich sein. Sie wird eine Gewissenskorrektur für eine in die Irre gegangene Welt sein.

Bei den von der Kirche anerkannten Erscheinungen in Betania, Venezuela (1928-2004) sprach Maria, die Versöhnerin der Völker und Nationen, zu der Mystikerin und Stigmatisierten Maria Esperanza über die kommende Seelenschau. Von Katholiken wird nie verlangt, dass sie an Erscheinungen glauben, dennoch versichert uns die Kirche, dass diese Botschaft der Mutter Gottes wahr ist[7]:

Meine lieben Kinder, ich bin eure Mutter, und ich komme, um euch zu suchen, damit ihr euch darauf vorbereitet, meine Botschaft der Versöhnung zu überbringen: Es kommt der große Augenblick eines großen Tages des Lichts. Die Gewissen dieses geliebten Volkes müssen heftig aufgerüttelt werden, damit sie „ihr Haus in Ordnung

---

[7] Nach 400 bis 500 Stunden Nachforschungen und Interviews hat Erzbischof Pio Bello Ricardo seine „Pastorale Instruktion über die Erscheinungen der Heiligen Jungfrau in Finca, Betania" vorgelegt: *„Nachdem ich die Erscheinungen der Heiligen Jungfrau Maria in Finca, Betania mit Entschlossenheit studiert und unseren Herrn eifrig um geistliche Unterscheidung gebeten habe, erkläre ich, dass diese Erscheinungen meines Erachtens authentisch und von übernatürlichem Charakter sind".* https://www.ewtn.com/catholicism/ library/pastoral-instruction-on-the-apparitions-of-the-blessed-virgin-in-finca-betania-3647, abgerufen: 4.7.2019.

bringen" und Jesus die gerechte Wiedergutmachung für die tägliche Untreue, die von den Sündern begangen wird, anbieten kann. … es ist die Stunde der Entscheidung für die Menschheit.[8]

†

An diesem Punkt stelle ich mir vor, dass Sie, der Leser/die Leserin, auf eine von vier Arten reagieren. Die erste Möglichkeit: völliger Unglaube, vielleicht sogar Verachtung. Sie haben schnell festgestellt, dass es sich um spirituelle Quacksalberei handelt. Hat diese sogenannte „Seelenschau" nicht mit endzeitlichem Unsinn zu tun? Vielleicht sind Sie über die obskuren und fadenscheinigen Schriften von selbsternannten Sehern gestolpert, die davon gesprochen haben. Vielleicht haben Sie auf YouTube-Videos von umherwandernden Planeten und katholischer Kunst aus den 1950er-Jahren geklickt, mit dem Untertitel: „Das ist das Ende der Welt!" Oder vielleicht sind Sie über die folgende Seite gestolpert: Webseiten über DIE KOMMENDE WARNUNG oder DIE ERLEUCHTUNG DES GEWISSENS mit Botschaften von unbekannten „Mystikern" oder falschen Propheten, die eine aufrührerische Sprache und, schlimmer noch, ein veraltetes Webdesign verwenden. Sie haben all dies verständlicherweise einem Randbereich der Kirche zugeordnet, der von Fanatikern bevölkert ist, die sich an die neuesten „Endzeit"-Nachrichten klammern wie an ihre nächste Zigarette.

Die zweite Möglichkeit: Sie halten diese Seelenschau zunächst für zu groß, beispiellos, unbestätigt oder unbekannt, um wahr zu sein, aber Sie sind bereit, die Seite umzublättern, um zu sehen, welche Beweise oder Argumente sich ergeben könnten.

---

8 Signs and Wonders for Our Times, Vol.15 n. 2, Featured Article, p. 37. Signs and Wonders for Our Times, Special Double issue, Vol. 25 n. 3/4, Fall, 2015.

Die dritte Möglichkeit: Sie glauben, dass die Seelenschau eintreten könnte, aber wie bei allen Prophezeiungen, die sich auf zukünftige Ereignisse beziehen, haben Sie das Gefühl, dass die Informationen nicht auf Sie oder Ihre Generation zutreffen. Seit den Anfängen des Christentums haben Menschen Prophezeiungen verkündet. Selbst der große Evangelist und Apostel Paulus glaubte, dass Jesus noch zu seinen Lebzeiten wiederkommen würde.

Die vierte Möglichkeit: Sie glauben; Sie verstehen. Sie haben sogar über die Seelenschau recherchiert. Sie fragen sich, ob sie zu Ihren Lebzeiten eintreten wird, und wenn ja, hoffen Sie, sie mit Gnade zu ertragen. Insgeheim denken Sie in Ihrem Herzen darüber nach, ob Ihre Lieben durch die einzigartige Wirkung der Seelenschau verändert, gerettet oder in die katholische Kirche aufgenommen werden könnten.

Ganz gleich, welchen Standpunkt man vertritt, dieses Buch wird zweifellos eine augenöffnende Erfahrung tieferer Umkehr für alle sein, die in der Erkenntnis ihrer selbst und Gottes wachsen wollen.

Der erste Abschnitt dieses Buches beschreibt die Seelenschau, die auf Prophezeiungen einer beeindruckenden Liste geistlicher Schwergewichte beruht – einschließlich der Heiligen Schrift: ein Papst, der zum Seligen erklärt wurde, Pius IX.; ein Priester und Märtyrer, der hl. Edmund Campion; eine Nonne, Mystikerin und Apostelin der Göttlichen Barmherzigkeit, die hl. Faustyna Kowalska; eine Laienmystikerin und Opferseele, die sel. Anna-María Taigi; ein Ordensoberer, Mystiker und Exorzist, Pater Michel Rodrigue; eine Opferseele und Gründerin der Liebesflammen-Bewegung in der Weltkirche, Elisabeth Kindelmann; ein Priester und Gründer der Marianischen Priesterbewegung, Pater Stefano Gobbi; ein moderner Laienevangelist mit einem weitreichenden katholischen Apostolat, Matthew

Kelly; eine Mystikerin und Stigmatisierte, die Botschaften mit dem Imprimatur der Kirche empfangen hat, Luz de María de Bonilla; eine moderne Stigmatisierte und Visionärin, die von ihrem Bischof unterstützt wird, Janie Garza; und Jesus Christus und die Mutter Gottes durch ihre Seherkinder an den Erscheinungsorten des 20. Jahrhunderts in Heede, Deutschland, und Garabandal, Spanien.

Der zweite Teil des Buches enthält Auszüge aus jeder ihrer erstaunlichen Prophezeiungen, die sich mit der Seelenschau befassen. Der Anhang enthält den vollständigen Bericht über diese Prophezeiungen, einschließlich einer biografischen Geschichte der Stimmen, die hinter ihnen stehen, und dessen, was die Kirche verkündet hat – alles sorgfältig ausgewählt für ihre Glaubwürdigkeit, wenn nicht sogar für ihre volle Zustimmung innerhalb der katholischen Kirche. Diese Recherche „hinter den Kulissen" wird aus zwei Gründen angeboten. Erstens bieten das Leben dieser außergewöhnlichen Seelen und der Kontext der beiden Erscheinungsorte eine fesselnde und inspirierende Lektüre. Zweitens denkt der moderne, westliche Verstand, wenn er sich dem Unbekannten oder Prophetischen nähert, oft: „Lass mich das selbst entscheiden", und schenkt dem persönlichen Urteilsvermögen mehr Glauben als manchmal sogar der anerkennenden Autorität der Kirche, die das letzte Wort hat. So haben Sie mehr Stoff zum Nachdenken, wenn Sie auf Entdeckungsreise gehen wollen.

Wenn Ihnen solche prophetischen Äußerungen seltsam oder verdächtig vorkommen, denken Sie daran, dass Prophetie in der Kirche nichts Neues ist und ihr im Judentum sogar um Jahrhunderte vorausgeht. Die Bibel enthält etwa 2.500 Prophezeiungen, von denen sich etwa 2.000 bereits mit verblüffender Genauigkeit in der Geschichte verwirklicht haben. Die übrigen etwa 500 reichen noch in die Zukunft. Die bekanntesten der erfüllten Prophezeiungen sind die, die das Kommen des Messias vorhersagen. Etwa 700 Jahre vor Christus nannte der Prophet Micha das kleine Dorf Bethlehem als Geburtsort des Messias (Mi 5,2). Im fünften Jahrhundert v. Chr. verkündete der Prophet Sacharja, dass der Messias für den Preis eines Sklaven – nach jüdischem Recht 30 Silberstücke – verraten werden würde und dass mit diesem Geld ein Gräberfeld für die armen Ausländer Jerusalems gekauft werden würde (Sach 11,12-13).[I] Etwa 400 Jahre vor der Erfindung der Kreuzigung beschrieben sowohl Israels König David als auch der Prophet Sacharja, wie der Messias sterben würde, einschließlich der einzigartigen Durchbohrung Seines Körpers und der Verschonung gebrochener Knochen, entgegen der üblichen Vorgehensweise bei Kreuzigungen (Ps 22. 34,20; Sach 12,10).[II]

Wenn es nicht Gott gewesen wäre, wie hätten sie dann diese obskuren, detaillierten Fakten von etwas wissen können, das so außerhalb des menschlichen Verstandes und der menschlichen Hoffnung lag – dass Gott Mensch würde. Dass Gott verraten und gedemütigt würde? Getötet?

Die Prophetie endete nicht, als die katholischen Konzile von Hippo 393 n. Chr. und Karthago 397 n. Chr. und 419 n. Chr. festlegten, welche Bücher in den Kanon der Heiligen Schrift aufgenommen werden sollten, und die Bibel ins Leben riefen. Prophetie ist ein fortwährendes Charisma des Heiligen Geistes, das die Kirche und die Welt leitet. Die Prophetie offenbart den Willen des Herrn und zuweilen auch Seine Pläne. „In jedem Zeitalter hat die Kirche das Charisma der Prophezeiung empfangen, das zwar geprüft, aber nicht verachtet werden darf" – Kardinal Ratzinger (Papst Benedikt XVI.)[III]

Die Prophezeiungen der Seelenschau fallen in die Kategorie der Privatoffenbarung, die sich von der öffentlichen Offenbarung oder dem Glaubensgut unterscheidet, das mit dem Tod des letzten Apostels endete. Die Kirche verlangt nicht die Zustimmung zu einer Privatoffenbarung oder die Ablehnung (es sei denn, eine bestimmte Offenbarung wurde verurteilt).[9] Der Katechismus der Katholischen Kirche lehrt jedoch: „Obwohl die Offenbarung abgeschlossen ist, ist ihr Inhalt nicht vollständig ausgeschöpft; es bleibt Sache des christlichen Glaubens, im Lauf der Jahrhunderte nach und nach ihre ganze Tragweite zu erfassen" (Nr. 66). Viele bekannte Praktiken in der Kirche sind aus der Privatoffenbarung hervorgegangen, wie der Rosenkranz, das Skapulier, die Wundertätige Medaille, der Rosenkranz zur Göttlichen Barmherzigkeit, die Verehrung des Heiligsten Herzens Jesu, das Fest des Sonntags der Göttlichen Barmherzigkeit und alle Marienerscheinungen im Laufe der Geschichte.

Obwohl das Glaubensgut nun vollständig ist und für die Erlösung nichts mehr bekannt sein muss, ist Gott weiterhin so prophetisch aktiv und barmherzig, wie Er es in biblischen Zeiten war. Gott spricht immer noch. Noch immer erhalten Menschen Visionen und Eingebungen, die nicht nur für sie bestimmt sind. Gott greift immer noch durch Zeit und Raum ein, um uns vorzubereiten, um uns zu warnen, um uns zu beruhigen, um uns zu helfen, zu verstehen, was kommen wird, damit Er so viele wie möglich von uns in Seinen Schoß zurückbringen kann. Im Buch des Propheten Amos steht geschrieben: *„Nichts tut GOTT, der Herr, / ohne dass er seinen Knechten, den Propheten, / zuvor seinen Ratschluss offenbart hat"* (3,7).

---

[9] Keine der Privatoffenbarungen in diesem Buch ist von der Kirche verurteilt worden. Einige wurden gebilligt und einige verbleiben in einer Zwischenkategorie, weder gebilligt noch verurteilt. Anstatt das Wort „angeblich" vor jeder Erwähnung in dieser letzten Kategorie zu wiederholen, und um den literarischen Stil und die Kohärenz zu wahren, wird die Bewertung der Botschaften der einzelnen Seher durch die Kirche im „Anhang" erwähnt: Biographien und Worte der Propheten der Seelenschau.

Doch bisher ist der Herr in der Heilsgeschichte nicht selten auf die verstockte Ablehnung, die Zurückweisung oder die Gleichgültigkeit Seines Volkes gestoßen. Gott sendet Seine Propheten. Nur wenige hören zu oder glauben. Wenn Sie die Geschichten des Alten Testaments durchblättern, werden Sie eine fortlaufende Geschichte lesen, in der Gott Sein geliebtes Israel durch Seine auserwählten Propheten anruft und in der Israel seine Boten wie Außenseiter behandelt. Als Noah vor der kommenden Sintflut warnte und mit dem Bau der Arche begann, wie viele schlossen sich seinen Bemühungen an? Niemand außer seiner Familie und den Tieren. Als Elia, Jeremia, Zacharias, Jesaja und andere die beunruhigenden Worte Gottes ausriefen, dass Israel seinen Gott verraten würde, wurden sie von Königen verfolgt und von religiösen Führern geächtet. Als Gott selbst auf die Erde kam, wie viele haben Ihn umarmt?

Die Heilige Schrift teilt uns die ironische und etwas erschreckende Tatsache mit, dass viele der religiösesten Menschen zur Zeit Christi – diejenigen, die ihre Religion aktiv ausübten und den verheißenen Messias sehnsüchtig erwarteten – Ihn nicht erkennen konnten, als Er kam. Dieses Muster des Stolzes und des Trotzes wird sich wiederholen und nie ändern, bis wir es tun. In der Tat sprach Christus selbst von unserer eigenen zukünftigen Ablehnung, als Er prophezeite: „*Wird jedoch der Menschensohn, wenn er kommt, Glauben auf der Erde finden?*“ (Lk 18,8).

Warum sollte eine so universelle und weltbewegende Botschaft wie die Seelenschau nicht in jeder Kirche und Synagoge gepredigt und von Dach zu Dach, von Land zu Land gerufen werden? Die Antwort ist nur allzu klar. Sie liegt in der unglücklichen Wiederholung der menschlichen Geschichte.

†

Als ich Gott zum ersten Mal fragte, ob Er wolle, dass ich ein Buch über die Seelenschau schreibe, sagte ich Ihm, dass ich nur mit himmlischer Hilfe vorgehen könne. Der Herr müsste mich zu Menschen führen, die nicht nur ihre eigene Seelenschau erlebt hatten, sondern die mir auch erlauben würden, ihre Geschichten in allen Einzelheiten niederzuschreiben und sie mit der Welt zu teilen.

Zu diesem Zeitpunkt war ich nur einer solchen Person auf dem Planeten Erde begegnet und erwartete nicht, auf Kopien von ihr zu stoßen. Innerhalb von acht Wochen nach meinem Gebet hatte ich fünf Menschen getroffen und von fünf weiteren erfahren, die eine Seelenschau erfahren hatten. Und nicht nur das, sie alle gaben mir die Erlaubnis, ihre Geschichten detailliert und feinfühlig zu erzählen. Ich nahm dies als Gottes Ja.

Im dritten Teil dieses Buches finden Sie daher eine Sammlung der faszinierenden, provozierenden und zutiefst überzeugenden Berichte dieser Menschen. Plötzlich und gegen ihren Willen wurden sie durch einen Rückblick auf ihr Leben geführt und ihnen wurden alle ihre Sünden aufgezeigt. Zwei waren Priester, eine war Nonne, neun waren Laien und keiner war mehr derselbe.

Die letzte Geschichte ist die von Marino Restrepo, die den Leser zum Höhepunkt des Buches führt. Es ist eine Geschichte, auf die es sich zu warten lohnt. Dieser von kolumbianischen Terroristen entführte, in der Hölle gefangene Hollywoodstar, erfuhr unter brutalen Umständen seine Gewissenserkenntnis und wurde über Nacht zu einem veränderten Menschen, der von der Erkenntnis des Reiches Gottes durchdrungen war. Heute ist er ein moderner heiliger Paulus für unser Jahrhundert.

Die Kirche ist bei solchen Dingen sehr vorsichtig, denn sogenannte Visionen, Erscheinungen, Eingebungen, Privatoffenbarungen, mystischen Höhenflüge oder Nahtoderfahrungen können das Ergebnis einer psychischen Störung, einer übersteigerten Fantasie, eines Wunsches nach Aufmerksamkeit oder eines teuflischen Tricks sein, der täuschen soll.

Als zugelassene klinische Sozialarbeiterin und um meiner eigenen Rechenschaftspflicht vor Gott willen sowie aus dem aufrichtigen Wunsch heraus, Seelen zu helfen, habe ich die Menschen und ihre Berichte über eine persönliche Seelenschau, wie sie in diesem Buch enthalten sind, recherchiert und geprüft. Ich habe festgestellt, dass es sich um Menschen mit gesundem Verstand und solidem Charakter handelt – Männer und Frauen, die ein vorbildliches Leben im Glauben an Gott und im Dienst an der Kirche und ihren Mitmenschen führen. Darüber hinaus bewirkte Gottes Erkenntnis über ihre Seele in jedem von ihnen eine radikale, lang anhaltende und fruchtbare Veränderung hin zur persönlichen Heiligkeit. Falsche Mystik hat niemals diese positive Wirkung.

Wenn Sie diese atemberaubenden Zeugnisse lesen, wird jeder Bericht über eine Gewissenserkenntnis wie ein Pinselstrich eine Einsicht oder einen Aspekt dessen offenbaren, was es bedeutet, ein Kind Gottes zu sein. Wenn Sie die tatsächlichen Erfahrungen von Menschen lesen, die ihre Sünden mit den Augen des Herrn gesehen haben, werden Sie mit einem vollständig gemalten und eingerahmten Bild der Seelenschau sowie mit einer tieferen Erkenntnis Ihrer eigenen Seele nach Hause gehen.

†

Vielleicht beenden Sie dieses Buch in dem Glauben, dass Gott tatsächlich einen großen Tag des Lichtes geplant hat, an dem Seine barmherzige Liebe die dunklen Räume verdunkelter Gewissen erhellen wird. Als Menschen bereiten wir uns auf die Ernte vor, wir bereiten uns auf Prüfungen vor, wir bereiten unsere Kleidung vor, wir bereiten unser Abendessen vor und wir bereiten unser Testament vor. Aber wer von uns tut das wichtigste Werk von allen, die Vorbereitung auf unseren Tod? Niemand entgeht dem besonderen Gericht am Ende unserer Reise, wenn unser ewiges Schicksal bestimmt wird: Himmel, Fegefeuer, das zum Himmel führt, oder Hölle. Unsere Seele stirbt nie, sie erwacht nur zur Wahrheit. Vor dem Richterstuhl Gottes wird alles Verborgene ans Licht kommen, und alles, was falsch wahrgenommen oder ungerechtfertigt rationalisiert wurde, wird schmerzhaft deutlich werden. Jeder von uns wird diesen Moment erleben (Röm 14,10-12), und wir werden wissen, für welchen Ort wir bestimmt sind.

Ob die Seelenschau in Ihrer Generation eintritt oder nicht, ist nicht die wichtigste Frage. Die wichtigste Frage, die Sie, liebe Leserin, lieber Leser, sich stellen können, ist: „Bin ich bereit, Gott jetzt zu begegnen?“ Denn eines ist sicher. Leben Sie so, als ob die Seelenschau real wäre, und Sie werden das Leben von nun an kaum bereuen.

ANTWORTEN AUF HÄUFIG GESTELLTE FRAGEN

Was ist die Seelenschau?

Durch die Kombination völlig unterschiedlicher Quellen über die Zeit und die ganze Welt hinweg können wir einen Plan für dieses kosmische und spirituelle Ereignis zusammenstellen:

Wir erfahren vom sel. Papst Pius IX., vom hl. Edmund Campion und von niemand Geringerem als von Jesus und Maria, dass die Erkenntnis des Gewissens ein direktes Eingreifen Gottes sein wird, ein „großes Wunder, das die Welt mit Erstaunen erfüllen wird“[10]. „Es wird schrecklich sein, ein persönliches Gericht.“[11] … Gott wird „das Gewissen aller Menschen offenbaren und jeden Menschen jeder Art von Religion prüfen“.[12] … „Wunderbare und geistige Feuerzungen werden die Herzen und Seelen aller reinigen, die sich im Lichte Gottes sehen und

[10] Bezüglich der prophetischen Worte des sel. Papstes Pius IX.: R. Gerald Culleton, *The Prophets and Our Times* (Tan Books and Publishers, 1941), S. 206, http://ia800200.us.archive.org/2/items/TheProphetsAndOurTimes/TheProphetsAndOurTimes.pdf, oder https://archive.org/details/TheProphetsAndOurTimes/mode/2up, abgerufen: 31.8.2019.

[11] D. Alfonso Cenni, *ISS. Cuori di Gesù e di Maria. La Salvezza del Mondo. Le Loro Apparizioni, Promesse e Richieste.* Nihil Obstat Ex Parte Ordinis Il P. Generale D. Pier-Damiano Buffadini, February 24, 1949. Imprimatur Sublaci. Simon Laurentius OSB. Ep, tit. Abb. Ord. June 3, 1949. Abgerufen: 23.8. 2019, https://gloria.tv/like/uaZeA21Rv8dW4nTWH4kAWfMQQ

[12] Evelyn Waugh, *Two Lives: Edmund Campion and Ronald Knox* (Continuum, 2005), S. 113.

vom scharfen Schwert Seiner göttlichen Wahrheit durchbohrt werden."[13] Das Ergebnis wird sein, dass viele umkehren und gerettet werden.

Von anderen katholischen Koryphäen bis in die heutige Zeit wird die Seelenschau ausführlich beschrieben:

Zuerst werden die Schatten aufhören, Schatten zu sein, und stattdessen zu einer schrecklichen Finsternis werden, die das Licht der Sonne verdunkeln wird. Selbst die Sterne und der Mond werden nicht mehr scheinen. Dann wird das Gewölbe des Himmels durch den Zusammenstoß zweier Himmelskörper erhellt, was einen dröhnenden Lärm erzeugt und die gesamte Erde erhellt. Panik wird ausbrechen. Der Tag wird heller sein als sonst und die Nacht wird leuchten wie der Tag. Dann wird Jesus an Seinem Kreuz am Himmel erscheinen – nicht in Seinem Leiden, sondern in Seiner Herrlichkeit. Dieses Zeichen des Herrn wird in allen Teilen der Welt sichtbar sein, ganz gleich, wo man sich befindet. Aus den Löchern, die durch die Einstiche in Jesu Hände, Füße und Seite entstanden sind, werden leuchtende Strahlen der Liebe und Barmherzigkeit auf die ganze Erde fallen.

Diese Lichtstrahlen werden die „Liebesflamme" der Gottesmutter enthalten und durch ihre Fürsprache auf die Seelen übergreifen: *„Aus Mangel an Glauben tritt die Erde in die Finsternis ein, aber die Erde wird einen großen Glaubensschub erleben"*[14], sagte die Gottesmutter durch Elisabeth Kindelmann

---

[13] Marianische Priesterbewegung, P. Stefano Gobbi, An die Priester: Die vielgeliebten Söhne der Muttergottes; Ergänzung 1996 (St. Francis, Maine: Marianische Priesterbewegung, 1996), S. 973-974.

[14] Elisabeth Kindelmann, Die Liebesflamme (Children of the Father Foundation; 2015-2016). Nihil Obstat: Msgr. Joseph G. Prior, Censor Librorum. Imprimatur: Erzbischof Charles Chaput, Erzdiözese Philadelphia, S. 61.

(1913-1985) von der bischöflich anerkannten Liebesflamme des Unbefleckten Herzens Mariens-Bewegung. „*In dieser dunklen Nacht werden Himmel und Erde von der Liebesflamme, die ich den Seelen anbiete, erleuchtet werden.*"[15] … „*Sie ist so groß, dass ich sie nicht länger in mir behalten kann. Sie springt mit explosiver Kraft zu euch hinaus. Wenn sie sich verströmt, wird meine Liebe den satanischen Hass zerstören, der die Welt verseucht. Die größte Zahl von Seelen wird befreit werden. Soetwas hat es noch nie gegeben. Dies ist mein größtes Wunder, das ich für alle tun werde.*"[16]

Wenn diese Flamme die Erde berührt, wird alles plötzlich stoppen. Ein Flugzeug, das durch die Wolken fliegt, wird mitten in der Luft innehalten. Ein Fußballspieler, der über das Feld rennt, wird stehenbleiben. Jeder und alles auf der Erde wird einfrieren, als ob die Zeit stehengeblieben wäre. Doch in den folgenden fünf bis fünfzehn Minuten werden alle Menschen, ob sie nun Muslime oder Atheisten, geistig behindert oder gesund, jung oder alt sind, die Sünden ihres Lebens sehen. Sie werden das Gute sehen, das sie nicht getan haben, und das Schlechte, das sie getan haben. Jeder wird sich ganz allein in der Welt wiederfinden, ganz gleich, wo er sich zu diesem Zeitpunkt befindet, und seine eigenen persönlichen Erfahrungen machen, ohne die Welt um sich herum wahrzunehmen. Das Kreuz wird sieben Tage und sieben Nächte lang am Himmel bleiben.

Seit Beginn des 20. Jahrhunderts bis zum heutigen Tag hat der Himmel diesem einmaligen Ereignis weitere Gestalt und Einzelheiten verliehen. Am 2. August 1934 sprach Jesus zur hl. Faustyna Kowalska über die kosmische Natur der Erleuchtung, die vor dem Tag der Gerechtigkeit kommen würde: „*Alles Licht*

---

[15] Ebd. S. 62.

[16] Ebd. S. 44-45.

am Himmel erlischt und große Finsternis wird auf der ganzen Erde sein. Dann erscheint das Zeichen des Kreuzes am Himmel und aus den Öffnungen, wo die durchbohrten Hände und Füße des Erlösers waren, werden große Lichter fluten, die eine Zeitlang die Erde beleuchten."[17]

Auch das Matthäus-Evangelium scheint von diesem Moment zu berichten, den viele nicht verstehen:

> *„Sofort nach den Tagen der großen Drangsal wird die Sonne verfinstert werden und der Mond wird nicht mehr scheinen; die Sterne werden vom Himmel fallen und die Kräfte des Himmels werden erschüttert werden. Danach wird das Zeichen des Menschensohnes am Himmel erscheinen; dann werden alle Völker der Erde wehklagen und man wird den Menschensohn auf den Wolken des Himmels kommen sehen mit großer Kraft und Herrlichkeit. Er wird seine Engel unter lautem Posaunenschall aussenden und sie werden die von ihm Auserwählten aus allen vier Windrichtungen zusammenführen, von einem Ende des Himmels bis zum anderen" (Mt 24,29-31).*

In diesem Abschnitt des Evangeliums heißt es, dass „alle Völker der Erde wehklagen werden". Die Seelenschau scheint auch in der symbolischen Sprache des sechsten Siegels im Buch der Offenbarung, das vom geliebten Apostel Johannes geschrieben wurde, enthalten zu sein:

> *„Und ich sah: Das Lamm öffnete das sechste Siegel. Da entstand ein gewaltiges Beben. Die Sonne wurde schwarz wie ein Trauergewand und der ganze Mond wurde wie Blut. Die Sterne des Himmels fielen herab auf die Erde, wie ein Feigenbaum*

---

[17] Faustyna Kowalska, *Tagebuch* (Misericordia-Verlag, Krakau) Nr. 83.

seine Früchte abwirft, wenn ein heftiger Sturm ihn schüttelt. Der Himmel verschwand wie eine Buchrolle, die man zusammenrollt, und alle Berge und Inseln wurden von ihrer Stelle weggerückt. Und die Könige der Erde, die Großen und die Heerführer, die Reichen und die Mächtigen, alle Sklaven und alle Freien verbargen sich in den Höhlen und Felsen der Berge. Sie sagten zu den Bergen und Felsen: Fallt auf uns und verbergt uns vor dem Blick dessen, der auf dem Thron sitzt, und vor dem Zorn des Lammes; denn der große Tag ihres Zorns ist gekommen. Wer kann da bestehen?" (Offb 6,12-17).

Der hl. Johannes sagt uns, dass alles völlig dunkel sein wird. Die Sonne wird sich schwarz färben, die Sterne werden verschwinden und die Erde wird erschüttert werden. „Jeder Sklave und jeder Freie", also alle Menschen, werden dem Angesicht Gottes und dem Zorn des Lammes ausweichen wollen. Wer ist das Lamm? Im vorigen Kapitel der Offenbarung sagt Johannes: „Ich sah ein Lamm stehen, als wäre es geschlachtet worden." Das Lamm ist Christus in Seinem gekreuzigten Zustand. Die Bewohner der Erde werden aufschreien und Schutz vor Gottes Angesicht suchen, d. h. vor den Augen des Herrn, der ihre Sünde sehen kann, denn sie werden sich kollektiv fühlen, als ob sie in ihr eigenes Gericht eingetreten wären. Dies wird am „großen Tag" geschehen und viele werden das Gefühl haben, dass sie „dem nicht standhalten können".

In einer der Erscheinungen in Heede, Deutschland (1945), sagte Jesus, dass, wenn das Persönliche Gericht kommt, *„die Erde beben und stöhnen wird"*.[18] Aber warum? Warum wird es Trauer geben? Die Antwort kommt von vielen Stimmen, wie der Seherin und Stigmatisierten Luz de María de Bonilla, die derzeit in

---

[18] Ebd., Cenni, ISS. Cuori.

Argentinien lebt und deren Botschaften das Imprimatur erhalten haben. In einer Botschaft vom 22.11.2014 sagte Jesus:

„Mein geliebtes Volk, die Prüfung eures Gewissens wird bald kommen … Alles, was sich bewegt, wird aufhören, sich zu bewegen, denn auf der Erde wird Stille herrschen. Ihr werdet nur noch die Klagen derer hören, die ihr begangenes Unrecht bereuen, und Ich werde mit Meiner Liebe kommen, um Meine verlorenen Schafe wieder aufzunehmen."[19]

Gott der Vater offenbarte Matthew Kelly, dem bekannten katholischen Redner und Autor, der in Australien geboren wurde und jetzt in Ohio lebt, und Pater Michel Rodrigue, dem Gründer und Ordensoberen der Apostolischen Bruderschaft des hl. Benedikt Joseph Labré in Québec, Kanada, das Persönliche Gericht in allen Einzelheiten. Durch Matthew sagte Gott der Vater: *„Es wird schmerzhaft sein, sehr schmerzhaft, aber kurz. Ihr werdet eure Sünden sehen; ihr werdet sehen, wie sehr ihr Mich beleidigt, jeden Tag … Gericht ist das beste Wort, das ihr Menschen habt, um es zu beschreiben, aber es wird eher so sein: Ihr werdet eure eigene persönliche Dunkelheit im Kontrast zum reinen Licht Meiner Liebe sehen."*[20] Durch Pater Michel und Luz de María teilte der Herr mit, dass auch die Sünden, die im Sakrament der Versöhnung gebeichtet wurden, aufgedeckt werden, auch wenn sie unterschiedlich erlebt werden. Es ist eine Sache, Sünden mit Worten zu bekennen; es ist eine andere, diese Sünden im Licht der Wahrheit zu sehen und mit dem Herzen zu fühlen, wie diese Sünde Jesus schmerzte und andere verletzte und ihre zerstörerischen Auswirkungen wie eine Welle durch die Zeit ausbreitete.

---

[19] Luz de María de Bonilla, *Venga a Nosotros Tu Reino („Dein Reich komme")*, 2014, Imprimatur and full support of Juan Abelardo Mata Guevara, SDB, Titularbischof von Estelí, Nicaragua, https://www.revelacionesmarianas.com/libros/en/2014.pdf, p. 290, abgerufen: am 1.9.2019.

[20] Matthew Kelly, *Words from God* (Batemans Bay, Australia, 1993), S. 70.

Wie erfuhren wir von der Botschaft der kommenden Seelenschau?

Die erste uns bekannte historische Aufzeichnung, in der die Seelenschau erwähnt wird, stammt vom hl. Edmund Campion (1540-1581), dem brillanten Jesuitenpater und Märtyrer aus London, der sagte: *„Ich habe einen großen Tag angekündigt, an dem nicht irgendein weltlicher Machthaber wirken soll, sondern der schreckliche Richter das Gewissen aller Menschen offenbaren und jeden Menschen jeder Art von Religion prüfen soll. Dies ist der Tag des Wandels …"*[21]

Die Worte dieses großen katholischen Heiligen, der 1581 den Märtyrertod erlitt und 1970 heiliggesprochen wurde, entsprechen genau den Worten vieler späterer Prophezeiungen. Ein paar Jahrhunderte später offenbarte Gott diese geheimnisvolle Erkenntnis erneut einer großen italienischen Mystikerin, die kurz vor der Heiligsprechung steht: der sel. Anna Maria Taigi (1769-1837). Bauern, Priester und Päpste suchten gleichermaßen Rat bei dieser bescheidenen Ehefrau, Mutter und Opferseele, weil sie eine höchst bemerkenswerte und einzigartige mystische Gabe besaß. 47 Jahre lang begleitete sie ein helles Licht, das einer Sonne glich, bei Tag und bei Nacht. Die sel. Anna-Maria brauchte nur in dieses Licht zu blicken, um die geheimsten Gedanken von nahen und fernen Personen zu sehen, Ereignisse und Menschen vergangener Tage und die Einzelheiten der kommenden Tage. Ihre Prophezeiungen haben dem Test der Zeit standgehalten und ihre Worte sind die ersten, die aufgezeichnet wurden, um das Ereignis eine „Seelenschau" zu nennen: *„Eine große Reinigung wird über die Welt kommen, der eine Erkenntnis des Gewissens vorausgeht, in der jeder sich selbst so sehen wird,*

[21] Waugh, *Two Lives*, S. 113.

wie Gott ihn sieht."[22] Sie wies auch darauf hin, dass dadurch viele Seelen gerettet würden, weil viele dadurch bereuen würden.

Offensichtlich hatte Gott gerade erst begonnen, die Welt auf dieses Ereignis aufmerksam zu machen. Ein paar Jahrzehnte später würde Er es durch Seinen am längsten amtierenden Papst neben Petrus, Pius IX. (1792-1878), dem Stellvertreter Christi, andeuten, dessen Amt die Macht hat, die Aufmerksamkeit und den Glauben der Welt zu gewinnen: „*Da die ganze Welt gegen Gott und Seine Kirche ist, ist es offensichtlich, dass Er den Sieg über Seine Feinde sich selbst vorbehalten hat. ... alle werden gezwungen sein, auf das Übernatürliche zu schauen. ... Es wird ein großes Wunder kommen, das die Welt mit Erstaunen erfüllen wird.*"[23] Dieses Wunder wird die ganze Welt in Erstaunen versetzen.

Könnte der Herr zu uns sagen: „Bitte, werdet ihr jetzt auf meinen Vertreter auf Erden hören?"

Warum sendet Gott die Seelenschau?

Gott sendet die Seelenschau, um dem verdunkelten und schattenhaften Gewissen der Welt abzuhelfen. Seinen Propheten zufolge ist ein Großteil der Menschheit blind für die Sünde geworden und das Herz des Vaters aller bricht. Er kann es nicht länger ertragen, dass so viele Seiner kostbaren Kinder, die Er über alle Maßen liebt, in den Abgrund stürzen. Der Vater hat sich der Welt mit zärtlicher Barmherzigkeit zugewandt. Er hat Seine Mutter auf die Erde gesandt, um uns immer wieder zu helfen, aber zu viele haben Seine Gnade zurückgewiesen und Seine Hand gezwungen. Es schmerzt Ihn zutiefst, uns zu züch-

[22] Iannuzzi, *Antichrist*, S. 33. Petrisko, *The Miracle*, S. 27.

[23] Culleton, *The Prophets*, S. 206.

tigen, so wie gute Eltern ihr Kind aus tiefer Liebe und Sorge nur ungern züchtigen, vor allem, wenn dieses Kind kurz davor steht, von einem Feind verschlungen zu werden. Würden gute Eltern nicht alles in ihrer Macht Stehende tun, um dies zu verhindern? Gott wird zornig, rechtschaffen zornig, nicht aus Rachsucht, Hass, Bosheit oder Verzweiflung, sondern aus Liebe! So wie ein guter Vater auf jemanden wütend ist, der sein Kind missbraucht, so ist der Vater wütend auf diejenigen, die sich selbst und anderen durch schwere Sünde schaden. Er will, dass der Missbrauch aufhört. Er möchte, dass Seine Kinder von unnötigem Schmerz in diesem Leben befreit werden und für immer bei Ihm im Himmel, unserem wahren Zuhause, sind, wo es kein Leid und keine Tränen mehr gibt.

In der Botschaft Jesu vom persönlichen Gericht in Heede sagte er:

> „*Meine Liebe hat diese Aktion schon vor der Erschaffung der Welt geplant. Die Menschen hören nicht auf Meine Rufe: Sie verschließen ihre Ohren; sie widerstehen der Gnade und lehnen Meine Barmherzigkeit, Meine Liebe und Meine Verdienste ab. Die Welt ist schlimmer als vor der Sintflut. Sie quält sich in einem Sumpf der Sünde. Hass und Habgier sind in die Herzen der Menschen eingedrungen. All das ist das Werk des Satans. Die Welt liegt in dichter Finsternis. Diese Generation verdient es, ausgelöscht zu werden, aber Ich möchte ihr Meine Barmherzigkeit erweisen. Der Kelch des Zorns Gottes ergießt sich bereits über die Völker. Der Engel des Friedens wird nicht zögern, auf die Erde zu kommen. Ich will heilen und retten. Durch die Wunden, die jetzt bluten, wird die Barmherzigkeit siegen und die Gerechtigkeit triumphieren.*“[24]

[24] Ebd., Cenni, ISS. *Cuori.*

Am 15. August 1980 sagte der Herr zu Elisabeth Kindelmann: *„Die Kirche und die ganze Welt sind in Gefahr. Du kannst diese Situation nicht ändern. Nur die Heilige Dreifaltigkeit kann dir durch die vereinte Fürsprache der Heiligen Jungfrau, der Engel, der Heiligen und der Seelen im Fegefeuer helfen.“*[25]

„Das persönliche Gericht ist eine Tatsache. Den Menschen kommt es nicht mehr zum Bewusstsein, dass sie Mich beleidigen“ (Gott Vater an Matthew Kelly).[26] *„Der Mensch schaut nicht mit Misstrauen auf den Teufel, sondern er folgt ihm gerne und gehorcht ihm, indem er gegen den Willen Gottes handelt“* (Jesus an Luz de María de Bonilla). *„Die Tatsache, dass solche Gerichte kommen werden, liegt daran, dass die Menschen sich nicht bekehren und weiterhin in der Finsternis leben“* (Jesus zu Janie Garza).[27] *„Die Seelenschau ist kein Hirngespinst. Die Menschheit muss gereinigt werden, damit sie nicht in die Flammen der Hölle stürzt“* (die Mutter Gottes an Luz de María).[28]

„Feuerzungen werden auf euch alle herabkommen, meine armen Kinder, die ihr so sehr von Satan und allen bösen Geistern, die in diesen Jahren ihren größten Triumph errungen haben, umgarnt und verführt worden seid. Und so werdet ihr von diesem göttlichen Licht erleuchtet werden … das die Tür eures Herzens öffnen wird, um das große Geschenk der Göttlichen Barmherzigkeit zu empfangen“ (die Gottesmutter an P. Stefano Gobbi).

Die Vergebung Gottes klopft immer an, aber sie kann niemals in ein verschlossenes Herz eintreten. Die Seelenschau wird

---

[25] Kindelmann, *Die Liebesflamme,* S. 108.

[26] Matthew Kelly, *Worte von Gott,* Miriam-Verlag, S. 76.

[27] Janie Garza, *Heaven's Messages for the Family: How to Become the Family God Wants You to Be* (Saint Dominic Media, 1998), S. 329.

[28] Bonilla, *Venga,* Message of March 5, 2013, S. 56, https://www.revelaciones-marianas.com/libros/en/2013.pdf, abgerufen: 17,9. 2019.

kommen, um die Seelen für die Wirklichkeit Gottes aufzubrechen und willige Herzen zur Umkehr zu bringen.

Im Jahr 2018 gab Gott Vater P. Michel Rodrigue die folgende Botschaft, in der Er erneut erklärt, warum Er die Seelenschau sendet, und mitteilt, wie sehr es Ihn schmerzt, dies zu tun.

„Ich will für keinen von euch Tod und Verdammnis. Es gibt so viel Leid, so viel Gewalt, so viele Sünden auf der Erde, die Ich geschaffen habe. Ich höre jetzt die Schreie all der Säuglinge und Kinder, die durch die Sünde Meiner Kinder, die unter der Herrschaft Satans leben, ermordet werden. DU SOLLST NICHT TÖTEN.“ („Diese Worte waren so stark“, sagte P. Michel.)

„Betet und seid zuversichtlich. Ich will nicht, dass ihr wie diejenigen seid, die keinen Glauben haben und bei der Erscheinung des Menschensohns zittern werden. Im Gegenteil, betet und freut euch und empfangt den Frieden, den Mein Sohn Jesus schenkt. Welch ein Schmerz, wenn Ich den freien Willen respektieren muss und an den Punkt komme, eine Warnung zu geben, die auch Teil Meiner Barmherzigkeit ist. Seid bereit und wachsam für die Stunde Meiner Barmherzigkeit. Ich segne euch, Meine Kinder.“[29]

---

[29] Aus den live aufgezeichneten Vorträgen von Pater Michel Rodrigue in Barry's Bay, Ontario, am 12. u. 13.7.2018. Die Vorträge von P. Rodrigue (2 CD-Sets) können über Peter Frank unter missionangelshq@gmail.com erworben werden. Alle Erlöse kommen dem Bau der neuen Klöster zugute, von denen Gott Vater P. Rodrigue gesagt hat, sie seien wichtig für die Zukunft der Kirche: Fraternité Apostolique Saint Benoît-Joseph Labré (Apostolische Bruderschaft des hl. Benedikt Joseph Labre).

Was wird bei der Seelenschau derer geschehen, die in schwerer Sünde sind?

„Für diejenigen, die sich nicht im Stand der Gnade befinden, wird es erschreckend sein“[30], sagte Jesus in Heede. In Garabandal, Spanien (1961-1965), wo die Gottesmutter das Ereignis zum ersten Mal „El Aviso“ („Die Ankündigung“ hier „Die Seelenschau“) nannte, sagte die Seherin Conchita, dass es *„tausendmal schlimmer als ein Erdbeben sein wird. Es wird wie Feuer sein; es wird unser Fleisch nicht verbrennen, aber wir werden es körperlich und innerlich spüren ... Und die Ungläubigen werden die Angst vor Gott spüren. Wenn wir in dieser Zeit sterben, wird es vor Schreck sein. Wenn ich dir nur sagen könnte, wie die Jungfrau es mir beschrieben hat! ... Ich bin es leid, es zu verkünden, ohne dass es jemand beachtet.“*[31]

„Ich spreche von der Seelenschau“, sagte Jesus 2018 zu Luz de María, *„dem Moment, in dem jeder Mensch allein vor seinem eigenen Gewissen und seinen Sünden stehen wird – ein Moment, der so überwältigend ist, dass einige die Erfahrung ihrer eigenen Schlechtigkeit nicht überleben werden.“*[32]

Die Mystikerin und Stigmatisierte Janie Garza, welche die volle Erlaubnis ihres Bischofs hat, ihre Botschaften weiterzugeben, fragte Jesus am 9.9.1995: *„Geliebter Heiland, wird die Erkenntnis den Menschen Angst machen?“*

Jesus antwortete: *„Die Furcht, die ihre Herzen entflammen wird, ist die heilige Furcht vor der unermesslichen Macht Meines*

---

30 Ebd., Cenni, ISS. *Cuori.*

31 Ramon Pérez, *Garabandal: The Village Speaks*, übersetzt aus dem Französischen von Matthews, Annette I. Curot, The Workers of Our Lady of Mount Carmel, 1981, S. 50-51.

32 Bonilla, *Venga*, S. 124, https://www.revelacionesmarianas.com/libros/es/2018.pdf, abgerufen am 2.9.2019.

Vaters, besonders für die vielen Seelen, die weiterhin die Existenz Meines Vaters geleugnet haben. Das werden die Seelen sein, die eine enorme Furcht erleben werden."

Der hl. Josef sagte 1994 zu Janie: „*Für diejenigen, die glauben, dass sie im Licht leben, aber weiterhin jedes von Gott gegebene Gebot brechen, zu diesen Seelen sage ich, der hl. Josef, dass diese Seelen nicht in der Lage sein werden, den Zustand ihrer Seelen zu erkennen und weiterzuleben."*

Janie antwortete: „*Das ist für mich schwer zu verstehen. Willst du damit sagen, dass Menschen, die Gottes Gebote nicht leben, sterben werden, wenn sie ihre Seelen sehen?"*

Der hl. Josef antwortete: „*Ja, meine Kleine, so wird es vielen ergehen, wenn sie nicht umkehren und sich für die Bekehrung entscheiden. Es ist noch Zeit zur Umkehr, aber die Zeit wird mit jedem Tag kürzer."*[33]

Während der Seelenschau wird jeder sehen, wohin er gehen würde, wenn er in diesem Moment ohne den Nutzen der Seelenschau sterben würde. Pater Michel Rodrigue erklärte, was Gott der Vater ihm in Bezug auf die Seelen, die zur Verdammnis bestimmt sind, offenbart hat: „*Diejenigen, die in die Hölle kommen, werden brennen. Ihr Körper wird nicht zerstört werden, aber sie werden genau spüren, wie die Hölle ist, denn sie sind bereits dort. Das Einzige, was fehlt, ist das Gefühl. Sie werden die Schläge des Teufels erleben und viele werden wegen ihrer großen Sünde nicht überleben, das versichere Ich dir. Aber es wird für sie ein Segen sein, denn sie werden um Verzeihung bitten. Es wird ihre Rettung sein."*[34]

---

33 Janie Garza, *Heaven's Messages for the Family, Vol. II: Messages from St. Joseph and the Archangels* (Saint Dominic Media, 1999), S. 46.

34 Von P. Michel Rodrigue's live aufgenommener Vortrag in Barry's Bay, Ontario am 12. u. 13.7.2018.

Was wird während der Seelenschau mit denjenigen geschehen, die an Gott glauben und Ihn lieben?

Diejenigen, die Gott und ihren Nächsten lieben, werden die Seelenschau mit Gnade ertragen und es wird ihnen viel besser ergehen. Als eine Freundin Conchita, der Seherin von Garabandal, sagte, dass sie große Angst vor der Seelenschau habe, beruhigte Conchita sie: „*Ja, aber nach der Seelenschau wirst du Gott viel mehr lieben.*“[35] Die Seherin Jacinta sagte auch: „*Die Seelenschau ist dazu da, dass wir uns Ihm nähern und unseren Glauben stärken. Deshalb sollte man sich auf diesen Tag vorbereiten, ihn aber nicht mit Angst erwarten. Gott schickt die Dinge nicht aus Angst, sondern aus Gerechtigkeit und Liebe.*“[36]

In einer Botschaft vom 12. August 2019 an die Mystikerin und Stigmatisierte Luz de María de Bonilla sagte Jesus: „*Diejenigen, die sich ihrem Nächsten gegenüber nach Meinem Ebenbild verhalten und handeln und mit all ihrer Kraft, Stärke und ihren Gefühlen Buße tun und ihre Sünden mit dem festen Vorsatz der Besserung bekennen, diese Meine Kinder werden die Seelenschau erfahren, wie es jeder Mensch tun wird, aber nicht mit der Intensität derjenigen, die durch Ungehorsam im Sumpf der Sünde versinken und Meine Rufe, die Meiner Mutter und die Meines treuen hl. Erzengels Michael ignorieren.*“[37]

Keine zwei Menschen werden die Seelenschau auf die gleiche Weise erfahren, denn keine zwei Menschen haben die gleichen Sünden. „*Diejenigen, die ins Fegefeuer gehen wollen*“, so

---

[35] „Conchita und Loli sprechen über den Aviso“, Garabandal Journal, Januar-Februar 2004, S. 5.

[36] Garabandal International Magazine, Oktober-Dezember, 2014, http://www.garabandal.org.uk/magazine.html, abgerufen: 4.7.2019.

[37] Bonilla, Venga, Bischof Guevara, Revelaciones Marianas, https://www.revelacionesmarianas.com/english.htm, abgerufen: 1.9.2019.

P. Michel Rodrigue, *„werden die Schmerzen ihrer Sünde und ihrer Läuterung sehen und fühlen. Sie werden ihre Fehler erkennen und wissen, was sie in sich selbst korrigieren müssen. Diejenigen, die Jesus sehr nahe sind, werden sehen, was sie ändern müssen, um in völliger Einheit mit Ihm zu leben.*

Der Vater möchte, dass ich verkünde, dass ihr keine Angst haben müsst. Für diejenigen, die an Gott glauben, wird dies ein liebevoller Tag sein, ein gesegneter Tag. Ihr werdet sehen, was ihr korrigieren müsst, um mehr Seinen Willen zu erfüllen, um der Gnade, die Er euch für eure Mission auf der Erde geben will, gefügiger zu sein. Es wird eines der größten Zeichen sein, das der Welt seit der Auferstehung Jesu Christi gegeben wurde. Der Vater sagte mir, dass das 21. Jahrhundert sein Jahrhundert ist. Nach der Seelenschau wird niemand mehr auf der Erde sagen können, dass es Gott nicht gibt."

„Ich werde Mein Licht leuchten lassen", sagte Jesus in Heede, *„ein Licht, das für die einen ein Segen sein wird und für die anderen eine Finsternis. Die Menschheit wird Meine Liebe und Meine Macht erkennen ... Aber fürchtet euch nicht. Ich bin mit euch. Ihr werdet frohlocken und Mir danken. Diejenigen, die auf Mich warten, werden Meine Hilfe, Meine Gnade und Meine Liebe haben."*[38]

Wird die Seelenschau bald kommen?

Nur Gott kennt den Tag und die Stunde der Seelenschau. Der genaue Zeitpunkt der vom Herrn prophezeiten Ereignisse war im Laufe der Geschichte schwer zu bestimmen und unbekannt. Prophezeiungen über einen kommenden Messias finden sich bereits Jahrhunderte vor der Menschwerdung Gottes – aufgezeichnet in der hebräischen Bibel, die zwischen 1450 und 430 v.

[38] Ebd., Cenni, ISS. Cuori.

Chr. geschrieben wurde. (Einzelheiten zu diesen Prophezeiungen finden Sie in den Endnoten).[IV] Als der vorhergesagte Messias schließlich kam, sprach Jesus zu Seinen Jüngern über die vielen Generationen von Israeliten, die Ihn mit großer Hoffnung und Erwartung ersehnten: *„Selig aber sind eure Augen, denn sie sehen, und eure Ohren, denn sie hören. Amen, ich sage euch: Viele Propheten und Gerechte haben sich danach gesehnt zu sehen, was ihr seht, und haben es nicht gesehen, und zu hören, was ihr hört, und haben es nicht gehört"* (Mt 13,16-17). Und viele der ersten Christen, darunter auch der hl. Paulus, glaubten, dass Jesu prophezeite Wiederkunft unmittelbar bevorstehe, aber Er kam zu ihrer Zeit nicht wieder.

In den letzten fünf Jahrhunderten scheint Gott durch Seine auserwählten Propheten in Seiner katholischen Kirche eine kommende Seelenschau mit zunehmender Häufigkeit und Dringlichkeit anzukündigen. Auch dieses Mal scheint der Herr Sein Volk darauf vorzubereiten, Ihn zu empfangen, und Er möchte die ganze Welt retten. Aber wir sollten nicht ignorieren, was der hl. Petrus sagte, „… Dies eine aber, Geliebte, soll euch nicht verborgen bleiben, dass beim Herrn ein Tag wie tausend Jahre und tausend Jahre wie ein Tag sind" (2 Petr 3,8). Es ist jedoch interessant festzustellen, dass sich die Sprache der Prophezeiungen bezüglich der Seelenschau in den letzten Jahrzehnten verändert hat. Ab Mitte des 20. Jahrhunderts begann der Herr, die zeitliche Nähe der Seelenschau anzukündigen.

Im Jahr 1945 sagte Jesus in Heede: *„Meine geliebten Kinder, die Stunde ist nahe … Die Engel der Gerechtigkeit sind jetzt über die ganze Welt verstreut. Ich werde Mich der Menschheit zu erkennen geben. Jede Seele wird Mich als ihren Gott erkennen. Ich komme! Ich stehe vor der Tür …"*[39]

[39] Ebd., Cenni, ISS. *Cuori.*

Dann, am 26. Juli 1964, sagte die Gottesmutter zu Elisabeth Kindelmann: *„Der Augenblick ist nahe, in dem sich meine Liebesflamme entzünden wird."*[40]

Jacinta, eine der Seherinnen von Garabandal, sagte, wenn die Seelenschau komme, würden die Bedingungen „am schlimmsten sein". Es wird Verfolgung geben und viele Menschen werden ihre Religion nicht mehr praktizieren. Auf die Frage, wie die Welt aussehen wird, wenn die Seelenschau kommt, antwortete sie mit einem Wort: „Schlecht". Mari Loli sprach davon, dass es so aussehen wird, als ob die Kirche verschwunden sei: *„... es wird sehr schwer sein, die Religion zu praktizieren, dass die Priester die Messe halten oder dass die Menschen die Türen der Kirchen öffnen." ... „Wer sie praktiziert, wird sich verstecken müssen."*[41]

Als Mari Loli am 27. Juli 1975 gefragt wurde: *„Können Sie uns noch etwas über die Seelenschau sagen?"*, antwortete sie: *„Alles, was ich sagen kann, ist, dass sie sehr nahe ist und dass es sehr wichtig ist, dass wir uns darauf vorbereiten ..."*[42]

Am 9. September 1995 fragte Janie Garza unseren Herrn direkt: *„Oh Jesus, wird das sehr bald geschehen?"*

Jesus antwortete: *„Unsere demütige Dienerin, es wird in kurzer Zeit geschehen. Lasst euch nicht mit Terminen ablenken, sondern bereitet euch jeden Tag mit starkem Gebet vor. Viele, die sich über diese Zeiten Sorgen machen, werden diese Dinge nicht mehr*

---

40 Elisabeth Kindelmann, *The Flame of Love of the Immaculate Heart of Mary: The Spiritual Diary,* Imprimatur: Cardinal Péter Erdő, Archbishop of Budapest and Primate of Hungary (The Flame of Love Movement of the Immaculate Heart of Mary; Montreal, Canada) 2014, S. 61.

41 Interview mit Jacinta, geführt von Barry Hanratty 16.4.1983, St. Michael's Garabandal Center for Our Lady of Carmel, Inc., 4.7.2019, http://www.garabandal.org/News/Interview_with_Jacinta.shtml

42 Ramon Pérez, *Garabandal,* S. 52.

erleben. Deshalb warnt die Heilige Schrift alle, sich nicht um das Morgen zu sorgen, denn das Morgen ist niemandem versprochen. Der heutige Tag hat genug Prüfungen und Kreuze. Wisset, wenn Wir von solchen Dingen sprechen, die noch kommen werden, dann geschieht dies, damit die Menschen sich bekehren und ihre bösen Wege aufgeben. Jeder Tag ist eine Gelegenheit für die Seelen, sich zu bekehren. Die Menschen sollen nicht warten, bis solche Dinge kommen, um sich zu bekehren, sondern sie sollen sich jetzt bekehren, bevor es zu spät ist!"[43]

Die Botschaften der Muttergottes an P. Stefano Gobbi im späten 20. Jahrhundert deuten ebenfalls darauf hin, dass die Seelenschau oder das zweite Pfingsten unmittelbar bevorsteht.

Zu einer Gebetsgruppe oder „Zönakel" ihrer Marianischen Priesterbewegung sagte Maria durch P. Gobbi: „*Und so lade ich euch ein, diesen Tag im Zönakel zu verbringen, versammelt im Gebet mit mir, der Mutter der Barmherzigkeit, in der Hoffnung und der zitternden Erwartung des zweiten Pfingsten, das nun nahe bevorsteht*" (Pfingsten, 4. Juni 1995).[44]

An Pfingsten ein Jahr später, bat sie die Anwesenden, sich vorzubereiten: „*Mit einem außerordentlichen Zönakel des Gebets und der Brüderlichkeit feiert ihr heute das Pfingsten. Ihr erinnert euch an das wunderbare Ereignis der Herabkunft des Heiligen Geistes in Form von Feuerzungen auf das Obergemach von Jerusalem, wo die Apostel mit mir, eurer himmlischen Mutter, im Gebet versammelt waren.*

Auch ihr, die ihr heute im Gebet im geistigen Zönakel meines Unbefleckten Herzens versammelt seid, bereitet euch darauf vor,

---

[43] Janie Garza, *Heaven's Messages for the Family: How to Become the Family God Wants You to Be* (Saint Dominic's Media, 1998).

[44] Marianische Priesterbewegung, P. Stefano Gobbi, *The Marian Movement of Priests*; 17. engl. Ausg. (St. Francis, Maine: Marian Movement of Priests, 1996), S. 546.

das wunderbare Geschenk des zweiten Pfingsten zu empfangen. Das zweite Pfingsten wird kommen, um diese Menschheit, die wieder heidnisch geworden ist und unter dem mächtigen Einfluss des Bösen lebt, zu ihrer vollen Lebensgemeinschaft mit ihrem Herrn zurückzubringen, der sie erschaffen, erlöst und gerettet hat.“[45]

Im 21. Jahrhundert scheint der Himmel zu verkünden, dass die Seelenschau in dieser Generation stattfinden wird. Besonders dringlich erscheinen die Worte an Luz de María de Bonilla und an P. Michel Rodrigue, deren Botschaften derzeit noch verkündet werden.

Am 16. Februar 2010 sagte Jesus durch Luz de María: „*Meine Mutter hat der ganzen Welt und der ganzen Zeit verkündet, was sich jetzt am Horizont abzeichnet.*“

Am 3. März 2013 sagte Maria: „*Wie nahe ist diese Generation an der Seelenschau! Und wie viele von euch wissen nicht einmal, was die Seelenschau ist! In diesen Zeiten werden meine treuen Werkzeuge und mein Prophet [Luz de María] von jenen verspottet, die sich für spirituelle Gelehrte halten, von jenen, die Millionen von Seelen durch die Mittel der Massenkommunikation erreichen. Sie führen sie in die Irre und verbergen die Wahrheit, denn ich [Maria] bin diejenige, die den Willen der Dreifaltigkeit offenbart, den Willen der Dreifaltigkeit, der bereits in all meinen Erscheinungen zum Ausdruck kam, und zwar schon vor langer Zeit.*“ … „*Diejenigen, die nicht geglaubt haben, werden zuschanden werden.*“

Für einige ist es schwer, sich nicht zu fragen: „Wie bald ist bald? Bedeutet bald zu meinen Lebzeiten?“ Am 15. Juli 2019 wurde Luz de María zum ersten Mal diese Antwort gegeben. Der hl. Erzengel Michael erklärte: „*Dies ist die Generation, die*

[45] Ebd., S. 451.

den großen Akt Der göttlichen Barmherzigkeit erleben wird: DIE SEELENSCHAU.“[46]

Nach dem, was Gott Vater dem Abt einer neuen kirchlichen Bruderschaft, P. Michel Rodrigue, einem heiligmäßigen Priester, der die Stimme des Herrn seit seinem dritten Lebensjahr hört, offenbart hat, bedeutet „bald“ in dieser Generation. In verschiedenen Vorträgen, die auf CDs erhältlich sind, hilft er den Menschen, die Seelenschau und die kommenden Zeiten zu verstehen und sich darauf vorzubereiten, wenn große Veränderungen in der Welt eintreten werden.

„Ihr wisst, dass ihr bereits gesegnet seid, weil ihr darauf aufmerksam gemacht werdet. Warum, glaubt ihr, hat Gott euch auserwählt, hier zu sein? Weil ihr eine Mission habt. Wenn ihr hinausgeht, wenn ihr nach Hause zurückkehrt, werdet ihr etwas auf eurer Schulter spüren. Was ist es? Die Last Jesu, die die Mission des Herrn ist. Wenn Er euch jetzt darauf aufmerksam macht, was passieren wird, dann deshalb, weil die Menschen von ihrer mystischen Erfahrung der Begegnung mit Gott zurückkommen werden auf der Suche nach Hilfe und nicht wissen, was sie tun sollen. Einige werden Angst haben, andere werden unter Schock stehen. Sie sind für diese Zeit auserwählt worden, um diese Menschen in die katholische Kirche zu führen, damit sie die Frohe Botschaft Jesu empfangen können.“[47]

Durch P. Michael bittet der Herr alle treuen, durch die Seelenschau geläuterten Katholiken, Ihm zu helfen, Seine verlore-

---

[46] *„The Great Warning of God to Humanity: Prophecies and Revelations Given to Luz de María de Bonilla,“* Imprimatur of Bishop Guevara, Revelaciones Marianas, https://www.revelacionesmarianas.com/en/warning.html, abgerufen: 13.7.2019.

[47] Aus den live aufgezeichneten Vorträgen von Pater Michel Rodrigue in Barry's Bay, Ontario, am 12. u. 13.7.2018, und im Gospa House, North Hills, Kalifornien, am Samstag, 23. Februar 2019.

nen, verwirrten und getrennten Schafe in Seine Herde zurückzubringen.

Wie sollen wir uns auf die Seelenschau vorbereiten?

Die Ratschläge des Himmels, wie sich die Menschheit auf die Seelenschau vorbereiten soll, spiegeln die Bitten der Gottesmutter in ihren Erscheinungen der letzten zwei Jahrhunderte wider. Sie hat der Welt zugerufen und uns gebeten, zu bereuen, zu Gott umzukehren, unser Leben zu ändern, Buße zu tun, um unsere eigenen Sünden und die Sünden der Welt wiedergutzumachen. Sie hat uns aufgerufen zu beten, zu beten, zu beten und die Praktiken des katholischen Glaubens sehr ernst zu nehmen. Die Seelen ihrer geliebten Kinder stehen auf dem Spiel.

Jesus sprach in Heede 1945 mit großer Kraft: „*Die Menschheit hat nicht auf Meine Heilige Mutter gehört, die in Fatima erschienen ist, um die Menschen zur Buße zu ermahnen. Jetzt bin ich selbst gekommen, um die Welt in dieser letzten Stunde zu warnen: Die Zeiten sind ernst! Mögen die Menschen endlich Buße für ihre Sünden tun; mögen sie sich von ganzem Herzen vom Bösen abwenden und beten, viel beten, um den Zorn Gottes zu besänftigen. Mögen sie oft den Rosenkranz beten und vor allem: Dieses Gebet ist mächtig bei Gott. Weniger Unterhaltungen und Vergnügungen! Ich bin sehr nahe.*“[48]

Elisabeth Kindelmann erzählte, dass Jesus mit donnernder Stimme zu ihr sagte: „*Bevor die schwierigen Zeiten über euch hereinbrechen, bereitet euch auf die Berufung vor, zu der Ich euch berufen habe, indem ihr mit neuer Ausdauer und festem Entschluss handelt. Ihr dürft nicht träge, uninteressiert und gleichgültig sein,*

---

[48] Cenni, ISS. *Cuori.*

denn der große Sturm braut sich vor euch zusammen. Seine Böen werden gleichgültige, von Faulheit zerfressene Seelen mitreißen. Nur die Seelen mit einer echten Berufung werden überleben."[49]

Ein zärtlicher und väterlicher Rat kam vom hl. Josef, als Janie Garza ihn am 19.3.1966 fragte, wie wir uns vorbereiten sollen:

> *„Bete, meine Kleine, bete. Bleibe all dem treu, was der Heilige Geist dir aufträgt. Handle in allem, wozu die Heiligste Maria dich aufruft. Sei ein starker Bote, der ihre Botschaften des Friedens, des Gebets, der Heiligen Messe, des Fastens, der Bekehrung und des Lesens der Heiligen Schrift lebt. Tut dies als Familie. Lehnt den Heiligsten Namen Gottes nicht ab, damit Er euch nicht ablehnt. Entscheidet euch, eine heilige Familie zu sein, gemeinsam zu beten, zu lieben und einander zu vergeben. Dies ist eine Zeit der Entscheidung für alle Kinder Gottes. Lebt als Gottes Volk und führt ein gutes, einfaches und gerechtes Leben. Öffnet eure Herzen für die Liebe und Barmherzigkeit Gottes. Jede Familie muss sich dem Heiligsten Herzen Jesu, dem Unbefleckten Herzen Mariens*[50] *und meiner Fürsprache und meinem Schutz weihen, damit wir euch näher zu Gott führen können. Wir werden euch auf das vorbereiten, was kommen wird. Lebt als Kinder des Herrn, und ihr werdet alle diese unruhigen Zeiten überstehen … Fürchtet nichts, sondern überlasst euch dem Heiligen Geist, der euch helfen wird, den heiligen Willen Gottes zu tun.*"[51]

---

[49] Kindelmann, The Flame, Botschaft vom 12.5.1964, S. 205.

[50] Für eine wirkungsvolle Marienweihe bestellen Sie das Buch *Mary's Mantle Consecration: A Spiritual Retreat for Heaven's Help*" (Exerzitien für die Hilfe vom Himmel), das von Erzbischof Salvatore Cordileone und Bischof Myron J. Cotta unterstützt wird, und das dazugehörige Gebetsbuch „Mary's Mantle Consecration". www.MarysMantleConsecration.com.

[51] Janie Garza, *Heaven's Messages for the Family, Vol. II, S.* 201-202.

Als die Seher in Garabandal 1977 gefragt wurden, ob sie den Menschen einen Rat geben könnten, damit sie sich auf dieses Ereignis vorbereiten können, antwortete Conchita: *„Wir müssen immer mit unserer Seele in Frieden vorbereitet sein und uns nicht so sehr an diese Welt binden. Stattdessen müssen wir sehr oft daran denken, dass wir hier sind, um in den Himmel zu kommen und um Heilige zu sein. Mari Loli antwortete, dass wir „viel Buße tun, Opfer bringen, das Allerheiligste Sakrament jeden Tag, an dem wir können, besuchen und täglich den Rosenkranz beten sollen.“*[52]

Um unsere Herzen vorzubereiten, gab Gott Vater durch Matthew Kelly am 5.6.1993 diesen Rat:

> *Arme Seelen, die ihr alle seid, der Kenntnis Meiner Liebe beraubt. Bereitet euch auf dieses Gericht von Mir vor. … Begreift ihr jetzt, wie wichtig diese Zeiten sind? Wartet nicht auf das persönliche Gericht, ihr müsst beginnen euch selbst genauer zu betrachten, sodass ihr eure Fehler erkennen und bereuen könnt. Ihr habt das Glück, den Glauben zu haben, der nötig ist, diese Botschaft zu lesen, zu glauben und anzunehmen. Ihr sollt nicht gleichgültig daran vorbeigehen. Ihr müsst euch selbst täglich öfter prüfen und um Wiedergutmachung beten.*
>
> *Ihr alle seid wie der blinde Mann. Jeden Tag solltet ihr schreien ‚Herr, öffne meine Augen‘ und Mein Sohn wird euch die Augen öffnen, sodass ihr eure Erbärmlichkeit sehen und bereuen könnt.*
>
> *Betet jetzt mehr denn je und merkt euch, dass weltliche Maßstäbe ein falscher Anhaltspunkt für Mein Gericht sind. Ich bin euer Gott; während Ich vollkommen barmherzig zu*

[52] Garabandal International Magazine, Oktober-Dezember, 2014, http://www.garabandal.org.uk/magazine.html, abgerufen: 4.7.2019.

denen bin, die bereuen, so bin Ich vollkommen gerecht gegenüber denen, die es nicht tun.

Viele Menschen denken, dass ich, euer Gott, sich um nichts sorgt, ‚Es ist nur wenig', sagen sie. Aber das ist keine Frage der Fürsorge. Ich wünsche Menschen, die Mich lieben. Die Liebe schätzt die Kleinigkeiten ebenso wie die großen Dinge, und in den meisten Fällen sind diese Kleinigkeiten gar nicht so klein.

Beurteilt nicht eure Taten oder die Taten anderer, ihr seid außerstande zu urteilen. Ihr seid unfähig zu urteilen, weil ihr nicht im Herzen eines Menschen lesen könnt.

Ihr müsst mich lieben mit eurem ganzen Herzen, mit eurem ganzen Verstand, mit eurer ganzen Seele und mit eurer ganzen Kraft.

Heute ist der Tag. Tut euer Bestes, euch selbst aufzugeben, und lasst Christus in eurem Leben herrschen. Ihr werdet niemals für das persönliche Gericht vorbereitet sein, aber einige werden besser gerüstet sein als andere. Ihr sollt erstreben, einer von diesen zu sein, oder bringt so viele andere, wie ihr könnt, dazu, vorbereitet zu sein und so weit vorbereitet zu sein wie möglich.

Vor allem fürchtet euch nicht. Ich erzähle euch dies alles nicht, um euch zu erschrecken. Nein, versucht einfach täglich, bessere Menschen zu werden, mehr als das könnte Ich nicht verlangen. Ich bin euer Gott. Ich bin vollkommen gerecht und vollkommen barmherzig. Ihr seid Meine Söhne und Töchter; kümmert sich ein Vater nicht um seine Kinder? Ich schicke euch diese Botschaft, um euch vor jeglichem Leid zu verschonen, wie Ich nur kann, aber den Schmerz, den ihr erfahrt, wenn ihr die Finsternis eurer Seele seht, ist ein Akt der Liebe, der von Mir ausgeht. Seht ihr nicht, dass dadurch viele, viele Seelen zu einer größeren Liebe zu Mir zurückgeführt werden? Dies wird viele Seelen vor dem Feuer der Hölle retten.

Das ist die wichtigste aller Meiner Botschaften. Ich bin der Herr, euer Gott, ihr seid Meine Söhne und Töchter, die ich sehr liebe, und Meine größte Freude ist es, mit euch zu sein, und Ich möchte mit euch sein in alle Ewigkeit. Alles, was ich tue, tue Ich aus Liebe zu euch, Meine Kinder. Vertraut auf Mich, euren himmlischen Vater.[53]

Zusammenfassend lässt sich sagen, dass die Vorbereitung auf die Seelenschau darin besteht, Buße zu tun, an das Evangelium zu glauben, Gott mit ganzem Verstand, ganzem Herzen, ganzer Seele und ganzer Kraft zu lieben und unseren Nächsten wie uns selbst zu lieben. Sich vorzubereiten, bedeutet zu vergeben und ein gutes, gerechtes und einfaches Leben zu führen. Die Propheten der Seelenschau, wie auch die Gottesmutter in ihren jüngsten Erscheinungen, haben uns bestimmte geistliche Praktiken aufgetragen: häufige Beichte, die Heilige Messe, Fasten, Bibellesen, Gebet von Herzen – vor allem der Rosenkranz –, Gebet als Familie, Besuche des Allerheiligsten Sakraments und die Weihe des eigenen Leibes und der Familie an das Heiligste Herz Jesu und das Unbefleckte Herz Mariens. Dies sind die Rezepte des Himmels, um das Leben in voller Gnade zu leben und bereit zu sein, Gott und uns selbst so zu sehen, wie wir wirklich sind.

---

[53] Kelly, *Worte von Gott*, S. 76-78.

Was wird nach der Seelenschau geschehen?

„Ich weiß, dass du denkst, dies [das Persönliche Gericht] klingt wie eine sehr gute Sache“, sagte Gott Vater zu Matthew Kelly, *„aber unglücklicherweise wird selbst dies nicht die ganze Welt in Meine Liebe bringen. Einige werden sich sogar noch weiter von Mir entfernen; sie werden stolz und halsstarrig sein. Satan arbeitet schwer gegen Mich.“*[54]

„Die Menschen … wird es schmerzen, weil sie nicht geglaubt haben“, erklärte Maria durch Luz de María, *„aber sie werden schon viele meiner Kinder in die Irre geführt haben, die sich nicht mehr so leicht davon erholen können, denn die Gottlosen werden die Seelenschau leugnen und sie neuen Technologien zuschreiben.“*[55]

„Mein Kreuz ist der Sieg“, prophezeite Jesus, *„und es wird sieben Tage und Nächte lang am Firmament leuchten. Es wird ständig Licht ausstrahlen. Es wird ein Vorzeichen sein, auf das Mein Volk gewartet hat; und für diejenigen, die nicht glauben, wird es eine große Verwirrung geben. Die Wissenschaft wird versuchen, eine Erklärung für das zu geben, wofür es keine wissenschaftliche Erklärung gibt.“ … „Selbst dann werden einige Meiner Kinder leugnen, dass die Seelenschau aus Meinem Reich kam, und sie werden sich gegen Mich auflehnen und sich mit dem Bösen vereinigen.“*[56]

„Gott hat uns nicht drei Wege zum Reisen gegeben, sondern nur zwei“, sagte P. Michel Rodrigue. *„Es gibt keine Grauzone*

---

[54] Ebd., S. 76.

[55] Bonilla, *Venga*, Revelaciones Marianas, S. 56, https://www.revelacionesmarianas.com/libros/en/2013.pdf, Botschaft vom 3.3.2013 der sel. Jungfrau Maria, abgerufen: 17.9.2019.

[56] Bonilla, *Venga, ebd.*, S. 290, https://www.revelacionesmarianas.com/libros/en/2014.pdf, Botschaft vom 22.11.2014, von Jesus Christus, abgerufen: 17.9.2019.

zwischen dem Weg des Bösen und dem Weg des Herrn. Diejenigen, die sagen: ‚Ich weiß es nicht. Ich kann mich nicht entscheiden', werden nicht in der Lage sein, gleichgültig zu bleiben. Wie Gott im Buch der Offenbarung (3,16) sagt: ‚Daher, weil du lau bist, weder heiß noch kalt, will Ich dich aus Meinem Mund ausspeien'. Die Menschen werden eine entscheidende Wahl treffen müssen und sie werden verstehen, warum, denn danach werden sie die Folgen ihrer Entscheidung tragen müssen. Die Zeit der Barmherzigkeit wird enden und die Zeit der Gerechtigkeit wird beginnen. Das hat Jesus der hl. Faustyna Kowalska gesagt."[57]

„Es ist die Stunde der Entscheidung für die Menschheit" (die vierte Botschaft von Betania von Maria an Maria Esperanza).[58] *„Einige werden ihren geraden Weg gehen, andere werden Meinen Sohn verleugnen und so zu großen Verfolgern Meiner Auserwählten werden"* (Maria an Luz de María).[59]

„Denen, die bereuen, wird ein unstillbarer Durst nach diesem Licht gegeben werden", sagte Gott Vater zu Matthew Kelly. *„Ihre Liebe für Mich wird dann so stark sein, dass sie vereint mit Marias Unbeflecktem Herzen und dem Heiligsten Herzen Jesu, Satans Kopf zertreten werden … Alle, die Mich lieben, werden zusammen mithelfen, die Ferse zu bilden, die den Satan zertritt. Dann, wenn ihr alle eines natürlichen Todes gestorben seid, wird euer Durst nach diesem Licht gelöscht sein, ihr werdet Mich, euren Gott, sehen. Ihr werdet in Meiner Liebe leben; ihr werdet im Himmel sein.*"[60]

---

57 Aus den live aufgezeichneten Vorträgen von P. Michel Rodrigue in Barry's Bay, Ontario, am 12. u. 13.7.2018.

58 Signs and Wonders for Our Times, Vol. 15 n. 2, Featured Article von www.sign.org, S. 37.

59 Bonilla, *Venga*, Revelaciones Marianas, S. 175, Botschaft der Heiligen Jungfrau Maria vom 24.7.2014, https://www.revelacionesmarianas.com/libros/en/2014.pdf, abgerufen: 17. 9.2019.

60 Kelly, *Worte von Gott*, S. 76-77.

Während der Seelenschau und für eine kurze Zeit danach wird Satan geblendet sein und nicht in der Lage, die Seelen zu verführen. Ohne diese göttliche Verblendung wären die Seelen nicht in der Lage, die absolute Wahrheit ihres Zustandes vor Gott zu erkennen, noch hätten sie die absolute Willensfreiheit, sich für Gott zu entscheiden oder Ihn abzulehnen.

„*Wenn Satan erst einmal geblendet ist*", sagte Unser Herr zu Elizabeth Kindelmann, „*werden sich die Dekrete des Zweiten Vatikanischen Konzils auf außergewöhnliche Weise erfüllen …*[61] *Die Priester und ihr Volk sollen sich in geistiger Einheit versammeln. Diese Ausgießung wird auch die Seelen der Nichtgetauften erreichen.*"[62]

Als die Seherin von Garabandal, Jacinta, gefragt wurde: „*Erinnerst du dich, als die Jungfrau dir sagte, dass sich die Kirchen vereinigen werden?*"

„*Die Art und Weise, wie sie es sagte*", antwortete Jacinta, „*war, dass die ganze Menschheit in einer Kirche sein würde, der katholischen Kirche. Sie sagte auch, dass es sehr wichtig sei, für diese Absicht zu beten.*"[63]

Der sel. Anna María Taigi wurde von Gott gezeigt, dass ganze Völker zur Einheit der Kirche zurückkehren würden. Viele Moslems, Heiden und Juden würden bekehrt werden und ihr Eifer würde bei den ursprünglichen Christen Verwirrung stiften. Der Herr werde die Welt und Seine Kirche reinigen, um eine wunderbare Wiedergeburt vorzubereiten, die der Triumph Seiner Barmherzigkeit sein werde.[64]

---

[61] Kindelmann, *Die Liebesflamme* (Children of the Father Foundation; 2015-2018), S. 87.

[62] Ebd., S. 110

[63] Interview mit Jacinta, geführt von Barry Hanratty, 16.4.1983, St. Michael's Garabandal Center for Our Lady of Carmel, Inc, abgerufen am 4.7.2019, http://www.garabandal.org/News/Interview_with_Jacinta.shtml.

[64] Mark Regis, „*Blessed Anna-Maria Taigi*", Garabandal Journal, Januar-Febru-

„Das zweite Pfingsten“, erklärte die Gottesmutter P. Gobbi, *„wird in die Herzen hinabsteigen, um sie zu verwandeln und sie empfindsam und offen für die Liebe zu machen, demütig und barmherzig, frei von allem Egoismus und aller Bosheit. Und so wird es sein, dass der Geist des Herrn die Herzen aus Stein in Herzen aus Fleisch verwandeln wird.“*[65]

Der hl. Josef beschrieb Janie Garza eine neue Ära, die kommen wird: *„Es wird eine große Freude für das ganze gläubige Volk Gottes geben. Seine Kinder werden glücklich sein. Überall wird es Liebe in den Familien geben. Die Menschen werden profitieren von ihrer Arbeit und sie werden ihre Häuser bauen und leben, um sie zu genießen. Sie werden die Kinder ihrer Kinder sehen und alle werden ein langes Leben haben.“*[66]

„Ich werde mit Meinem Frieden kommen“, sagte Jesus in Heede. *„Ich werde Mein Reich mit einer kleinen Zahl von Auserwählten errichten. Dieses Reich wird plötzlich kommen, früher als die Menschen denken ... Meine geliebten Kinder, die Stunde ist nahe. Betet unaufhörlich und ihr werdet nicht verwirrt sein. Ich versammle Meine Auserwählten. Sie werden aus allen Teilen der Welt zusammenkommen und sie werden Mich verherrlichen. Ich komme!“*[67]

Endlich wird Gott Seine Verheißung eines *„neuen Himmels und einer neuen Erde“* (Offb 21,1;4) erfüllen, *in denen die Gerechtigkeit wohnt* (2 Petr 3,13). Die Bitte des Vaterunsers: „Dein

---

ar 2004, S. 6-8.
Albert Bessieres SJ, aus d. Franz. übers. von Stephen Rigby, Wife, Mother and Mystic (Tan Books, 1970).

[65] Marianische Priesterbewegung. P. Stefano Gobbi, *An die Priester: die vielgeliebten Söhne Mariens*; 1996, Supplement (St. Francis, Maine: Marian Movement of Priests, 1996), S. 974.

[66] Janie Garza, *Heaven's Messages for the Family*, 1998, S. 201.

[67] Ebd., Cenni, *ISS. Cuori.*

Reich komme, Dein Wille geschehe, wie im Himmel so auf Erden", wird sich erfüllen und die von der Muttergottes von Fatima versprochene „*Zeit des Friedens*", in der ihr „Unbeflecktes Herz triumphieren wird", wird kommen.

Wie Unsere Liebe Frau P. Gobbi sagte, „*... die Sünder werden sich bekehren; die Schwachen werden Unterstützung finden; die Kranken werden Heilung erfahren; die Fernstehenden werden zum Haus des Vaters zurückkehren; die Getrennten und Uneinigen werden zur vollen Einheit gelangen. Auf diese Weise wird sich das Wunder des zweiten Pfingsten ereignen. Es wird mit dem Triumph meines Unbefleckten Herzens in der Welt kommen. Erst dann werdet ihr sehen, wie die Feuerzungen des Geistes der Liebe die ganze Welt erneuern werden, die durch die größte Manifestation der Göttlichen Barmherzigkeit völlig verwandelt werden wird.*"[68]

Was die Gläubigen Gottes in diesem oder im nächsten Leben erwartet, übersteigt die erhabensten Vorstellungen der menschlichen Träume. Da wir uns dem Ende einer Ära nähern, ist die Seelenschau ein extrem kleiner Zeitabschnitt, aber ein monumentales Ereignis in der Geschichte der Menschheit. Ob sie nun abgelehnt oder angenommen wird, sie wird jedem die Chance bieten, sich der Realität Gottes und dem Zustand seiner Seele zu stellen. Die Welt wird nach der Seelenschau nicht mehr dieselbe sein und die wenigen, die im Voraus davon wissen und sich darauf vorbereiten, können sich glücklich schätzen.

[68] Marianische Priesterbewegung, P. Stefano Gobbi, An die Priester: die Vielgeliebten Söhne Mariens; 17th English Ed. (St. Francis, Maine: Marian Movement of Priests, 1996), S. 920.

†

PROPHETEN UND PROPHEZEIUNGEN DER SEELENSCHAU

„Denn wenn dieses Vorhaben oder dieses Werk von Menschen stammt, wird es zerstört werden; stammt es aber von Gott, so könnt ihr es nicht vernichten; sonst werdet ihr noch als Kämpfer gegen Gott dastehen.“

Apg 5,38b-39

Ausführlichere Berichte über die Prophezeiungen und die Propheten, die hinter ihnen stehen, finden Sie im Anhang

Hl. EDMUND CAMPION SJ ENGLAND **(1540-1581)**

Priester und Märtyrer

„Ich habe einen großen Tag verkündet, an dem nicht irgendein weltlicher Machthaber amtieren soll, sondern an dem der schreckliche Richter das Gewissen aller Menschen offenbaren und jeden Menschen jeder Art von Religion prüfen soll. Dies ist der Tag des Wandels …[69]

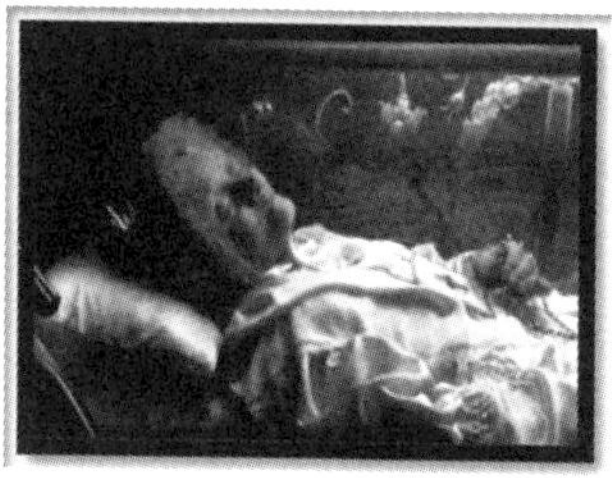

SEL. ANNA MARÍA TAIGI ITALIEN **(1769-1837)**

Ehefrau, Mutter, Mystikerin

„Eine große Reinigung wird über die Welt kommen, der eine Erkenntnis des Gewissens vorausgeht, in der jeder sich selbst so sehen wird, wie Gott ihn sieht.“[70]

SEL. PAPST PIUS IX. Vatikan **(1792-1878)**

„Da die ganze Welt gegen Gott und Seine Kirche ist, ist es offensichtlich, dass Er den Sieg über Seine Feinde sich selbst vorbehalten hat. Das wird noch offensichtlicher, wenn man bedenkt, dass

[69] Evelyn Waugh, *Two Lives: Edmund Campion and Ronald Knox* (Continuum 2005), S. 113.

[70] Thomas W. Petrisko, *The Miracle of the Illumination of All Consciences* (St. Andrew's Productions, 2000; second print. 2002), S. 27.

die Wurzel aller unserer gegenwärtigen Übel darin liegt, dass diejenigen, die über Talente und Kraft verfügen, nach irdischen Vergnügungen gieren und Gott nicht nur verlassen, sondern ihn ganz und gar verleugnen. Es scheint also, dass sie auf keine andere Weise zurückgebracht werden können, als durch einen Akt, der keiner sekundären Macht zugeschrieben werden kann, und so werden alle gezwungen sein, auf das Übernatürliche zu schauen … Es wird ein großes Wunder geschehen, das die Welt mit Erstaunen erfüllen wird. Diesem Wunder wird der Triumph der Revolution vorausgehen. Die Kirche wird außerordentlich leiden. Ihre Diener und ihr Oberhaupt werden verspottet, gegeißelt und gemartert werden."[71]

Hl. FAUSTYNA KOWALSKA
POLEN **(1905-1938)**
Nonne, Mystikerin, Apostelin der Göttlichen Barmherzigkeit

Jesus an die hl. Faustyna: „Schreibe Folgendes: Noch bevor Ich als gerechter Richter kommen werde, komme ich als König der Barmherzigkeit. Bevor der Tag der Gerechtigkeit anbricht, wird den Menschen folgendes Zeichen am Himmel gegeben werden:

Alles Licht am Himmel erlischt und große Finsternis wird auf der ganzen Erde sein. Dann erscheint das Zeichen des Kreuzes am Himmel und aus den Öffnungen, wo die durchbohrten Hände und Füße des Erlösers waren, werden große Lichter fluten, die

---

[71] R. Gerald Culleton, *The Prophets and Our Times* (Tan Books, 1941), S. 206, aufgerufen: 29.7.2019, http://ia800200.us.archive.org/2/items/TheProphetsAndOurTimes/TheProphetsAndOurTimes.pdf.

eine Zeitlang die Erde beleuchten. Das wird kurz vor dem Jüngsten Tag geschehen.“[72]

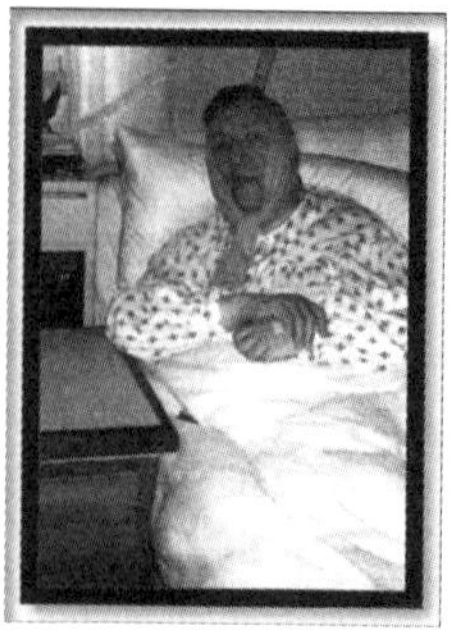

ERSCHEINUNGEN UNSERES HERRN UND UNSERER LIEBEN FRAU IN HEEDE, DEUTSCHLAND
(1937-1940, 1945)
GRETE GANSEFORTH
Mystikerin und Stigmatisierte
(1926-1996)

Jesus zu Grete Ganseforth: *„Ich bin sehr nahe. Die Erde wird erbeben und leiden. Es wird schrecklich sein, ein persönliches Gericht. Aber fürchtet euch nicht. Ich bin bei euch. Ihr werdet euch freuen und Mir danken. Diejenigen, die auf Mich warten, werden Meine Hilfe, Meine Gnade und Meine Liebe haben. Für diejenigen, die sich nicht in einem Zustand der Gnade befinden, wird es beängstigend sein. Die Engel der Gerechtigkeit sind jetzt über die ganze Welt verstreut. Ich werde Mich der Menschheit zu erkennen geben. Jede Seele wird Mich als ihren Gott erkennen. Ich komme! Ich stehe vor der Tür.“*[73]

ELISABETH KINDELMANN
UNGARN **(1913-1985)**
Ehefrau, Mutter, Mystikerin, Gründerin der Liebesflammen-Bewegung

[72] Faustyna Kowalska, *Tagebuch*, Misericordia-Verlag, Krakau, Nr. 83

[73] Ebd., Cenni, *ISS. Cuori.*

Die Muttergottes zu Elizabeth Kindelmann: „*Meine Liebesflamme brennt. Sie ist so groß, dass ich sie nicht länger in mir halten kann. Sie springt mit explosiver Kraft zu euch hinaus. Wenn sie sich verströmt, wird meine Liebe den satanischen Hass zerstören, der die Welt verseucht. Die größte Anzahl von Seelen wird befreit werden. So etwas hat es noch nie gegeben. Dies ist mein größtes Wunder, das ich für alle tun werde. Dieses Wunder braucht nicht beglaubigt zu werden. Ich werde das Wunder in jeder Seele beglaubigen. Alle werden die Ausgießung der Liebesflamme erkennen.*"[74]

ERSCHEINUNGEN UNSERER LIEBEN FRAU IN GARABANDAL, SPANIEN

(1961-1965) Visionäre:

CONCHITA GONZALEZ, MARI LOLI MAZON, MARI CRUZ GONZALEZ UND JACINTA GONZALEZ

Conchita an Dr. J. Dominguez im Mai 1973:

A: Das Wichtigste an diesem Tag ist, dass jeder auf der ganzen Welt ein Zeichen, eine Gnade oder eine Strafe in sich selbst sehen wird. Sie werden sich ganz allein auf der Welt wiederfinden, ganz gleich, wo sie sich zu diesem Zeitpunkt befinden, allein mit ihrem Gewissen vor Gott ... Manchmal gibt es Menschen, die ihr eigenes Böses nicht sehen können, weil sie, wie man sagt, die Augen der Seele verschließen, weil sie nicht nach innen sehen wollen ...

---

[74] Kindelmann, *The Flame of Love* (Children of the Father Foundation; 2015-2018), S. 44-45.

Es soll unsere Seele für Gott öffnen und uns zur Umkehr bringen.

Jeder von uns wird die Seelenschau anders empfinden, denn sie hängt von unserem Gewissen ab. Sie wird sehr persönlich sein. Deshalb werden wir alle unterschiedlich darauf reagieren, denn Ihre Sünden sind anders als meine.

F: Wird die Seelenschau körperlichen Schaden verursachen?

A: Nein, es sei denn, es handelt sich um etwas, das aus dem Schock resultiert, wie z.B. ein Herzinfarkt.

Mari Loli am 27. Juli 1975:

F: Es wird gesagt, dass Sie erwähnt haben, dass zur Zeit der Seelenschau alles aufhören wird – sogar Flugzeuge in der Luft. Ist das wahr?

A: Ja.

F: Können Sie uns noch etwas über die Seelenschau sagen?

A: Alles, was ich sagen kann, ist, dass sie sehr nahe ist und dass es sehr wichtig ist, dass wir uns darauf vorbereiten, denn es wird ein schreckliches Ereignis sein. Es wird uns alle Sünden bewusst machen, die wir begangen haben.[75]

Jacinta im Februar 1977:

„Die Seelenschau ist etwas, das einfach in der Luft gesehen wird, überall auf der Welt, und sofort in das Innere unserer Seelen übertragen wird. Sie wird eine sehr kurze Zeit andauern, aber sie wird uns sehr lang erscheinen, weil sie in uns wirkt. Es wird gut für unsere Seele sein, um in uns selbst unser Gewissen zu sehen – das Gute, das wir nicht getan haben, und das Schlechte, das wir getan haben. Dann werden wir eine große Liebe zu unseren himmlischen Eltern empfinden und um Vergebung für alle unsere Vergehen bitten. Die Seelenschau soll uns näher zu Ihm bringen

---

[75] Ramon Pérez, *Garabandal*, ebda., S. 51-52.

und unseren Glauben stärken. Deshalb sollte man sich auf diesen Tag vorbereiten, ihn aber nicht mit Furcht erwarten. Gott schickt die Dinge nicht aus Angst, sondern aus Gerechtigkeit und Liebe. Er tut es zum Wohl aller Seiner Kinder, damit sie das ewige Glück genießen können und nicht verlorengehen."[76]

Anmerkung: Um der Ehre des Imprimatur der Kirche gerecht zu werden, wurden die Worte des hl. Papstes Paul VI. über die Seelenschau in der 2. Auflage dieses Buches weggelassen, und zwar aus dem einzigen Grund, weil der Verweis auf eine aufgezeichnete Lesung der schriftlichen Quelle und nicht auf die Quelle selbst zurückgeht. Papst Paul VI. war kein Fremder in Garabandal. Im Jahr 1966 wurde die Seherin Conchita Gonzalez nach Rom gerufen und traf privat mit Paul VI. zusammen, der sie mit den Worten ansprach: „Ich segne dich, Conchita, und mit mir segnet dich die ganze Kirche." Conchita schrieb im selben Jahr in einem signierten Brief an P. Gustavo Morelos über ihren Besuch beim Papst: „Hochwürdiger Vater: Meine Reise in den Vatikan war sehr glücklich, alles lief sehr gut. Sie sagten mir, ich solle es geheimhalten, und so kann ich mich nicht genauer ausdrücken."

Später äußerte sich auch Papst Paul VI. öffentlich zu diesem Thema und sagte, „Garabandal ist das wunderbarste Werk der Menschheit nach der Geburt Jesu. Es ist das zweite Leben der sel. Jungfrau auf dieser Erde"… „Es ist sehr wichtig, diese Botschaften in der Welt bekannt zu machen."[V]

[76] Garabandal International Magazine, October-December 2014, aufgerufen: 4.7.2019, http://www.garabandal.org.uk/magazine.html.

†

P. STEFANO GOBBI
ITALIEN (**1930-2011**)
Priester, Mystiker, Begründer der Marianischen Priesterbewegung

Die Muttergottes zu Pater Gobbi: „*Was sich ereignen wird, ist etwas so Großes, dass es alles übertrifft, was sich seit Anbeginn der Welt ereignet hat. Es wird wie ein Gericht im Kleinen sein, und jeder wird sein eigenes Leben und alles, was er getan hat, im Lichte Gottes sehen.*“[77]

MATTHEW KELLY
AUSTRALIEN, VEREINIGTE STAATEN VON AMERIKA (**1973-**)
Ehemann, Vater, Redner, Schriftsteller, Begründer des Dynamic Catholic Institute

Gott der Vater zu Matthew Kelly: „*Das persönliche Gericht ist eine Tatsache. Den Menschen kommt es nicht mehr zum Bewusstsein, dass sie Mich beleidigen. Aus Meiner unendlichen Barmherzigkeit heraus werde ich ein persönliches Gericht abhalten. Es wird schmerzvoll sein, sehr schmerzvoll, aber kurz. Ihr werdet eure Sünden erkennen, ihr werdet erkennen, wie sehr ihr Mich täglich beleidigt.*

[77] Marianische Priesterbewegung, P. Stefano Gobbi, An die Priester: die vielgeliebten Söhne Mariens; 17th English Edition (St. Francis, Maine: Marian Movement of Priests, 1996), S. 784-785.

Ich weiß, dass du denkst, dies klingt wie eine sehr gute Sache, aber unglücklicherweise wird selbst dies nicht die ganze Welt in Meine Liebe bringen. Einige werden sich sogar noch weiter von Mir entfernen; sie werden stolz und halsstarrig sein. Satan arbeitet schwer gegen Mich.

Arme Seelen, die ihr alle seid, der Kenntnis Meiner Liebe beraubt. Bereitet euch auf dieses Gericht von Mir vor. Gericht ist das beste Wort, das ihr Menschen habt, es zu beschreiben, aber es wird mehr sein als dies: Ihr werdet eure eigene persönliche Finsternis im Kontrast zum reinen Licht Meiner Liebe sehen."[78]

JANIE GARZA

VEREINIGTE STAATEN VON AMERIKA **(1955-)**

Ehefrau, Mutter, Mystikerin, Stigmatisierte

Jesus: *Unsere demütige Dienerin, die Erleuchtung, die stattfinden wird, wird nur für eine kurze Zeit sein. Während dieser Zeit wird Mein Vater der ganzen Menschheit erlauben, den Zustand ihrer Seelen zu sehen, wie Mein Vater ihre Seelen sieht. Dies wird eine Zeit großer Gnade sein, in der viele Seelen bereuen und zu Meinem Vater zurückkehren werden. Die Seelen, die sterben, werden unter großem Schock sterben, weil sie den Zustand der Dunkelheit in ihren Seelen sehen.*

Janie: *Geliebter Heiland, wird die Erleuchtung die Menschen erschrecken?*

Jesus: *Die Angst, die ihre Herzen entflammen wird, ist die heilige Angst vor der unermesslichen Macht Meines Vaters, beson-*

[78] Kelly, Worte von Gott, S. 76-77.

ders für die vielen Seelen, die weiterhin die Existenz Meines Vaters geleugnet haben. Das werden die Seelen sein, die eine enorme Furcht erleben werden.

Janie: *Werden sich alle Menschen bekehren?*

Jesus: *Viele werden sich bekehren, aber viele werden es nicht tun.*

Janie: *Oh Jesus, wird das sehr bald geschehen?*

Jesus: *Unsere demütige Dienerin, das wird in kurzer Zeit geschehen. Lass dich nicht von Terminen ablenken, sondern bereite dich jeden Tag mit starkem Gebet vor.*[79]

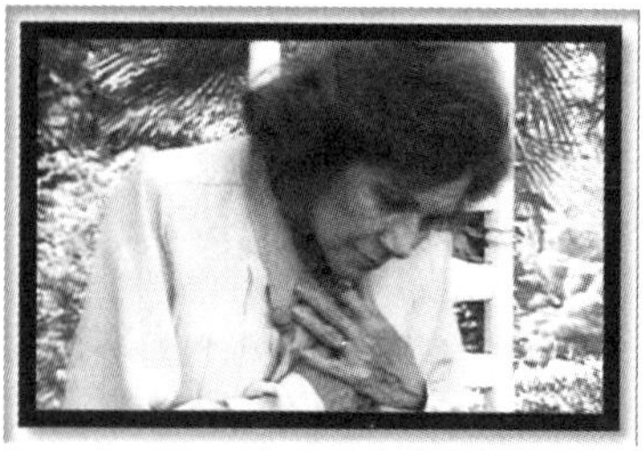

DIENERIN GOTTES,
MARIA ESPERANZA
VENEZUELA **(1928-2004)**
Ehefrau, Mutter, Mystikerin, Stigmatisierte, Visionärin der Erscheinungen in Betania, Venezuela **(1976-1990)**

Die Muttergottes zu Maria Esperanza: „*Die Liebe meines Jesus wird die Tür sein, die die Herzen öffnen wird, um den Zugang zu einer schönen Epoche zu ermöglichen, die die Menschen zu einer glorreichen Lehre der Einheit wiederbeleben muss. Nutze die Zeit, denn die Stunde kommt, in der mein Sohn vor allen als Richter und Erlöser erscheinen wird. Ihr müsst in der Lage sein, mit Ihm an diesem großen Tag zu leben. Denkt nicht, dass er in weiter Ferne liegt.*“[80]

---

[79] Janie Garza, ebda., S. 329.

[80] *The Appeals of Our Lady: Apparitions and Marian Shrines in the World.* „Apparition of the Virgin Mary at Betania.“

Die vierte Botschaft von Betania – Unsere Liebe Frau an Maria Esperanza: „*Meine lieben Kinder, ich bin eure Mutter, und ich komme, um euch zu suchen, damit ihr euch darauf vorbereitet, meine Botschaft der Versöhnung zu überbringen: Es kommt der große Augenblick eines großen Tages des Lichts. Die Gewissen dieses geliebten Volkes müssen heftig aufgerüttelt werden, damit sie ‚ihr Haus in Ordnung bringen' und sie Jesus die gerechte Wiedergutmachung für die tägliche Untreue, die von den Sündern begangen wird, anbieten können … es ist die Stunde der Entscheidung für die Menschheit.*"[81]

LUZ DE MARÍA DE BONILLA
COSTA RICA, ARGENTINIEN
(1962?-)
Ehefrau, Mutter, Mystikerin
und Stigmatisierte

Die Muttergottes an Luz de María: „*Wie nahe ist diese Generation der Seelenschau! Und wie viele von euch wissen nicht einmal, was die Seelenschau ist! In diesen Zeiten werden meine treuen Werkzeuge und mein Prophet [Luz de María] von jenen verspottet, die sich für Gelehrte der Spiritualität halten, von jenen, die Millionen von Seelen durch die Mittel der Massenkommunikation erreichen … Die Seelenschau ist kein Hirngespinst. Die Menschheit muss geläutert werden, damit sie nicht in die Flammen der Hölle stürzt. Die Menschen werden sich selbst sehen und in diesem Augenblick wird es ihnen weh tun, dass sie nicht geglaubt haben, aber sie werden bereits viele meiner Kinder irrege-*

[81] Signs and Wonders for Our Times, Vol. 15 n. 2, Featured Article from www.sign.org, S. 37.

führt haben, die sich nicht so leicht davon erholen können, denn die Gottlosen werden die Seelenschau leugnen und sie den neuen Technologien zuschreiben.“[82]

P. MICHEL RODRIGUE
Priester, Mystiker, Exorzist,
Abt und Gründer der Apostolischen Bruderschaft des heiligen
Benedikt-Joseph Labre
KANADA, GEGRÜNDET **2012**

Gott Vater zu Pater Michel Rodrigue:

„Bete und sei zuversichtlich. Ich will nicht, dass ihr wie diejenigen seid, die keinen Glauben haben und bei der Erscheinung des Menschensohns zittern werden. Im Gegenteil, betet und freut euch und empfangt den Frieden, den Mein Sohn Jesus schenkt. Welch ein Schmerz, wenn Ich den freien Willen respektieren muss und an den Punkt komme, eine Seelenschau zu geben, die auch Teil Meiner Barmherzigkeit ist. Seid bereit und wachsam für die Stunde Meiner Barmherzigkeit. Ich segne euch, Meine Kinder.“[83]

[82] Luz de María de Bonilla, *Venga a Nosotros Tu Reino.* Botschaft der Sel. Jungfrau Maria vom 3.3.2013, S. 56, Revelaciones Marianas, https://www.revelacionesmarianas.com/libros/de/2013.pdf, abgerufen: 17.9.2019.

[83] Aus den live aufgezeichneten Vorträgen von Pater Michel Rodrigue in Barry's Bay, Ontario, 12. u. 13.7.2018.

ZEUGNISSE VON DER SEELENSCHAU

Derselbe Heilige Geist heiligt außerdem nicht nur das Gottesvolk durch die Sakramente und die Dienste der Kirche, er führt es nicht nur und bereichert es mit Tugenden, sondern „teilt den Einzelnen, wie er will" (1 Kor 12,11), seine Gaben aus und verteilt unter den Gläubigen jeglichen Standes auch besondere Gnaden. Durch diese macht er sie geeignet und bereit, für die Erneuerung und den vollen Aufbau der Kirche verschiedene Werke und Dienste zu übernehmen gemäß dem Wort: „Jedem wird der Erweis des Geistes zum Nutzen gegeben" (1 Kor 12,7). Solche Gnadengaben, ob sie nun von besonderer Leuchtkraft oder aber schlichter und allgemeiner verbreitet sind, müssen mit Dank und Trost angenommen werden, da sie den Nöten der Kirche besonders angepasst und nützlich sind.

Zweites Vatikanisches Konzil, *Lumen Gentium*, 12

C. ALAN AMES

Ein Besuch bei einem gewalttätigen Alkoholiker

C. Alan Ames ist ein katholischer Mystiker, der 1993 seinen Heilungsdienst und als Redner und Autor begann, nachdem er eine übermäßig dramatische Bekehrung mit himmlischen Besuchern und einer persönlichen Erkenntnis seines Gewissens erlebt hatte. Seitdem hat der Herr ihn in die ganze Welt gesandt, um Tausende zu heilen und zu bekehren, dank seines heiligen Eifers und der außergewöhnlichen Charismen, mit denen der Herr ihn beschenkt hat. Alan lebt schmerzhaft die Passion mit den verborgenen Stigmata, die manchmal sichtbar sind. Er hat mehr als 20 Bücher veröffentlicht und empfängt weiterhin Botschaften von der Heiligen Dreifaltigkeit und den Heiligen. Alans Dienst genießt die volle und ausdrückliche Unterstützung des Erzbischofs von Perth in Australien, wo er wohnt. Siehe www.alanames.org.

†

Im Jahr 1993, als ich 40 war, reiste ich häufig für meinen Job als Verkaufsleiter für ein pharmazeutisches Unternehmen in Perth, Australien. Auf einer meiner Arbeitsreisen flog ich in eine Stadt namens Adelaide und ging meiner monotonen Routine nach: Ich checkte in ein Hotel ein und setzte mich aufs Bett, um ein Fernsehprogramm zu schauen. Obwohl ich normalerweise ein starker Trinker bin, hatte ich keinen Alkohol getrunken, weil ich an Arbeitstagen normalerweise keinen Alkohol konsumiere.

Während ich mir die Abendnachrichten ansah, erschien plötzlich direkt vor mir ein schrecklich aussehender Mann, der seine Arme nach vorne streckte und begann, mich zu würgen. Er war dunkelhäutig, hatte wulstige Augen und seine Lippen waren zu einem Knurren hochgezogen, das seine schrecklichen Zähne entblößte; aber ich war weniger besorgt über sein Aussehen als über die Tatsache, dass er mich würgte! Ich versuchte, meine Kampfkünste gegen ihn einzusetzen, da ich Kapitän des australischen Teams bei den Aikido-Weltmeisterschaften gewesen war, aber meine Hände gingen direkt durch seinen Körper. Ich konnte nichts tun, um seinen Würgegriff zu stoppen. Nach einigen Minuten sinnlosen Kampfes drohten die Adern in meinem Hals zu platzen, und ich glaubte, meinen letzten Atemzug zu tun.

Dann sagte eine hörbare Stimme in meinem Kopf: „Bete das Vaterunser!" Das war der allerletzte Gedanke, auf den ich gekommen wäre, aber in meiner Verzweiflung begann ich, es zu beten, und das Würgen hörte auf. Dann hörte ich auf und das Würgen setzte wieder ein. Jedes Mal, wenn ich aufhörte zu beten, begann das Würgen, und jedes Mal, wenn ich wieder anfing, hörte es auf. Um diesen Alptraum noch zu verschlimmern, war ich gefangen und konnte mich nicht bewegen. Ich versuchte immer wieder, das Hotelzimmer zu verlassen, aber der furchterregende Mann hielt mich im Würgegriff fest – und das ging die ganze Nacht so weiter.

Das Erlebnis war so seltsam und beängstigend, dass ich dachte, ich sei verrückt geworden: „Das war's. Ich bin absolut verrückt." Ich hatte von Leuten gehört, die im Übermaß tranken und dann rosa Elefanten an der Wand hinaufwandern sahen, also dachte ich, ich sei einer von ihnen. Dann sah ich meinen Hals in dem großen Hotelspiegel. Zu meinem Erstaunen war er gequetscht; ich konnte also nicht leugnen, dass der Angriff echt war. Aber ich konnte es auch nicht akzeptieren.

Am nächsten Tag hörte ich dieselbe Stimme in meinem Kopf, die mir gesagt hatte, ich solle das Vaterunser beten. Er sagte mir, er sei ein Engel, den Gott geschickt habe, um mir zu helfen. Ich glaubte nicht an die Existenz von Engeln. Für mich waren sie nichts weiter als Märchenfeen. Er sagte, Gott habe ihn geschickt, weil Er mich liebe und meine Liebe wolle. „Wenn Gott existiert", antwortete ich dieser „Fee" in meinem Kopf, „würde Er jemanden wie mich sicher nicht lieben!"

Ich hatte guten Grund zu der Annahme, dass ich ein schlechter Kandidat für die Liebe war. Gott war immer der am weitesten entfernte Gedanke in meinem Kopf gewesen und Ärger zu machen, der erste. Ich wurde am 9. November 1953 in Bedford, England, nördlich von London, als Sohn eines englischen Vaters und einer irisch-katholischen Mutter aus der Grafschaft Kerry geboren. Sie betete oft den Rosenkranz, ging in die Kirche und versuchte, mich im Glauben zu erziehen, aber ich hatte überhaupt kein Interesse an Religion. Ich ignorierte ihre Bemühungen völlig und zog es vor, das Haus zu verlassen, um zu spielen und Geld zu stehlen, was meiner Mutter viel Kummer bereitete. Da ich aus einer armen Familie stammte, war ich hasserfüllt gegenüber denjenigen, die Spielzeug hatten, die Ferien hatten, die Dinge hatten, die ich nicht haben konnte. Schon von klein auf habe ich nicht an die Existenz Gottes geglaubt. Vielleicht hatte sich eine Gruppe weiser Männer zusammengesetzt und Richtlinien aufgeschrieben, wie wir leben sollten, ohne uns gegenseitig zu verletzen, und sie in diese Geschichte namens Jesus verpackt.

Mit zwölf Jahren fing ich an, Alkohol zu trinken, und wurde vor Gericht gestellt, weil ich Geld aus dem Kerzenkasten in der St. Edmund's Kirche in Edmonton, London, genommen hatte. Mit 14 hatte ich die schlechtesten Noten aller Schüler an einer Jesuitenschule in Stamford Hill und wurde schließlich wegen

Diebstahls von der Schule verwiesen. Ich dachte, die einzige Möglichkeit, mit Würde behandelt zu werden, bestünde darin, in die Fußstapfen meines Vaters zu treten: eines aggressiven, alkoholkranken Spielers. Die Leute hatten Angst vor ihm und zollten ihm nur zähneknirschend Respekt, den er sich mit Gewalt verschaffte. Ich kopierte seine Gewohnheiten einschließlich seines ständigen Alkoholkonsums, denn der Alkohol gab mir gute Gefühle und betäubte mich gegen all die schlechten Dinge in meinem Leben. Aber am nächsten Tag fühlte sich alles noch schlimmer an und ich trank wieder, um die Folgen zu ertränken.

Ich lebte mit meinen Eltern und meinen vier Brüdern in einem gefährlichen Teil von London. In meinen Teenagerjahren schloss ich mich einer Motorradgang an und wurde extrem gewalttätig. Die meisten meiner Freunde waren wie ich: Schläger und Diebe. Mein bester Freund brachte jemanden um, ein anderer Freund wurde im Alter von 17 Jahren ermordet, ein anderer wurde bei einer Schlägerei geblendet und ein weiterer versuchte, eine ältere Frau zu ermorden. Ich lernte Aikido, weil ich, selbst 5 Fuß 7 Zoll groß, realisierte, dass es dort draußen viele Männer gab, die viel größer waren als ich. Als ein Mann, der mich beschützt hatte, wegen Mordes für zwölf Jahre ins Gefängnis kam, arbeitete ich hart daran, mich besser zu schützen, und erreichte schließlich den Schwarzen Gürtel vierten Grades. 1992 wurde ich Kapitän des australischen Teams bei den Weltmeisterschaften in Tokio. Ich war sehr jähzornig und die Kampfkünste lehrten mich, wie ich damit Menschen verletzen konnte: Ich brach ihnen die Knochen, schlug sie, trat sie und tötete sie sogar. Ich verletzte andere aus Eifersucht, weil sie zu haben schienen, was ich nicht hatte – Geld und die Liebe einer glücklichen Familie.

Im Alter von 18 Jahren lernte ich meine zukünftige australische Frau kennen und verbarg mein wahres Ich, damit sie mich mochte. Sie bemerkte, dass ich viel trank, aber nicht, dass ich süchtig nach dem Zeug war. Sie muss mich geliebt haben. Sie heiratete mich. Wir lebten in London und das Leben dort war für mich als ungebildeter, sich abmühender Lagerarbeiter hart, also sagte meine Frau: „Lass uns nach Australien gehen. Dort ist das Leben besser." Ich stimmte zu und wir zogen 1976 nach Perth.

Einige Jahre später gelang es mir, meinen Job bei einem Pharmaunternehmen zu bekommen, indem ich log, um die Stelle zu bekommen. Um die Stelle zu behalten, musste ich mich tatsächlich mit dem Thema Medizin befassen, und das Lernen machte sich bezahlt, denn ich blieb zehn Jahre lang dort und stieg bis zum Verkaufsleiter auf. Ich hatte einen großartigen Job, einen einfachen Job, der viel Geld einbrachte und viele Möglichkeiten bot, Kain zu erziehen.

Trinken ist in Australien sehr beliebt und ich passte da ganz gut rein. Außerhalb der Arbeit drehte sich ein Großteil meines Lebens um Zechgelage, Prügeleien, Diebstahl, Betrug und Lügen. Ich glaube, das Einzige, was ich nicht getan habe, war Mord, aber ich war ein paar Mal erschreckend nahe daran. Ich lebte für Macht, Geld und eine gute Zeit zu jeder Zeit. Aber das Leid hat meine Träume immer wieder zunichte gemacht, weil mein Vergnügen aus Sünde und Süchten kam, mit ihren bleibenden Spuren von Schmerz, Verletzung, Einsamkeit und Leere.

Mein Leben war dunkel, als der Engel begann, mich zu besuchen. Selbst als ich seine Stimme hörte, glaubte ich immer noch nicht, dass er existierte, also sagte ich zu ihm: „Beweise, dass es dich gibt." Und das tat er. Er begann, mir verschiedene Dinge zu prophezeien, die in meinem Leben passieren würden, und ich erzählte sie meiner Frau – und zu unserem Erstaunen wurden sie alle wahr.

Der Engel war sanftmütig, aber ich hörte nicht auf ihn; deshalb fuhr Gott an seiner Stelle die großen Geschütze auf. Eines

Abends, als ich wieder in Adelaide war, aber in einem anderen Hotel wohnte, erschien die hl. Teresa von Avila in meinem Zimmer und trug einen braunen Karmeliter-Habit. Ihr Gesicht sah kämpferisch und streng aus, wie das einer strengen Lehrerin. Sie gab mir einen Tritt in den Hintern und sagte, ich müsse mein Leben völlig ändern, um nicht in die Hölle zu kommen, die sie dann in erschreckenden Details beschrieb. Das hat mich wachgerüttelt. Bis dahin war die Hölle nur ein erfundener Mythos, der die Menschen dazu bringen sollte, ein besseres Leben zu führen, aber jetzt, da dieser Ort existierte, wollte ich auf keinen Fall dorthin.

Die hl. Teresa erklärte mir, dass ich anfangen müsse, Gott und meine Mitmenschen zu lieben. Jeder Mensch, sagte sie, sei nach dem Bild Gottes geschaffen, und Ihn zu lieben bedeute natürlich, andere Menschen zu lieben, ungeachtet ihrer Unterschiede oder ihres Verhaltens mir gegenüber. Dann verriet sie mir, was auch mir gehören könnte: Sie erzählte mir alles über den Himmel. „Dorthin möchte ich gehen!"

„Du kannst das Paradies erreichen", sagte sie zu mir, „jeder kann das. Wenn du deinen katholischen Glauben lebst, ist dir der Himmel garantiert." Dann bestand sie darauf: „Bete, bete den Rosenkranz!", und bat mich, einen zu besorgen.

Ich hatte keine Lust zu beten. Beten war langweilig, also suchte ich nach Ausreden: „Wo kann ich um diese Zeit einen Rosenkranz bekommen?"

„Um die Ecke gibt es einen Laden, der geöffnet hat und Rosenkränze verkauft."

„Um 21.30 Uhr abends? Das ist unmöglich!"

„Du gehst hin!"

„Das ist doch total verrückt", dachte ich mir, als ich nach draußen ging. Als ich um die Ecke bog, sah ich einen religiösen Laden. Er war offen und sie füllten gerade ihre Lagerbestände auf. Die hl. Teresa führte mich nach unten, wo viele Rosenkränze ausgestellt waren. Ich konnte es nicht glauben. Sie zeigte mir einen braunen Rosenkranz, von dem ich später erfuhr, dass es die Farbe des Karmeliterordens war, dem sie angehörte. „Nimm diesen!“, drängte sie.

Mit dem Rosenkranz in der Hand ging ich zurück in mein Hotelzimmer. Vor der hl. Teresa stehend, nahm ich meine Litanei der Ausreden wieder auf: „Ich kann das nicht beten. . so viele Gebete, zu viele Ave-Marias und Vaterunser … Ich schaffe das nicht!“ Als Versicherungspolice hatte ich mir angewöhnt, jeden Abend zehn Sekunden lang zu beten. Ich dachte mir, wenn ich im Schlaf sterbe, nimmt Gott mich mit in den Himmel – falls es den überhaupt gibt.

„Bete den Rosenkranz“, sie bestand darauf, „und bete 15 Gesätze!“, was drei ganzen Rosenkränzen entspricht. „Upps.“ Ich mochte das Gebet nicht, also begann ich einen heftigen Streit mit der hl. Teresa. „Du musst beten“, sagte sie, „und du musst den Rosenkranz beten, denn du riskierst, deine Seele zu verlieren! *Du kommst in die Hölle, wenn du dich nicht änderst!*“ Unnötig zu sagen, dass sie den Streit gewonnen hat.

Ich kannte den Rosenkranz nicht wirklich, also erklärte sie mir, wie man ihn betet. Sie sagte, ich solle ihn als ein Fenster in das Leben Gottes auf Erden sehen, ich solle mich neben Jesus stellen und mit Ihm durch Sein Leben gehen. Wenn ich das tue, wird Seine Gnade in mich eindringen und mich auf kraftvolle Weise berühren. „Jedes Rosenkranzgebet“, sagte sie mir, „ist ein Schritt weg vom Bösen und ein Schritt hin zu Gott. Sieh den Rosenkranz als eine Kette, die du Satan um den Hals hängst, die ihn niederdrückt und seinen Griff um dich bricht.“

Von meinem ersten Rosenkranzgebet an fühlte ich einen Frieden, ein Glück, eine Aufregung in mir. Ich konnte nicht aufhören zu lachen und ich konnte nicht aufhören zu weinen.

Keine Drogen oder Alkohol hätten mir das geben können, was ich in diesem Moment fühlte. Je mehr ich betete, desto stärker wurde dieses Gefühl, bis ich plötzlich fünfzehn Gesätze hinter mir hatte. Ich wollte weitermachen …

„Warum geschieht das?“ fragte ich die hl. Teresa. „Wenn ich andere Menschen beten sehe, haben sie oft lange Gesichter und sehen unglücklich aus, als ob sie zum Beten gezwungen wären. Dabei ist das doch eine wirklich freudige, wunderbare Sache. Erleben andere Menschen nicht das, was ich im Gebet erlebe?“

„Nun, oft nicht“, antwortete sie, „denn wenn sie beten, denken sie oft an sich selbst. Sie konzentrieren sich auf ihr Leben, ihre Probleme, ihre Sorgen. Wenn man sich auf sich selbst konzentriert, wird Gott zur Seite geschoben. Wenn Gott an zweiter Stelle steht und das eigene Ich an erster Stelle, verschließt sich das Herz vor Gott und verhindert, dass Seine Gnade uns erfüllt. Wenn du dich jedoch in deinen Gebeten auf Gott konzentrierst und über dich selbst und die Welt hinausschaust, dann öffnet sich deine Seele und Gott gießt Seine Gnade in Hülle und Fülle tief in dich hinein. Sie sagte, ich solle den Menschen sagen, dass sie sich, wenn sie zu beten beginnen, als Erstes an den Heiligen Geist wenden und sagen sollen: „Herr, ich kann nicht richtig beten. Ich bin schwach; ich bin menschlich; ich bin zerbrechlich. Ich lasse mich leicht ablenken, denke an mich und die Welt. Aber Du, Herr, führst mich darüber hinweg. Hilf mir, richtig zu beten. Hilf mir, mich auf den Vater, den Sohn und Dich, Heiliger Geist, zu konzentrieren, so dass sich meine Seele öffnen kann und ich die Gnade empfangen kann, die für jeden im Gebet da ist.“

Sie fuhr fort: „Wenn du das tust, wenn du Gottes Hilfe im Gebet und in allem, was du tust, suchst, dann kannst du anfangen zu erfahren, was das Gebet sein soll: ein freudiges Geschenk der Liebe Gottes. Wenn das Gebet eine Last, eine Aufgabe, eine

Pflicht ist, dann liegt das oft daran, dass das Gebet egozentrisch und nicht gottzentriert ist. Denke daran, dass Gott in allen Dingen an erster Stelle stehen muss. Schaue in allem auf Gott, dann wirst du in allem, was du tust, Seine Freude empfangen."

Von dem Moment an, als ich anfing, den Rosenkranz zu beten, wurde der Griff Satans um mich schwächer. Meine Süchte hörten auf, und ich hatte viele davon – vor allem Alkohol. Das ist nichts, was ich getan habe, sondern eine Gnade von Gott. Jeder, der schon einmal alkoholabhängig war, weiß, wie schwer es ist, damit aufzuhören, und ich habe sofort aufgehört. In Momenten der Versuchung, in denen ich mich schwach und so allein, verletzt, zurückgewiesen und ungeliebt fühlte, wurde ich befreit und gestärkt, indem ich mich an die Worte der hl. Teresa erinnerte: „Jedes Mal, wenn du den Wunsch verspürst, etwas Falsches zu tun, denke an Jesus. Denke einfach an Seinen Namen, denke an Sein Leiden am Kreuz, oder sieh die Hostie vor dir. Konzentriere dich darauf und du wirst sehen, wie deine Begierden verschwinden."

Bald nachdem die hl. Teresa von Avila mich besucht hatte, kamen auch andere Heilige, um zu mir zu sprechen. Die ersten Drei waren der hl. Stephanus, der hl. Andreas und der hl. Matthäus, die mich ermutigten, die Heilige Schrift zu lesen, was ich auch tat. Als ich für einen Urlaub nach England zurückkehrte, wiesen sie mich an, in die St. Edmund's Church zu gehen, dieselbe Kirche, in der ich als Kind beim Stehlen erwischt worden war.

Schließlich blieb ich zur Hl. Messe, was für mich damals ungewöhnlich war. Als ich danach vor einer Herz-Jesu-Statue kniete und betete, strahlte sie plötzlich ein weißes Licht aus und wurde vor meinen erschrockenen Augen physisch lebendig. Dann verwandelte sich die Statue in die in Weiß gekleidete Gottesmutter, aus deren Innerem das Licht strahlte. In ihrem

Lächeln lag so viel Liebe und ihre Schönheit war unbeschreiblich. Wie kann ich sie nur angemessen beschreiben? Ihre Augen waren blau und ihr Haar schwarz. Sie war vielleicht so groß wie meine Frau, etwa fünf Fuß und sechs Zoll [ca. 171 cm]. Aber das sagt wenig aus. Ich konnte ihr Herz sehen, das von weißen Rosen umringt war und sich über das Heiligste Herz Jesu legte. Ich hatte noch nie vom Unbefleckten Herzen Mariens gehört und erst am nächsten Tag wurde mir durch einen Blick auf ein Gebetsbildchen klar, was ich gesehen hatte: Ihre beiden Herzen sind eins. Ich war noch fassungsloser, als die Gottesmutter Maria von der lebenden Statue aus zu mir zu sprechen begann. Ihre ersten Worte waren: „Bete, bete, bete." In meiner verwirrten und fehlerhaften Logik bedeutete das, dass ich meine Rosenkranzgebete um das Dreifache erhöhen musste, und so begann ich, jeden Tag viele Gesätze des Rosenkranzes zu beten. Maria sagte mir auch, dass sie meine Mutter sei und dass Gott ihr eine wunderbare Gnade gegeben habe, die Menschen tiefer in das Herz Jesu zu führen. Von diesem Zeitpunkt an besuchte sie mich und tat genau das.

Im Jahr 1994 sagte die Gottesmutter Maria eines Tages zu mir: „Mein Sohn kommt zu dir", und vor mir stand Jesus am Kreuz und sagte mir, dass Er mich liebt und mir vergeben will. Es war der schönste Tag in meinem Leben, aber auch der schwierigste, weil mir gezeigt wurde, wie all meine Sünden, von der Kindheit bis heute, zu Seinem Leiden und Sterben beigetragen hatten. Es waren so viele! Es schien, als ob ich jede Sekunde meines Lebens sündigte.

Ich sah, dass ich jedes Mal, wenn ich jemanden verletzt hatte, Jesus verletzte. Jedes Mal, wenn ich eine Lüge erzählte, log ich über Jesus, während Er litt und starb. Jedes Mal, wenn ich über andere lästerte, war ich unter dem Kreuz mit denen, die über Jesus lästerten, während Er im Todeskampf hing. Jedes Mal, wenn ich mich über andere lustig machte, machte ich mich über Jesus lustig, als Er für mich starb. Selbst die kleinste Sünde, selbst die Gedanken, die ich anderen gegenüber hegte – Abneigung, Wut, Hass oder Frustration – erschienen mir so groß. Und meine schlimmen Sünden zu sehen, war absolut schrecklich.

Jesus zeigte mir den Zustand meiner Seele, die verdorben war. Er offenbarte mir, wie meine Sünden andere Menschen nicht nur verletzten, sondern sie oft auch zur Sünde verleiteten, z. B. wenn sie versuchten, mich nachzuahmen, oder mit Wut oder Gewalt reagierten. Ich schämte mich so sehr, fühlte mich so unwürdig und beleidigend. Ich wollte weglaufen, konnte es aber nicht, und Jesus wollte mich nicht verlassen. Schlimmer noch, Er sagte mir immer wieder, dass Er mich liebte und mir gerne vergeben würde.

Dann änderte sich die Sichtweise und ich sah Jesus im Garten Getsemani, wie Er den Schmerz, die Verletzung, das Leiden von meinen Sünden und denen aller anderen vom Anfang bis zum Ende der Zeit in Sein Herz aufnahm. Es ist kein Wunder, dass Er Blut schwitzte. Ich sah die Peitschenhiebe und die Dornenkrone als von meinen Sünden kommend. Ich sah, wie Jesus das Kreuz trug und ich mit meinem Stolz darauf saß und es schwerer und schwerer machte. Ich sah jeden der Nägel, den Speerstoß … Ich sah Jesus am Kreuz hängen, der mich einfach liebte und mir zurief, dass Er mir vergeben wollte, egal, wie sehr ich Ihn verletzte. „Durch all diese Zeiten hindurch“, sagte Er, „war Ich immer noch an deiner Seite und liebte dich.“

Ich fiel weinend zu Boden und sah, wie sehr ich meinen süßen, sanften und wunderbaren Herrn im Laufe meines Lebens verletzt hatte. Ich wollte nicht mehr leben. Ich flehte Jesus an, mich sterben zu lassen und mich in die Hölle zu schicken, weil ich mich nicht so fühlte, als dass ich noch existieren sollte. Aber

Jesus rief immer wieder nach mir. Fünf Stunden lang weinte ich und weinte, rollte mich auf dem Boden zusammen, schluchzte wie ein Baby und flehte Jesus an: „Lass mich sterben, lass mich sterben!“ Zu sehen, wie Sein Blut über Sein Gesicht rann, als Er mir durch Sein Leiden zurief: „Ich liebe dich und Ich will dir vergeben“, war der tiefste Schmerz, den ich je in meinem Leben empfunden habe.

Schließlich fasste ich mit Seiner Gnade den Mut, Ihn um Vergebung zu bitten. Ich streckte die Hand über einen Abgrund von Scham aus und sagte: „Vergib mir, lieber Jesus.“

„Ich vergebe dir ja“, antwortete Er. In diesem Moment spürte ich, wie eine ungeheure Last der Sünde von mir genommen wurde. Seine Liebe berührte meine Seele auf eine so wunderbare Weise, dass ich Seine Gegenwart nie wieder verlieren wollte. Ihn zu besitzen, das wusste ich, war das Wichtigste im Leben. Ich fühlte mich erfrischt, erneuert – ein anderer Mensch! Ich konnte nicht aufhören, Jesus zu sagen, dass ich Ihn liebte und Ihn für immer lieben wollte. Ich wusste, dass ich Ihn nie wieder absichtlich verletzen könnte, und ich wollte nie mehr von Ihm getrennt sein. An diesem Tag verliebte ich mich in Jesus und ich übergab mein Leben ganz Gott.

Nachdem ich den Herrn um Vergebung gebeten hatte, sagte Er zu mir: „Geh zur Beichte.“

„Warte einen Moment!“, antwortete ich. „Ich habe mir fünf Stunden lang die Augen ausgeweint und Dich angefleht, mich sterben zu lassen und mich in die Hölle zu schicken, während Du mich durch all diese Sünden geführt hast, die ich begangen habe, und dann hast Du gesagt, dass Du mir vergibst. Warum muss ich jetzt zur Beichte gehen?“ Ich dachte, die Beichte sei eine Machtdemonstration für den Priester. Nachdem du ihm gesagt hast, was du falsch gemacht hast, schimpft er mit dir und gibt dir zur Strafe ein paar Gebete auf; dann gehst du nach draußen, sprichst sie so schnell du kannst und rennst aus der Kirche. Das nächste Mal, wenn du den Priester siehst, gehst du ihm aus dem Weg.

Da Jesus meine Gedanken kannte, sagte Er zu mir: „Das ist es überhaupt nicht. Du brauchst die Gnade durch das Sakrament, das dir über deine Schwächen hinweghilft." So lernte ich direkt vom Herrn, dass Er uns die Beichte gegeben hat, um uns zu helfen, uns zu stärken, uns zu läutern, uns zu reinigen – um uns Gott immer näher zu bringen und unsere Seelen zu heilen.

„Es ist wichtig, dass du hingehst", sagte Jesus zu mir. „Du musst alle deine Sünden bekennen."

Also ging ich in den Beichtstuhl und sagte im Wesentlichen: „Bitte, Vater, vergib mir, denn ich habe gesündigt. Ich habe diese kleine Sache gestohlen und diese kleine Lüge erzählt und vergib mir auch alles andere, was ich getan habe." Ich dachte, damit wäre es erledigt. Ich wollte nicht, dass der Priester erfährt, wie schlecht es mir wirklich ging.

Als ich aus dem Beichtstuhl herauskam, sagte Jesus: „Versteh doch, wenn du nicht alle deine Sünden bekennst, hältst du den Schmerz, die Verletzung und das Leid, das sie mit sich bringen, fest. Wenn du nicht alle deine Sünden bekennst, ist es für Satan ein Leichtes, dich zu weiteren Sünden zu verleiten, weil du nicht nur ein schlechtes Gewissen hast, sondern diese Sünde auch in deinem Herzen, in deiner Seele verankert ist. Sie bleibt dort eine Schwachstelle, eine Tür, durch die das Böse eindringen und dich weiter von Gott wegführen kann. Es ist auch wichtig, dass du deine Fehler immer wieder erkennst, und wenn du das tust, gehst du zur Beichte und bittest um Vergebung. Schiebe sie nicht beiseite und sage, sie seien nicht wichtig. Verstehe, dass es wichtig ist, jede Sünde loszuwerden."

Am nächsten Tag ging ich wieder zum Sakrament der Versöhnung und beichtete alle großen Sünden, an die ich mich erinnern konnte. Ich saß so lange im Beichtstuhl, weinte und flennte, dass der Priester mir sehr leid tat.

Viele Male habe ich zum hl. Stephanus, zum hl. Matthäus und zum hl. Andreas gesagt: „Warum ich? Es gibt so viele gute Menschen, die in die Kirche kommen, weil sie Gott lieben, so viele religiöse Menschen, und doch sprecht ihr mit mir, der ich so schlecht war, der so schlecht ist. Ich verstehe das einfach nicht."

Sie erklärten: „Es ist so, weil Gott dich liebt, und Er liebt dich genauso wie jeden anderen. Der einzige Unterschied ist, wie sehr du Gott liebst. Und dass Gott dir erscheint, der du so weit von Ihm entfernt warst, zeigt, dass Seine Liebe für jeden da ist, selbst für den schlimmsten Sünder, nicht nur für einige wenige."

Als Jesus mir am Kreuz vergab und ich es annahm, sagte ich Ihm, dass ich alles, was Er von mir verlangte, auch tun würde. Und Er nagelt mich darauf fest. Jedes Mal, wenn ich eine Bitte von Ihm nicht erfüllen will, erinnert Er mich an dieses Versprechen. Als Gott in mein Leben trat, wollte ich als Erstes den Job kündigen, von dem ich dachte, dass ich ihn nie verlassen würde, um Seine Arbeit zu tun, und genau das hat Jesus von mir verlangt. Er sagte: „Es wird schwierig sein. Es wird niemals einfach sein, bis zu dem Tag, an dem du stirbst. Aber gib nicht auf!"

Seit dem Beginn meines Dienstes im Jahr 1994 habe ich mich um den Beistand und die Führung der Kirche bemüht. Der Erzbischof von Perth, Hochwürden Barry Hickey, hat mich zunächst 17 Jahre lang unterstützt. Ich sah ihn häufig und er ernannte einen geistlichen Begleiter, der alle meine Schriften prüfte und meine Arbeit überwachte. Nach ihm haben mich Erzbischof Timothy Costelloe und sein Weihbischof Don Sproxton unterstützt, was auch schriftlich dokumentiert ist.

Der Auftrag, den Jesus mir gegeben hat, besteht darin, in die Welt hinauszugehen und den Menschen zu sagen, dass Gott sie liebt und dass Er sie nicht verurteilen oder bestrafen will. Seit 1994 hat mich der Herr rund um den Globus gesandt, um Sein Werkzeug der Heilung zu sein und die Menschen näher zu Ihm und Seiner Kirche zu bringen.

Der Herr hat so oft gesagt, dass der Tag des Gerichts kommen wird. Niemand weiß, wann das sein wird, und ich sage auch nichts dazu. Was Jesus mir sagt, ist, dass ich den Menschen sagen soll, sie sollen beten, die Sakramente empfangen, sich Gott zuwenden, Gott lieben und sich gegenseitig lieben. Wenn dann der Tag des Gerichts kommt, werden sie von Gott belohnt und nicht bestraft werden.

Ich glaube, dass die Seelenschau oder das persönliche Gericht, vor dem viele Menschen Angst haben und auf das sich einige freuen, mit dem vergleichbar ist, was der Herr mit mir durchgemacht hat. Ich hoffe, dass ich es nie wieder erleben muss, aber ich bin sicher, dass ich es erleben werde. Indem Er uns plötzlich die rosarote Brille abnimmt, durch die wir nur das Gute in uns sehen und denken, wie wunderbar wir sind, indem Er uns zeigt, wie wir wirklich gelebt haben und wie beleidigend unsere Sünden für Gott sind, hofft Er, dass wir nicht mehr sündigen wollen.

„Ändert euch, betet, empfangt die Sakramente, liebt euch gegenseitig; verletzt euch nicht gegenseitig. Lebt in der Liebe Gottes und meidet die Hölle, denn wenn ihr das nicht tut, ist das wahrscheinlich der Ort, an den ihr gehen werdet." Das ist die Botschaft, die Er mir gegeben hat, die Botschaft, die Er jedem gibt, der zuhören will. Gott ist real und Er bietet jedem Seine Liebe an, Seine Liebe für immer im Himmel.

Jesus:

[Mögen] die größten Sünder ihre Hoffnung in Meine Barmherzigkeit [legen]. Sie haben vor allen anderen das Recht, auf den Abgrund Meiner Barmherzigkeit zu vertrauen. Meine Tochter, schreibe für die geplagten Seelen von Meiner Barmherzigkeit. Seelen, die sich auf Meine Barmherzigkeit berufen, bereiten Mir Freude. Solchen Seelen erteile Ich mehr Gnaden, als sie sich wünschen. Ich kann nicht strafen, auch wenn es den größten Sünder beträfe; wenn er sich auf Mein Erbarmen beruft, rechtfertige Ich ihn in Meiner unergründlichen und unerforschten Barmherzigkeit.

Tagebuch der Hl. Maria Faustyna Kowalska, Nr. 1146

FATHER STEVEN SCHEIER

Ein zur Hölle verdammter Priester

Ich wurde 1973 in der Diözese Wichita, Kansas, zum Priester geweiht. In den ersten zwölf Jahren meines Priesteramtes ging es mir in meinem Dienst nicht um den Dienst am Volk Gottes. Vielmehr konzentrierte ich mich darauf, was das Volk Gottes, insbesondere meine Mitbrüder im Klerus, von Father Scheier hielten. Ich konnte die Ablehnung durch meine Mitbrüder nicht ertragen und wollte einer der Jungs sein. Tief in mir drängte sich der Gedanke auf, dass ich nicht der Priester war, der ich sein sollte; aber ich verbarg meinen Verrat an einigen Geboten unter einem Mäntelchen der Freundlichkeit, so dass die Leute mich für einen guten Priester hielten, und ich war überzeugt, dass ich meinen Alltag sehr gut meisterte.

Es war Mode, dass die Priester in meiner Umgebung sich wie ganz normale Kerle verhielten, die zufällig einen römischen Kragen trugen, und diese Tatsache kam auf der Kanzel am deutlichsten zum Vorschein. Wir verkündeten nicht die Moral, die Dogmen und das, worum es der Kirche geht, nämlich Seelen zu retten. Wir verkündeten das, was die Menschen hören wollten – Frieden, Liebe und Freude –, anstatt das, was sie hören mussten. „Gott helfe" dem Priester, der nicht beliebt war, denn das bedeutete, dass das Geld nicht hereinkam, und ich war für eine Pfarrei, Heiligstes Herz, in der kleinen Stadt Fredonia in Kansas zuständig.

Eines Tages beschloss ich, einen Priesterbruder um Rat zu fragen, weil ich ein Problem in der Pfarrei hatte, und das bedeutete eine Reise nach Wichita, etwa 86 Meilen entfernt. Der schnellste Weg dorthin führte über den Highway 96 – eine gefährliche, hügelige Straße ohne Seitenstreifen, die stark von Sattelschleppern und großen Lastwagen befahren wurde. Gegen vier Uhr nachmittags fuhr ich Richtung Osten nach Hause. Und das ist das Letzte, woran ich mich erinnere.

Ich stieß frontal mit einem Kleinlastwagen zusammen, der mit drei Personen aus Hutchinson, Kansas, besetzt war. Da ich nicht angeschnallt war, wurde ich aus dem Fahrzeug geschleudert, landete unsanft auf dem Boden und blieb bewusstlos am Unfallort liegen. Ich erlitt eine schwere Gehirnerschütterung und die Kopfhaut auf der rechten Seite meines Kopfes wurde von meinem Schädel gerissen.

Direkt hinter mir fuhr eine mennonitische Krankenschwester aus Frontenac, Kansas, die anhielt und bei mir blieb, bis der Krankenwagen eintraf. Später erzählte sie mir, dass ich, während ich auf ihrem Schoß lag, immer wieder versuchte, das „Ave-Maria" zu beten. Sie wollte mir helfen, aber sie kannte das Gebet nicht. Ich danke Gott für sie, denn sie sagte den Fahrern des Krankenwagens, dass ich wahrscheinlich einen Genickbruch hätte und sie mich entsprechend behandeln sollten. Sie hatte Recht.

Mein zweiter Wirbel war gequetscht, eine traumatische Verletzung, die „liebevoll" „Henkersbruch" genannt wird, weil bei einer Erhängung der C2-Wirbel bricht und die Person erstickt. Wäre mein Kopf am Unfallort in die eine oder andere Richtung gedreht worden, wäre ich gestorben.

Offenbar wurde ich mit dem Krankenwagen in ein kleines Krankenhaus in Eureka, einer Stadt in der Nähe, gebracht. Der behandelnde Arzt nähte meine Kopfhaut wieder an meinen Schädel an. Er sagte zu seiner Schwester, die ebenfalls Krankenschwester war: „Ich kann nicht viel für ihn tun", und rief einen Rettungshubschrauber vom Wesley Hospital in Wichita an, der mich abholen sollte. Ich war immer noch ohnmächtig. Als der Arzt und seine Schwester zusahen, wie der Hubschrauber vom Krankenhausgelände abhob, sagte er zu ihr: „Er wird es nicht nach Wichita schaffen."

Der Hubschrauber landete auf dem Wesley Hospital und ich wurde in das Traumazentrum gebracht, wo ich behandelt und dann in die Intensivstation eingeliefert wurde, nur fünf Blocks von dem Ort entfernt, an dem ich aufwuchs. Meine Mutter, eine Witwe, konnte den Hubschrauber von ihrem Haus aus landen sehen. Sie machte sich von Haus aus ständig Sorgen und eilte ins Krankenhaus, als sie erfuhr, dass ich es war. Eines meiner Gemeindemitglieder rief noch am selben Abend im Krankenhaus an, um sich zu erkundigen, wie es mir ginge, und man sagte ihr, ich hätte eine fünfzehnprozentige Chance zu überleben. Ich hoffe bei Gott, dass meine Mutter das nie erfahren hat.

Später erfuhr ich, dass die drei Personen in dem entgegenkommenden Kleinlastwagen, mit dem ich zusammengestoßen war, überlebt hatten. Ich erfuhr auch, dass am Abend des Unfalls die Türen der Heiligstes-Herz-Pfarrei für die Menschen geöffnet waren, die jederzeit kommen und für mich beten konnten. In den folgenden Tagen versammelten sich die Gemeindemitglieder, um einmal morgens und einmal abends einen Rosenkranz für mich zu beten. In der ersten Nacht öffneten die evangelische, die baptistische und die methodistische Kirche ihre Türen. Der Pastor der Assembly of God in Fredonia betete die ganze Nacht für mich und die Mennoniten nahmen mich in ihre Gebetskette auf. Meine Dankbarkeit gegenüber all diesen Menschen ist unermesslich.

Einige Monate nach meiner Genesung sagte einer der Ärzte zu mir: „Father, wir Ärzte waren der Meinung, dass Sie, wenn Sie überleben würden, für den Rest Ihres Lebens in einer eisernen Lunge liegen und vom Hals abwärts gelähmt an die Decke schauen müssten. Aus offensichtlichen Gründen kann ich das nicht tun, aber ich würde gerne ‚Wunder' auf Ihre Karte schreiben, weil Sie tatsächlich ein Wunder sind. Jeder, der Ihren Bericht liest, muss zu diesem Schluss kommen."

Ich musste nicht operiert werden und das Krankenhauspersonal sagte mir, dass ich mich in Rekordzeit erholt hätte. Mir wurde ein orthopädisches Gerät angepasst, eine sogenannte zervikale Thoraxorthese, auch bekannt als „Heiligenschein". Das Gerät umgab meinen Kopf und wurde mit vier Schrauben direkt in meinen Schädel geschraubt – zwei vorne und zwei hinten –, so dass ich meinen Hals nicht beugen oder bewegen konnte. Die Symbolik der scheinbar erzwungenen Heiligkeit Gottes durch Seine Göttliche Barmherzigkeit war mir nicht entgangen. Der vorgeschriebene „Heiligenschein" passte auf eine nicht abnehmbare „Jacke" aus Stahl, die ich ebenfalls tragen musste. Acht Monate lang war ich nicht in der Lage, meinen Kopf in irgendeine Richtung zu bewegen, und meine Schläfen sehen immer noch aus wie gesprengte Minenfelder, mit den Einkerbungen der Schrauben.

Anderthalb Monate nach dem Unfall wurde ich aus dem Krankenhaus entlassen, trug meinen „Heiligenschein" und meine Jacke und kehrte in das Haus meiner Kindheit zurück, um mich mit Hilfe meiner Mutter, meines jüngeren Bruders, der in Wichita lebte, und eines anderen Bruders, der von der Marine beurlaubt war und zu meinem Wohl Tag und Nacht im Haus war, zu erholen.

Mein Bischof hatte meine Pfarrei offen gehalten und einen Ersatzpriester bestellt, der an den Wochenenden die Hl. Messe feierte. Nach sieben Monaten dieses Arrangements, als ich mich gut genug erholt hatte, wurde ich wieder der Herz-Jesu-Kirche zugewiesen. Ich musste mir ein neues Auto kaufen und mich meinem Trauma stellen, was sehr schwierig war. Noch schwieriger war es, denselben Highway zurück zu meiner Gemeinde zu fahren. Aber ich bin froh, dass ich es getan habe.

Meine Gemeindemitglieder erzählten mir gleich von Ihrer Sorge und ihren Gebeten für meine Genesung und Rückkehr. Die Menschen in Fredonia und insbesondere in der Pfarrei Heiligstes Herz sind ein gottesfürchtiges Volk, das seine Religion sehr ernst nimmt. Als ich zurückkehrte, bemerkte und schätzte ich, dass sie wegen meines beinahe tödlichen Unfalls nicht viel von mir verlangten, was meiner Leistung sehr half.

Nicht lange nach meiner Rückkehr begann ich, das Lukasevangelium, Kapitel 13, Verse 6 bis 9, zu lesen, während ich an einem gewöhnlichen Wochentag die Hl. Messe las – so dachte ich zumindest.

> *Und er erzählte ihnen dieses Gleichnis: Ein Mann hatte in seinem Weinberg einen Feigenbaum gepflanzt; und als er kam und nachsah, ob er Früchte trug, fand er keine. Da sagte er zu seinem Winzer: Siehe, jetzt komme ich schon drei Jahre und sehe nach, ob dieser Feigenbaum Früchte trägt, und finde nichts. Hau ihn um! Was soll er weiter dem Boden seine Kraft nehmen? Der Winzer erwiderte: Herr, lass ihn dieses Jahr noch stehen; ich will den Boden um ihn herum aufgraben und düngen. Vielleicht trägt er in Zukunft Früchte; wenn nicht, dann lass ihn umhauen!*

Als ich in dem Lektionar las, geschah etwas außerordentlich Übernatürliches. Ich bin Deutscher, und soweit ich wusste, passierten solche Dinge nicht. Die Seite selbst, auf der ich las, wurde erleuchtet und vergrößert und erhob sich aus dem Lektionar zu mir, während ich mich gleichzeitig vage an ein Gespräch erinnerte, das stattgefunden hatte. Ich versuchte, ruhig zu bleiben, beendete die Hl. Messe so normal wie möglich, zog mich dann ins Pfarrhaus zurück, ließ mich in meinen Sessel fallen und trank nervös etwa vier Tassen Kaffee. „Warum", so fragte ich mich, „weckte gerade dieses Evangelium so viele Erinnerungen, und was für Erinnerungen?"

Dann fiel mir plötzlich alles wieder ein. Es hatte tatsächlich ein Gespräch stattgefunden, und zwar sehr kurz nach dem Unfall, als ich bewusstlos war. Ich war vor den Thron Gottes gebracht worden, vor den Richterstuhl von Jesus Christus! Ich sah Ihn nicht, aber ich hörte Seine Stimme. Jesus Christus sprach zu mir, ließ mein gesamtes Leben auf der Erde Revue passieren und klagte mich für begangene Sünden und unterlassene gute Taten an, die ich nicht bereut, nicht gebeichtet und nicht vergeben bekommen hatte.

Ich hatte mir vorgenommen, bei meinem persönlichen Gericht eine Menge Ausreden vorzubringen: „Nun, Herr, Du weißt, dass sie eine ziemlich temperamentvolle Frau war, so dass es leicht war, die Geduld mit ihr zu verlieren"; „aber, Herr, er hat mich dazu gezwungen"; „Herr, ich hatte einen schlechten Tag"; „ich habe mich nicht gut gefühlt, weißt Du, und das war der Grund, warum ich dieses oder jenes nicht getan habe."

Aber im Gespräch mit der personifizierten Wahrheit, allein vor dem Richterstuhl, gibt es keine Ausreden. Eine Widerlegung ist nicht möglich. Bei jeder Beleidigung stimmte ich einfach zu. Das Einzige, was ich tun konnte, wenn Jesus über bestimmte Vorfälle in meinem Leben sprach, war, innerlich zu sagen: „Ja … Ja, das ist wahr."

Als der Herr geendet hatte, sagte Er: „Die Strafe, die du für alle Ewigkeit haben wirst, ist die Hölle." Ich wusste, noch bevor Er es sagte, was mein Schicksal sein würde. Jesus tat nichts anderes, als meine Entscheidung zu respektieren. „Ich weiß, dass ich das verdiene", dachte ich. „Das ist das einzig Logische, was Er gesagt haben könnte."

Dann sagte eine andere Stimme, die mich mit Schrecken erfüllte: „Komm herunter. Du gehörst zu mir."

In diesem Moment sagte eine weibliche Stimme, die sanfteste und süßeste Stimme, die ich je gehört hatte: „Sohn, würdest Du bitte sein Leben und seine unsterbliche Seele verschonen?"

Da sagte der Herr: „Mutter, er ist seit zwölf Jahren Priester für sich selbst und nicht für mich. Lass ihn die Strafe ernten, die er verdient."

Daraufhin hörte ich sie wieder sagen: „Aber, mein Sohn, wenn wir ihm besondere Gnaden und Kräfte geben und auf eine Weise zu ihm kommen, die er nicht kennt, können wir sehen, ob er Früchte trägt. Wenn nicht, dann wird Dein Wille geschehen."

Es gab eine kurze Pause, die mir wie eine Ewigkeit vorkam. Dann kam Seine Stimme zurück und sagte: „Mutter, er gehört dir."

†

Seitdem gehöre ich ihr und sie ist mir alles. Die Gottesmutter hat tatsächlich ihr Versprechen eingelöst. Routinemäßig und auf übernatürliche Weise hat sie mir Dinge gesagt und für mich getan, die ich nicht verdient habe. Ich kann jetzt aus direkter Erfahrung sagen, dass die Gottesmutter unsere Fürsprecherin, unsere „Anwältin" vor Gott ist. Wir können uns die Macht, die Gott ihr gegeben hat, nicht vorstellen. Ebenso wenig können wir ermessen, wie sehr sie uns liebt.

Am Fuße des Kreuzes blickte Jesus auf sie und den Apostel, den Er liebte, herab und sagte: „Frau, siehe, dein Sohn", was bedeutet: „Mutter, ich gebe dir die Menschen als deine Söhne und Töchter." Sie nimmt das sehr wörtlich und ernst. Wir haben eine Mutter. Sie wird jedem zu Hilfe kommen, so wie sie es für mich getan hat. Ich war nichts Besonderes. Sie liebt mich genauso wie jeden anderen und wer würde nicht die Muttergottes als Anwältin haben wollen? Ich habe gelernt, dass in Bezug auf die Dreifaltigkeit nicht Einer von ihnen, nicht Einer, Nein zu ihr sagen kann. Das ist unmöglich.

Man könnte meinen, dass ich bereits eine besondere Verehrung für die Gottesmutter hatte, daher wäre es kein Wunder gewesen, dass sie sich für mich einsetzte. Dazu muss ich sagen: „Nein!", was mich als Priester unter Anklage stellt. Die Engel und Heiligen waren für mich wie imaginäre Spielkameraden, imaginäre Freunde. Sie waren nicht real!

Als ich nach dem Unfall das Bewusstsein wiedererlangte, war eines der Dinge, die ich irgendwie sehr gut verstand, dass Gott und Seine Engel und Heiligen die einzige Realität sind, die existiert. Wir sind diejenigen, die in der Schattenwelt leben. Wir haben nur ein Zuhause und das ist nicht hier auf der Erde. Unsere Prioritäten sind oft durcheinander, so wie meine. Ich hätte leben sollen, um Gott zu helfen, meine Seele zu retten und andere in den Himmel zu bringen, was ohnehin die Aufgabe eines Priesters ist. Darin hätte ich investieren sollen, nicht in die Zukunft, die ich anstrebte – das Glück auf Erden als Priester im Ruhestand.

Meine Gemeindemitglieder hätten nie gedacht, dass ich in die Hölle kommen würde. So sehr hatte ich sie getäuscht. Eines der Dinge, die mich während meines Gerichts erstaunt und überrascht haben, war, dass Jesus keine Beliebtheitsumfrage gemacht hat. Ich konnte nicht sagen: „Warum holst du Dir nicht seine oder ihre Meinung über mich ein und entscheidest dann selbst?" Er weiß alles. *Er weiß es.* In diesem Moment wurde mir klar, dass Er der Einzige ist, auf den es ankommt, und dass Er das ist, was ich fast für alle Ewigkeit verloren hätte. Ich hatte nur Ihn zu erfreuen und meine Sorge, zahllosen anderen zu gefallen (oder es zu versuchen), war eine totale Zeit- und Energieverschwendung.

Ich war nicht darauf vorbereitet, ein katholischer Priester zu sein. Dieses Leben ist ein Leben des Opfers und ich liebte das Priesteramt nicht, wie viele Männer es tun. Erschwerend kam hinzu, dass ich ständig vor dem Kreuz davonlief. Inzwischen habe ich gelernt, dass, wenn wir vor dem Kreuz weglaufen, immer ein größeres Kreuz auf uns wartet. Unsere Kreuze sind nicht von Dauer, sie sind nicht ewig und Gott und Seine Mutter tragen sie mit uns und versüßen sie uns, so gut sie können. Eine Reihe von gebrochenen Geboten brachte mir das Urteil ein, das ich erhielt. Zwölf Jahre lang tat ich so, als wäre ich ein Priester. Meine Predigten, mein Leben in der Gemeinde, die Kommentare der Leute über mich – alles musste mir Selbstvertrauen geben. Wenn ich mich entmutigt fühlte, war ich nicht der Einzige, der litt, denn ich hatte meine sündigen Wege, dem Schmerz zu entkommen. Mein Priestertum, so sagte mir der Herr, war nur der bittere Zuckerguss auf einem verrotteten Kuchen.

Der Herr hatte mich zuvor durch zwei kleine Verkehrsunfälle, die dem großen, fast tödlichen Unfall vorausgingen, gewarnt, Ihn nicht länger zu beleidigen. Ich sagte einmal zu meinem früheren Pastor: „Ich spüre, dass ein weiterer Unfall bevorsteht, und der nächste wird der große sein." So war es auch. Der Herr hatte Seine Art, mich zu warnen, aber ich hörte absichtlich nicht auf Ihn, weil ich so viel Freude an den Gedanken hatte, und die wollte Er mir nicht nehmen. Er wollte mir *das* nicht nehmen.

Ich glaubte zwar, dass ich mich in Todsünde befand, aber das machte keinen Unterschied, weil ich regelmäßig zum Sakrament der Beichte ging, aber nur als „Feuerversicherung". Es tat mir leid, vom Allmächtigen Gott mit ewiger Verdammnis bedroht zu sein, aber ich empfand keinen geistlichen Schmerz, weil ich den Einen verletzt hatte, den ich lieben sollte. Ich hatte Angst vor den Konsequenzen, so wie es einem Menschen leid tut, dass er Ehebruch begangen hat, weil seine Frau ihn umbringen würde, wenn sie davon erfährt.

Reue über die Sünde aus Furcht vor Gottes Strafe ist in Ordnung, wenn der Wunsch besteht, das eigene Leben zu ändern; und Reue aus einem gottesfürchtigen Herzen ist ideal. Ein angemessener Gebrauch der Beichte bedeutet, dass man den Wunsch und die feste Absicht hat, sein Leben zu ändern, aber ich war nicht im Begriff, mein Leben zu ändern. Ich befand mich in der unglücklichen Situation, dass ich mich nicht darum kümmerte, die Dinge für selbstverständlich hielt und annahm, ich hätte alle Zeit der Welt: Zeit, mich zu bekehren, ein guter Priester zu werden, mich zu ändern. Die ganze Zeit über warnte mich Gott: „Steven, wir haben keine Zeit."

Das Schlimmste von allem war vielleicht, dass ich nicht sehr spirituell war – mein Gebetsleben war praktisch gleich Null. Ich betete nie das Stundengebet, die täglichen Gebete, die von einem Priester verlangt werden. Ein Priester ohne Gebet ist tot; ein Priester ohne die Gottesmutter ist tot; ein Priester ohne das Allerheiligste Sakrament ist tot. Es machte mir nichts aus, die Hl. Messe zu lesen, aber es machte mir auch nichts aus, die Hl. Messe zu versäumen. Mein Kragen rettet mich nicht, denn ich stehe unter denselben Geboten wie jeder andere auch. Der einzige Unterschied zwischen mir und den Laien ist, dass ich stärker zur Verantwortung gezogen werde. Wenn der Teufel den Pfarrer in die Falle lockt, kann er die ganze Gemeinde erwischen. Ich durfte zurückkommen, um anderen, vor allem Priestern, zu sagen, dass es die Hölle gibt und dass wir dort landen können. Meine Aufgabe ist es auch, den Menschen zu sagen, dass es die Göttliche Barmherzigkeit gibt und dass Gottes Liebe größer ist als Seine Gerechtigkeit.

Ich habe meine Lektion gelernt, aber Er musste mir das Genick brechen und mit ewiger Verdammnis drohen, um meine Aufmerksamkeit zu erregen. Aber ich würde die ganze Erfahrung noch einmal durchmachen, wenn es sein müsste. Ich würde nie wieder sein wollen wie ich war – niemals. Ich werde oft gefragt, wie ich mich seit dem Unfall verändert habe. Ich werde diese Frage nie angemessen beantworten können, aber ich kann sagen, dass ich das Verhalten anderer besser akzeptiere und weniger verurteile. Ich muss das Gute vom Bösen unterscheiden und beurteilen, aber ich kann nicht verurteilen. Und mein Gefühl für die Zeit und ihre Heiligkeit hat sich drastisch verändert. Ich sehe jetzt deutlich, wie wir unglaublich viel kostbare Zeit mit leichtfertigen, dummen Dingen verschwenden. Ich kann das Radio im Auto nicht mehr anstellen. Ich muss beten, den Rosenkranz beten – etwas Produktives tun. Ich kann nicht sozusagen Urlaub machen oder einfach am Strand liegen. Das ist für mich Zeitverschwendung. Ich ziehe mich lieber mit Gott zurück.

Man hat mir gesagt, ich sei eine wandelnde Ikone der Barmherzigkeit Gottes aufgrund dessen, was Er für mich getan hat, und das ist wahr. Mutter Maria hat mich oft zu ihr sagen hören: „Ich hoffe, du hast nicht auf das falsche Pferd gewettet." Wie dankt man jemandem, der geholfen hat, seine ewige Seele zu retten? Wie? Was kann ein Mensch tun? Wie viel kann man beten? Ein Dankeschön ist nicht genug.

Seit dem Tag meiner Rettung sind 25 Jahre vergangen und ich versuche immer noch, ein besserer Priester zu sein. Ich kann nur sagen, dass ich es versuche. Ich habe immer das Gefühl, dass ich mehr tun könnte. Ich mache mir viel mehr Sorgen um mein Seelenheil und darum, ob ich das Richtige tue oder nicht. Es scheint, dass ich härter arbeiten muss als andere, wenn das überhaupt möglich ist. Jeden Tag, wenn ich aufstehe, sage ich: „Lieber Gott, gib mir Kraft! Hilf mir, Deinen Willen zu tun!“ Man könnte automatisch annehmen, dass diejenigen, die Jesus oder die Gottesmutter gesehen oder gehört haben, es geschafft haben. Das ist nicht der Fall. Sie sind rechenschaftspflichtig. Gott schenkt, aber nicht unverbindlich, denn Er will eine Gegenleistung. Ich glaube, Gott erwartet von mir, dass ich das erfülle.

Gerade jetzt ist es an der Zeit, die Wahrheit zu sagen. Gott hat das von mir und von allen Seinen Gläubigen verlangt. Die

Wahrheit zu sagen bedeutet, eine Konsequenz zu ziehen, wie z. B. unbeliebt zu sein, darüber zu reden, sich lächerlich zu machen oder gemieden zu werden – die Ablehnung durch Gleichaltrige, der ich früher um jeden Preis ausgewichen bin. Nur durch Leiden können wir die geistlichen Werte zutiefst kennenlernen und verkörpern. Das ist gewissermaßen ein Martyrium – ein unblutiges Martyrium, und wir alle sind berufen, Märtyrer zu sein. Wir können es sein, und wir werden es sein.

Heute bin ich nicht mehr blind für die Bitten des Himmels, wie ich es früher war. Was mich heute am meisten beunruhigt, ist die Tatsache, dass die Mehrheit nicht auf die Gottesmutter hört, die uns davor warnt, wohin wir uns bewegen. Bei ihren Erscheinungen in Akita (Japan), sagte sie, dass sie den starken Arm ihres Sohnes nicht mehr zurückhalten könne. Die Zwillingstürme waren ein Weckruf. Wir haben ihn nicht beherzigt. Es werden noch mehr kommen. Gott zwingt uns, vor Ihm auf die Knie zu fallen, und Er hofft, dass wir dort bleiben werden.

Die Barmherzigkeit unseres Herrn Jesus überwiegt bei weitem Seine Gerechtigkeit. Aber Er, der so geduldig, barmherzig und liebevoll ist, hat uns durch die hl. Faustyna Kowalska gesagt, dass wir Seine Barmherzigkeit nutzen sollen, solange wir noch können. Die Zeit läuft für uns alle ab. Wenn Er als Richter kommt, wird es für Seine Barmherzigkeit zu spät sein. Die Heilige Jungfrau Maria warnt uns nicht nur, sondern zeigt uns auch einen detaillierten Plan, wie wir in den Himmel kommen: das Gebet mit dem Herzen, vor allem den Rosenkranz. So sehr ist sie besorgt und das ist kein Wunder, denn wir sind ihre Kinder, und sie liebt uns mehr, als wir begreifen können. Das habe ich herausgefunden.[VI]

Jesus:

Im Alten Testament habe Ich zu Meinem Volk Propheten mit Blitz und Donner gesandt. Heute sende Ich dich zu der ganzen Menschheit mit Meiner Barmherzigkeit. Ich will die wunde Menschheit nicht strafen, sondern sie gesundmachen, sie an Mein barmherziges Herz drücken. Von Strafen mache Ich Gebrauch, wenn sie Mich selbst dazu zwingen; Meine Hand greift nicht gern nach dem Schwert der Gerechtigkeit. Vor dem Tag der Gerechtigkeit sende Ich den Tag der Barmherzigkeit.

Tagebuch der Hl. Maria Faustyna Kowalska, Nr. 1588

VINCE SIGALA

Gott wählt aus, wen Er will

Ich war ein fröhliches Kind. Meine frühesten Erinnerungen an meine Kindheit waren wunderschön. Ich bin mir nicht sicher, wann sich das für mich änderte. Ich erinnere mich nur, dass mein Zuhause glücklich war, und dann war es das nicht mehr. Ich weiß noch, wie ich mit Mama und Papa auf der Couch saß, lachte und gekitzelt wurde. Ich weiß noch, wie ich zu meinem Vater rannte und vor Freude „Papa!" rief, wenn er von der Arbeit nach Hause kam, und wie stolz mein Vater aussah, als ich meinen ersten Fisch gefangen hatte. Mein Vater bedeutete mir mehr als alles und jeder andere. Er war mein Held.

Meine Erinnerungen reichen von dieser Quelle der Güte bis zu dem Moment, an dem mein Vater von der Polizei nach Hause gebracht wurde, an dem ich sah, wie er fluchte, schrie und meine Mutter mit einem Gürtel schlug, an dem ich spürte, wie er mich mit einem Schlachtermesser an der Kehle an seine Brust drückte und drohte, mich umzubringen, wenn meine Mutter ihm kein Geld für eine weitere Heroinspritze gäbe, und an dem ich meinen Helden wegen Einbruchs im Gefängnis sah. Ich erinnere mich an den Betonboden und die Ziegelwände, als ich den langen Flur hinunterlief, um meinen Papa zu umarmen. Aber jetzt trug er einen orangefarbenen Overall. Ich kann mich nicht erinnern, meinen Vater danach oft gesehen zu haben. Meine Mutter ließ sich von ihm scheiden, als er im Gefängnis war, weil sie befürchtete, dass er sie umbrächte, würde sie sich erst von ihm scheiden lassen, wenn er wieder draußen wäre. Meine Mutter, mein Bruder und ich waren dann auf uns allein gestellt. Meine Mutter war oft nicht zu Hause in Salinas, Kalifornien, und arbeitete in zwei Jobs, um die Rechnungen zu bezahlen, und von meinem Vater hörte ich nur zu Weihnachten und an Geburtstagen. Ich erinnere mich besonders an einen Weihnachtsabend, an dem Papa anrief und sagte, dass er mit einer großen Überraschung für meinen jüngeren Bruder und mich vorbeikommen würde. Den ganzen Heiligabend über war ich voller Vorfreude und am ersten Weihnachtstag fragte ich jede Sekunde: „Mama, wann kommt Papa denn endlich?" Aber der Weihnachtstag kam und ging. Ich erinnere mich noch lebhaft daran, wie ich am Fuß der Haustür lag und unkontrolliert weinte, während meine Mutter versuchte, mich zu trösten. Alles, was ich sagen konnte, war: „Ich will meinen Papa. Ich will nur meinen Papa sehen." Er kam nie. Er rief nicht einmal an.

In jener Weihnachtsnacht 1974, als ich erst fünf Jahre alt war, keimte in meinem Herzen ein Samen der Wut. Er hatte keine Richtung, war aber tief eingepflanzt. Als ich in die vierte Klasse kam, hatten mich die Babysitter, die meine Mutter kannte und denen sie vertraute, dreimal sexuell belästigt. Ich fühlte mich schmutzig und anders, deprimiert und voller Abscheu, versuchte aber, meine Gefühle zu verbergen, sogar vor mir selbst.

Am Weihnachtsmorgen, als ich in der zweiten Klasse war, hatte ich meine erste mystische Erfahrung, aber ich wusste nicht, dass man das so bezeichnet. Meine Mutter nahm meinen Bruder und mich zur Weihnachtsmesse mit und danach gingen wir durch die Eingangstür der St. Mary of the Nativity-Kirche in Salinas, Kalifornien, zu der Stelle, wo Father Richard O'Halloran die Gemeindemitglieder begrüßte. Als ich in der Nähe des Pfarrers stand, blickte ich auf und sah die Herrlichkeit Gottes hinter ihm leuchten. Es war ein ganz anderes Licht als das der Sonne. Es war rein, wie Kristall, aber durchdrungen von Farbe und Bewegung, leuchtend, sich aus sich selbst heraus regenerierend – lebendig, herrlich und überaus schön.

In der vierten Klasse versetzte mich meine Mutter von einer öffentlichen Schule auf eine katholische Schule in unserer Stadt Salinas. Ich war so wild wie der Tag lang war, eine echte Strafe für die Nonnen, die mich den Glauben lehrten, und ein Grund für alle Lehrer, sich auf das Wochenende zu freuen. Anfangs hasste ich die Versetzung, aber es stellte sich heraus, dass es eine der besten Entscheidungen war, die meine Mutter je getroffen hatte.

Von dem Moment an, als ich in die katholische Schule kam, wusste ich, ohne es zu wollen, dass ich ein Mädchen heiraten würde, das auf dieselbe Schule ging, das die gleiche Anzahl von Buchstaben in seinem Vornamen hatte wie ich, und dass mein erstes Kind ein Sohn sein würde. Ich verbrachte viel Zeit in der Klasse damit, zu rätseln und mich im Raum umzusehen, um herauszufinden, wer es sein könnte. Das war eine große Sache für mich. Keines der Mädchen hatte die richtige Anzahl von Buchstaben, und wenn doch, fand ich sie nicht attraktiv. Seltsamerweise verstand ich irgendwie, dass das einfach so passieren würde, und die Abweichung von der Realität fraß an mir. Ich konnte es einfach nicht begreifen.

In der sechsten Klasse begann ich, eine Jugendgruppe namens „Son Beams" zu besuchen, deren Leiterin, Cheryl Ward, uns Jugendliche unter ihre Fittiche nahm, als wären wir ihre eigenen, ebenso wie die Frau, die ihr assistierte und Faye hieß. Anfangs ging ich zu dieser Gruppe in Cheryls Haus wegen der Snacks und der Mädchen, aber als ich weiter hinging, begann etwas an meinem Herzen zu zerren. Bei einem unserer Treffen schrieben wir einen Brief an Jesus und dieses „Etwas" offenbarte sich mir als

„Jemand“. Zum ersten Mal seit sieben Jahren traf ich jemanden, mit dem ich offen über meinen Vater sprechen konnte, jemanden, von dem ich spürte, dass Er nicht nur zuhörte und verstand, sondern sich wirklich für mich interessierte.

Bei einem unserer letzten Treffen, als ich in der 8. Klasse war, wurden die unteren Klassen zu einer Art Tag der Offenen Tür bei Cheryl eingeladen, damit wir älteren Schüler sie in die Jugendgruppe einladen konnten. Mir fiel ein junges Mädchen aus der vierten Klasse auf, das auf der Armlehne eines hellbraunen Stuhls saß. Ich stellte mich vor: „Hi, mein Name ist Vince.“

„Hi, ich bin Heather.“ Ich stand da, starrte in ihre großen grünen Augen und platzte heraus: „Wow, du bist wirklich hübsch. Wenn du älter wärst, würde ich dich um ein Date bitten.“ Ich hatte mich gerade unwissentlich meiner zukünftigen Frau vorgestellt: dieselbe Schule, dieselbe Anzahl von Buchstaben wie V-i-n-c-e-n-t, und unser Erstgeborener würde ein neun Pfund und zehn Unzen schwerer Junge namens Christian sein. Es kam mir nie in den Sinn, dass das Mädchen, für das ich so viel Zeit aufgewendet hatte, vier Klassen unter mir sein würde – Gottes Sinn für Humor.

Die Zeit verging und ich besuchte eine andere Jugendgruppe für ältere Kinder, obwohl es mir dort nie so gut gefiel wie in der Gruppe in Cheryls Haus. Ich erhielt keine „heiligen Korrekturen“ mehr, meine persönliche Beziehung zu Gott hatte keine Priorität mehr und ich bekam das Gefühl, dass ich den Leitern eher lästig war als alles andere. Eines Abends befand ich mich in einem höchst unbedeutenden Dilemma, das meinem Teenagerhirn jedoch gigantisch erschien. Ich mochte zwei Mädchen, die mich beide mochten, und ich war mir nicht sicher, mit welchem von ihnen ich ausgehen sollte, und mit keinem von ihnen auszugehen, war keine Option. Ich rief Cheryl an, um sie um Rat zu fragen, und sie antwortete in ihrer typischen Art: „Nun, Vince,

Gott könnte diese Frage viel besser beantworten, als ich es könnte. Warum betest du nicht einfach darüber, bittest den Herrn um eine Antwort und schlägst dann deine Bibel auf und fängst an zu lesen?"

Ich sagte: „OK", legte auf und tat, was sie sagte. Keine Antwort. Also rief ich sie zurück. „Es ist nichts passiert und ich habe genau das getan, was du gesagt hast."

Cheryl sagte mir, ich solle es noch einmal tun. „Dieses Mal bete mit deinem Herzen. Sprich wirklich mit Ihm, Vince. Bitte um eine Antwort und glaube daran, dass du eine erhalten wirst." Also betete ich wieder – diesmal intensiv –, schlug die Bibel auf und begann zu lesen. Von den ersten Worten an, auf die mein Blick fiel, sprach Gott klar und direkt zu mir. Sein Wort durchdrang mich und hatte nichts mit meiner Frage zu tun.

Die Schriftstelle, die ich aufschlug, war Jesaja 48: *„Hört dies, Haus Jakob, / die sich nach dem Namen Israels nennen / und aus den Wassern Judas hervorgegangen sind, die schwören beim Namen des HERRN / und den Gott Israels bekennen, / aber nicht in Wahrheit und Gerechtigkeit! …"* Ich spürte, dass Gott direkt zu mir über meine Unaufrichtigkeit Ihm gegenüber sprach, und Er traf mein Herz bis ins Innerste. Indem Er mir einen Spiegel vorhielt, öffnete Gott mir die Augen. Dann kam eine weitere Botschaft in Vers 6, die mein Herz berührte, deren Bedeutung ich aber nicht verstand:

> *„Von jetzt an lasse ich dich etwas Neues hören, etwas Verborgenes, von dem du nichts weißt. Eben erst wurde es erschaffen, nicht schon vor langer Zeit. Zuvor hast du nichts erfahren davon, damit du nicht sagst: Das habe ich längst schon gewusst. Du hast davon nichts gehört und gewusst, dein Ohr war von Anfang an nicht offen."*

Jahre später hat Gott genau das getan. Er offenbarte mir Visionen von zukünftigen Ereignissen in Bezug auf die Welt und die Kirche. Aber dieser Vers musste noch warten. In der Zwischenzeit, in Vers 20, kam der Aufruf: „Verkündet es jauchzend, lasst dies hören, tragt es hinaus bis ans Ende der Erde! Sagt: *Der HERR hat seinen Knecht Jakob ausgelöst.*" Ich glaubte, dass der Herr meinem Geist befahl, die Erlösung zu verkünden, insbesondere meine eigene, und das Evangelium in aller Wahrheit und ohne Kompromisse zu predigen, aber ich fühlte mich ein wenig ängstlich, weil es so klang, als sei Gott zornig auf mich. Ich rief Cheryl zurück. Sie beruhigte meinen Geist schnell, sagte aber auch: „Nun, Vincent, für mich hört es sich so an, als ob jemand mit dir spricht. Willst du meinen Rat? Ich würde auf das hören, was Er sagt." Ich stelle mir vor, dass Cheryl an diesem Tag den Hörer auflegte, anfing zu lachen und ein paar Freunde anrief, die mich kannten, und sagte: „Ihr werdet nie erraten, was gerade passiert ist."

Am nächsten Tag ging ich mit der Bibel in der Hand zur Schule und sagte all meinen Freunden, sie sollten aufhören zu sündigen und sich Gott zuwenden. „Gott ist real!", rief ich aus. „Und Er liebt euch." Sie wussten nicht, was sie davon halten sollten – ich war von einem der „coolen Jungs" zu einem Prediger der Umkehr geworden – und ich wusste auch nicht, was ich davon halten sollte. Alle meine „besten Freunde" wollten nicht mehr mit mir zusammen sein. Ich konnte übermäßig aggressiv sein und sie gaben dem Christentum Lippenbekenntnisse, wie ich es getan hatte. Ich begann, auf den Freizeiten der Jugendgruppe Vorträge zu halten, und spürte ein heiliges Verlangen, Gottes Liebe mit anderen zu teilen, besonders mit einem der Mädchen. Wir beteten zusammen, sprachen stundenlang am Telefon über Jesus und wurden im zarten Alter von dreizehn Jahren ein „Paar". Ich liebte sie, aber sie wurde auch ein Idol.

Am Ende der achten Klasse machte sie mit mir Schluss. Sie erfuhr, dass wahres Christsein mit Verfolgung einherging, und begann, sich zu distanzieren, und löste sich dann nicht nur von mir, sondern auch von Gott. Ich sah verzweifelt zu, wie sie in die Komfortzone zurückkehrte, in der sie von denen akzeptiert wurde, die nichts von Gott wussten und die Dinge der Welt suchten, um sich glücklich zu machen.

Ich fühlte mich wieder allein und ohne geistliche Orientierung. Die Jugendleiter versuchten, für mich da zu sein, aber sie konnten nicht verstehen, was ich durchmachte. Das konnte ich selbst auch nicht. Für mich war das so viel mehr, als die Trennung eines jungen Paares. Der Schmerz, der über mich hereinbrach, war zehnmal so groß wie der, den ich mit meinem Vater erlebt hatte. Ich sehnte mich verzweifelt nach ihrer Rettung und war völlig verzweifelt. Die einzigen Worte, die für mich einen Sinn ergaben, waren die des Herrn, als Er sagte: „Meine Seele ist betrübt bis in den Tod."

Immer noch auf der Suche nach geistlichem Beistand, ging ich zu einem Priester in unserer Diözese Monterey, in eine Kirche in meiner Heimatstadt, aber bei einem unserer „privaten Treffen" legte er seine Hand auf mein Bein. Zuvor hatte er mir Geschenke gekauft. Vor seiner Versetzung in eine andere Gemeinde hatte er meine Mutter angerufen und sie um Erlaubnis gebeten, mit mir in eine Hütte in den Bergen zu fahren, und meine Mutter legte energisch auf. Als er mein Bein auf diese Weise berührte, wusste ich genau, was passiert war. Ich hatte das schon mal erlebt und lief weg. Ich rannte vor der Jugendgruppe, vor dem Schmerz, vor allem und jedem davon.

Ich ging auf eine katholische Jungenschule und verbrachte den Großteil meiner Freizeit damit, allein zu sitzen, in der Bibel zu lesen und zu versuchen zu verstehen, warum ein Gott, der mich angeblich so sehr liebte, mir solche Schmerzen zufügen konnte. Der wenige Kontakt, den ich mit anderen hatte, verlief meist negativ, da ich schnell zur Zielscheibe älterer Tyrannen wurde. Aber ich wollte mich nicht herumschubsen lassen und so führten ihre Hänseleien oft zu körperlichen Auseinandersetzungen. Es dauerte nicht lange, bis sie lernten, dass sie sich nicht mit mir anlegen sollten. Das American-Football-Spielen in meinem ersten Jahr war mein einziger Lichtblick, denn so konnte ich meine Wut kanalisieren und wurde dafür nicht nur nicht belästigt, sondern auch gelobt. Hätten meine Trainer gewusst, aus welcher Wut meine Aggression kam, hätten sie sie nie gefördert. Aber rohe Gewalt war Teil des Spiels. Ich hatte nie die Absicht, einfach nur zu grätschen, sondern den Gegner zu bestrafen und zu verletzen, was mir nicht im Geringsten etwas ausmachte. Betroffenheit verursachte Schmerzen und davon hatte ich genug.

Am Ende des Jahres erhielt meine Mutter einen Brief von der Schule, in dem stand, dass ich wegen zahlreicher Schlägereien nicht mehr in die Schule zurückkehren dürfe. Daraufhin kehrte ich in das öffentliche Schulsystem zurück und erlebte einen rasanten Abstieg in die Hölle des Lebens.

Ich begann mein zweites Schuljahr mit der Einstellung, dass ich auf niemanden außer mich selbst zählen konnte. Mein Vater kümmerte sich nicht um mich. Diejenigen, denen ich vertraute, hatten mich missbraucht. Ein Priester hatte mich im Stich gelassen. Hatte Gott, der mir Seine Liebe gezeigt hatte, dies nur getan, um mir noch mehr Schmerz zuzufügen? Aus Schmerz wurde Wut, aus Wut wurde Hass und aus Hass wurde blinde Wut.

Am zweiten Tag meines zweiten Gymnasium-Jahres geriet ich während der Mittagspause in eine Schlägerei, der Beginn einer langen Reihe von gewalttätigen Auseinandersetzungen. Mein Ziel: ein Junge, der mich im Sommer zuvor verspottet hatte, indem er meine Mutter beschimpfte und „hinter meinem

Rücken“ große Töne spuckte, mich aber nie direkt ansprach. Ich entdeckte ihn auf dem Feld und konnte nicht mehr weglaufen. Während meine Freunde mich anfeuerten und seine Freunde das Gleiche mit ihm machten, ging ich auf ihn zu. Er sagte mir, er wolle nicht kämpfen. Aber das war mir egal. Ich ließ meine jahrelange Wut an diesem armen Jungen aus. Ich schlug ihm so oft ins Gesicht, dass ich mir die Hand brach, als er mich anflehte aufzuhören. Das Nächste, woran ich mich erinnere, ist, dass ich ihn an den Haaren packte und sein Gesicht auf die Schotterpiste schlug, dann stand ich über ihm und trat ihm mit schweren Colorado-Stiefeln so fest ich konnte an den Kopf und ins Gesicht. Hätten meine Freunde mich nicht von ihm weggezogen, weiß ich nicht, ob ich aufgehört hätte. Ich werde das Bild des Jungen, als seine Freunde ihm auf die Beine halfen, nie vergessen. Sein Gesicht hatte keine Ähnlichkeit mehr mit einem Gesicht. Alles, was ich sehen konnte, war Blut und zerfetztes Fleisch. Dieses Bild hat sich wie eine hässliche Narbe in mein Gedächtnis eingebrannt.

Die nächsten acht Jahre meines Lebens verschwammen zu einer unheiligen Mischung aus Heavy-Metal-Musik, Gewalt, Trunkenheit, Drogenkonsum und ungezügeltem Sex. Ich schluckte die große Lüge, dass Vince nicht länger ein „Opfer“ der Welt war, sondern die Kontrolle über sie hatte. In Wirklichkeit war der Moment, in dem ich beschloss, die Kontrolle zu übernehmen, der Moment, in dem ich sie völlig verlor. Ich konnte den Tag nicht überstehen, ohne mich mit Marihuana zuzudröhnen, das mich von allem betäubte, was ich vergessen wollte, und das zu harten Drogen wie Kokain führte. Durch meine häufige Unzucht begann ich, Frauen nach ihrem Aussehen zu beurteilen und danach, wie gut sie im Bett waren. Ich wachte neben Frauen auf, deren Namen ich nicht einmal kannte.

Aber es gab ein Mädchen, das für mich anders war. Sie hatte einige Jahre lang um die Ecke von mir in Salinas gewohnt, aber ich lernte sie erst mit 21 durch einen gemeinsamen Freund näher kennen. Wir fingen an, fast alles zusammen zu machen, und waren bald beste Freunde. Nach drei Jahren brachte ich den Mut auf, sie zu küssen. Meine Gefühle für sie waren echt. Wir fingen an, miteinander auszugehen, und als ihre Eltern beschlossen, nach Lodi umzuziehen, stellten sie sie vor die Wahl, alles, was sie kannte, hinter sich zu lassen und sich das College bezahlen zu lassen, oder zu bleiben und weitgehend auf sich allein gestellt zu sein. Sie entschied sich für das Bleiben und zog bei mir ein. Als ich 24 war und die Leadgitarre in einer Band mit einer vielversprechenden Zukunft spielte, gab meine 19-jährige Freundin bekannt, dass sie schwanger war. Ihr Name war H-e-a-t-h-e-r. In einem Augenblick kam eine ferne Erinnerung zurück – dieselbe Anzahl von Buchstaben, dieselbe Schule! Und bald erfuhren wir, dass das Kind in ihrem Bauch ein Junge war. Ich sagte mir, dass mein Sohn niemals die Hässlichkeit seines Vaters kennenlernen würde, wie ich sie bei meinem erlebt hatte. Also verließ ich die Band, bekam einen besser bezahlten Job und heiratete sie.

Wir kauften unser erstes Haus und die Dinge schienen gut zu laufen. Obwohl wir uns oft stritten, funktionierte unsere Beziehung zum Wohl unseres Sohnes Christian. Da wir zusammen eine Menge Geld verdienten, schien unsere Beziehung ihre Stärke im Materialismus zu finden. Ich hatte meine Lizenz als Bauunternehmer erworben und verlegte Fußböden nach Maß im Gebiet der Monterey Bay für schicke Häuser und gehobene Kundschaft: Clint Eastwoods Anwesen, das Del Monte Einkaufszentrum, das Monterey Bay Aquarium, um nur einige zu nennen. Meine Arbeitsmoral und meine berufliche Integrität rühren von dem Beispiel meiner Mutter her, die ich in meiner Jugend hart arbeiten sah. Die kleine Welt unserer Familie drehte sich also um drei Dinge: Arbeit, Geld und Baby. Weder meine Frau noch ich lebten unseren katholischen Glauben, nicht einmal annähernd.

Ungefähr fünf Jahre nach Beginn unserer Ehe, begann sie zu kriseln. Der Funke war erloschen und wir hatten uns auseinandergelebt. Nichts machte uns mehr glücklich. Ich verfiel in eine tiefe Depression und eines Nachts dachte ich darüber nach, mir das Leben zu nehmen. Ich weiß noch, wie ich mit einer geladenen Pistole in der Hand auf unserem Bett saß, während meine Frau das Abendessen kochte und mein neunjähriger Sohn im Wohnzimmer spielte. Ich ließ mein Leben Revue passieren: Ich hatte zahlreiche Drogen genommen und literweise Alkohol getrunken; ich hatte viele Menschen in Schlägereien verletzt; ich hatte mit unzähligen Frauen geschlafen. Und hier war ich nun, ein Ehemann und Vater, der versuchte, alles richtig zu machen, und dabei noch unglücklicher war, als wenn er alles falsch gemacht hätte. Wahre Freude, dachte ich, muss ein Mythos sein. Das Einzige, was mich davon abhielt, mir die Pistole in den Mund zu stecken und abzudrücken, war der leise Klang der Stimme meines Sohnes im anderen Zimmer.

In dieser Nacht gab mir meine Frau in einem letzten Versuch, unsere Ehe zu retten und mich vor mir selbst zu bewahren, ein Buch, das sie gerade gekauft hatte. Kaum religiös, reichte sie mir *The Purpose Driven Life* [Das zielgerichtete Leben] von Rick Warren und von der ersten Seite an wusste ich, wer zu mir sprach. Ich wusste, was mir fehlte. Die einzige wirkliche Freude, die ich je empfunden hatte, war nie von der Welt gekommen. Am nächsten Tag rief ich Cheryl an, mit der ich seit Jahren nicht mehr gesprochen hatte, und fragte sie, was ich tun sollte. Sie sagte mir, dass ich am besten mit der Beichte beginnen sollte, und empfahl mir, einen bestimmten Priester aufzusuchen: „Father Jim Nisbet ist ein weltbekannter Kenner der Hl. Schrift mit großer Weisheit. Höre auf ihn." Dann vertraute sie mir an: „Ich habe schon lange gebetet und auf diesen Anruf gewartet."

Entschlossen, ihrem Rat zu folgen, ging ich zu dem Priester. In Jeans mit Löchern in den Knien, schmutzigen Turnschuhen und einem Tanktop betrat ich sein Büro. „Was kann ich für Sie tun?", fragte er.

„Ich muss eine Beichte ablegen. Ich habe eine Berufung."

Mit der intellektuellsten Stimme, die ich je gehört habe, fragte er grinsend: „Wirklich? Was für eine Berufung?"

„Eine Berufung, das Wort Gottes zu predigen."

Father Nisbet lächelte, schaute mich an, als wäre ich ein Spinner, schien sich das Lachen zu verkneifen und sagte: „Okay", und fuhr fort, indem er mir die Beichte abnahm. Auf Cheryls Vorschlag hin fragte ich ihn, ob es in Ordnung wäre, mich regelmäßig mit ihm zu treffen. Er ließ sich fast nie auf diese Art der geistlichen Begleitung ein, aber durch die Gnade Gottes sagte er „Ja".

In diesem Jahr traf ich mich regelmäßig mit Father Nisbet und begann, mich in das Gebet zu vertiefen, insbesondere in den Rosenkranz, die Heilige Schrift und den täglichen Empfang der Eucharistie. Mit großer Vorfreude und dem alles verzehrenden Bedürfnis, den Leib und das Blut Christi zu empfangen, rannte ich praktisch jeden Tag in die Kirche zur Hl. Messe.

Father Nisbet ermutigte mich, all jenen in meiner Vergangenheit zu vergeben, die mich verletzt hatten. Das ging sogar so weit, dass ich versuchte, die Babysitter, die mich belästigt hatten, zu kontaktieren, um ihnen persönlich oder am Telefon zu sagen, dass ich ihnen verziehen habe. Ich habe wirklich versucht, sie zu erreichen, aber ohne Erfolg. Meinen Vater konnte ich jedoch erreichen. Als ich ihn anrief, kam ich direkt zur Sache. „Papa, ich möchte dir sagen, dass ich dir alles vergebe, was du mir und unserer Familie angetan hast." Mein Vater brach sofort in Tränen aus und sagte: „Ich danke dir." An diesem Abend fiel uns beiden eine große Last von den Schultern, was nicht heißen soll, dass es einfach war. Es war das schwerste Telefonat, das ich je geführt habe.

Anfang 2003 begann ich, ungewöhnliche Phänomene zu erleben, die in der Kirche nicht unbekannt, aber für mich definitiv unbekannt waren. Ich begann, Privatoffenbarungen in Form von Visionen und Eingebungen zu erhalten, ohne einen Namen dafür zu haben. Soweit ich wusste, waren die einzigen Menschen, die solche Dinge erlebten, diejenigen, die in der Bibel beschrieben sind. Und warum um alles in der Welt sollten solche Dinge geschehen, besonders für jemanden wie mich, der den Herrn auf so viele Arten beleidigt hatte? Ich versuchte gerade, zur Kirche zurückzukehren.

Die erste Vision ereignete sich, als ich eines Abends auf unserem Wohnzimmersofa saß.

Plötzlich befand ich mich inmitten einer großen Menschenmenge. Sie alle schrien laut und schubsten sich wütend, bis auf einige wenige, die weinten, meist Frauen. Ich konnte die Sprache, die sie sprachen, nicht verstehen und fühlte mich sowohl überrascht als auch verunsichert, und zwar aus keinem anderen Grund als dem, dass ich mich ohne mein Zutun innerhalb eines Wimpernschlags dort befand. Die Menschen trugen scheinbar nahöstliche Kleidung und die Straße, auf der wir standen, war von Hand mit Kopfsteinpflaster gepflastert. Kaum war ich in der Lage, mich zu orientieren, erhaschte ich durch die Menge hindurch einen Blick auf einen bestimmten Mann. Alle Aufmerksamkeit war auf Ihn gerichtet, als Er sich langsam von rechts auf mich zubewegte. Das Geschubse, Gedränge und Geschrei wurde immer heftiger. Ich spürte, wie mein Körper hin- und hergeschoben wurde, und ich hatte Mühe, das Gleichgewicht zu halten.

Der Mann kam so nahe, dass Er direkt vor mir vorbeiging, nur drei Personen entfernt. Ich konnte Sein etwas langes Haar erkennen, das völlig durchtränkt war von etwas, das wie Sein eigenes Blut aussah. Das einteilige weiße Gewand, das Er trug, war schmutzig und an einigen Stellen ebenfalls mit Blut befleckt. Ich konnte deutlich Seine Dornenkrone und die Vorderseite und die linke Seite Seines Kopfes sehen, wo die Dornen tief in Seine Kopfhaut eingegraben waren; aber es waren die Schwellungen dieser Wunden, die meine Aufmerksamkeit am meisten erregten. Sie waren groß und violett, unter der Haut mit Blut gefüllt und entstellten Seine Stirn. Ein großer, schwerer Holzbalken lag quer über Seinen Schultern und Seinem Nacken, Seine Arme waren an den Ellbogen daran gefesselt, und Seine Unterarme hingen in Richtung Boden. Er stolperte, war kaum in der Lage, den nächsten Schritt zu tun.

Als Zuschauer wusste ich nicht, dass dieser Mann der Herr war, bis kurz nach dem Ende der Vision. Doch ich erinnere mich deutlich daran, dass ich dachte, dass ich Ihm helfen muss – dass ich etwas tun muss, um Ihm zu helfen. Kaum hatte ich einen Schritt nach vorn gemacht, um Ihn durch die wenigen Leute vor mir zu erreichen, stieß mich ein anderer Mann zu meiner Rechten mit großer Kraft aus dem Weg. Ich stolperte nach links, und während ich mein Gleichgewicht wiederfand, ging der Mann auf Armeslänge auf den Herrn zu und warf einen großen Stein, etwa so groß wie ein Ziegelstein, so fest er konnte. Er prallte mit brutaler Wucht seitlich auf den Kopf von Jesus. Das Geräusch des Aufpralls war grauenhaft und vermischte sich mit einem Luftstrom, der aus Seinem Mund entwich, und einem leisen, keuchenden Stöhnen. Als Er unter der Wucht des Schlags von mir weg zu Boden fiel, versuchte Er, sich gegen den Sturz abzustützen, konnte es aber nicht, weil Seine Arme an das Holz gebunden waren. Als Er landete, knickten Seine Arme unter dem Gewicht Seines Körpers und des Holzes zusammen, wobei die Vorderseite Seines Gesichts die Hauptlast des Sturzes auf den Steinweg abbekam. Er lag da und schaukelte unter offensichtlichen und unglaublichen Schmerzen von einer Seite zur anderen. Dann begannen die Leute, Ihn in den Bauch, den Kopf und die Beine zu treten.

Oh, wie real diese Vision war. Ich war dort, nicht anders als ich jetzt hier auf der Erde bin. Die Vision endete so schnell, wie sie begann. Was für einen enormen Preis hat der Herr für meine Sünden bezahlt! Bis dahin hatte ich die schiere Brutalität des Leidens unseres Herrn nie wirklich verstanden und ich erschauderte bei der Vorstellung, wie Er jeden Schlag, jeden Tritt, jeden Stoß, den ich jemals einem Mitmenschen zugefügt hatte, gespürt hatte.

Heather betrat das Wohnzimmer und ich ging weinend auf sie zu. Sie fragte mich, was los sei, und ich sackte vor ihr auf die Knie und schlang meine Arme um ihre Hüften. Unter Tränen konnte ich nur sagen: „Er liebt uns so sehr. Heather, Er liebt uns so sehr."

Meine zweite Vision kam etwa eine Woche später und war genauso real wie die erste. Diesmal begann der Herr, ob ich es wollte oder nicht, ob ich es verstand oder nicht, genau das zu tun, was Er sagte, als Er zum ersten Mal durch Jesaja 48 zu mir sprach:

„Von jetzt an lasse ich dich etwas Neues hören, etwas Verborgenes, von dem du nichts weißt. Eben erst ist es erschaffen, nicht schon vor langer Zeit. Zuvor hast du nichts erfahren davon, damit du nicht sagst: Das habe ich längst schon gewusst. Du hast davon nichts gehört und gewusst, dein Ohr war von Anfang an nicht offen."

Am späten Vormittag verließ ich das Haus, um ein paar Besorgungen zu machen, und plötzlich

... sah ich, wie sich der Himmel öffnete und Jesus auf den Wolken des Himmels kam. Es war, als ob sich die Luft selbst öffnete, um das Unsichtbare zu enthüllen. Der Herr war riesig, und mir wurde klar, dass jeder, egal wo er sich auf der Erde befand, dies sehen würde. Seine Hände, die immer noch die Wunden von den Nägeln trugen, lagen unten an Seiner Taille und waren nach außen gedreht, als ob Er sich präsentieren würde, und Er war von großer Macht und Herrlichkeit umgeben. Weiße Wolken bewegten sich mit großer Geschwindigkeit und Kraft und wurden von einem rötlich-orangenen Feuer entzündet; und weiße, kleine und helle Lichter, die ich für Engel hielt, huschten um Ihn herum hin und her.

Diese Erfahrung schien zumindest eine gewisse Beklemmung mit sich zu bringen. Aber ich hatte keine Angst. Im Gegenteil, ich war von einem freudigen Gefühl des Sieges erfüllt, wie ich es nie zuvor oder danach empfunden habe. Mein triumphaler Überschwang war so stark, dass ich alles stehen und liegen lassen und zum Herrn rennen wollte, so schnell mich meine Beine tragen konnten. Dieses Gefühl blieb noch lange nach dem Ende der Vision.

Ich erzählte niemandem von der Vision und wusste noch nichts von Mystik. Ich hatte keine Ahnung, dass solche Dinge immer noch geschehen, obwohl ich wusste, dass sie mir widerfahren sind. Um ehrlich zu sein, machte sich ein Teil von mir Sorgen. Obwohl ich nicht in Panik geriet, kamen mir Gedanken, dass ich den Verstand verlieren könnte. Alles geschah so schnell: Ich bekam eine Vision und hatte kaum genug Zeit, um zu begreifen, was passiert war, bevor die nächste eintrat.

Während dieser Zeit blieb ich bis spät in die Nacht auf, um die Heilige Schrift zu lesen und den ganzen Tag über mit Jesus zu sprechen. Obwohl sich meine Schlafgewohnheiten geändert hatten, wachte ich nie müde auf und mein Gebetsleben beeinträchtigte meine Arbeit in keiner Weise. Meine morgendliche Routine bestand darin, aufzustehen, Kaffee zu kochen, den Rosenkranz zu beten oder die Heilige Schrift zu lesen, mich fertig zu machen, meinen Sohn zur Schule zu bringen und vor der Arbeit zur Morgenmesse zu gehen.

Innerhalb weniger Tage nach der Vision von Jesus am Himmel wurde meine kleine Angst, verrückt zu sein, durch eine heilige Gottesfurcht ersetzt. Es geschah am 9. April 2003, einem Tag, an dem ich sehr früh aufwachte, etwa um 4 Uhr morgens, und den Drang verspürte, aus dem Bett aufzustehen und zu beten. Ich ging den Flur meines Hauses entlang, und als ich mich der Küche näherte, wurde ich sofort weggeholt. Alles, was ich weiß, ist, dass das „Ich", von dem ich weiß, dass „ich" es bin, mit all seinen Hoffnungen, Ängsten, Gefühlen, Anblicken, Gerüchen und Berührungen, nicht mehr in meinem Hausflur war.

Ein großer weißer Lichtblitz beeinträchtigte vorübergehend meine Sicht, und als sich meine Augen daran gewöhnt hatten, sah ich vor mir einen runden Wassersee, der wenig Ähnlichkeit mit einem irdischen See hatte. Er sah eher aus wie eine dünne Scheibe aus Kristall, glatt wie Glas, mit Licht, das von seiner Oberfläche ausstrahlte. In der Mitte des Sees stand ein baumartiger Springbrunnen, aus dem vielfarbige Lichter wie Wasserströme flossen.

Sowohl der Boden um den See als auch der Himmel über ihm waren reines Licht. Auf der anderen Seite des Sees konnte ich menschliche Gestalten in weißen Gewändern sehen, die zu hell waren, um sie im Detail zu erkennen, denn rechts von mir, in meinem peripheren Blickfeld, leuchtete ein großes weißes Licht. Dieses herrliche Licht, das wie ein Kristall und doch lebendig war, war Gott selbst. Als ich versuchte, mich auf die menschlichen Gestalten zu konzentrieren, die sich untereinander unterhielten, tauchte plötzlich der Herr, Jesus Christus, vor ihnen auf. Ich konnte deutlich Sein Gesicht, Seinen Bart, Sein Haar und die Umrisse Seines knöchellangen Gewandes erkennen, das in hellem Glanz erstrahlte. Groß und stark, mit scharfen Zügen und weißem Haar wie unberührter Schnee, sah Er wie ein König aus.

Er wandte sich zu meiner Rechten und begann langsam und zielstrebig in Richtung des großen Lichts, das der Vater war, zu schweben. Dann streckte Er Seine rechte Hand nach vorne aus und griff, mit dem Rücken Seiner rechten Schulter zu mir gewandt, in das Licht, dessen Helligkeit mir die Sicht auf Seinen ausgestreckten Arm verstellte. Als Er Seine Hand herausholte, hielt Er die Schriftrolle mit den sieben Siegeln aus dem Buch der Offenbarung (Kapitel 10). Die Schriftrolle war cremeweiß mit einem Hauch von Bronze und etwa einen Meter lang. Die Siegel waren dick, rund und hatten die Farbe von dunkelrotem Blut. Dann stand der Herr vor mir und schaute mich direkt an. Sofort wurde mein ganzes Wesen von einer ungeheuren Gottesfurcht ergriffen. Unfähig, mich zu bewegen oder zu atmen, fühlte ich mich wie versteinert, als würde ich gleich sterben. Seine Pupillen waren wie Feuerflammen, die das Zentrum meiner Seele durchdrangen. Nichts war vor Seinem Blick verborgen. Alles, was ich je in meinem Leben getan hatte, lag völlig offen vor Ihm.

Blitzartig begann Jesus, mir innerlich meine vergangenen Sünden und deren Folgen zu zeigen. Ich hatte keine Kontrolle über das, was mit mir geschah. Ich sah jede Übertretung, die ich wissentlich und unwissentlich begangen hatte. Was ich für Kleinigkeiten gehalten hatte, wie z. B. meinen Bruder oder meine Mutter anzuschreien, war gar nicht klein; und meine Unterlassungssünden, Handlungen, die ich hätte tun sollen, aber nicht tat – von denen ich gar nicht wusste, dass sie Sünden waren –, erfüllten mein Herz mit großem Bedauern und Kummer.

Neun Jahre meines Lebens waren wie im Fluge vergangen und ich erkannte nicht, wie tief ich in die Dunkelheit gefallen war, bis mir ihre wahre Hässlichkeit vor Augen geführt wurde. Je mehr ich sah, desto schlimmer wurde es. Alles hatte sich um mich und mein Vergnügen gedreht. Die Welt war mein Spielplatz gewesen. Was immer ich wollte, holte ich mir; und was ich nicht so einfach bekommen konnte, suchte ich woanders. Christus, der König und Herr von allem, entlarvte meinen Betrug und meine Wut – meine körperliche und emotionale Gewalt – meine Lust und meinen Missbrauch – meine Arroganz und meine Verleumdung – meinen Materialismus und meine Gier – meine Götzenanbetung und meine Eitelkeit – meinen Alkohol- und Drogenkonsum – meine Partys und meine Rockmusik … all die Dinge, die ich höher schätzte als Gott. Den größten Teil meines Lebens hatte ich vergeudet und damit verbracht, mir selbst zu gefallen und andere zu beeindrucken, aber nicht Ihn.

Besonders niederschmetternd war es, die zerstörerische Wirkung meines Handelns auf andere Menschen zu sehen, denn ich hatte viele von Gottes Kindern in die Sünde geführt. Ein Ereignis stach wie ein greller Albtraum hervor. Nachdem ich mit einem Mädchen Sex gehabt hatte, machte ich sie mit Kokain bekannt und dann verloren wir den Kontakt. Drei Jahre später sah ich sie wieder. Sie war kaum wiederzuerkennen. Crack-abhängig, [das ist eine starke Droge] sah sie alt, zerknittert, abgemagert und erschöpft aus. Der Herr zeigte mir, wie sie sich sexuell und körperlich hatte benutzen lassen, immer und immer wieder. Mein unmäßiges Verlangen hatte ihr Leben zerstört.

Der Herr offenbarte mir, wie Satan meine verdrehte Sicht der Sexualität, die durch die drei Misshandlungen in meinem Leben entstanden war, dazu benutzt hatte, mich zu einem Werkzeug des Todes zu machen. Der Missbrauch prädisponierte mich zur Begierde statt zur Liebe und aus meiner Begierde wurde Unzucht und meine Unzucht führte dazu, dass zwei junge Frauen abtrieben, was mich dann teilweise des Mordes schuldig machte.

Mir wurde gezeigt, wie ich als kleines Kind, etwa im Alter von fünf Jahren aussah, wie jemand meiner älteren Schwester ein Playboy-Magazin schenkte, und ich war so aufgebracht und verletzt, dass ich in ein anderes Zimmer rannte und zu weinen begann. Als ich mir dann später im Leben Pornografie ansah, konnte ich nichts Falsches daran finden.

Was mich am meisten entsetzte und erschütterte, war, dass ich das Wesen der Sünde selbst sah. Sie macht nichts anderes, als zu zerstören, und ist unendlich viel schlimmer als Gift. Gift kann den Körper töten, der zeitlich begrenzt ist, aber Sünde kann die Seele töten, die ewig ist. Jesus offenbarte mir, dass jede Sünde, ob groß oder klein, von Bedeutung ist. Eine kleine Lüge war ernster, als ich dachte, denn Jesus sieht unser Herz an. Die Lüge mag klein erscheinen, aber der Betrug in uns kann riesig sein. Oder die Verleumdung – einen anderen in ein negatives Licht zu rücken, es zu denken oder auszusprechen, kann in Gottes Augen gleich aussehen, weil Gott die Saat des Gerichts in unseren Herzen sieht. Die Verleumdung ist nur ein Ausdruck davon. Als Jesus in Matthäus 5,27-28 sagte: „Ihr habt gehört, dass gesagt worden ist: Du sollst nicht die Ehe brechen. Ich aber sage euch: Jeder, der eine Frau ansieht, um sie zu begehren, hat in seinem Herzen schon Ehebruch mit ihr begangen", meinte Er genau das, was Er sagte.

Gott offenbarte mir, wie sich die Sünde wie ein bösartiger Krebs ausbreitet. Schon der einfache Akt, eine Person negativ zu behandeln, löst einen Spinnennetzeffekt aus. Wenn ich jemanden morgens anschreie und ihm schlechte Laune mache, nimmt er das mit in den Tag und überträgt es leicht auf andere, die wiederum den Ärger mit nach Hause nehmen und ihn an ihren Lieben auslassen, die ihre Nachbarn belästigen, und so weiter … und so weiter … und so weiter … Wie die vielen Äste eines unendlichen und heimtückischen Baumes breitet er sich aus, ausgehend von einem kleinen Sprössling. Jede einzelne Sünde vervielfältigt sich auf diese Weise, selbst jene, die wir für verborgen halten, und wirkt sich sowohl auf den physischen als auch auf den geistigen Bereich aus, sie wandert über Generationen, manchmal sogar über Kontinente hinweg. Sünde, die enthüllt wird, ist eine grausame Sache.

Was dann geschah, schockierte mich zutiefst. Ich stand vor Jesus, ohne mich daran zu erinnern, wie ich zwei Jahre zuvor zur Kirche zurückgekehrt war und Buße getan hatte. Der Herr des Himmels und der Erde verbarg dies vor meinem Bewusstsein, weil Er mich in vollem Umfang erleben lassen wollte, was mit mir geschehen wäre, wenn ich in meinen Sünden gestorben wäre.

Jesus zeigte mir mein persönliches Gericht. Sofort sah ich mein Urteil in Seinen Augen. Das Urteil lautete: Hölle für alle Ewigkeit. Ich war wie erstarrt, sprachlos, in überwältigendem, stillem Schrecken. Ich wusste, dass ich es verdient hatte, und es gab absolut nichts, was ich tun konnte, um es aufzuhalten. Die Erfahrung war so schrecklich, dass sie über den reinen Horror hinausging. Ich konnte mich nicht wehren. Ich konnte mich aus nichts herausreden. Ich verstummte vor der göttlichen Wahrheit, welche die Gerechtigkeit verlangt. Ich erlebte mein persönliches kleines Gericht und durch mein Leben hatte ich meine Strafe frei gewählt: ein ewiger „feuriger Ofen, in dem man heulen und mit den Zähnen knirschen wird“ (Mt 13,42b). Die menschliche Sprache kann das Bedauern, das mich ergriff, nicht wiedergeben.

Als Jesus die Schriftrolle vom Vater entgegennahm, wurde mir auch klar, dass dieses Gericht, das für jeden Einzelnen einzigartig ist, über die ganze Welt kommen wird. Jeder Mensch auf der Erde wird sein persönliches Gericht erleben, entweder zu Lebzeiten oder im Tod, und für jede einzelne Sünde wird Rechenschaft abgelegt werden müssen.

Was diese Erfahrung für mich so beängstigend gemacht hat und was mich für die Welt so besorgt macht, ist die Tatsache, dass es nach dem Tod keine Möglichkeit gibt, das eigene Urteil zu ändern. Es gibt keine Möglichkeit, zurückzugehen und die Dinge zu ändern, um das Unrecht zu korrigieren. Es ist absolut. Für mich war die Tür zum Himmel mit einem eisernen Riegel verschlossen und mein Schicksal war *für immer* besiegelt.

Meine Erfahrung in der himmlischen Welt endete so schnell, wie sie begonnen hatte, und ich fand mich am Ende meines Flurs wieder. In der Luft lag ein entferntes Echo heiliger Gesänge und mein Körper zitterte unkontrolliert von Kopf bis Fuß.

Im Laufe des Tages betete ich so intensiv wie noch nie in meinem Leben, flehte Gott um Gnade an und bat Ihn, der Welt mehr Zeit zu geben, da wir noch nicht bereit dafür sind. Um der armen Sünder willen, um der Menschheit willen, um Seines Heiligen Namens willen, flehte ich Ihn an, Erbarmen zu haben!

Es dauerte fast sieben Monate, bis ich die volle Erkenntnis darüber erlangte, was an jenem Morgen im Flur geschehen war. Mir wurde nicht nur meine Sünde als das gezeigt, was sie wirklich war, sondern auch das, was jeder im Wesentlichen währenddessen erleben wird, was man, wie ich später erfuhr, „Die

Seelenschau“ nennt. Wenn ich mich jetzt daran erinnere, kommen mir die Tränen und eine überwältigende Traurigkeit für die Welt, einfach weil ich weiß, was jeden Menschen erwartet, wenn er oder sie nicht umkehrt und sich Gott zuwendet.

Es wird viele geben, die das nicht überleben werden. Ihre Körper werden physisch nicht in der Lage sein, einer Begegnung mit ihrer Sünde, wie sie in der Heiligkeit des lebendigen Gottes gesehen wird, standzuhalten. Einfach gesagt, sie werden vor lauter Schreck beim Anblick ihrer eigenen Sünde sterben. So habe ich das verstanden. Einige werden tot umfallen, andere werden sich bekehren, und wieder andere werden Gott völlig ablehnen und vom Satan besessen werden.

Etwa einen Tag nach diesem Erlebnis wurde ich von zwei Frauen angesprochen, die ich nicht kannte. Sie hielten mich nach der Morgenmesse auf dem Parkplatz an, als ich zu meinem Wagen ging, und boten mir ein Flugblatt an. „Wir haben das Gefühl, dass wir Ihnen das geben sollen.“ Ich erkundigte mich ein wenig und sie sagten, es seien Informationen über eine Wallfahrt. Ich hatte schon von Pilgerfahrten gehört – Father Nesbit hatte viele ins Heilige Land geführt –, aber sie sprachen von einem Ort, von dem ich noch nie gehört hatte und den ich nicht einmal aussprechen konnte: Medjugorje in Bosnien-Herzegowina. Ich nahm die Broschüre, um höflich zu sein. Das Letzte, was ich im Sinn hatte, war eine Marienwallfahrt irgendwohin. Meine Ehe ging in die Brüche, ich machte radikale Veränderungen durch, und obwohl ich den Rosenkranz betete, hätte ich mich nie als Marienverehrer betrachtet. Eine Beziehung zur Mutter Gottes war mir fremd.

Etwa eine Woche später, am 14. April 2003, beschloss ich, während der Arbeit eine Pause zu machen. Als ich aus dem Haus ging, an dem ich arbeitete, sah ich eine Bank auf der Veranda, setzte mich hin, sprach ein kleines Gebet und dachte über die Gnaden nach, die ich erhalten hatte. Eine meiner Arbeitsgewohnheiten war es, mein Autoradio einzuschalten und entweder christliche Prediger oder christliche Musik zu hören. Meine Ohren wurden auf die Stimme eines Mannes aufmerksam, der über den Äther predigte. Da ich nicht wusste, dass Katholiken und die katholische Kirche von so vielen verschiedenen Konfessionen verachtet werden, glaubte ich, dass wir alle Christen seien, dass wir alle miteinander auskämen und dass es zwischen uns überhaupt keinen Graben gäbe.

Der Mann lehrte über „die Entrückung", die Endzeit und las aus der Offenbarung vor. Ich war nie über die Lehren der Kirche zu solchen Dingen unterrichtet worden und habe seitdem gelernt, dass es so etwas wie eine Vorentrückung nicht gibt – ein Moment, in dem alle guten Menschen weggenommen oder entrückt werden und alle Bösen zurückbleiben, um die letzte Trübsal zu erleben. Auch in der Bibel ist von einer vorzeitigen Entrückung nicht die Rede. Gegen Ende seiner Predigt hielt der Prediger inne und sagte sarkastisch: „Junge, die Katholiken werden überrascht sein, wenn das passiert", woraufhin Gelächter und Applaus einsetzten. Irgendetwas stimmte hier ganz und gar nicht. Ich kannte viele wunderbare Katholiken – Cheryl, Faye, Father Nesbit, die Nonnen, die mich unterrichtet haben, um nur einige zu nennen – und wenn jemand entrückt werden sollte, dann sie. Der Mann war ein guter Prediger und ich hörte ihm gern zu. Deshalb konnte ich das nicht verstehen und senkte sofort den Kopf, schloss die Augen und sagte zu Jesus: „Herr, bitte gib mir Verständnis für Dein Wort."

Als ich aufblickte, blieb mein Blick an einem Baum auf der anderen Straßenseite hängen und die Stimme des Predigers wurde immer leiser, bis sie schließlich ganz verstummte. Gleichzeitig begann ich eine Strömung zu spüren, die einem aufkommenden Wind ähnelte, aber geistiger Natur war. Er wurde immer stärker, wirbelte herum und hüllte mich ein und es fiel mir immer schwerer zu atmen. Dann hörte er auf. Die Luft war nicht mehr da, als ob ich sie nicht mehr zum Leben bräuchte. Ich war wie erstarrt und unfähig, mich zu bewegen, und starrte auf Gottes Herrlichkeit, die vor mir erschien. Das war etwas anderes als eine Vision. Seine Manifestation der Herrlichkeit befand sich physisch vor mir. Ich konnte immer noch den Baum und die Szene auf der anderen Straßenseite durch ihn hindurch erkennen …

Die Herrlichkeit Gottes war wie ein Kristall, doch lebendig, und jede Farbe des Regenbogens strahlte langsam lange, leuchtende, durchsichtige Splitter aus ihrem Inneren aus. Sie strahlte eine mächtige Hitze aus, die alles in jedem Moment verzehren konnte, aber sie blieb kontrolliert und überwältigte mich absichtlich nicht; und sie besaß eine Qualität der Reinheit, die nicht von dieser Welt war.

In der Vision der Herrlichkeit begannen Szenen mit bewegten Bildern, scharf und in voller Farbe, in Zeitlupe vor meinen Augen vorbeizuziehen: Der Herr zeigte mir zukünftige Ereignisse, die eine große Drangsal in der Welt betreffen, die meine Seele erschütterten. Wie gebannt sah ich einen kommenden Weltkrieg, einen nuklearen Schlagabtausch zwischen den Weltmächten, große soziale Unruhen, weltweites Chaos, vom Satan besessene

Menschen, künftige Strafen – die Menschheit, die sich durch ihr eigenes Handeln selbst an den Rand der Auslöschung bringt. Ich sah die Unterwanderung der Kirche durch diejenigen, die mit Luzifer im Bunde stehen, eine massive Verfolgung der Kirche von innen und außen, bei der Priester ermordet, Kirchen geplündert und verbrannt und die Eucharistie von Soldaten mit Todesgesichtern zertreten und entweiht wurde. Die Erde wurde verwüstet und überall herrschte Zerstörung. Es schien, als wären alle Dämonen der Hölle auf die Erde losgelassen worden, während die Menschen die schrecklichsten Waffen auf sich selbst losließen.

Als die Vision aufhörte, rannte ich zu meinem Wagen, schaltete das Radio aus, griff nach meiner Bibel und schlug das Buch Daniel auf. Irgendwie wusste ich, dass das, was mir gezeigt worden war, dort geschrieben stand. Ich hatte nur ein paar verstreute Verse in den Kapiteln 7 bis 12[VII] gelesen, als Stränge aus leuchtendem, goldenem Weizen, die zu drei Seilen verwoben waren, durch die linke Seite meiner Bibel aufstiegen und sich auf der rechten Seite vergruben. Das goldene Licht der Seile leuchtete immer heller, begleitet von einem Geräusch, das wie das starke Summen eines elektrischen Stroms klang. Als sich die drei Seile mit ungeheurer Kraft in die Seiten bohrten, erreichten das Geräusch und das Licht ein Crescendo und zwei Worte kamen mir in den Sinn: „absolut verbindlich". Das heißt, ich wusste, dass die Vision passieren muss. Es führt kein Weg daran vorbei, und kein noch so großes Gebet kann sie aufhalten. So steht es geschrieben. Sie ist Teil von Gottes Plan der Reinigung, den Er durch Seine heiligen Propheten verordnet hat, und sie entspricht Seinem Willen.

Der Herr gab mir eine weitere Vision, in der mir, wie ich glaube, eine Handlung Gottes gezeigt wurde, durch welche die wahrhaft Gläubigen vor einer bestimmten und verheerenden Strafe der göttlichen Gerechtigkeit geschützt wurden.

Ich stand plötzlich im hinteren Teil einer Kirche. Hinter mir befanden sich zwei massive, schwere, große Holztüren. Es gab keinen Weg von außen durch diesen Eingang und keinen Weg von innen nach draußen. Ich wurde darauf hingewiesen, dass die Türen von Gott selbst verschlossen worden waren. Außerhalb der Türen herrschten große Verwirrung, Chaos, Schrecken, Angst und Tod. Als ich zum Altar blickte, hob ein Priester die Heilige Hostie in die Höhe und die Menschen knieten in den Kirchenbänken und auf den Stufen, manche mit dem Kopf auf dem Boden. Keiner von ihnen gab einen Laut von sich, nur große Ehrfurcht und Stille. Als die Hostie ihren höchsten Punkt erreicht hatte, floss kristallklares Wasser aus der Heiligen Hostie in die Luft, das etwas dickflüssig war und von dem Licht ausging. Dieses Wasser war lebendig, und es überflutete langsam alle Anwesenden.

Dann wurde ich blitzschnell in eine andere Kirche irgendwo auf der Welt transportiert, wo sich all das wiederholte, nur schneller. Ich spürte, dass diese Hl. Messe überall auf der Welt zur gleichen Zeit stattfand. Die gleiche Szene wurde mir wiederholt gezeigt, nur jedes Mal schneller. Ich verstand das Wasser aus der Hostie als eine Art göttlichen Schutz vor dem, was außerhalb der Heiligtümer geschah.

Später würde Gott mir den Sieg der Heiligen Kirche Gottes und Seines Volkes in der Welt zeigen, bewahrt und erneuert durch den Geist des Allmächtigen Gottes auf die Fürsprache der Gottesmutter, nachdem alles Unheilige beseitigt worden war.

Als ich draußen auf einem unbefestigten Weg stand, sah ich eine Gruppe von etwa 50 bis 100 Menschen, die in dieselbe Richtung von mir weggingen, als ob sie irgendwohin gingen. Ich spürte ihre große Ehrfurcht vor der Kirche und den Sakramenten. Gott war ihre erste Liebe, weit und über allem anderen, und ihre Liebe zueinander war grenzenlos. Sie lächelten und lachten, während sie miteinander sprachen und interagierten. Die Erwachsenen schienen Ende 20 bis Anfang 30 zu sein und wurden von ein paar Kindern begleitet, die herumliefen und einfach Kinder waren. Der Himmel war extrem klar und unverschmutzt, so klar wie ich ihn noch nie gesehen hatte. Links und rechts von mir wuchsen verschiedene Pflanzen und der Weg verschwand in fernen, grasbewachsenen Hügeln. Die gesamte Schöpfung, der Himmel und das Land, war von göttlichem Leben erfüllt. Der Friede Gottes, der jenseits allen menschlichen Verstehens liegt und die menschliche Sehnsucht erfüllt, war über die Erde ausgegossen worden.

Ich sah eine zukünftige Welt, in der es weder Krankheit noch Schmerz gibt, in der das Leben viel einfacher ist und die Menschen viel länger leben als heute. Ich bemerkte, dass die Haut der Menschen auf eine Art und Weise strahlte, wie wir sie heute nicht kennen. Alle sahen schön, gesünder und strahlender aus, weil Gott in ihnen gegenwärtig ist. Es gab keine Anzeichen von Make-up, Haarspray oder freizügiger Kleidung. Die Menschen liefen bequem in locker sitzenden Hosen und Tuniken herum, die eine helle Farbe hatten und sich von den heutigen Stilen unterschieden. Nichts sah modern aus, und doch wirkte alles neu.

Ich erinnere mich genau an einen Mann, der am Ende der Gruppe stand. Er drehte sich zu mir um und lächelte mich freundlich an, als wolle Er mich auffordern, mich zu ihnen zu gesellen. Er hatte einen Bart und halblanges Haar. Er hatte Ähnlichkeit mit Jesus, aber in der Vision wurde ich nicht darauf hingewiesen, wer Er war. Erst als die Vision zu Ende war, erkannte ich, dass es sich bei dem Mann um Jesus handelte, der Sein Volk in ein neues Zeitalter des Friedens führte und weidete.

Überwältigt von diesen Offenbarungen, die mich in die Knie zwangen, rief ich Cheryl und Faye an, und beide ermutigten mich, weiterhin zu Father Nisbet zu gehen. „Erzähl ihm alles“, sagten sie, weil ich zögerte zu sprechen, aus Angst vor der Antwort des Priesters. „Er ist schließlich dein geistlicher

Begleiter.“ Der Priester wirkte auf mich etwas einschüchternd, und zwar aus keinem anderen Grund als wegen seiner großen Weisheit. Er war eine lebende Enzyklopädie, die alles über alles zu wissen schien. Schließlich erzählte ich dem Priester von den Visionen, obwohl ich zunächst nicht sehr ins Detail ging, vielleicht weil ich noch in einem halben Schockzustand war. Ich erinnere mich, dass ich schluchzte: „Es wird ein Gemetzel werden“, und nicht verstehen konnte, warum das alles sein musste.

In seiner Vertrautheit mit ungewöhnlichen geistlichen Gaben erkannte Father Nisbet die Worte und Visionen, die ich ihm gegenüber wiederholte, als prophetische Offenbarungen von Gott. Zu diesem Zeitpunkt hatte ich noch keine Ahnung, dass ich prophezeite. Ich fühlte mich einfach nur verwirrt, überwältigt und zutiefst traurig und weinte jedes Mal, wenn ich dem Priester erzählte, was mir gezeigt worden war. Die Reaktion des Priesters war das genaue Gegenteil, nichts weniger als untypische Ausbrüche von purer Freude. „Sieh zu, dass du auf dem Fuß des Glaubens landest“, sagte er. „Wenn du die Herrlichkeit erkennst, zu der du berufen bist, wird dir das helfen, mit der Last umzugehen, die damit einhergeht.“

„Aber, Father. Könnte Gott nicht jemand anderen finden?“

Irgendwann fragte ich ihn aus Neugier, was er aus all dem lernen würde. Father Nesbit sah mich an, lächelte und sagte: „Ich lerne, dass Gott sich erwählt, wen Er will.“

Bald würde ich eine schwierige Glaubens- und Vertrauensprüfung bestehen müssen. Ich war Father Nesbit gegenüber ehrlich gewesen und nun musste ich auch meiner Familie gegenüber ehrlich sein, und so teilte ich ihnen mit, was mit mir geschah. Meine Frau, meine Freunde, mein Bruder und seine Familie ließen mich schnell im Stich. Selbst meine Schwiegereltern dachten, ich hätte eine verrücktmachende Pille genommen. Nur meine Mutter, Cheryl, Faye und Father Nesbit glaubten mir. Irgendwann kam meine Frau auf mich zu, als ich die Heilige Schrift studierte, und sagte: „Vince, du veränderst dich, und ich weiß nicht, ob ich so leben kann."

Ich hielt die Tränen zurück und antwortete: „Heather, egal, was passiert, ich werde dich immer lieben." Sie drehte sich um und ging schweigend davon.

Ein paar Jahre vergingen und 2005 zog unsere Familie, die durch Gottes Gnade immer noch intakt war, in eine andere Stadt in Nordkalifornien. Viele unserer Freunde waren dorthin gezogen und Heather wollte näher bei ihrer Mutter und ihrer besten Freundin sein und im San-Francisco-Bay-Gebiet bessere Karrierechancen wahrnehmen. Nun war ich weit weg von meinem geistlichen Begleiter und vermisste unsere Treffen sehr. An diesem neuen Ort suchte ich auf Anraten von Father Nisbet meinen neuen Pfarrer auf, um ihm mitzuteilen, was mit mir geschah, mit dem Vorbehalt: „Wundere dich nicht, wenn er dich für verrückt hält."

„Er wird mich nicht für verrückt halten", dachte ich mir. „Er ist ein Priester. Er wird es verstehen." Ich hätte die Warnung beherzigen sollen. Schon wenige Minuten nach unserem Treffen spürte ich, dass es ihm schwer fiel, mir zu glauben. Da Passivität nicht zu meinen stärksten Eigenschaften gehört und es mir schwer fällt, meine Zunge zu zügeln, wenn ich einmal in Fahrt gekommen bin, blieb ich hartnäckig. Schließlich, ich glaube, aus lauter Frustration über mich, brachte er einige der Sünden zur Sprache die ich drei Tage zuvor gebeichtet hatte, und sagte mir, dass die Heiligen so etwas nicht täten, und warf mit Verweis auf Spr 26,11 ein: „ Wie ein Hund, der zurückkehrt zu dem, was er erbrochen hat, so ist ein Tor, der seine Dummheit wiederholt." Dann entschuldigte er sich im Grunde von der Sitzung, um seine Zeit nicht weiter zu verschwenden. Er ist eigentlich ein demütiger und gehorsamer Priester. Es war nicht seine Absicht, mich zu verletzen.

Ich betete darüber und sagte: „Jesus, er will nicht zuhören. Er versteht es nicht. Ich dachte, es sei Dein Wille, dass ich das mit ihm teile, und er will einfach nicht zuhören!“ Der Herr antwortete mir mit einer Frage: „Warum bist du so ungeduldig mit Meinem Bruder? Oh, mein Kind, wie oft, wie viele Male in deinem Leben habe Ich zu dir gesprochen, und du hast nicht zugehört? Bin Ich jemals ungeduldig mit dir gewesen?“ Gedemütigt durch die Worte des Herrn und durch meine Selbstsucht und meinen Stolz, begann ich, jeden Tag für diesen Priester zu beten.

Kurz nach dem Besuch bei meinem neuen Pfarrer ging ich nach einer Werktagsmesse und einem Rosenkranzgebet zu meinem Auto und wurde von einer mir unbekannten Frau angesprochen, wiederum auf dem Parkplatz einer Kirche. „Herr!“, rief sie. Als ich mich umdrehte, eilte sie zu mir herüber. „Es tut mir leid, dass ich Sie störe, aber ich habe das Gefühl, dass ich Ihnen das geben sollte. Es ist eine Information über eine Pilgerfahrt nach Medjugorje.“ Dieses Mal hörte ich genau zu. Sie erklärte mir, was an diesem Ort geschah, den ich immer noch nicht aussprechen konnte, und wie sie glaubte, dass die Muttergottes dort erschien. Ich nahm ihre Broschüre mit nach Hause und erzählte Heather davon, aber der Gedanke, um die halbe Welt zu fliegen, schien mir ein weit hergeholter Traum zu sein.

Zu dieser Zeit wurde die Gottesmutter für mich immer realer: eine echte und greifbare Mutter, nicht nur eine ferne und mächtige Figur, die an meinen Rosenkranzperlen hängt. Ich fühlte mich schrecklich allein auf der Welt, meine Ehe war so gut wie gescheitert, mein Fußbodengeschäft und mein Ruf als Installateur waren nicht existent, da ich praktisch bei Null anfangen musste, und da ich nirgendwo sonst Hilfe finden konnte, bat ich Maria um Führung. Als ich die Kirche betrat, kniete ich in ihrer Nische vor einer großen Statue Unserer Lieben Frau von Fatima nieder und weinte einfach. Ich bat sie, mir zu helfen, all das zu verstehen, was mit mir geschah, zu wissen, was ich mit all dem tun sollte – und meine Ehe zu retten. Als ich schließlich zu ihrer Statue aufblickte, regnete ein sanftes weißes Licht mit kleineren, aber helleren Lichtern auf sie herab. Durch eine Einsprechung hörte ich die Gottesmutter sagen: „Komm an meinen Ort." Ich wusste, dass sie Medjugorje meinte.

Ich beschloss, dorthin zu gehen. Als der Tag der Abreise kam, half Heather, mich durch den Flughafen zu bringen und schickte mich in die allgemeine Richtung meines Abflug-Gates. Ich war wie ein Kind, das völlig verloren war. Ich hatte keine Ahnung, was ich tat, und zu sagen, dass ich nervös war, wäre eine Untertreibung. Ich kannte mich auf Flughäfen überhaupt nicht aus und ich hatte schreckliche Angst vor dem Fliegen. Als ich auf einem Fensterplatz saß und darauf wartete, dass das Flugzeug abhob, wollte ich herausspringen. „Das ist ein Fehler", dachte ich bei mir. „Ich hätte das nicht tun sollen." Als die Triebwerke ansprangen und der Asphalt an mir vorbeirauschte, dachte ich nur: „Was um alles in der Welt machst du da? Das ist doch verrückt. Du tust das nur, weil du eine Stimme gehört hast? Oh, Mann, das ist wirklich schlimm."

Während der Flüge nach Bosnien-Herzegowina tat ich kein Auge zu. Als ich mit meiner Pilgergruppe ankam, war ich einfach nur froh, auf dem Boden zu sein. Unsere Reiseleiterin, Matilda, eine der Tanten der Seherin Mirjana, gab uns einen kurzen Überblick über Medjugorje und wie die Erscheinungen dort entstanden sind. Das interessierte mich ein wenig, aber ich hatte vor unserer Abreise ein Buch über Medjugorje gelesen und kannte den größten Teil der Geschichte bereits. Ich bemerkte, dass mich nun, da ich endlich an „Marias Ort" war, ein

Geist des Friedens überkam, den ich in den Vereinigten Staaten nie gespürt hatte, und meine Zweifel, dass die Gottesmutter mich persönlich eingeladen hatte, verschwanden.

Es war an „ihrem Ort“, wo sich meine mystischen Erfahrungen zu verknüpfen begannen. Ich ging dorthin auf der Suche nach Maria, nach Antworten, nach Frieden, und ich fand alle drei. In Medjugorje begann der Heilige Geist, mich das Ausmaß aller Botschaften der Gottesmutter an die Kirche und die Welt zu lehren. In ihnen wird der Plan des Himmels offenbart. Was mir über die bevorstehenden Ereignisse in der Zukunft gezeigt wurde, entsprach früheren Botschaften von Erscheinungen der Muttergottes, von denen ich nichts wusste. Der Geist pflanzte einen Samen der Neugier in mich, der mich dazu brachte, von ihren Erscheinungen in La Salette (Frankreich), Fatima (Portugal), Garabandal (Spanien), Akita (Japan) und Kibeho (Ruanda) und anderen zu erfahren. Ende 2002, als Gottes Offenbarungen an mich begannen, hatte ich keine Ahnung von der Erkenntnis des Gewissens oder der „Seelenschau“, wie sie in Garabandal prophezeit wurde. Der Heilige Geist zeigte mir auch, wie die authentischen Erscheinungen der Gottesmutter nicht nur untereinander, sondern auch mit den Offenbarungen Jesu an die hl. Faustyna Kowalska, die Heilige der Göttlichen Barmherzigkeit, verbunden waren. Die tiefste Erkenntnis meiner Pilgerreise war, dass die Botschaften der Muttergottes sich weiter entfalten und Medjugorje der Höhepunkt von ihnen allen ist.

Die Pilger um mich herum wussten nicht, was Gott mir offenbart hatte. Es war schwierig, mit ihnen zusammenzusitzen und zu hören, wie sie sich gelegentlich gegenseitig über die Geheimnisse von Medjugorje ausfragten, von denen das letzte die Züchtigungen betraf. Oft zog ich mich in mein Zimmer zurück oder kletterte auf den Kreuzberg in Medjugorje und weinte zu Gott, denn wenn sie wirklich verstanden hätten, was sie so dringend wissen wollten, hätten sie keine Zeit mit Nachfragen verschwendet. Stattdessen hätten sie einfach gebetet. Wann immer ich mütterlichen Trost brauchte, rief ich Maria an, und ihre Liebe berührte mich so sanft, dass auch sie mich zu Tränen rührte. Diesen Trost würde ich auch in den kommenden Jahren brauchen, denn mit der Zeit würde ich 45 bis 48 Visionen, Eingebungen und Offenbarungsträume erhalten.

Ich versuchte ein paar Mal, Heather anzurufen, aber ich konnte sie nicht erreichen. Sie hörte etwa sieben Tage lang nichts von mir und fragte sich, ob ich tot oder lebendig sei. Aber ich war sehr wohl am Leben. Mit jedem Tag, der verging, verstärkte sich die Gnade. Ich freundete mich mit einer Bekannten namens Loretta an, die zu Hause einen katholischen Buchladen betrieb, und sie und ich beschlossen, einen ganzen Tag im Gebet zu verbringen. Am nächsten Tag trennten wir uns von der Gruppe und gingen zur Beichte, zur Messe, beteten den Rosenkranz auf dem Erscheinungsberg und unterhielten uns den ganzen Tag mit Jesus und miteinander. Wir waren wie katholische Kinder in einem Süßwarenladen voller Wunder, während der Herr sich uns den ganzen Tag lang auf verschiedene Weise präsentierte, wie ein Vater, der seine Kinder auf einem Ausflug verwöhnt. Egal, was wir von Jesus verlangten, es geschah fast sofort. Ich wollte einem Priester eine Frage stellen, und plötzlich kam ein Priester auf uns zu, nur um zu reden. Loretta sagte, sie sei durstig, und jemand bot uns etwas zu trinken an. Wir wollten beide das Sonnenwunder sehen, und plötzlich rief eine Dame: „Schaut euch die Sonne an!" Und ich starrte ohne Schwierigkeiten direkt in die Sonne und sah, wie sie sich wie eine Scheibe drehte. In ihrer Mitte erschien ein Kreuz, wie auf einer Hostie, und dann begann sie, wunderschöne Farben auszuspucken. Auf der einen Seite dieser sich drehenden Scheibe bildete das Licht ein rotes Herz, das fast wie eine weiche Wolke aussah, aber mit scharfen Kanten, und auf der anderen Seite eine exakte Nachbildung in Blau: Symbole für das Heiligste Herz Jesu und das Unbefleckte Herz Mariens.

Aber die größte aller Gnaden war die Zeit, die wir an diesem Tag in der Anbetung des Allerheiligsten Sakraments verbrachten. Ich neigte meinen Kopf und schüttete Gott meine stillen Sorgen aus. Ich betete für meine Ehe und die Bekehrung meiner Frau, und ich betete, um zu verstehen, wozu der Herr mich ruft. Als ich aufblickte, sah ich, wie die Hostie die Farbe von Blut annahm und wie ein menschliches Herz zu schlagen begann. Als wir die Anbetungskapelle verließen, nahm ich meinen Rosenkranz aus der Tasche und bemerkte, dass alle Glieder der silbernen Kette zu Gold geworden waren.

Als es an der Zeit war, abzureisen, blieb unsere Gruppe noch eine Nacht in Dubrovnik, bevor wir unseren letzten Flug zurück in die USA nahmen. Endlich konnte ich Heather erreichen, und das Erste, was sie zu mir sagte, war, dass ich mich anders anhörte. Wir unterhielten uns ein wenig, und ich teilte ihr mit, wann und wo sie mich vom Flughafen abholen sollte. Ich war sehr traurig, dass ich gehen musste, weil ich mich in Medjugorje zuhause fühlte. Ein großer Teil von mir wollte für den Rest meines Lebens dort bleiben. Als ich im Flugzeug saß, wieder an einem Fensterplatz, schaute ich auf den Boden hinunter, während das Flugzeug vorbeiflog. Dieses Mal hatte ich keine Angst vor dem Fliegen.

Als ich nach Hause zurückkehrte, kam eine zweite Prüfung. Im elften Jahr stand meine Ehe immer noch auf wackligen Füßen. Heather und ich schienen einfach keinen Draht zueinander zu finden, und wir hatten beide mehr als einmal über eine Scheidung nachgedacht. Ich begann, Jesus inbrünstig um unsere Beziehung zu bitten und Ihn zu fragen, was falsch lief und was ich tun konnte, um sie wieder in Ordnung zu bringen, und Jesus zeigte mir, dass ich meine Frau im Laufe der Jahre so oft für selbstverständlich gehalten hatte. Er zeigte mir, was für ein Geschenk sie wirklich war und dass ich ihr oft nicht wirklich zuhörte oder ihre Sorgen nicht als echt ansah.

Im darauffolgenden Jahr schleppte ich meine Frau und meinen elfjährigen Sohn Christian nach Medjugorje, weil ich wusste, dass dies die einzige Möglichkeit war, meine Ehe zu retten. Sie weigerten sich fast mitzufliegen, und beschwerten sich während der ganzen Reise und während der ersten beiden Tage unserer Pilgerreise. Aber Mutter Maria setzte sich durch. Sie berührte meine Frau auf eine tiefe Weise und zeigte ihr, dass es in Ordnung ist zu verletzen, verletzlich zu sein, ein kleines Mädchen im Herzen ihrer Mutter zu sein. Maria begann, die Bekehrung meiner Frau zu Jesus und zur Kirche herbeizuführen.

Als sie bei der kroatischen Messe im Freien auf einem großen Stück Holz auf dem Boden saß und immer noch darüber nachdachte, warum sie dort war, sagte eine Frau hinter ihr während des „Friedenszeichens" auf Kroatisch: „Friede sei mit dir." Heather drehte sich um, schüttelte die Hand der Frau und drehte sich wieder um. Irgendetwas an der aufrichtigen Freundlichkeit der Frau veranlasste Heather, sich schnell wieder umzudrehen, um ihr zu danken, aber die Frau war nirgends zu sehen, als wäre sie nie da gewesen. Bis heute glaubt Heather, dass diese Frau ein Engel in Menschengestalt gewesen sein könnte.

Als die Pilgerreise weiterging, nahmen auch die Gnaden zu. Ich konnte sehen, wie der Herr an meiner Familie arbeitete, und die Atmosphäre der täglichen Messe und des Gebets begann auf meine Frau und meinen Sohn abzufärben. Eines Abends, als wir durch ein Feld gingen, nachdem wir uns ein Eis geholt hatten, rief mein Sohn: „Seht euch das Licht an!" Heather und ich schauten in die Richtung, in die er deutete, und tatsächlich, da war ein Licht, weich und warm und von hellorangener Farbe. Es war sehr hoch auf einem Berg, nicht auf dem Kreuzberg und nicht auf dem Erscheinungsberg, sondern auf einem hohen Platz dazwischen. Das ist bedeutsam, denn es gibt keine Möglichkeit, zu diesem Gebiet hinaufzuklettern, das zerklüftet ist und aus Felsen und überwuchertem Gestrüpp besteht. Das Licht begann dann, gerade den Berg hinunterzuschweben, ohne auszuweichen, wie es ein Mensch tun würde. Zwei Frauen direkt hinter uns fielen auf die Knie und begannen zu beten. Meine Familie stand ehrfürchtig da und sah zu, wie das Licht auf den Grund hinabstieg und langsam verschwand.

Drei Tage vor unserer Abreise hatte Heather uns bereits angemeldet, ohne dass ich sie dazu gedrängt hätte, im nächsten Jahr zur gleichen Zeit nach Medjugorje zurückzukehren. Meine Frau sagte mir vor Beginn der Reise, sie wolle sich scheiden lassen, beschwerte sich über die Reise nach Medjugorje und fragte sich, warum sie überhaupt dort war, und freute sich darauf, so bald wie möglich zurückzukehren. All diese Veränderungen geschahen bei ihr innerhalb einer Woche. Meine Frau und ich verdanken es der Muttergottes, der Königin des Friedens in Medjugorje, dass unsere Ehe gerettet wurde.

Heather wurde schließlich gefirmt, wurde Gottesdienstkoordinatorin und Mitglied des Liturgieausschusses sowie Mitglied des Pastoralrats unserer Kirche. Sie hat sich freiwillig gemeldet, um die Busse für den Marsch fürs Leben in San Francisco zu koordinieren, und hat ihr Zeugnis in den örtlichen Kirchengemeinden gegeben.

Heute übergebe ich alle Visionen oder Botschaften, die ich erhalte, zusammen mit denen aus der Vergangenheit, einem bestimmten heiligmäßigen Priester, der auch mein derzeitiger Pfarrer und offizieller Exorzist ist. Ich teile nichts davon einfach oder ohne seine Zustimmung mit. Ich bete, dass das, was ich weitergeben darf, dem Herrn hilft, Sein geliebtes Volk zu retten und zu heilen. Können Sie sich vorstellen, wie Ihre Kinder ständig auf eine belebte Straße rennen und Ihnen sagen, dass das kein Problem ist, obwohl Sie sie gewarnt haben? Können Sie sich vorstellen, dass Sie genau wissen, dass es nur eine Frage der Zeit ist, bis Sie buchstäblich zusehen müssen, wie sie von einem Auto angefahren werden und sterben? So ist es mit dem Vater, wenn Er auf diese Welt schaut. Gott ist zärtlich und sanft, und Er liebt uns weit über das hinaus, was wir uns jemals vorstellen könnten. Deshalb bereitet Er sich darauf vor, uns eine barmherzige Seelenschau zu geben, damit Er Seine Kinder in Seine liebenden Arme schließen und uns für immer sicher und glücklich halten kann.

Eine der letzten Visionen, die ich erhalten habe, halte ich für die entscheidendste von allen, weil in der Vision selbst eine Anweisung gegeben wurde, und die Anweisung war nicht nur für mich, sondern für jeden, der zuhören will. Dieses unauslöschliche Erlebnis ereignete sich Anfang 2015, mitten in der Nacht:

Ich schlief im Bett neben meiner Frau. Plötzlich wurde ich geweckt. Ich setzte mich sehr schnell auf und schaute nach links. Am Eingang zu unserem Badezimmer, das an unser Schlafzimmer angrenzt, stand ein riesiger Mann. Er betete auf beiden Knien, den Kopf gesenkt und die Hände unter dem Kinn zusammengepresst. Unsere gewölbte Decke ist etwa vier Meter hoch. Trotzdem streifte sein Hinterkopf die Decke, so dass diese Kreatur im Stehen mindestens 7,5 Meter groß gewesen sein musste. Sein weißes, knöchellanges Gewand schimmerte ebenfalls golden, und um seine Taille war eine goldfarbene Schärpe geschlungen. Sein Haar hatte eine Farbe zwischen blond und hellbraun, und seine Füße, die ebenfalls sehr groß waren, aber im Verhältnis zum Rest seines Körpers standen, waren in bräunlich-bronzenen geflochtenen Sandalen geschnürt. Ich konnte deutlich eine Schnittwunde oder einen blauen Fleck auf seiner linken oberen Wange sehen, und obwohl sein Gewand schön war, war es verfärbt und verschmutzt durch etwas, das wie Wunden unter dem Stoff aussah. Er sah sehr traurig und sehr müde aus.

Ich war, gelinde gesagt, erschrocken, nicht nur über seine Anwesenheit in meinem Zimmer, sondern auch über seine schiere Größe. Ich sprang aus dem Bett und griff schnell in meine Nachttischschublade, um eine Feuerwaffe zu holen, die ich zum Schutz in meinem Zimmer aufbewahre. Kaum hatte ich die Waffe in die Richtung des Wesens gerichtet, drehte es den Kopf, sah mich an und sagte: „Bitte tun Sie das nicht." Bei diesen Worten kam eine große Ruhe über mich. Ich ließ die Waffe an meine Seite sinken und starrte ihn einfach an. Sein Gesicht war sanft, ebenso wie seine Augen, aber er wirkte immer noch sehr bedrückt. Dann sagte er: „Sagen Sie dem Volk, dass es jeden Tag den Rosenkranz zur Göttlichen Barmherzigkeit beten und ihn zur Sühne für die Sünden der Vereinigten Staaten darbringen soll."

Dann war er verschwunden. Meine Frau hatte die ganze Sache verschlafen. In den folgenden Tagen wurde mir durch Kontemplation und Gebet gezeigt, dass dieser Mann der Schutzengel der Vereinigten Staaten ist und dass er den Kampf um unser Land gegen Satan und seine Dämonen verliert. Unsere Gebete, insbesondere das von ihm erbetene, stärken nicht nur ihn, sondern alle Engel, die mit ihm kämpfen. Er bittet uns um Hilfe. Ich habe verstanden, dass wir die Engel durch unsere Gebete stärken, so wie wir die Dämonen durch unsere Sünde stärken. Während unsere Sünden und unsere Gleichgültigkeit den Teufeln und ihren Flüchen die Türen öffnen, öffnen unsere Gebete und Bitten die Türen zu Gottes Kraft und Segen.

Wir sind dringend auf Gebet und Buße angewiesen, auf Opfer aus Liebe zu Gott, die zu Wasserfällen der Gnade führen. Mögen wir alles, was wir sind, und alles, was wir haben, Jesus übergeben, bevor der Tag der Gerechtigkeit anbricht. Wehe denen, die diese Zeit der Barmherzigkeit als selbstverständlich ansehen und ihre Bekehrung aufschieben, weil sie denken, sie könnten bis zur letzten Stunde warten. Das Wachsen in der Heiligkeit kann nur durch die Gnade und Barmherzigkeit Gottes geschehen. Um in der Heiligkeit zu wachsen, braucht man Zeit. Und diese Zeit der Gnade und Barmherzigkeit ist jetzt.

Jesus:

Möge die ganze Menschheit Meine unergründliche Barmherzigkeit kennenlernen. Das ist das Zeichen der Endzeit. Danach kommt der Tag der Gerechtigkeit. Solange noch Zeit ist, sollen sie zur Quelle meiner Barmherzigkeit Zuflucht nehmen; sie sollen das Blut und das Wasser, das für sie entsprang, nutzen.

Tagebuch der Hl. Maria Faustyna Kowalska, Nr. 848

SCHWESTER NICOLINA KOHLER

Gefangen in Seinen Augen

Ich wuchs als nettes katholisches Mädchen in der kleinen, beschaulichen Stadt Oberschwappach in Deutschland auf. Verspielt und kokett, ohne viel religiösen Tiefgang, machte ich mich über Nonnen in ihren Ordenskleidern lustig, nannte sie Verkehrshindernisse und wandelnde Kapellen. Aber Gottes Sinn für Humor ist besser als meiner. Mit 19 Jahren trat ich in das Noviziat der Dominikanerinnen von Oakford ein, einem Orden aktiver Kontemplativer und Missionarinnen, um eine Nonne im vollen Habit zu werden.

Die Nonnen waren auf demselben katholischen Internat wie ich und sie zogen natürlich die jungen Leute an, denn ihre Oberin war 32 und die anderen waren in ihren Zwanzigern. Obwohl ich nicht für meine Frömmigkeit bekannt war, mochten sie mich, und ich mochte sie auch. Aber was mich am meisten ansprach, war ihr Geist. Sie waren offen und lustig, lachten viel und waren sehr menschlich, zeigten aber auch eine ernste und kontemplative Seite, wenn sie stundenlang in der Kirche saßen, um zu beten, in friedlicher Stille mit Gott zu sprechen oder in engelsgleichem Ton das Stundengebet zu singen.

Im Alter von 26 Jahren legte ich in meinem eigenen blau-weißen Habit mit weißem Schleier und knielangem Rock meine Ewigen Gelübde ab, um als Dominikanerschwester die Gebote des Evangeliums zu leben, indem ich ein strenges Armutsgelübde ablegte und zweimal im Jahr um Essen bettelte.

Drei Jahre später wies mich mein Orden an, nach Nordkalifornien zu gehen, wo ich seither lebe. Im Laufe der Zeit war ich für Postulantinnen, dann für Kandidatinnen und schließlich für Novizinnen zuständig – Schwestern in ihrem ersten Jahr der Ordensausbildung. Nach meiner eigenen Einschätzung und nach der meiner Gemeinschaft war ich eine gute Nonne, die Gott, das Gebet und die Menschen liebte.

Im Jahr 1984 feierte ich mein 25-jähriges Ordensjubiläum und erhielt ein Sabbatjahr. In dem Wunsch, diese Zeit zu nutzen, um mehr Einblick in die Verbindung zwischen dem Alten und dem Neuen Testament zu gewinnen, reiste ich ins Heilige Land, genauer gesagt zur Ecce-Homo-Universität, die an der Via Dolorosa in Jerusalem liegt, mit Blick auf den Weg, den Jesus bis zu Seiner Kreuzigung gegangen ist. Ich befand mich auf heiligem Boden.

Zu unserem Studium der Heiligen Schrift und der Szenen aus dem Leben Jesu gehörten auch Ausflüge zu den Orten, an denen sich die Ereignisse abgespielt hatten – und das alles in fußläufiger Entfernung: die Kirche auf dem Berg Zion, die Kirche Aller Völker im Garten von Getsemani und die Kirche des Letzten Abendmahls, die ich sehr schätzte, weil ich der Eucharistie sehr zugetan bin. Dort konnte ich am besten beten.

Aber es gab einen Ort, an den ich nicht gehen wollte. Am Ende der Via Dolorosa, nur 20 Gehminuten entfernt, steht die Grabeskirche, auch bekannt als Kirche von Golgota. Sie soll der Ort sein, an dem der Herr begraben wurde und auferstanden ist, oberhalb des Ortes, an dem Er gekreuzigt wurde.

Aber ich interessierte mich nicht für Golgota. Jedes Jahr, wenn die Karwoche kam, konnte ich es kaum erwarten, Ostern zu feiern, meine Lieblingszeit im Jahr. Gründonnerstag war in Ordnung, aber dann musste Karfreitag kommen. Warum konnten wir die Folter nicht einfach überspringen? Es schien so hart und schrecklich zu sein. Sterben, Tod und Leiden ergaben für mich keinen Sinn und ich fragte mich oft, warum Jesus gekreuzigt werden musste.

Meine Generation von Deutschen, die Jugend nach dem Zweiten Weltkrieg, hat nicht verstanden, warum es zu der Katastrophe des Holocaust gekommen ist. Warum hat sich die Generation vor uns nicht für die Juden und alle Verfolgten eingesetzt, als dieses Grauen geschah? Wir hatten das Vertrauen in die Erwachsenen verloren, dass sie die richtigen Entscheidungen treffen, und glaubten daran, den Krieg ausrotten zu können. Nie wieder sollte es Leid und Tod geben.

Und doch geschieht es. Niemand kann Elend, Krankheit und Tod entkommen. Aber nach 25 Jahren als Nonne war ich blind dafür. Ich wollte die Welt verbessern, sie schön und heil machen, ohne zu verstehen, dass auch die Welt leiden, alt werden und sterben muss.

Im Ecce Homo begann ich das Schulsemester zusammen mit 42 Menschen aus 32 verschiedenen Ländern, die bereits in ihren verschiedenen Arbeitsbereichen erfolgreich waren. Eine dieser Studentinnen namens Ruth hatte an einem lutherischen Seminar in Südafrika unterrichtet. Da mein Orden, die Schwestern von Oakford, in Südafrika ansässig ist, hatte sie einige der Schwestern dort kennengelernt. Diese Verbindung führte uns sofort zusammen und wir wurden Freundinnen. Da sie einen neugierigen Geist und ein offenes Herz hatte, hörte sie mich gern über den katholischen Glauben sprechen. Ruth hatte sich in ihrem Studium auf die Passion und den Tod unseres Herrn Jesus konzentriert und ihre Faszination für den Kalvarienberg hatte sie viele Male entlang der Via Dolorosa zur Grabeskirche geführt.

Nach einem Schulhalbjahr kam Ruth zu mir und fragte: „Möchtest du mit mir in die Grabeskirche gehen? Ich glaube, du warst noch nicht dort. Wir können frühmorgens um 4.30 Uhr gehen, wenn sie die Kirche öffnen. Sie war nicht aufdringlich, aber begeistert und mehr als entgegenkommend. Sie meinte, es wäre wundervoll für mich, dem Gedränge zu entkommen, allein mit ihr zu gehen, wenn die Straßen dunkel und still sind, wenn der Rest der Stadt schläft und nur ein Priester oder ein Mönch vorbeischaut, – um den vielleicht heiligsten Ort der Welt zu betreten.

Ich antwortete nur zögerlich und suchte nach einer Ausrede. Ich wollte wirklich nicht hingehen und hatte mir nicht überlegt, warum nicht. Ich hatte mir eingeredet, dass ich Kalvaria gründlich studieren wollte, dass ich mit den Lehrern und der Klasse dorthin gehen würde, wenn ich mich vorbereitet fühlte. Aber die anderen Schüler, alle 42, waren zu diesem Zeitpunkt schon mehrere Male in der Grabeskirche gewesen.

Da sie keine Antwort erhielt, fragte Ruth: „Hast du einen Wecker? Wir müssten gegen 3.30 Uhr morgens aufbrechen. Ich kann alles arrangieren, denn wir brauchen eine Erlaubnis, um so früh aufzubrechen.“

Ich war hin- und hergerissen, aber ich wollte mein Gesicht nicht verlieren. Schließlich war ich eine katholische Nonne, die einzige an der Schule, und noch dazu eine in voller Ordenstracht. Zögernd sagte ich zu ihr: „Vergewissere dich, ob du ein Licht unter meiner Tür siehst, wenn du aufstehst." Insgeheim hoffte ich, dass ich einfach durchschlafen würde.

Um 3.30 Uhr klopfte es an der Tür. Verflixt. „Schwester Nicolina, bist du wach?"

Ich öffnete die Tür einen Spalt breit und sagte knapp: „Ja, ich bin wach."

„Wir gehen in genau zehn Minuten los."

Verflixt.

Wir traten in den dunklen Morgen hinein nach draußen und gingen den gepflasterten, ansteigenden Weg der Via Dolorosa entlang, den Weg, den Unser Herr zum Kalvarienberg ging. Der ursprüngliche Weg liegt nach all den Jahrhunderten weit unter der Erde. Eine Stadt über der anderen hat in der Vergangenheit den steilen Weg Jesu begraben.

Nach einem kurzen Spaziergang erreichten wir eine Ecke und Ruth blieb stehen. Ich fragte mich, warum. Als ich aufblickte, sah ich die erste Kreuzwegstation: einen Schrein, der von einem Eisentor begrenzt war und ein Reliefbild unseres zum Tode verurteilten Herrn zeigte. Sie sank in der Mitte der kleinen Straße auf die Knie. Ich erschauderte. Fassungslos und bestürzt stand ich da und schaute auf das nackte Bild von Jesus, der zum Tode verurteilt wurde, und beobachtete, wie dieses Geheimnis Ruth einhüllte.

So hatte ich mir das nicht vorgestellt. Sie hatte mir nicht gesagt, dass dies Teil der Abmachung war. „Wenn das die erste Station ist", schoss es mir durch den Kopf, „dann hoffe ich, dass wir nicht noch an dreizehn weiteren Stationen Halt machen werden! Wie lange werden wir hier sein? Bringen wir diesen Kirchenbesuch einfach hinter uns. Ich hoffe, wir sind rechtzeitig zu unserem Kurs um neun fertig." Ich hatte mich schon vorher dagegen gesträubt zu gehen und jetzt war ich völlig dagegen. Ich hatte kein einziges Gebet in meinem Herzen – kein einziges.

Dann gingen wir zur zweiten Station: Jesus trägt Sein Kreuz – die dritte Station: Jesus fällt das erste Mal – die vierte Station: Jesus begegnet Seiner betrübten Mutter. Bei jeder Station stand ich einfach nur da, kniete nicht nieder, betete nicht. Ruth ließ sich jedes Mal auf die Knie fallen und versank in sich selbst, wobei sie ihren Kopf auf den Boden legte oder sich sanft auf das Bild der Station stützte. Ich runzelte die Stirn. „Was für ein Spektakel. Warum musste sie das tun?" Es dämmerte und die Menschen füllten die Straße. Niemand sonst verhielt sich so, alle gingen ihrer Arbeit nach. Das geschah nicht auf meine Art und Weise oder in meiner Zeit. „Warum können wir nicht einfach ganz normal bis zum Kalvarienberg gehen?"

Wir erreichten die sechste Station am Fuß einer deutlichen Steigung. Diesmal zeigte die Station Veronika, die das Gesicht des Herrn abwischt und Seinen Abdruck auf ihrem Tuch empfängt. Das Relief sah neuer aus als die anderen, da es erst später an der Seite der Kapelle der Kleinen Schwestern der Armen angebracht wurde. Das Gesicht Jesu leuchtete deutlich in der Ähnlichkeit mit dem Bild auf dem berühmten Grabtuch von Turin.

Als Ruth wieder mit dem Gesicht nach unten auf den Boden fiel, schaute ich dieses Mal nicht auf sie, sondern auf das Gesicht Jesu. Plötzlich sprach Sein Bild auf dem Tuch durch eine Erinnerung zu mir.

25 Jahre zuvor, in der Nacht vor meinen Ewigen Gelübden, hatte ich in einem Exerzitienhaus übernachtet. Die einzige Schwester, die bereit war, am nächsten Tag mit mir das Gelübde abzulegen, wurde von großen Zweifeln und von Dunkelheit ge-

plagt. Ich erinnerte mich daran, wie bereit ich mich fühlte, mein Leben ganz dem Herrn zu übergeben, wie sehr ich mich danach sehnte, mein lebenslanges Gelübde als Nonne für Ihn abzulegen. Ich konnte ihre Aufregung nicht verstehen und befürchtete, dass sie am nächsten Morgen auf der Flucht sein würde. „Würde die Gelübde Zeremonie ohne sie stattfinden?" fragte ich mich. Ich fühlte mich wie eine Frau in der Nacht vor ihrem Hochzeitstag, die nicht weiß, ob sie eine Zeremonie haben wird.

Die ganze Nacht hindurch wälzte ich mich hin und her, denn die Unruhe der anderen Schwester ließ mich im Exerzitienhaus kaum schlafen. Als die Morgendämmerung den ersten Lichtstrahl auf mein Bett warf, öffnete ich die Augen, setzte mich auf und sah, dass über mir ein Abbild des Gesichtes Jesu auf dem Turiner Grabtuch hing. Ich hatte es vorher nicht bemerkt. Die Augen Jesu waren geschlossen, genau wie auf dem echten Grabtuch. Doch als ich Sein Gesicht weiter betrachtete, öffnete Er Seine Augen buchstäblich zur Hälfte.

Dann schaute Er mich direkt an, mit einem langen und tiefen Blick voller Liebe! Ich sah tatsächlich, wie sich Seine Pupillen fokussierten, und Seine durchdringenden Augen schauten nicht nur in meine, sie starrten durch meine Seele. Sein Blick berührte mich mit einer solchen Infusion von ekstatischem Frieden und totaler Liebe, dass ich wusste, egal, was meine Schwester durchmachte, an diesem Tag würde alles gut werden, und ich würde mein Leben dem Herrn übergeben.

Während ich neben Ruth auf dem Pflaster der Via Dolorosa stand und wie gebannt an das Gesicht Jesu auf dem Grabtuch dachte, kam die Liebe des Herrn wieder in meine Seele, so stark und real, dass ich mich auf den Knien wiederfand, mit tief gesenktem Kopf, ohne zu wissen, wie es geschehen war. Die verbleibenden Stationen des Kreuzweges wurden dann zu einer echten Reise hinauf zum Kalvarienberg. Von diesem Moment an war ich nicht mehr mit Ruth unterwegs. Ich ging mit Jesus.

Es machte mir nichts mehr aus, wie lange wir auf den Knien blieben. Es war mir völlig egal, wie dramatisch das aussehen würde. Viele weitere Menschen gingen vorbei, einige drängten sich sogar an uns vorbei. Ich sah sie nicht. Ich war ein Teil der wahren Geschichte geworden.

Ruth führte uns weiter. In der Antike stiegen die Hügel abrupt an, Jerusalem wurde auf einem von ihnen erbaut, und der Kalvarienberg ragte aus ihm heraus. Die steilen Abhänge im natürlichen Gestein der Gegend wurden nun von der Zeit und den Zivilisationen bedeckt, aber Teile des Felsens, auf dem Jesus gekreuzigt wurde, sind in der Grabeskirche freigelegt.

Als wir an der Kirche ankamen, wies Ruth auf eine Kellertür hin. Als wir hineingingen, erzählte sie mir, dass man den Felsen des Hügels von Golgota im Innern der Kirche noch immer steil aufragen sehen kann. Dies war der Felsen, in den das Kreuz Jesu eingelassen war. Die Menschen hatten im Laufe der Jahrhunderte darum herumgebaut, denn niemand wagte es, ihn zu entfernen. In einem Bereich neben einer Treppe konnten wir den Felsen mit unseren Händen berühren.

Jetzt, als ich verwundbar war, begann ich, viel mehr in Ruth zu sehen, und ich bin sicher, dass sie die Veränderung in mir bemerkte. Als sie die Treppe hinaufstieg und ihre Hand auf dem Felsen von Golgota ruhen ließ, sah ich eine große Hingabe in ihrer Berührung. Mit einem schönen Ton der Ehrfurcht flüsterte sie: „Das ist der Fels", als wollte sie sagen: „Das, meine Freundin, ist heiliger Boden."

Ruth ging weiter vor mir her und gab ihr Wissen weiter, während ich jedes Wort in mich aufnahm. In der Grabeskirche haben die verschiedenen christlichen Gruppierungen mit ihren separaten Kapellen jeweils ihren Anspruch durch ihre einzigartigen Formen von Kunstornamenten geltend gemacht. Die Stile prallen aufeinander und moderne Dekoration steht neben altertümlicher, da die Kapelle viele Male zerstört wurde. Ich konnte die Trennungen der Jahrhunderte spüren. Protestantische Christen beten normalerweise nicht in den römisch-katholischen oder orthodoxen Kirchen im Heiligen Land. Aber sie war, geehrt hier zu sein, voller Liebe, Ehrerbietung, Demut und Ehrfurcht.

Am oberen Ende der Treppe betraten wir einen Bereich, in dem russisch-orthodoxe Mönche ihre morgendlichen Lobeshymnen sangen. In düsterer Stille standen wir an der Stelle, an der das Kreuz Jesu auf den Boden gelegt und Er darangenagelt wurde.

Als die Mönche ihren Morgenlobgesang beendeten, war es an der Zeit, ihre russisch-orthodoxe Kapelle zu betreten, die direkt über der Kreuzigungsstelle liegt. Die meisten Pilger waren noch nicht wach und Ruth wusste, dass ein gewisser Mönch, der die Stätte bewachte, nach dem Ende der Gesänge gegen 7 Uhr morgens wieder schlafen gehen würde. Wir hatten diesen geheiligten Ort für uns allein.

„Der Altar vor uns“, flüsterte Ruth, „steht direkt über einem Loch im Felsen, in welches das wahre Kreuz eingesetzt wurde. Er wurde eigens über dem Kreuz errichtet, weil ein Altar zum Opfern da ist, und hier fand *Das Opfer* für uns und für unsere Sünden statt. Aber man kommt nicht an den Stein des Kreuzes heran, wenn man sich nicht hinkniet.“

Sie hielt einen Moment in Ehrfurcht inne und sprach dann weiter. „Man kann unter den Altar gehen und den Felsen berühren, aber jeder muss auf den Knien gehen. Wenn du an den Ort kommst, an dem Jesus für dich gestorben ist, musst du ganz klein werden."

Dann sah ich zu, wie Ruth als Erste ging. Sie kniete nieder und kroch unter den Altar, so dass ich nicht mehr sehen konnte, was sie tat. Es durfte immer nur eine Person hineingehen und normalerweise auch nur für fünf Minuten. Nachdem sie zehn Minuten lang schweigend unter dem Altar gebetet hatte, kam Ruth auf mich zu und gab mir ein Zeichen, mich hinzuknien.

Ohne zu wissen, was mich erwartete, ließ ich mich auf die Knie fallen und senkte meinen Kopf unter den Altar. Mit einem Mal umgab mich völlige Dunkelheit. Ich griff mit meiner Hand in ein pechschwarzes Loch im Felsen. In diesem Moment war die Zeit angehalten. Ob ich in meinem Körper blieb oder aus ihm herausging, weiß ich nicht. Ich sah das Kreuz vor mir, obwohl meine Augen geschlossen waren. Und am Kreuz war Jesus, lebendig angenagelt, und sah mich direkt an. Seine Augen waren sanft und freundlich. Sie enthielten keine Verurteilung, keinen Wunsch zu klagen oder zu bestrafen. Sie waren so voller Liebe, dass ich im Licht Seines Blickes meine Unwürdigkeit sah, wie ich sie nie zuvor gesehen hatte. Von Seinem Blick der reinen Barmherzigkeit und des Verständnisses gehalten, konnte ich nicht anders, als zu weinen und über meine Sünden zu weinen, die zahlreich und abstoßend waren. Ich hätte mich in einer Flut von Tränen aufgelöst, wenn Er mich nicht in Gnade eingehüllt und mich mit Seinen Augen gestützt hätte.

Die Erfahrung fühlte sich so groß an, so überwältigend. Ich hatte in so vielerlei Hinsicht eine Lüge gelebt und doch hatte ich kein Bedürfnis, mich zu verstecken oder aus Verlegenheit oder Scham den Kopf zu senken, wie ich es vor einem anderen

Menschen tun würde. Jesus nahm mir die Maske ab, meine äußere Hülle, mein aufgemaltes Gesicht, so dass ich mein wahres Ich sehen konnte. Nackt vor Ihm, fühlte ich mich nicht erniedrigt und musste nichts verbergen. Sein Blick fühlte sich anders an als alles, was ich bisher gekannt hatte.

Ich sah meinen Stolz. Ich sah mein Leben des Verrats, wie sehr ich Jesus und andere mit jeder kleinen Sünde verletzte. Das alles summierte sich zu einer Haltung, einem Standpunkt, einem Lebensstil. Ich sah nicht einzelne Momente, sondern ein größeres Bild, was es noch schrecklicher machte. Er blieb am Kreuz in schrecklichem Schmerz, während Sein durchdringender, allwissender, allliebender Blick mich mit innerem Wissen erfüllte. Ich wusste auf einmal alles über mich und alles war schmerzlich klar. Er zeigte mir meine Seele so, wie Er sie sah, und brachte die Hässlichkeit meiner Sünden zum Vorschein, ohne dass ich mich entschuldigen musste, so dass Er mich ohne Lügen oder Barrieren direkt in Seinen Schoß ziehen konnte und ich meinen Kopf ohne Angst oder Stolz an Sein Herz legen konnte.

Jesus zeigte mir nicht meine edlen Eigenschaften und Talente. Sie blieben in Seinem Blick, wertvoll und gut, aber Er brachte sie nicht zum Vorschein. Meine Gaben, so offenbarte Er, dienten nicht dem Egoismus oder der Show, sondern dem Dienst.

Ich sah, wie ich versuchte, mich nicht zur Schau zu stellen, und doch wollte ich gesehen werden. Meine Selbstbehauptung erschien mir plötzlich hinterhältig. Ich hatte ihr all die richtigen Namen gegeben, während ich meine wahre Motivation verleugnete. Ich hatte immer gedacht, ich sei kein stolzer Mensch, und doch war ich einfach nur auf eine trügerische Art stolz. Da ich eine schillernde Persönlichkeit war, konnte ich mich in die Mitte fast jeder Gruppe mogeln. Wenn ich es nicht in den

Mittelpunkt des Lebens der Leute schaffte, ging ich weg und wurde woanders zum Mittelpunkt. Wenn ich eine Gruppe hinter mir ließ, dachte ich: „Ich mag sie nicht" – ein Urteil, das aus dem großen „Ich", dem Egoismus, geboren wurde, weil meine Eitelkeit nicht befriedigt worden war. Wenn Sie mich gefragt hätten: „Bist du stolz und eitel?", hätte ich selbstbewusst geantwortet: „Nein".

In Beziehungen sah ich, wie ich meinen Willen durchsetzte, und zwar nicht auf eine aufdringliche Art, sondern indem ich nett war. Die Leute dienten mir sehr leicht, besonders als ich jung war. Ich war unterhaltsam. Ich war lustig. Ich hatte ein breites Lächeln. Aber all das war unecht und keine wahre Tugend. Das fiel mir sehr deutlich auf und es war nicht schön.

Als ich in Deutschland aufwuchs, mussten meine Geschwister unter meinem Egoismus leiden. Meine älteste Schwester musste immer hinter mir herräumen, weil ich nie etwas erledigte, was mit Arbeit zu tun hatte. Ich sagte zu Gott, was ich zu allen sagte: „Ich bin nicht für die Arbeit gemacht. Ich bin für den Spaß gemacht." Meine Brüder sagten sogar zu mir: „Du bist nicht schön wie ein Covergirl, aber du hast Persönlichkeit. Du wickelst die Männer um den kleinen Finger und verschwindest dann wie ein Schmetterling."

„Oh, nein. Das ist nicht wahr. Ich würde nie jemanden um den kleinen Finger wickeln wollen", erwiderte ich, während ich die Aufmerksamkeit genoss. Eine Sünde, die ich in mir selbst nicht sah, war die Eifersucht. Diese Sünde habe ich nie verstanden. Wenn jemand anderes die ganze Aufmerksamkeit bekam, machte ich mir nicht die Mühe, eifersüchtig zu werden. „Na ja", dachte ich, „er ist ja nicht der einzige Mensch auf der Welt", und suchte mir einen anderen, der mich bewunderte. Der Herr zeigte mir mein Temperament. Wenn ich sehr wütend wurde, schoss ich in Gedanken Menschen auf den Mond.

„Wow“, dachte ich manchmal. „Da oben auf dem Mond sind jetzt so viele Menschen. Der Himmel ist voll! Ich sollte besser damit aufhören. Vielleicht schießt mich ja eines Tages jemand auf den Mond und dann muss ich meine Ewigkeit mit ihnen verbringen!“

Indem Er mein Ego durchbrach, deckte Jesus auch meine hinterhältigen Unzulänglichkeiten im Ordensleben auf. Als junge Nonne glaubte ich, ich könnte schnell heilig werden, wenn ich alle Regeln und Vorschriften des Ordens befolgte. Ich machte aus meiner religiösen Praxis ein Idol. Der Gedanke, ich sei irgendwie heilig, wenn ich alle Regeln befolge, reduzierte meine Vorstellung von Heiligkeit auf „keine große Sache“. Die Wurzel meiner Wahrnehmung war der Stolz, der sich schleichend entwickelt und alle guten Taten zerstört.

Ich redete mir ein, ich würde alles richtig machen, während ich in Wahrheit ständig gegen die Regeln verstieß. Die Schwestern mussten zum Beispiel um 22 Uhr wieder im Kloster sein, wenn das Licht ausging, und manchmal gab ich vor, in die Kapelle hinunterzugehen, um im Aufenthaltsraum einen Nachtfilm zu sehen. Nach dem Abendgebet um 19.30 Uhr wurde im Kloster bis zum nächsten Morgen „tiefes Schweigen“ erwartet und manchmal saßen einige von uns stattdessen im Auto und unterhielten sich. Ich erfand Ausreden wie: „Ich war nicht im Haus, also galt die Regel nicht für mich.“ Meine innere Täuschung trug dazu bei, dass ich dachte, ich würde die Regel perfekt und von Herzen befolgen. Ich war nie schuldig. Ich war eine gute Nonne.

Nach dem Zweiten Vatikanischen Konzil (1962-1965) gab es für uns Schwestern keine strengen Regeln mehr. Doch Jesus zeigte mir, dass es eine Sünde war, wenn ich gegen die Regeln verstieß, die noch in Kraft waren. Ich hatte ein Gelübde des Gehorsams vor Gott abgelegt. Schluss aus.

Was die Völlerei anbelangt, so habe ich mich nicht allzu sehr verausgabt, aber Jesus erinnerte mich daran, dass ich mein ganzes Leben lang genascht hatte, was keine Klostertugend ist. In der Armut unseres Ordens gibt es nie viel zusätzliches Essen. Die Klosterregeln besagen, dass man außerhalb der Essenszeiten nichts essen darf, es sei denn, man ist krank. „Das ist keine versteckte Sünde", sage ich halb im Scherz zu den Schwestern, die jetzt im Klosterhaus in Kalifornien leben. Wie einige der anderen Nonnen öffnete ich nachts gerne den Kühlschrank, um nach Essbarem zu suchen, und ich habe auch meine Ausreden dafür.

Neben dem Naschen zeigte mir der Herr auch meine vielen anderen Anhaftungen: an die Position, die Planung, die Menschen und die Aufmerksamkeit; und an meine eigenen Wege, Meinungen und Wünsche. Wenn Menschen meine Pläne durchkreuzten, wurde meine Laune immer mies, weil meine besten Pläne umgeschrieben werden mussten, und sie waren vollkommen straff, ohne Spielraum. Meine Gabe, mein Herz mit meinem Verstand zu verbinden, wurde zu einem Problem, wenn ich Dinge persönlich nahm. In einer Sitzung konnte ich eine starke Meinung vertreten. Wenn jemand mit einer lauteren Stimme sagte: „Auf keinen Fall, Nicolina", fühlte ich mich persönlich beleidigt, weil meine Idee wie ein Teil meines eigenen Herzens war.

Es fiel mir leichter, meine Ältesten und Vorgesetzten zu respektieren und zu ehren, die älter waren als ich, als meinen Vorgesetzten zu gehorchen, die mit der Zeit immer jünger wurden. Manchmal behandelte ich sie so, als wären sie noch meine Novizen, und ließ mich auf Machtkämpfe ein.

Durch Gottes Gnade und ohne mein eigenes Verdienst stellte ich die anderen Schwestern mit meinen guten Taten leicht in den Schatten und dachte mir nichts Böses dabei. Aber der Herr zeigte mir, was falsch war: Ich machte meine Fähigkeiten zum Maßstab für andere Menschen und glaubte: „Was ich kann, kannst du auch.“ Mein Maßstab für die Beurteilung war „Ich“.

Jesus offenbarte auch meine persönliche Verärgerung darüber, dass die Leute unwahre Dinge über mich sagten. Ich hatte immer gedacht, ich müsse mich verteidigen und allen sagen, wie die Dinge wirklich sind. Hochgradig beleidigt, ergriff ich schnell das Wort, um ein falsches Zitat oder eine falsche Interpretation zu korrigieren, ohne Liebe oder Vorbedacht. Jesus mochte das nicht und Er zeigte mir deutlich, warum nicht. Ich sollte sagen: „Herr, Du weißt, was ich gesagt, getan oder gemeint habe, also muss ich mich nicht rechtfertigen, denn Du bist der Wichtigere. Du weißt alles.“ Warum sollte ich mich vor den Menschen korrigieren müssen? Das soll nicht heißen, dass der Herr nicht will, dass wir uns gegen Missbrauch oder eine Fehleinschätzung, die uns ernsthaft schaden würde, wehren. Aber Er kennt die Wahrheit, Er ist der Richter – niemand sonst; und normalerweise ist das gut genug.

Als die Einsichten weitergingen, eine nach der anderen, brachte Jesus meine Empörung darüber ans Licht, dass Menschen wahre Dinge über mich sagten. Die Schwestern sagten oft zu mir: „Nicolina, du flirtest.“

Ich antwortete: „Warum hängt dieser Typ immer um mich herum?“

„Weil du nicht siehst, wie du ihn ansiehst und mit ihm flirtest.“ Ich nannte es freundlich sein. Ich war perfekt, warum wurde ich also als unvollkommen dargestellt?

Mir wurde auch gezeigt, dass ich mich von meiner Bindung an Freunde befreien muss. Freunde konnten ein Teil meines Lebens sein, aber wieder einmal war eine meiner Stärken, meine Liebe zu Menschen und meine innigen Beziehungen zu ihnen, auch meine Schwäche. Die Menschen drangen leicht in mein Herz ein und ich erlaubte ihnen, Jesus weiter hinauszudrängen. Es fiel mir leicht, meine Gedanken und meine Zeit um jemanden zu wickeln und dann Jesus nur ab und zu zu würdigen. Aber der Herr wollte, dass mein Hauptaugenmerk immer auf Ihm lag. In Ihm war alles, was ich brauchte.

Da ich herzkrank war, hatte ich gelernt, meine Emotionen zu kontrollieren, um mein Herz nicht zu verschlimmern. Aber unter dem Opferaltar auf Golgota hatte ich keine emotionale Kontrolle mehr. Mein Gewissen ergriff mein Herz mit unaussprechlichen Qualen, und nur durch unkontrolliertes Weinen konnte ich es befreien. Meine Tränen flossen nicht aus Verlegenheit, sondern weil ich die Zeichen des Leidens am Leib des Herrn und auf Seinem Antlitz sah, die auf *meine* Sünden zurückzuführen waren. „Das ist alles für dich", sagten Seine Augen zu mir. „Ich habe das alles für dich getan." Diese Botschaft stach wie ein feuriges Schwert durch mein Herz und verursachte einen brennenden, stechenden Schmerz. Ich wollte sterben und tat es doch nicht, weil ich mich danach sehnte, der Liebe in Seinen Augen würdig zu sein.

Nie zuvor hatte ich die Qualen meiner eigenen Sünden erlebt, weil ich sie immer wegdiskutiert hatte. Jesus hatte mich bis in den Tod geliebt und ich hatte mich nicht im Geringsten bemüht, Ihn zu lieben. Stattdessen schlich ich auf schlüpfrigen Wegen umher, was bedeutete, dass die Art und Weise, wie ich sagte und glaubte, mein Leben zu leben, nicht stimmte. Wie ein Heiliger auszusehen und keiner zu sein, tat am meisten weh.

Bei dieser mystischen Begegnung mit dem gekreuzigten Jesus passierte so viel, dass ich die Zeit aus den Augen verlor. Mindestens zwei Stunden waren vergangen, als ich endlich unter dem Altar hervorgekrochen kam. Ich tauchte mit einem unauslöschlichen Zeichen der Unwürdigkeit auf meiner Seele auf, zusammen mit dem unerschütterlichen Wissen, dass ich über alle Maßen geliebt und verehrt werde. Wie man beides gleichzeitig empfangen kann, weiß nur Gott.

Ich verpasste meinen 9-Uhr-Unterricht, aber das war mir egal. Ruth war bereits zurück in die Schule gegangen. Sie hatte eine halbe Stunde gewartet und war dann gegangen, als sie merkte, dass ich nicht mehr unter dem Opferaltar stand. Ich war woanders hingegangen. Jetzt wimmelte es von Pilgern, die kamen und gingen, aber egal wie chaotisch die Menge war, die Menschen fielen auf die Knie und auf die Gesichter. Die Gnade wirkte unerwartet und ich konnte sehen, dass in den Herzen der Menschen große Wunder geschahen. Was Ruth mir über die Berührung des Felsens des wahren Kreuzes erzählt hatte, war den meisten Pilgern nicht bekannt, und so sahen sie mich nie dort unten in der Dunkelheit.

Jesus hatte sich entschieden, mir die größten Gnaden auf dem Kalvarienberg zu schenken und nicht an einem Ort, zu dem ich mich hingezogen fühlte, wie Betlehem oder Nazareth. Nirgendwo wurde ich so tief berührt wie an dem Ort, an den ich mich am wenigsten zu gehen traute.

Die Leute haben oft zu mir gesagt: „Oh, du bist eine gute Nonne." Nun, glauben Sie das nicht. Wir können uns nicht nach dem richten, was die Leute sagen, ob gut oder schlecht. Wir müssen auf Jesus Christus schauen und dann wissen wir, wer wir wirklich sind.

Der Herr hat die tiefsten Stellen meiner Persönlichkeit berührt und mich verändert. Aber die Offenbarung ist noch nicht zu Ende. Dieser Moment war eine Gnade, ein einmaliges, außergewöhnliches Ereignis. Aber Augenöffner gibt es immer wieder auf der Reise, wann immer Er es will, um mich nach Seinem Bild und Gleichnis zu formen, und ich sehe mich wieder in einem anderen Licht. Das sind Momente, die wir nicht

aus eigener Kraft erreichen können. Sie können nur durch den Blick des Herrn kommen.

Wenn meine Wünsche und Sehnsüchte nicht erfüllt werden, wenn das Leben hart und schmerzhaft ist, kann ich jetzt einen Blick auf Jesus werfen und dem Ganzen einen Sinn und ein Ziel geben und nicht weglaufen. Ich kann meine eigenen kleinen Kreuze mit Seinen vereinen und sie mit Ihm, in Ihm und für Ihn ertragen. Wenn wir in den schönen und durchdringenden Blick Jesu gehüllt sind, können wir selbst dann, wenn wir mit den härtesten Wahrheiten konfrontiert sind oder die größten Schmerzen oder Ungerechtigkeiten erleiden, aushalten, wir können durchhalten. Wir bekommen die Kraft dazu.

Ich habe oft über diese Reise mit Ruth nachgedacht, denn es war unser Weg hinauf nach Golgota, der mein Herz gewandelt hat. Der Karfreitag war kein Tag mehr, den man einfach überspringt. Jetzt wollte ich ihn verlängern. Ich wollte tiefer in das Leiden Jesu eintauchen und ausführlich über Seine große Liebe nachdenken – und das alles wegen dem, was ich in Seinen Augen sah. Diese Augen.

Jesus:

So wende ich Mich an euch, auserwählte Seelen – versteht auch ihr die Liebe Meines Herzens nicht? Auch hier wurde Mein Herz enttäuscht. Ich finde keine vollkommene Hingabe an Meine Liebe. So viele Vorbehalte, so viel Misstrauen, so viel Vorsicht. Zu deinem Trost will Ich dir sagen, dass in der Welt Seelen leben, die Mich aufrichtig lieben und in ihren Herzen verbleibe Ich mit Wonne; doch sind ihrer nicht viele. Auch in den Klöstern sind Seelen, die Mein Herz mit Freude erfüllen. An ihnen sind Meine Züge abgedrückt, deshalb schaut der Himmlische Vater mit besonderem Wohlwollen auf sie. Sie werden die Verwunderung der Engel und der Menschen sein. Ihre Zahl ist gering. Sie sind zur Verteidigung vor der Gerechtigkeit des Himmlischen Vaters und um Barmherzigkeit für die Welt zu erbitten. Die Liebe dieser Seelen und ihr Opfer stützt den Fortbestand der Welt. Am schmerzlichsten wird Mein Herz durch die Untreue einer von Mir besonders erwählten Seele verletzt. Diese Treulosigkeiten sind wie Klingen, die Mein Herz durchstoßen.

Tagebuch der Hl. Maria Faustyna Kowalska, Nr. 367

FATHER RICK WENDELL

Der Mann, der starb, bevor er lebte

Es ist ein Wunder, dass ich noch am Leben bin. Ich wuchs auf als einer, der immer den Nervenkitzel suchte. Wenn das Leben zu alltäglich wurde, testete ich seine Grenzen aus. Meine Freunde und ich hatten unsere eigenen Versionen von Extremsportarten. Zuerst schwangen wir uns mit Seilschaukeln über den Fluss, dann über Klippen. Wir bekämpften uns mit Luftdruckwaffen und bewarfen uns mit Feuerwerkskörpern, die meinem Freund die Hand weggesprengt haben. Wir zelteten bei 20 Grad minus und fuhren mit über 100 Sachen. Vier meiner Freunde vom Gymnasium starben bei Autounfällen mit hoher Geschwindigkeit, aber das bremste mich nicht.

Das Ergebnis: drei Operationen an jedem meiner Handgelenke, fünf Operationen an meinem linken Knie, eine an meinem rechten Knie, zwei gebrochene Knöchel, eine abgetrennte linke Schulter, weil ich von fahrenden Güterzügen sprang und ein gebrochenes Schlüsselbein, weil ich fliegende Fahrradstunts vollführte – nicht mit einem aufgemotzten Mountainbike, sondern mit einem gewöhnlichen Bonanzarad. Meine Mutter sagte, sie wolle mich nur am Leben erhalten. Als ich 16 war, trug ich meine Pfadfinderuniform mit Schärpe und fuhr meinen 69er Ford Mustang, als mich ein Polizist verfolgte, aus seinem Auto sprang, seine Waffe auf mich richtete und schrie: „Hände aufs Dach, Junge!“ Ich „wusste“ nicht, wie man ein Auto fährt, es sei denn, es lief auf Hochtouren. Meine Eltern hatten mir verboten, ein Motorrad zu besitzen, und als ich 18 wurde, besorgte ich mir eines. Es dauerte nur ein paar Monate, bis ich bei einem riskanten Unfall mit anschließender achtstündiger Operation ins Schleudern geriet. Danach begannen die Leute zu sagen: „Gott bewahrt dich für etwas Besonderes auf." „Nein", dachte ich. „Ich habe einfach nur Glück."

Es war leicht, etwas zu erreichen. Meine Mutter entdeckte mich, als ich fünf Jahre alt war, wie ich über ihren medizinischen Büchern brütete. Ich gestaltete Skulpturen, schätzte Kunst, spielte die Hauptrollen in Musicals und war Kapitän unseres Gymnasium-Hockeyteams mit dem dazugehörigen Temperament. Ich war wirklich ein Renaissance-Kind im guten Sinne, aber meine persönlichen Moralvorstellungen wichen stark von der Norm ab. Am Ende meines letzten Schuljahres am Hill-Murray-Gymnasium in Maplewood, Minnesota, ging ich mit vier Mädchen auf fünf Schulbälle. Nachdem ich mit einer meiner Freundinnen zu den Bällen der jeweils anderen gegangen war, sahen wir uns bei einem dritten Abschlussball unerwartet mit anderen Verabredungen wieder. Als ich meinen Abschluss machte, zahlten 500 Leute, um zu meiner Party zu kommen, die mit einer Live-Band, Dixi-Klos und vier 60-Liter-Fässern Bier ausgestattet war – für den Anfang.

Da ich aus einer praktizierenden katholischen Familie stammte, wurde davon ausgegangen, dass meine beiden Brüder und ich vor den Mahlzeiten das Tischgebet sprechen, vor dem Schlafengehen beten und eine kirchliche Schule besuchen würden. Zu spät zur Messe zu kommen, kam nicht in Frage, denn meine Mutter ließ uns in der ersten Reihe sitzen. Das war nicht gerade aufregend für mich. Da die Geschäfte in den 1960er-Jahren aufgrund der Sonntagsverbots sonntags nicht geöffnet waren, nahm unsere Familie jeden Sonntag nach der Messe ein feierliches Essen in Großmutters Haus ein. Der Katholizismus lag in der Familie, aber meine Glaubensausbildung im katholischen Gymnasium der 1970er-Jahre war gefährlich dünn und löchrig. „Gott liebt dich", wurde uns gesagt. „Du wirst es schon herausfinden."

Mein erstes Studienjahr verbrachte ich zu Hause, wo ich an der nahe gelegenen Universität von Wisconsin ein Selbststudium absolvierte, weil ich drei gebrochene Gliedmaßen mit ca. 20 kg Gips hatte. Als ich mich erholt hatte, konnte ich nicht schnell genug von zu Hause wegkommen, also floh ich an die St. John's Universität, eine katholische Hochschule in Collegeville, Minnesota. Unter den Mönchen auf dem Campus sah ich keine Beispiele für den Glauben und wir Studenten waren nicht verpflichtet, sonntags zur Messe zu gehen, also taten wir es auch nicht. Aufgrund des Mangels an moralischer Führung wuchs meine Unmoral wie Pilze aus dem Boden und ich wurde zunehmend desillusioniert von der Idee des Glaubens. Intellektuell konnte ich nicht beweisen, dass Gott nicht existierte, aber Er war in meinem Leben nicht relevant, und er oder sie oder was auch immer war sicherlich nicht wichtig genug für mich, um mein Verhalten zu ändern.

Obwohl man mir gesagt hatte, dass Gott die vollkommene Liebe ist, habe ich Ihn nie gespürt und Ihn ganz sicher nicht als liebenden Vater verstanden, vielleicht weil ich die Liebe meines eigenen Vaters nie erfahren habe. Das einzige Mal, dass mein Vater mir sagte, dass er mich liebte, war am Weihnachtstag, nachdem er ein paar Flaschen Sekt getrunken hatte. Obwohl ich immer ein Musterschüler war, im Gymnasium für meine Bildhauerei und Töpferei zum herausragenden Künstler gewählt wurde und mich im Sport, insbesondere im Kontaktsport, auszeichnete, kam mein Vater nie zu einem einzigen meiner Spiele und fand keinen Weg, mich zu umarmen oder mir ein Kompliment zu machen. Stattdessen kritisierte er mich. Als ich 14 war, schlug mich mein Vater zum letzten

Mal, vielleicht weil ich größer und stärker wurde, vielleicht aber auch, weil ihn mein Lächeln vor lauter Wut nicht mehr losließ. An diesem Tag schwor ich mir in meinem Herzen, dass ich ihn umbringen würde, wenn er mich noch einmal anfassen würde (ein Fluch, den ich mir selbst auferlegt hatte und der später von Jesus Christus gebrochen werden musste).

Nachdem ich an der University of Wisconsin in River Falls einen Bachelor der Naturwissenschaften in Medizin erworben hatte, arbeitete ich für kurze Zeit in der Notaufnahme eines Krankenhauses, um meinen Lebenslauf zu verbessern, damit ich Medizin studieren konnte (wie meine Mutter). Eines späten Samstagabends, nachdem ich einen weiteren schrecklichen Motorradunfall überlebt hatte, setzte sich der Vertragsarzt der Notaufnahme, den ich für sehr cool hielt, zu mir und sagte: „Rick, du kannst diesen Job machen. Du hast die Fähigkeit dazu. Aber Arzt zu sein ist nicht das, was ich tue, sondern das, was ich bin. Und ich bin mir nicht sicher, ob du damit glücklich wärst." Ich hörte zu und suchte stattdessen nach dem tiefsten Schnee, den ich im Little Cottonwood Canyon in Utah fand. Als professioneller Skifahrer auf den Pisten im Winter und als Rettungsschwimmer und Harley-Davidson-Fahrer im Sommer wurden meine Tage zu einem lebenden Klischee aus Sex, Drogen und Rock ‚n' Roll.

Meiner Meinung nach gab es nur einen Weg: Vollgas, Höchstgeschwindigkeit – bereit, für den nächsten Nervenkitzel mein Leben zu riskieren. Es waren die 1980er-Jahre, als Kokainkonsum in bestimmten Kreisen nicht kriminell, sondern in Mode war. Ich tauchte an Orten des Drogenhandels auf, wo niemand hingehen sollte, und ich traf mich mit Leuten, die niemand sehen sollte, denn der Geist des Bösen in ihnen war greifbar. Ich versuchte mich an so gefährlichen Dingen, dass ich sterben würde, wenn ich sie nicht schaffte. Ich saß auf einem Ski auf einer 300 Meter hohen Klippe und blieb ca. 7,5 Meter vor dem Sturz in den Tod stehen. Mein Gesicht war mit Schnitten und Schürfwunden übersät und jeder Zentimeter meines Rückens war geprellt oder aufgerissen – die Spuren eines jungen Mannes, der sich einem Vater beweisen wollte, dem das alles egal war. Aber die größten Narben waren in meinem Herzen.

Als ich herausfand, dass ich auf dem Bau mehr Geld verdienen konnte, als als Rettungsschwimmer, verließ ich die Pisten von Utah und gründete zu Hause in Minnesota ein kleines Bauunternehmen. Im Alter von 27 Jahren hatte ich 15 Männer, die für mich arbeiteten und hochwertige, maßgeschneiderte Golfplatzhäuser bauten. Da mir das Einkommen gefiel, kaufte ich das Haus meiner Familie, ein Grundstück am Wasser, und stattete es mit einem großen Boot und einer Reihe von Autos und Motorrädern aus. Ich war jung, in Form, arrogant, und alles, was ich versuchte, konnte ich gut. Die Welt rief mir Erfolg zu mit meinem Besitz, meinem Geld, meiner Macht und meiner Beliebtheit, ganz zu schweigen von meinen Freundinnen. Irgendwann war ich verlobt und wollte meine Vorzeigefrau heiraten – die hübscheste und reichste von allen. Zu ihren guten Eigenschaften kam hinzu, dass sie fast so viel Alkohol trinken konnte wie ich und dasselbe Zeug auf Pizza mochte.

Das war also mein Leben, bevor Gott alles veränderte.

Eines Tages, als ich 30 Jahre alt war und mich bester Gesundheit erfreute, musste ich genäht werden, weil sich ein großer Nagel bei einem Bauunfall in mein Gesicht bohrte. Mein Körper erlitt einen anaphylaktischen Schock aufgrund einer Reaktion auf das verwendete Narkosemittel – und ich starb. Zweieinhalb Stunden lang war ich weg und fühlte mich kalt an. Mein Körper sollte in ein Entnahmezentrum in St. Paul, Minnesota, transportiert werden, wo man mich schließlich für hirntot erklären und meine Organe entnehmen würde. Ich habe AB-positives Blut, eine Blutgruppe, die bei weniger als 2 Prozent der Bevölkerung vorkommt, so dass ich in Teilen sehr wertvoll bin.

Plötzlich schoss mein Arm vom Krankenhausbett hoch und legte sich um meine erschrockene Mutter und meine Verlobte. Bald saß ich auf und sprach völlig gesund. In den zweieinhalb Stunden, in denen mein Körper tot war, war meine Seele in der Gegenwart Gottes und bald darauf wurde mir gezeigt, dass ich für die Ewigkeit in die Hölle gekommen wäre, wenn ich nicht wieder zum Leben erweckt worden wäre. Die ganze Geschichte kann man in dem Buch *Of Men and Mary: How Six Men Won the Greatest Battle of Their Lives* nachlesen.

Unnötig zu sagen, dass ich als veränderter Mann zurückkam. Der Herr ließ mich kompromisslos und unmissverständlich wissen, dass ich nicht der Herr meines Lebens war. Er war es. Die Gottesmutter erreichte mich auch durch eine Einladung zu einem ihrer Pilgerorte: „Medjahoochee" oder „Medgegookie". (Keiner von uns Nordamerikanern weiß, wie man Medjugorje ausspricht, ausgesprochen me-ju-gó-rya.) Ich las ein Buch von Pater Joseph Pelletier über die ersten fünf Tage der Erscheinungen in dieser kleinen Stadt in Bosnien-Herzegowina, dem ehemaligen Jugoslawien, und war überhaupt nicht skeptisch: „Wenn so etwas Unglaubliches heute in der Welt geschieht", dachte ich, „möchte ich wie der Apostel Thomas sein und meine Finger in die Wunden des Herrn legen." Ich wollte Marias Gegenwart „berühren". Ich hatte von Fatima und Lourdes und anderen Marienerscheinungen gehört, aber sie waren weit weg und lange her. Die Erscheinungen von Medjugorje hatten 1981 begonnen. „Gibt es sie noch?", fragte ich mich. Kurze Zeit später reiste ich mit meiner Mutter an diesen unaussprechlichen Ort am anderen Ende der Welt. Dort offenbarte mir Gott meine Sünden.

Am ersten Abend, an dem wir ankamen, saß ich auf einer Außenbank auf der Sonnenseite der Pfarrkirche St. Jakobus und lauschte den beschwingten Klängen des Rosenkranzes, die durch den Lautsprecher in kroatischer Sprache ertönten, gefolgt von Dutzenden verschiedener Sprachen, die zu einer Stimme harmonierten: „Heilige Maria, Mutter Gottes, bitte für uns Sünder, jetzt und in der Stunde unseres Todes. Amen." In der Mitte des Rosenkranzes, um 18.40 Uhr, spielten kleine Kirchenglocken „Ave-Maria" und kündigten die Ankunft der Mutter Gottes an, die von den Einheimischen liebevoll „Gospa" genannt wird. „Maria erscheint also jetzt einem der Seher auf der Erde", dachte ich mir. Dann wurde es ganz ruhig, sehr ruhig, und die Atmosphäre wurde still.

Menschen aus der ganzen Welt, aus Asien, Afrika, Europa und Amerika – mit Fotoapparaten, Gewändern, Halbschuhen und Tennisschuhen – blickten nach oben und zeigten in den Himmel. Ich schloss mich ihnen an und beobachtete gebannt, wie die Sonne schimmerte und pulsierte und Lichtstrahlen ausstieß. In Intervallen wurde ihr Zentrum undurchsichtig und die Außenseite drehte sich mal in die eine, mal in die andere Richtung, wobei sie wechselnde und wirbelnde Farben zeigte. Nach ein paar Minuten lenkte ich meinen Blick ab, da mir klar wurde, dass ich nicht in die Sonne starren sollte, um nicht zu erblinden. Ich suchte sogar nach einem hellen Fleck in meinem Blickfeld, der natürlich von einer Ermüdung der Augen herrührt. Er war nicht da. Ich wandte mich an die Frau neben mir und fragte: „Siehst du das?"

„Ja, die Sonne dreht sich!", rief sie aus, und da erfuhr ich, dass Frauen Farben anders beschreiben als Männer. Lila, soviel ich wusste, konnte „helles Lila" oder „dunkles

Lila“ sein. „Es ist lavendel!“, begann sie. „Nein, warte, es wird violett, jetzt Malve, eigentlich eher wie Maulbeere oder Magenta …“ Während sie weiterhin alle Farben auf einem Farbrad benannte, dachte ich daran, dass ich diese Erfahrung mit meiner Mutter teilen wollte, aber nicht wusste, wo sie war, und so begann ich, auf der Suche nach ihr auf einem Schotterweg in Richtung der Rückseite der Kirche zu gehen. Als ich direkt vor dem Tabernakel im Inneren der Kirche stand, wurde ich plötzlich weggeholt … und mir wurde mein Leben gezeigt.

Ich sah alle sündigen Ereignisse meines Lebens bis zum jetzigen Zeitpunkt. Es war eine Erkenntnis des Gewissens, eine Erfahrung, die intimer und lebendiger war als ein Film, realistischer als ein 3-D-Bild; und ich hatte das Gefühl, dass Gott da war, irgendwo hinter mir, und alles beobachtete. Ich war fassungslos, als ich die Tragweite meiner Sünden erfuhr, dass meine Handlungen oder Unterlassungen so viel größer waren als ein einzelnes Ereignis und sich über Zeit und Ewigkeit hinweg auf andere auswirkten. Ich wusste nicht, dass die Menschen auf diese Weise miteinander verbunden sind. Ich weinte unkontrolliert und konnte immer wieder nur sagen: „Es tut mir leid. Es tut mir so leid. Ich wusste es nicht.“ Aber es war klar, dass ich in jeder Situation eine Wahl hatte, und ich wählte armselig.

Die erste Szene, die Gott mir zeigte, war ich als fünfjähriger Junge, wie ich nach oben griff, um ein Matchbox-Auto zu stehlen, das von einem Ladenregal hing, und ich spürte, wie es Gott das Herz brach. Er liebte mich über alle Maßen und hätte mir alles gegeben. Gleichzeitig teilte Gott mir mit, wie sehr ich mir meine Entscheidung genau überlegt hatte. In diesem zarten, jungen Alter wusste ich, dass es falsch war, das Auto zu nehmen. Ich wusste, dass meine Eltern oder meine Großmutter gerne dafür bezahlt hätten. Ich hatte keinen Grund, es zu stehlen. Gott offenbarte mir all die Dinge, an die wir nie denken.

(„Es ist doch nur ein Spielzeugauto, was kann es schon schaden?“) Aber meine kleine Tat verletzte das Vertrauensverhältnis. Die Versicherung musste zahlen. Der Besitzer des Ladens musste zahlen. Sein Vertrauen und das anderer Menschen in ihre Mitmenschen wurde weiter erschüttert, was ihr Verhalten veränderte – und so weiter und so fort. Auch in mir selbst gab es Verluste. Da war der Verlust der Unschuld. Wenn ich diese Tat einmal begangen hatte, konnte ich sie nicht mehr rückgängig machen. Man könnte sie beichten und vergeben bekommen, man könnte sie wiedergutmachen, aber es bliebe eine Realität, die Teil meiner Erfahrung wäre. Und das könnte nie geändert werden. Doch nachdem ich es gestohlen hatte, bereute ich es nicht, und so wurde jeder weitere Diebstahl umso leichter.

Dann sah ich in verblüffendem Detail die Szenen meines moralischen Abstiegs in alles, was die Welt und der Teufel mir zu bieten hatten. Zunächst wusste mein Gewissen, dass meine Übertretungen mit einem unbestreitbaren Egoismus verbunden waren, denn ich wurde geschaffen und gelehrt, um es besser zu wissen. Aber als meine Sünden immer schlimmer wurden, wurde mein Gewissen immer stummer, bis ich mit der Zeit die Stimme der Wahrheit in meinem Leben entweder aktiv ignorierte oder ganz ausschaltete. Materialismus, Macht und Vergnügungen wurden zu meinen Göttern. Ich erkannte meine Anhänglichkeit an die 40-Fuß-Motoryacht, das große Haus am Fluss, die coolen Autos, die Kleidung, den Sex, die Drogen. Nicht ein einziges Mal habe ich an Konsequenzen gedacht, weil ich keine Konsequenzen zu spüren bekam. Ohne die Negativität meiner Handlungen zu erfahren und ohne sie zu bedenken, machte ich meine Ziele in meinem Kopf akzeptabel. Indem ich mir die Mentalität der heutigen Welt zu eigen machte, glaubte ich: „Wenn sie mich nicht erwischen, wenn sie mich nicht anklagen, wenn sie mich nicht vor den Richter bringen, dann ist das, was ich tue, in Ordnung." Gott gab mir unmittelbare und intime Kenntnis von dieser menschlichen Torheit. Er entlarvte meine gehegten Lügen und die, welche ich von der Gesellschaft übernommen hatte. Wenn Abtreibung legal war, wenn Empfängnisverhütung vorgeschrieben war, war das dann nicht in Ordnung? Nein. Wenn staatliche Gesetzgeber Marihuana für alle legalisierten und das als medizinisch bezeichneten, war es dann nicht immer so? Nein, sie waren Lügner. Was etwas zählte, war, was Gott dachte, was Gott sagte. Aber ich hatte es vorgezogen, Gott zu ignorieren.

Ich glaubte die verdammte Lüge, dass ein sexueller Akt gerechtfertigt ist, wenn zwei Menschen „zustimmen". Bei jeder Begegnung, die ich mit einer Frau hatte, war ich für meinen Teil voll verantwortlich und für ihren Teil mitverantwortlich. Der Grad der Schuld und die weitreichenden Auswirkungen waren bei jeder Handlung und bei jeder Person anders. Manchmal wollte eine Frau mir gefallen, weil sie die Absicht hatte, eine tiefe Beziehung zu führen, die in einer Heirat mündete, und ich hatte nicht die geringste Absicht dazu. Manchmal hatte ich bessere Absichten, aber meine Sünde war immer noch Sünde. Ich konnte niemals zurückgeben, was ich so vielen Frauen genommen hatte, manchmal ihre Jungfräulichkeit, was erdrückend schlimm war – schlimmer, als sie zu schlagen. Selbst wenn ich ihr nachgelaufen wäre und ihr tausendmal gesagt hätte, dass es mir leidtut, wären ihre Beziehungen zu Männern in ihrem ganzen Leben beeinträchtigt worden, ganz zu schweigen von ihrer ewigen Seele. Jede meiner sexuellen Sünden war, wie alle Sünden, mit Schmerz und Leid verbunden, aber ich hatte mir nicht erlaubt, das zu erkennen.

Meine Mutter wollte, dass ich mich Frauen gegenüber anders verhielt, aber ich schien unbekümmert und ohne Rücksicht auf ihre Gefühle zu sein, was nicht der Wahrheit entsprach. In der

Seelenschau spürte ich ihren Schmerz in mir selbst. Sie war so enttäuscht. Lange bevor sie bei mir einzog, besuchte sie mich und versuchte ihr Bestes, um mir zu helfen, aber ich bestand weiterhin darauf, dass sie mein Verhalten akzeptierte, um eine Beziehung mit mir zu haben. Es widersprach ihrem Empfinden, so dass sie es nicht akzeptieren konnte, aber sie liebte mich trotzdem. Meine Reaktion darauf war, dass ich ihr körperlich und emotional den Rücken zukehrte. „Ich komme nicht zu dir nach Hause. Ich werde dich nicht besuchen!", brüllte ich. Das war die Frau, die mich auf die Welt gebracht hatte, die mich liebte und die Gott als meine Mutter auserwählt hatte. Als ich diesen Moment noch einmal erlebte, spürte ich den schneidenden Schmerz der Zurückweisung, der das Herz meiner Mutter bis ins Innerste getroffen hatte.

Selbst Entscheidungen, die mir nicht schwerwiegend erschienen, waren es doch, und meine guten Absichten reichten nie aus, um sie zu vertuschen. Wenn mir zum Beispiel jemand auf einem Rockkonzert einen Joint reichte, trug ich, auch wenn ich nicht die Absicht hatte, Drogen zu nehmen, die Verantwortung für meine Entscheidung, einen Zug zu nehmen, auch wenn ich noch so uninteressiert war. Eine bestimmte Szene, die meine Fingerabdrücke trug, war zutiefst zerstörend. Ich hatte einem bestimmten Mann mehr als einmal Drogen verkauft, war dann weggezogen und hatte ihn nie wieder gesehen. Als ich in diese Gegend zurückkehrte, saß ich in einer örtlichen Kneipe, wo mir ein Mann erzählte, dass der Mann Selbstmord begangen hatte. In der Seelenschau wurde mir das Ereignis seines Todes vor Augen geführt. Es fällt mir immer noch schwer zu akzeptieren und zu wissen, dass ich in gewisser und realer Weise Teil seines Entscheidungsprozesses war, sein Leben auf der Erde zu beenden. Als ich die Auswirkungen meiner Sünde sah, erfuhr ich, dass er seine Familie zusammenhielt. Als er auf diese Weise starb, zerbrach er jedes einzelne seiner Familienmitglieder. Ihr Leiden wiederum beeinträchtigte jede Beziehung, die sie mit anderen hatten, und so weiter in einer Spirale des Schmerzes.

Alle sündigen Ereignisse meines Lebens zogen vor meinen Augen und durch meine Gefühle hindurch, in der ewigen Gegenwart Gottes, wo es keine Täuschung, kein Umschreiben der Geschichte, keine Milderung der Umstände geben konnte. Es war, was es war. Alle meine Vorgeschichten wurden ausgelöscht und meine Schuld aufgedeckt. Wie die meisten Menschen, hatte ich die uneingestandenen Sünden meiner Vergangenheit umgeschrieben und in meinem Kopf verdrehte Interpretationen geschaffen, um jede persönliche Schuld herunterzuspielen und die Schuld zu verteilen. Ich hatte jedes einzelne der Zehn Gebote ausgehebelt. Intensive Gewissensbisse überfluteten meine Seele. Ich fühlte mich am Boden zerstört durch das schwere Gewicht der Wahrheiten über mich selbst, die ich nicht sehen, nicht fühlen und nicht wahrhaben wollte. Menschen waren wegen meines Handelns gestorben. Ich erlebte Momente in meinem Leben, in denen ich nicht glauben konnte, dass ich das überhaupt war. Gekränkt wollte ich einfach nur weggehen, mich zusammenrollen und sterben, aber ich konnte nicht entkommen. Ich glaube, wenn ich den Zustand meiner Seele ohne die barmherzige Unterstützung Gottes gesehen hätte, wäre ich so verzweifelt gewesen, dass ich nicht mehr hätte weiterleben können.

Als ich aus der Erkenntnis herauskam, fand ich mich kniend wieder und blickte hinauf zum Sonnenwunder, wo sich die Sonne immer noch drehte und mit Farben pulsierte. Dann blickte ich nach unten und sah, wie die Vorderseite meines Hemdes und die Steinplatten unter mir von Tränen nass wurden. Ein paar Meter weiter, auf einer Bank, saß meine Mutter. Ich konnte an ihrer Haltung erkennen, dass auch sie dieses Sonnenwunder sehen konnte, also stand ich auf, ging hinter sie, schlang meine Arme um sie und legte mein Kinn auf ihre Schulter, Wange an Wange. Gemeinsam blickten wir auf die mächtigste Energiequelle, die der Menschheit bekannt ist und die Gott nach Seinem Gutdünken manipuliert, weil Er sie geschaffen hat und nicht an die Gesetze gebunden ist, die Er geschaffen hat. In der Gegenwart eines solchen Wunders waren wir wie kleine Kinder, die sich in unschuldiger Ehrfurcht aneinander kuschelten und die Macht Gottes beobachteten. „Wie kann es sein", fragte ich mich, „dass kaum Zeit vergangen ist?" Da fiel mir ein, dass ich gerade mein ganzes Leben in denselben kurzen Minuten erlebt hatte, in denen Maria, die Mutter Gottes, auf der Erde erschienen war.

Das war also mein erster Tag in Medjugorje. Am nächsten Tag wachte ich mit dem unbändigen Wunsch auf, zur Beichte zu gehen. Ich zog mir eine leichte Jacke an und ging durch den Nebel und die Regentropfen unter den Wolken zur St. Jakobus-Kirche. Als ich mich auf eine nasse Bank setzte, dachte ich: „Ich wäre gerne zu Father Mike Canary zur Beichte gegangen" – einem Priester aus Irland, den ich am Abend zuvor kennengelernt hatte und der ein Spätberufener war. Seinem Auftreten entnahm ich, dass er die Schwere der Sünden, die ich begangen hatte, verstehen und mir eine härtere Buße auferlegen würde als nur fünf „Ave-Maria".

Ich betrachtete meine Überlegungen nicht als Gebet, aber kaum hatte ich meinen Gedanken beendet, trat Father Mike in mein Blickfeld. Die nächsten drei Stunden saßen wir zusammen auf dieser Bank, zusammengekauert unter seinem Schirm, während ich ihm meine Sünden erzählte. Wie der hl. Pater Pio konnte er in meiner Seele lesen; er kannte die Details meiner Sünden, bevor ich sie aussprach. Wenn ich Schwierigkeiten hatte, meine schändlichsten und peinlichsten Momente auszusprechen, half er mir, indem er mich an die Einzelheiten erinnerte: „… und das ist es, was du getan hast … aber das ist es, was du gedacht hast …". Als ich endlich fertig war, gab er mir meine Buße: „Du gehst auf den Berg, den Kreuzberg. Du ziehst deine Schuhe aus, nicht als Buße, sondern als Ausgleich für all die Gebrechlichen und Alten, die Kranken und die weniger Fähigen, die hierherkommen. Du bist jung und stark und du besteigst diesen Berg mit deinen nackten Füßen und du betest für jeden Menschen, den du jemals verletzt hast." Dann legte er mir die Hände zur Absolution auf den Kopf und Hitze stieg aus ihnen und in mich hinein. Ich wusste nicht, was es war. Ich wusste nur, dass sie da war.

Als ich den Berg erklomm, konnte ich mich an die Namen aller Menschen erinnern, die ich verletzt hatte. Ich konnte mich an die Lügen, die Verführungen, die Betrügereien, die Diebstähle erinnern … Ich schluchzte auf dem ganzen Weg zum Gipfel, und da ich meine Schuhe unten gelassen hatte, schluchzte ich auf dem Weg nach unten noch mehr. Am Fuße des Berges, wo ein Kruzifix stand, warf ich mich nieder und bat Jesus um mein Leben. Ich wusste, dass ich dieses Leben von diesem Moment an perfekt führen konnte und dass ich niemals in der Lage sein würde, all das Leid, das ich angerichtet hatte, wiedergutzumachen.

Als ich schließlich wieder aufstand, fühlte ich, dass mir wirklich vergeben war. So hatte ich mich noch nie in meinem Leben gefühlt. Ich zog meine Tennisschuhe an und dankte Gott für Seine übergroße Barmherzigkeit. Dann ging ich zurück zur Kirche, wo ich wieder auf Father Mike traf. Er sagte: „Kommen Sie mit", und ich folgte ihm in einen Raum mit Reihen von Metallklappstühlen und Menschen, die Lieder sangen. Er nannte es einen Heilungsgottesdienst. Ich wusste nicht, was das bedeutete, und dachte auch nicht, dass ich unbedingt einen brauchte. Ich war glücklich, weil ich fühlte, dass mir vergeben war. Aber: „Was kann es schon schaden?" Father Mike zog eine violette Stola hervor, die in seiner Tasche gefaltet war, legte sie sich um den Hals und ging nach vorn in den Raum. Die Leute standen einer nach dem anderen auf und gingen zu ihm hinüber. Als ich an der Reihe war und etwa einen Meter vor Father Mike stand, öffnete sich unwillkürlich mein Mund und ich hörte meine Stimme sagen: „Ich habe viele Narben auf meinem Herzen, und was ich will, ist den Heiligen Geist." Ungläubig schlug ich mir die Hand vor den Mund und dachte: „Okay, das war komisch. Ich wollte gar nichts sagen."

Father Mike sagte kein einziges Wort. Er nahm ein kleines Fläschchen mit heiligem Öl in die Hand, machte das Kreuzzeichen auf meiner Stirn, legte seine rechte Hand auf meinen Kopf und dann auf mein Herz. Plötzlich kam der Heilige Geist mit großer Kraft herab und ich erschrak, nicht aus Furcht, sondern aus Ehrfurcht. Der Geist blieb direkt über meinem Herzen stehen. Die Erfahrung war nicht nur psychisch, sondern auch physisch, geistig oder emotional, und sie übertraf jede menschliche Droge oder sexuelle Empfindung. Was ich erlebte, war das explosivste und kraftvollste Ereignis in meinem Leben. Für diejenigen, welche die Original-Star-Trek-Serie kennen, vergleiche ich es damit, den Kopf in die „Anti-Materie" zu stecken. Father Mike sagte: „Es soll keinen Zweifel mehr geben. Es soll keine Angst mehr geben", und in diesem Moment dehnte sich mein Geist aus, als ob ich die größtmögliche Luft einatmen würde. Je mehr ich mich öffnete, desto mehr erfüllte Er mich, bis es keinen Unterschied mehr zwischen Gott und mir gab. Als ich schließlich meine Umgebung wieder wahrnahm, fand ich mich auf dem Boden liegend wieder. Father Mike hatte seine Hand auf mein Herz gelegt und betete für mich, zusammen mit einem 18-jährigen jungen Mann namens Bill Curry, der nur sechs Monate zuvor ein versteckter Säufer gewesen war; aber Gott hatte ihn in Medjugorje von seiner Sucht befreit.

Meine Füße ragten aus dem Boden und mein Körper war steif, als hätte man ihn mit einer Million Volt durchgeschüttelt. Ich hätte leicht als Brett zwischen zwei dieser Klappstühle dienen können. Als sich mein Körper allmählich zu entspannen begann, drang eine angenehme Wärme in meine Seele, wie ich sie noch nie erlebt hatte. Ich hatte schon früher Glücksgefühle empfunden, als ich das große Spiel gewann, mich verliebte, Erfolg hatte und Weihnachten feierte, aber ich hatte noch nie gewusst, was wahre Freude wirklich ist. Als ich aufstand, umarmte ich sofort Father Mike, der sagte, ich hätte ihm fast den Rücken gebrochen, weil ich ihn so fest umarmt hatte. Aber ich konnte es nicht verhindern. Ich liebte ihn! Ich liebte jeden! Es war albern, aber das war mir egal. Die Erfahrung erfüllte mich so sehr mit dem Geist Gottes, dass ich spürte, wie mein Herz vor Liebe für alle Seine Geschöpfe schlug; sie reinigte meine Seele so sehr, dass ich die schlechten Gedanken der Menschen fast spüren konnte. Ich ging mit einem T-Shirt und einem Lächeln nach draußen in die kalte Luft und brauchte meinen Pullover nicht, weil ich eine intensive Wärme ausstrahlte.

Das war also erst mein zweiter Tag in Medjugorje. Der folgende Tag war das Fronleichnamsfest, das Fest des Leibes und Blutes Christi. In der Morgendämmerung, als ich im Bett lag, erlebte ich ein weiteres mystisches Ereignis. Diesmal stand ich in einem Feld mit hohem Gras, etwa sechs bis acht Zentimeter hoch, mit einem Holzzaun zu meiner Linken, der sich vor mir einen Hang hinunterzog. Ein sanfter Wind wehte in Wellen durch das Gras und ließ die Unterseite der Halme im Sonnenlicht silbern erscheinen. Dann kam Jesus. Er ging den Hang in meine Richtung hinauf und blieb einige Meter vor mir stehen, links von mir. Er sah genau so aus, wie ich ihn erwartet hatte. Das einzige Bild, das ich gesehen habe, das Seinem Gesicht ähnelt, wurde von einer jungen Künstlerin namens Akiane Kramarik[VIII] gemalt, einem Mädchen, das auf wundersame Weise wie ein Meister malen konnte, als Kind, ohne jegliche Ausbildung. Angeblich wurde sie in den Himmel versetzt und hielt auf Leinwand fest, was sie dort sah. Das Gesicht von Jesus, das sie malte, war das Gesicht, das ich gesehen habe. Er erschien mir in einem weichen, cremefarbenen, braungesprenkelten Innengewand und darüber einem dunkelbraunen Außengewand mit vier- oder fünffädigen Bändern, die in einem Schachbrettmuster gewebt waren. Ich konnte Sein bärtiges Gesicht und Seine intensiven, aber einladenden Augen deutlich erkennen.

Dann, ohne zu sprechen, teilte Jesus mir mit: „Ich möchte, dass du Priester wirst."

Ich war völlig verblüfft. „Du machst wohl Witze. Ich bin der schlimmste Sünder aller Zeiten, und das haben wir gerade hinter uns!"

„Ja", antwortete er.

„Aber ich bin verlobt und werde heiraten. Ich liebe meine Verlobte. Ich habe meinen Kindern einen Namen gegeben. Das Kleid ist gekauft. Der Country Club ist gemietet. Die Menschen sind eingeladen. Und es tut mir leid, es zu sagen, aber ich habe sie bereits wie meine Frau behandelt." Ich hatte nie, nie, nie, nie daran gedacht, Priester zu werden – ich hatte nie einen Moment der Ministranten-Begeisterung – keine Neigung – nichts – nicht ein einziges Mal.

„Ja."

„Komm schon. Das ist nichts für Typen wie mich. Das ist für jemand anderen. Du hast diese Typen erschaffen. Man weiß von Anfang an, dass sie einmal Priester werden. Du steckst sie in eine wunderbare Familie, sie kommen aus der Ministrantenrutsche, und dann – Bumm – sind sie Priester."

„Ich weiß, was ich tue", sagte Er, dann drehte Er sich um und ging weg.

Jesus:

Schreibe für die betrübten Seelen: Wenn die Seele die Schwere ihrer Sünden sieht und erkennt, wenn sich vor ihren Augen der ganze Abgrund ihres Elends, in das sie sich gestürzt hat, ausbreitet, soll sie nicht verzweifeln, sondern sich mit Vertrauen in die Arme Meiner Barmherzigkeit werfen, wie ein Kind in die Arme seiner liebenden Mutter. Diese Seelen haben ein Vorzugsrecht auf Mein mitleidiges Herz, sie haben ein Vorrecht auf Meine Barmherzigkeit. Sage ihnen, dass keine einzige Seele, die Meine Barmherzigkeit anrief, enttäuscht oder beschämt worden ist. An einer Seele, die Meiner Güte vertraut, habe Ich besonderes Wohlgefallen.

Tagebuch der Hl. Maria Faustyna Kowalska, Nr. 1541

DALE RECINELLA

Ein hochrangiger Anwalt ohne Verteidigung

Anfang März 1986 trafen Susan und ich uns mit Frau Maxine und dem Bauunternehmer in unserem neuen Haus. Der Vertragsabschluss würde bei der Abnahme des fertigen Hauses erfolgen. Wir hatten es selbst entworfen und dabei einen von ihm vorgeschlagenen Grundriss geändert. Es war Zeit für den ersten Spatenstich. Ich überreichte ihm den Scheck in Höhe von fünfzigtausend Dollar, der laut Vertrag erforderlich war, damit er mit der Arbeit beginnen konnte. Wir waren auf dem Weg nach Tallahassee. Wir würden später am Abend bei einem Abendessen feiern, nachdem wir am Samstagabend an der Vigil in unserer neuen Gemeinde, der römisch-katholischen Kirche Guter Hirte, teilgenommen hatten.

Seit ich im Februar 1984 die Anwaltskanzlei in Miami gewechselt hatte, waren meine Arbeitszeiten explodiert. Die intensive spirituelle Ausrichtung, die 1983 unser Leben bestimmt hatte, schien nachgelassen zu haben, da der Druck der Kinder und der Karriere unsere Zeitpläne und unsere täglichen Ressourcen beherrschte. Es kann nicht an uns gelegen haben, dass wir ausgerechnet am Abend der Vertragsunterzeichnung für unser Traumhaus in die Kirche gingen, nur um mit der Lesung des Evangeliums über den reichen jungen Anwalt in Markus 10,17-25 konfrontiert zu werden:

Als sich Jesus wieder auf den Weg machte, lief ein Mann auf ihn zu, fiel vor ihm auf die Knie und fragte ihn: Guter Meister, was muss ich tun, um das ewige Leben zu erben?

Jesus antwortete: Warum nennst du mich gut? Niemand ist gut außer der eine Gott. Du kennst doch die Gebote: Du sollst nicht töten, du sollst nicht die Ehe brechen, du sollst nicht stehlen, du sollst nicht falsch aussagen, du sollst keinen Raub begehen; ehre deinen Vater und deine Mutter!

Er erwiderte ihm: Meister, alle diese Gebote habe ich von Jugend an befolgt. Da sah ihn Jesus an, gewann ihn lieb und sagte: Eines fehlt dir noch: Geh, verkaufe, was du hast, gib es den Armen und du wirst einen Schatz im Himmel haben; dann komm und folge mir nach!

Der Mann aber war betrübt, als er das hörte, und ging traurig weg; denn er hatte ein großes Vermögen.

Da sah Jesus seine Jünger an und sagte zu ihnen: Wie schwer ist es für Menschen, die viel besitzen, in das Reich Gottes zu kommen!

Die Jünger waren über seine Worte bestürzt. Jesus aber sagte noch einmal zu ihnen: Meine Kinder, wie schwer ist es, in das Reich Gottes zu kommen! Leichter geht ein Kamel durch ein Nadelöhr, als dass ein Reicher in das Reich Gottes gelangt.

Obwohl die Geschichte schon oft in der Kirche vorgelesen worden war, hörten wir sie an diesem Abend zum allerersten Mal. Das anschließende Abendessen zur Feier des Vertragsabschlusses für unser neues Haus verlief nicht wie geplant.

„Glaubst du, Er hat es ernst gemeint?"

„Wer?" Susan nahm den Faden nicht auf; es war für sie ohne einen Zusammenhang. „Der Bauherr? Hat der Bauherr gemeint, was er gesagt hat?"

„Nein." Ich war ungerechtfertigt ungeduldig. „Nicht der Baumeister … Jesus. Glaubst du, Jesus meinte, was Er sagte?"

„Was hat Er gesagt? Wie meinst du das?“

„Was Er heute Abend im Evangelium gesagt hat.“

Jetzt hatte Susan den Faden gefunden. Sie legte ihre Gabel ab und sah mich aufmerksam an.

„Glaubst du, dass Jesus das gemeint hat, was Er heute Abend im Evangelium gesagt hat?“ Ich beugte mich vor, um leiser zu sprechen, intuitiv wissend, dass jeder im Restaurant, der mich eine solche Frage stellen hörte, denken würde, ich sei verrückt.

Susan zuckte mit den Schultern. „Glaubt irgendjemand, dass Er das so gemeint hat? Nimmt das jemand wörtlich?“

„Nun, ich denke, Priester und Nonnen tun das“, räumte ich ein und bestätigte damit die seit Jahrhunderten bekannte Annahme der römischen Katholiken, dass das Evangelium nur für diejenigen wörtlich galt, die zum sogenannten religiösen Leben berufen waren – Priester, Brüder und Nonnen. „Aber der Mann, zu dem Er heute Abend im Evangelium sprach, war nicht religiös. Er war wie ich. Er war wie wir.“

„Und …?“ Susan ließ sowohl ihre Worte als auch ihre Gabel in der Luft stehen.

„Die Frage ist also: Hat Jesus das ernst gemeint, was Er gesagt hat?“

„Ich weiß es nicht." Instinktiv senkte auch Susan ihre Stimme. „Ich habe noch nie jemanden darüber reden hören."

„Ich auch nicht."

„Vielleicht sollten wir es herausfinden."

Zunächst fingen wir an, uns abends gegenseitig das Evangelium vorzulesen. Wir waren so verblüfft über die Herausforderung, die die Worte Jesu darstellten, dass wir beschlossen, mindestens sechs Monate lang nicht einmal zu versuchen, die Frage zu diskutieren. Stattdessen beteten wir getrennt voneinander, studierten Seine Worte und suchten nach einer Antwort. Ende September 1986, wenige Wochen nach dem Einzug in unser geräumiges neues Haus in Tallahassee, war es an der Zeit, dass wir uns zusammensetzten und unsere Notizen verglichen.

„Nun, ich bin mir nicht sicher, was ich mit meiner Antwort anfangen soll, aber ich habe meine Antwort". Susan lehnte sich in ihrem Stuhl gegenüber dem Kamin in der Nische zurück, die einen Teil unseres 111,5-Quadratmeter-Schlafzimmers ausmachte.

„Ich auch." Mein Nicken und Achselzucken in einer einzigen Geste zeigten, dass ich in der gleichen Zwickmühle steckte. „Wer soll zuerst sprechen?"

„Ich fange an." Susan blätterte in ihrer Bibel zum Matthäus-Evangelium und fand das Ende der Bergpredigt, Matthäus 7,24-27:

> *Jeder, der diese meine Worte hört und danach handelt, ist wie ein kluger Mann, der sein Haus auf Fels baute. Als ein Wolkenbruch kam und die Wassermassen heranfluteten, als die Stürme tobten und an dem Haus rüttelten, da stürzte es nicht ein; denn es war auf Fels gebaut. Und jeder, der diese meine Worte hört und nicht danach handelt, ist ein Tor, der sein Haus auf Sand baute. Als ein Wolkenbruch kam und die Was-*

sermassen heranfluteten, als die Stürme tobten und an dem Haus rüttelten, da stürzte es ein und wurde völlig zerstört.

„Ich weiß nicht, was alle anderen denken." Sie schloss das Buch mit dem Finger zwischen den Seiten, wie ein Lesezeichen, das verhindern würde, dass diese nicht gepredigten, nicht bedachten und nicht diskutierten Worte für immer verschwanden, falls sie sie noch einmal nachschlagen wollte. „Aber offensichtlich glaubt Jesus, dass Er meint, was Er sagt."

„Zu dem Ergebnis komme ich auch. Also, was machen wir jetzt damit?" Meine rechte Hand strich in einer Geste nach außen, die symbolisch unser Monument von einem Haus umfasste, mit 22 Deckenlautsprechern und allem. „Und damit?" Meine linke Hand hielt das Buch des Wortes Gottes hoch.

„Dale, ich habe keinen Schimmer."

„Ich auch nicht."

Das Feuer knisterte laut und sprühte Funken, als das oberste Holzscheit nach hinten fiel und auf den Boden rollte.

„Klingt, als sollten wir beten, Dale. Das wird nicht einfach werden."

Susan hatte nie wahrere Worte gesprochen. Wochenlang beteten wir nicht nur, sondern dachten auch darüber nach, wie wir uns für den Dienst am Reich Gottes zur Verfügung stellen könnten. Das gleiche Hindernis tauchte immer wieder auf: die unnachgiebige Begrenzung der Zeit. Es gab nicht genug Zeit. Alle unsere Zeitressourcen waren an die Erfordernisse des Verdienstes und der Aufrechterhaltung unseres wohlhabenden Lebensstils gebunden.

Es heißt, dass der Segen begrenzter Ressourcen den Menschen zu einem moralischen Wesen macht. Begrenztes Geld verlangt von uns, Prioritäten zu setzen. Begrenzte Energie verlangt von uns, zwischen dem höchsten Gut und minderwertigen Gütern zu wählen. Und begrenzte Zeit verlangt von uns, zwischen den Dingen des Vaters und den Dingen der Welt zu wählen. Wären Geld, Energie und Zeit unbegrenzt, müssten wir uns nicht entscheiden.

Jeder von uns könnte alles tun. Aber sie sind begrenzt und wir müssen uns entscheiden. Wir beteten immer wieder um Gottes Führung.

†

Im November 1986 erwachte ich mit einem Schrei aus tiefem Schlaf, schweißgebadet von einem Albtraum. Susan richtete sich im Bett neben mir auf und wurde von meinen Schreckenslauten wachgerüttelt.

„Dale, was ist passiert? Was hat dich zum Schreien gebracht?"

„Ein Traum. Ein furchtbarer Albtraum." Die Laken und das Kissen auf meiner Seite des Bettes waren durchnässt. Ich stützte mich auf die Ellbogen und drehte mich auf den Rücken, um mich sitzend an das Messingkopfteil zu lehnen. „Es war unheimlich real."

„Erzähl ihn mir." Susan klang sehr klinisch, mit einer Stimme, die mich normalerweise irritieren würde, aber nicht heute Abend. Dieser Traum musste geteilt werden.

„Ich bin vor unserem Schlafzimmer, auf der Westseite des Hauses, und harke mit den Kindern Laub. Es ist später Nachmittag, sehr angenehm. Alle sind in guter Stimmung. Ich denke daran, wieviel Glück ich habe. Und dann …" Ich hielt inne und suchte nach Worten.

„Was ist dann passiert?" Susans Hände drehten sich in einer kreisenden Geste um sich selbst, als ob sie versuchte, die Worte aus meinem Inneren herauszuspulen. „Dann höre ich eine

Stimme. Es ist mehr als eine Stimme, mehr als Musik – Musik beschreibt es nicht genug. Es ist der süßeste und schönste Klang, den ich je in meinem Leben gehört habe. Er kommt aus der Richtung der untergehenden Sonne. Alles in mir weiß, dass ich ihm folgen muss. Also fange ich an, auf ihn zuzugehen. Aber ich kann nicht. Ich kann nicht darauf zugehen, weil mich etwas zurückhält."

„Dale, was hat dich zurückgehalten?" Susan sprach mit einer sanften Schärfe, die für sie selten war.

„Ich kann mein linkes Bein nicht bewegen. Ich schaue nach unten und da ist eine riesige Kette daran. Massive Stahlglieder dieser Kette laufen von meinem Knöchel zurück zum Haus. Die Kette ist in die Ziegel des Hauses eingelassen, direkt in die Außenseite des Schornsteins für diesen Kamin." Ich winkte mit der Hand in Richtung der Schlafnische, von der wir wussten, dass sie für unser Glück unerlässlich war.

„Was hast du getan, Dale?"

„Ich versuche, die Kette abzureißen. Ich versuche wie ein Verrückter, die Stahlglieder zu zerbrechen, mir sogar das Bein zu brechen, um sie loszuwerden, aber sie lässt sich nicht bewegen. Und dann …" Meine Stimme versagt, als die Verzweiflung und Hoffnungslosigkeit des Traums in meine Sinne zurücksickert. „Und dann beginnt die Stimme zu verstummen. Ich kann sie nicht erreichen. Die Stimme verschwindet. Ich bin voller Schrecken, weil die Stimme verschwindet. Es geht nicht nur darum, dass ich die Kette loswerden will. Es geht um die Stimme. Sie ist so schön, dass ich mir nicht vorstellen kann, nicht zu ihr zu laufen, nicht bei ihr zu sein.

Ich versuche, die Kette aus der Wand zu reißen. Ich versuche sogar, das ganze verfluchte Haus hinter mir herzuziehen. Aber es ist vergeblich. Während ich zitternd und weinend dastehe, verklingt die Stimme, die Sonne geht unter und schließlich ist es ganz dunkel. Die Stimme ist verschwunden. Die Kälte ist absolut. Im Traum weiß ich, dass es keine zweite Chance geben wird. Ich habe sie für immer verloren. Ich schreie und wache auf."

Susan schien nichts von dem Schweiß und den Tränen mitzubekommen, die bei der Schilderung meines Besuchs in der persönlichen Hölle erneut ausbrachen. Sie hielt mich fest im Arm und betete leise.

„Schatz", flüsterte sie schließlich so leise, dass ich sie kaum hören konnte. „Ich glaube, Gott hat uns eine Antwort gegeben. Vielleicht können wir nicht all dies und Sein Reich haben. Vielleicht müssen wir uns entscheiden."

Es ist schwer zu beschreiben, was für ein innerer Strudel von Gefühlen ausgelöst wird, wenn man von der Angst, dass Jesus das, was Er gesagt hat, im Allgemeinen gemeint haben könnte, zu der schockierenden Erkenntnis kommt, dass Er es für uns persönlich gemeint haben könnte.

†

Eineinhalb Jahre später besuchte Gott mich erneut. Als eingewanderter Yankee hatte ich noch nie die Warnung vor dem Verzehr einer rohen Auster in einem Monat, der kein *R* im Namen hat, gehört. Doch in dem Moment, als ich in diese rohe Auster biss, wusste ich, dass etwas nicht stimmte. Sie schmeckte nicht richtig.

„Mr. Recinella … Dale." Er räusperte sich. „Es ist vorbei. Sie werden die Nacht nicht überleben. Sie werden nicht mehr als zehn oder zwölf Stunden leben. Sie werden den morgigen Tag nicht mehr erleben."

Susan war völlig starr, bis auf das Zusammendrücken ihrer Hände, die sich um meine legten. Ich wusste, dass er es sagen würde. Ich hatte nicht gedacht, dass ich es jemals hören würde.

„Mr. Recinella, Sie müssen Ihre Angelegenheiten in Ordnung bringen."

Die Kinder hatten uns am Nachmittag besucht. Susans Mutter kümmerte sich zu Hause um sie. Unser Pfarrer kam, um die Letzte Ölung zu spenden. Bevor ich das Bewusstsein verlor, küsste ich Susan zum Abschied. Sie weinte. Sie war geblieben. Sie würde bis zum Ende da sein. Sie hielt Totenwache, obwohl wir den Begriff noch nicht kannten.

Das Fieber stieg enorm hoch an. Ich konnte meine Augen nicht offen halten. Ich wollte es, konnte es aber nicht. Das letzte Bild, das ich sah, war Susan, die neben meinem Bett saß und mich anschaute, als ob die Kraft ihres Blickes mich hier halten könnte. Das konnte sie nicht. Das Fieber hatte sich durchgesetzt. Meine Augen fielen zu. Alles war dunkel.

Plötzlich, irgendwann in der Nacht, stand ich in der Mitte eines Raumes. Es war nicht mein Krankenhauszimmer. Es war dunkel, bis auf das Licht, das von der Person vor mir ausging. Ich erkannte Ihn sofort. Es war Jesus. Er sah genauso aus wie Sein Bild, das als Kind in meinem Zimmer hing. Er strahlte eine unbeschreibliche Wärme und Leuchtkraft aus, die den ganzen Raum und sogar meinen Körper durchdrang. Er schaute mich aufmerksam an, aber Er lächelte nicht. Er war tief betrübt. Auf Seinem Gesicht waren Tränen zu sehen. Er weinte leise.

„Dale." Seine Arme streckten sich nach mir aus, während Er Seinen Kopf leicht vor Kummer und Enttäuschung schüttelte. „Was hast du mit Meinen Gaben gemacht?"

Der Anwalt in mir antwortete mit einem Abwehrinstinkt: „Welche Gaben?"

Als Er meine Fähigkeiten aufzählte, sah Er nicht zornig oder beunruhigt aus, nur traurig, sehr traurig. Ich würde nicht in der Lage sein, mich von diesem Haken zu befreien. Er zählte jeden Aspekt meines Intellekts, meiner Bildung, meiner Erziehung, meiner Persönlichkeit und meines Temperaments auf, der zu meinem weltlichen Erfolg beitrug. Ich hatte es immer noch nicht verstanden. Der Moment fühlte sich nicht wie ein Urteil an. Aber jede Antwort, die mir in den Sinn kam, war defensiv. „Ich habe hart gearbeitet. Ich habe dafür gesorgt, dass meine Kinder auf die besten Schulen gehen." Noch während mir die Worte über die Lippen kamen, wurde mir bewusst, dass ich einen Sicherheitscode für Oberschicht und kostspielig anwendete.

„Wir leben in einer sicheren Gegend; meine Familie ist sicher." Da war es wieder, dieses Gefühl. Während sich mein Mund noch bewegte, hörte ich in meinen Gedanken denselben Sicherheitscode hervorkommen.

„Unsere Zukunft ist finanziell gesichert." Da war sie wieder, die Stimme in meinem Kopf, der Sicherheitscode für: „Wir haben alle unsere Scheunen gefüllt und bauen größere." Nur dieses Mal kam der Gedanke mit einer Erinnerung an Jesu Worte in Lukas 12,16-21 über Narren, die ihre Scheunen füllen.

„Ich habe für meine Familie gesorgt, so wie jeder andere auch." Die offensichtliche Abwehrhaltung in meiner Stimme machte mir klar, dass ich mich mit jemandem stritt. Mit wem? Er antwortete nicht. Mit wem stritt ich mich? Mit mir selbst?

Schließlich sanken Seine Hände an Seine Seiten. Sein Blick verurteilte mich nicht. Es war vielmehr der bestürzte Blick eines Elternteils, der seinem Teenager schon tausendmal etwas gesagt hat und nicht glauben kann, dass das Kind es immer noch nicht verstanden hat. Er sprach mit einem Flehen, das an Verzweiflung grenzte.

„Dale, was ist mit all Meinen Leuten, die leiden?“

In diesem Moment war es, als ob eine drei Meter hohe Welle plötzlich und unerwartet an einem Strand über mich hereinbrach. Ich befand mich nicht an einem Strand und die Welle war völlig transparent, unsichtbar und doch greifbar. Ich konnte ihre Substanz spüren, und sie war säurehaltig – ätzend bis zum Äußersten. Ich hatte das Gefühl, dass sich mein ganzes Wesen in ihr auflösen würde.

Irgendwie wusste ich in diesem Moment intuitiv, dass die Säure Scham war, die Scham über den Egoismus und den Narzissmus meines Lebens. Meine Familie war eine Ausrede dafür, dass ich mich nur um mich, mein Ego und mein falsches Gefühl von Wichtigkeit kümmerte. Ich kämpfte gegen das Gefühl aufgelöst zu werden, das jede Zelle meines Wesens durchdrang, und versuchte, eine kohärente Antwort zu formulieren.

„Bitte!“ Ich sammelte die Kraft für mein letztes Flehen, da Jesus immer noch weinend vor mir stand. „Bitte, ich verspreche es dir. Gib mir noch eine Chance, und ich werde es anders machen.“

Das war‘s. Das war alles. Die Welle war weg. Er war weg. Der Raum war dunkel.

Es war ungefähr sechs Uhr dreißig, als ich am nächsten Morgen die Augen öffnete. Susan hatte die ganze Nacht neben meinem Bett gesessen und darauf gewartet, dass ich sterbe. Ich erschauderte angesichts der Realität meines letzten visuellen Gedankens vor der Nacht, des letzten Bildes, das mein Geist von ihr in dieser Welt hatte.

„Ich bin nicht tot, oder?“ Meine Stimme verriet ihre Überraschung darüber, sich selbst wieder zu hören. Es gab einen langen Moment, bevor sie antwortete.

„Nun, du siehst ziemlich schrecklich aus.“ Susan lächelte mit der vollen Ironie ihrer sehr langen und rauen Nacht. „Offensichtlich bist du nicht tot." Ein weiterer langer Moment des Schweigens.

„Oh-oh." Mein Seufzer trug die volle Last, keine Ahnung zu haben, was ich Jesus versprochen hatte.

Ich hatte kein Fieber mehr. Das Bakterium war verschwunden. Der Arzt sagte, es sei wirklich unmöglich. Drei Jahre später würde das Bakterium als Vibrio vulnificus identifiziert werden, ein fleischfressendes Bakterium, das tödliche Lebensmittelvergiftungen und Wundinfektionen verursacht. Bei äußerer Einwirkung ist es in den meisten Fällen tödlich. Ich hatte es verschluckt.

Und doch wurde mein Gebet erhört. Ich sah mich selbst, meine Entscheidungen und mein Leben so, wie Gott sie sieht. Jesus meinte, was Er sagte.[xi]

Die vollständige Geschichte von Dale Recinella finden Sie in seinem hervorragenden Buch *Now I Walk on Death Row.* Dale und seine Familie erlebten nach seiner Begegnung mit dem Lebendigen Wort eine radikale Veränderung ihres Lebens. Er lebte fortan ein Leben mit wenig Geld, wenigen Besitztümern und einer großen Liebe zu Gott, die ihn dazu brachte, Männern zu dienen, die im Gefängnis zum Tode verurteilt waren.

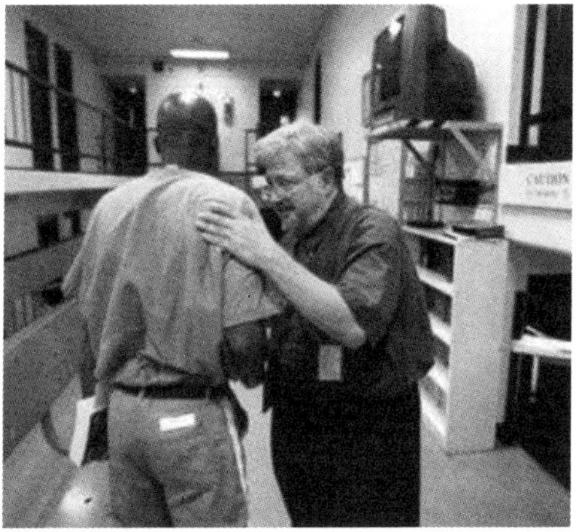

Jesus:

Meine Tochter, halte dich treu an die Worte, die Ich dir sage: Schätze äußere Dinge nicht zu hoch, auch wenn sie dir sehr teuer erscheinen. Verlasse dich selbst und verweile stets mit Mir. Vertraue Mir alles an, tue nichts eigenmächtig und du wirst stets in großer Freiheit des Geistes bleiben; keine Umstände und Ereignisse vermögen sie zu trüben. Den Aussagen der Menschen schenke wenig Beachtung. Erlaube jedem, dich nach seinem Gutdünken zu beurteilen. Rechtfertige dich nicht, es wird dir nichts schaden. Bei ersten Anzeichen einer Beanspruchung gib alles her, sollten es die notwendigsten Dinge sein; bitte um nichts, ohne bei Mir Rat eingeholt zu haben. Gestatte ihnen, selbst das zu nehmen, was dir zusteht: Anerkennung, der gute Name. Über alledem soll dein Geist stehen. Und so, von allem befreit, ruhe an Meinem Herzen, lasse deinen Frieden durch nichts trüben. Meine Schülerin, bedenke Meine Worte, die Ich dir gesagt habe.

Tagebuch der Hl. Maria Faustyna Kowalska, Nr. 1685

CHRISTOPHER WINTERS

Gottes Film eines Videojournalisten

Ich bin ein Videojournalist aus Cranberry Township, Pennsylvania. Eines Tages schlug mir ein Freund, dem aufgefallen war, dass ich in meinen Produktionen gerne die prägenden Lebensgeschichten von Menschen erzähle, vor, ein Heiligtum im Westen Marylands zu besuchen, die Grotte des Nationalheiligtums von Lourdes. Der Vorschlag kam nicht gut an. „Wozu brauche ich diesen religiösen Kram in meinem Leben?", erwiderte ich. Geduldig, aber hartnäckig lud mich mein Freund über Monate hinweg höflich erneut ein, diesen Ort und den Monsignore, der ihn leitete, zu besuchen. Um ihn zu besänftigen und seine Bitten ein für alle Mal zum Schweigen zu bringen, gab ich schließlich nach.

Als ich im Heiligtum ankam, sagte der Monsignore: „Ich glaube, Sie sind die Antwort auf mein Gebet. Ich habe nach jemandem gesucht, der ein Video über diesen Ort dreht und die Gottesmutter gebeten, jemanden zu schicken."

Der Gedanke erschreckte mich. „Monsignore, ich glaube nicht, dass ich der Richtige für Sie bin."

„Warum nicht?"

„Weil ich weiß, dass Maria die Mutter Gottes ist, aber mehr weiß ich nicht über sie, und ich würde ihre Geschichte nicht schlecht machen wollen."

Er hielt inne, dann lächelte er. „Sie sind perfekt dafür geeignet."

„Das glaube ich wirklich nicht, Monsignore. Dies ist ein wunderschöner Ort, aber ich denke, es gibt andere, die besser für diese Geschichte geeignet sind."

„Fühlen Sie sich hier unwohl?", fragte er freundlich.

„Nein, ich hatte nur keine Nähe zur Kirche, deshalb bin ich wahrscheinlich nicht da, wo ich geistig sein muss, um diese Produktion zu machen."

„Sind Sie wütend auf die Kirche?"

„Nein, es ist keine Wut. Wahrscheinlich ist es einfach nur Apathie und Faulheit, mehr als alles andere."

Er sah mich einen Moment lang an und antwortete dann: „Das ist nur fair. Ich schlage Ihnen einen Deal vor. Gehen Sie doch hinauf in die Grotte und knien Sie in der kleinen Kapelle dort oben nieder. Dort hat Mutter Seton immer gebetet. Versuchen Sie nicht, sich an formale Gebete zu erinnern, sagen Sie einfach, was Sie in Ihrem Herzen haben. Wenn Sie fertig sind, kommen Sie zu mir zurück. Wenn Sie dann immer noch so fühlen, gebe ich Ihnen meinen Segen und Sie können wieder gehen. Nichts für ungut."

Da ich dachte, ich hätte gerade einen Ausweg gefunden, stimmte ich zu. „Gut."

Es war Spätsommer, der in den Herbst überging, und die warme Abendluft war erfüllt von den Geräuschen der Insekten und Vögel, die ihren Tag beendeten. Als die Sonne tief am Horizont stand, machte ich mich auf den Weg zur Grotte. Ich erinnere mich vor allem an das laute, rhythmische Summen der Heuschrecken, das schöne Gelände und die fantastischen Gerüche. Alle meine Sinne schienen wacher zu sein als sonst und ein starkes, ausgeprägtes und sehr entspannendes, beinahe beruhigendes Gefühl des Friedens durchdrang die Grotte und mich.

Die Zeit näherte sich der Schließung und ich war die einzige Person in der Grotte, soweit ich das beurteilen konnte. Als ich in aller Ruhe zur Kapelle schlenderte, tauchten viele Symbole der Kirche in meinem Gedächtnis auf, obwohl ich schon seit mindestens zehn Jahren nicht mehr zur Sonntagsmesse gegangen war. Wie viele andere hatte ich mich darauf konzentriert, eine Familie zu gründen und Karriere zu machen, ohne mich um das Thema Gott und Seine Rolle in meinem Leben zu kümmern.

Die Kapelle selbst sah aus wie ein altes, einräumiges Schulhaus, aber aus Stein und mit bunten Glasfenstern versehen. Die wenigen Kirchenbänke boten Platz für 15 bis 20 Personen und hinter dem Tabernakel in der Mitte stand eine Statue der Königin des Himmels, die das Jesuskind hielt.

Ich kniete vor dem Tabernakel nieder und dachte über mein Leben und das Konzept von Gott nach. Ich glaubte, dass es irgendwo da draußen „etwas" gab, aber ich wusste nicht, ob es Jesus, Buddha, Mohammed oder wer auch immer war. Hatte eine der Religionen recht? Hatten sie alle teilweise recht und niemand hatte ein Monopol auf Gott? Wurde Er überhaupt „Gott" genannt oder hatte Er einen anderen Namen?

Zu diesem Zeitpunkt in meinem Leben hatte ich Schwierigkeiten mit einem Geschäftspartner und in meiner Ehe. Ich fing an, über meine Probleme nachzudenken, einschließlich meiner schlechten Gesundheit, und beklagte mich darüber, dass ich regelmäßig in der Notaufnahme war, sogar zwei- bis dreimal pro Woche. Dann fiel mein Blick auf die Worte, die auf der Tafel unter dem Kruzifix in der Kapelle standen: „Du stehst jetzt vor dem Herrn, dem Gott der ganzen Schöpfung. Was würdest du zu Ihm sagen?"

Aus irgendeinem Grund haute mich diese Frage um. Wenn es wirklich einen Gott gäbe und nur einen Gott und ich könnte eine Sache sagen … nur eine Sache … ‚was würde ich sagen? Ich fing an, eine „Wunschliste" aufzustellen und wünschte mir fast laut, eins nach dem anderen, was ich von diesem Gott für meine Familie, für mein Unternehmen, für mich selbst wollte. Aber dann stoppte ich mich und sagte: „Nein." Ich lehnte mich zum Kruzifix zurück und sagte: „Wenn ich dem Herrn, dem Gott der gesamten Schöpfung, unter welchem Namen Er auch immer bekannt ist, nur eines sagen könnte, dann würde ich einfach sagen: ‚Danke. Danke, dass ich sein darf. Ich nehme das Gute mit dem Schlechten. Danke, dass ich überhaupt sein darf.'"

Schnell erfüllte ein wunderbarer Duft die Luft in der Kapelle. Ich fand das seltsam und erinnerte mich daran, den Monsignore zu fragen, welche Blumen so spät im Jahr noch blühen könnten. Dann wurde ich mir plötzlich einer Präsenz vor mir bewusst, etwa eine Armlänge entfernt und leicht rechts von mir auf der rechten Seite des Tabernakels, obwohl ich ihn oder sie nicht sehen konnte. Da dieser „Jemand" klein und scheinbar harmlos war, hatte ich keine Angst und es machte mir nichts aus, wenn er oder sie bleiben wollte. Die Atmosphäre war schön, die Gerüche waren herrlich und ich blieb ruhig und entspannt.

Nach kurzer Zeit stellten alle Käfer und Vögel wie auf Kommando ihre Geräusche ein. Jetzt war alles totenstill – eher eine respektvolle Stille als ein erzwungenes Schweigen. Dann war da eine weitere Präsenz in der Kapelle auf der anderen Seite des Tabernakels. Diese Person hatte Macht und Autorität und war ein Mann. Er schaute nicht auf mich, sondern durch mich hindurch. Ohne Vorwarnung begann Er, mir jede Entscheidung, die ich je getroffen hatte, ins Gedächtnis zu rufen und sie mit mir durchzugehen. Dies geschah in rasender Geschwindigkeit, aber ich konnte mich an jede Entscheidung, an jedes Gespräch, das Jahre zurücklag und teilweise längst vergessen war, in allen Einzelheiten erinnern. Er rief nach etwas in mir, das Ihm antwortete. Ich war einfach nur ein Zuschauer auf dieser Reise, der hilflos die gleichen Dinge beobachtete wie Er – aber mit Seinen

Augen, nicht mit meinen. Bald wurde mir klar, dass dies wirklich der Herr, der Gott der ganzen Schöpfung war, und dass Er ein Urteil über mich fällen würde, wenn Er fertig war. Ich begriff auch, dass Seine Entscheidung endgültig, unanfechtbar und für immer sein würde.

Der Prozess war schrecklich zu ertragen – wirklich schrecklich – und ich bin mir ziemlich sicher, dass er viele umbringen würde, nicht wegen irgendeiner Verurteilung, Spott oder Anschuldigung Seinerseits, sondern einfach, weil sie den Schrecken der Wahrheit sähen.

Ich versagte bei dieser Prüfung kläglich. Vor mir lag ein Lebensmuster von Entscheidungen, die weit von dem entfernt waren, was nötig gewesen wäre, um das Ewige Leben zu erlangen. Ich würde es nicht in den Himmel schaffen. Gott würde mich hinauswerfen und ich stimmte mit Seiner Einschätzung überein.

Mit den Augen des Herrn erkannte ich zum ersten Mal, wie sehr ich Ihn beleidigt hatte, selbst in den kleinsten Dingen; die Dinge, die mir vor Augen gehalten wurden, waren manchmal so klein. Als ich mich so sah, wie Gott mich sah, gefiel mir nicht, was ich sah, und ich begann, aus tiefstem Herzen zu weinen. *„Mein Herr, es tut mir leid"*, schluchzte ich und ich meinte es ernst. In diesem Moment hörte die Überprüfung auf. Es gab eine Pause, in der Er über mein Schicksal nachdachte. Mein Herz blieb fast stehen. Ich wusste, dass Seine Entscheidung für immer sein würde.

Dann sprach er einen Satz und nur einen Satz. „Mein liebes Kind, deiner Sünden werde ich nicht mehr gedenken." Und sie waren weg. Ich spürte, wie es geschah. Ich war körperlich anders. Sauberer. Leichter. Ganz, ganz anders.

So schwer es auch war, meinen Lebensrückblick zu beobachten, so kann ich doch mit Ehrlichkeit sagen, dass die ganze

Zeit über ein gewaltiges, außergewöhnliches Gefühl des Friedens und der Ruhe von dem Herrn ausging, der Quelle der unendlichen und bedingungslosen Liebe, der seit Anbeginn der Zeit darauf gewartet hat, Sein Herz an jeden weiterzugeben, der es empfangen möchte. Das ist eine Liebe, wie ich sie nie für möglich gehalten hätte, und ein Friede, den die Welt nicht geben kann. Alle meine Fragen über Ihn und darüber, wo ich mit Ihm stehe, waren verschwunden. In dieser Nacht schlief ich, wie ich es noch nie zuvor getan hatte.

Als ich aufstand, um die Grotte zu verlassen, war ich in einem ganz anderen Zustand als beim Betreten. Erfreut und überrascht stellte ich fest, dass jeder meiner Sinne wacher zu sein schien als sonst. Als ich etwa auf halbem Weg aus der Grotte herauskam, konnte sich mein Körper plötzlich nicht mehr bewegen, so als wäre er eingefroren. Dann hörte ich zwei Sätze: „Fürchtet euch nicht“ und „Bereitet den Weg des Herrn“, als mich ein enorm starkes Gefühl überkam, ähnlich wie eine elektrische Ladung oder das Klopfen auf einen Musikknochen – nur dass es nicht wehtat. Der mächtige Strom begann an der Unterseite meiner Füße und arbeitete sich nach oben, um mich zu heilen und zu „reparieren“, während er hochstieg.

Gleichzeitig schoss mir in Windeseile ein Schwall von Bibelstellen durch den Kopf, angefangen beim Alten Testament über das Neue Testament, bis hin zum Buch der Offenbarung. Plötzlich ergab alles einen Sinn. Da die Sünde nicht mehr auf mir lastete, konnte ich die zeitlose, ewige und wunderschöne Wahrheit der Schrift zum ersten Mal klar erkennen. Die Liebe, welche die Kraft des Wortes umgibt, ließ mich zu Tränen der Freude hinschmelzen.

Die Abschnitte unterstrichen das Feuer des Heiligen Geistes. Bis zu diesem Moment hatte ich den „Heiligen Geist“ nur als Metapher betrachtet, so wie „der Geist des Gesetzes“ – auf jeden Fall nicht als Person. Ich hatte mich geirrt, denn das war Er. Es war dasselbe Feuer, das Sodom und Gomorrha zerstörte, das Feuer des brennenden Dornbusches, das zu Mose sprach, das Feuer, das zu Pfingsten auf die Apostel niederging. Und jetzt war es auf mich übergegangen.

Dieses Feuer hatte eine ganz eigene Persönlichkeit, die von mir getrennt war, aber mit mir zusammenarbeitete. Es gab mir ein Gefühl der Sicherheit, wie eine schützende Decke oder eine Rüstung, und ich konnte Seine Gedanken und Gefühle sehen und hören. Ich konnte mit Ihm wirken unter der Autorität Gottes, aber ich konnte es nicht kontrollieren, denn es gehörte nicht zu mir. Es herrschte ein wunderbarer Friede, fast eine Verspieltheit. Sie fürchtete nichts. Es war die kontrollierende Kraft der gesamten Schöpfung.

In der Sekunde, in der die Schrift endete, verschwand auch das Gefühl der Elektrizität in meinem Körper, aber die Gegenwart des Heiligen Geistes blieb. Er sprach wieder: „Du sollst die Welt bereisen und die Geschichte der Heiligen Jungfrau erzählen.“ Bis vor ein paar Augenblicken kannte ich die Geschichte der Heiligen Jungfrau nicht. Jetzt kannte ich sie.

Nach diesem Tag erhielt ich eine Reihe von „Lektionen“ über die Heilige Schrift, die sich über mehrere Monate hinzogen. Der Heilige Geist lehrte mich weiteres von dem, was Gott durch die Heilige Schrift sagte, darüber, wie Er sich die Nachfolge wünschte, darüber, was Er mit uns vorhatte, und darüber, wie sehr Er uns liebt. Aber es gab auch schwierige Worte – Worte wie „Züchtigung“ und „Läuterung“. Sie müssen geschehen. Und das werden sie auch. Aber der Welt wurde eine Zeit der Vorbereitung und des Wandels zugestanden. Diese Zeit ist nun angebrochen.

Kurz nach meinen Erlebnissen an der Grotte wurden alle meine Kinder getauft und meine Familie begann wieder in die

Kirche zu gehen. Ich fing an, den Rosenkranz zu beten, den ich als Kind nicht ein einziges Mal gebetet hatte. Aus mir unbekannten Gründen wurde das Beten zu einem brennenden Wunsch, und wenn ich es tat, fühlte ich oft wieder einen unglaublichen Frieden und erhielt viele Einsichten und Inspirationen.

In den 1980er Jahren gründete ich eine Videoproduktionsfirma namens Faith Films, die der Heiligen Jungfrau und dem Herrn Jesus Christus gewidmet war. Diese Firma war in etwa 20 Ländern unterwegs, um – entweder durch mich selbst oder durch Leute, die ich anstellte, um mit mir zusammenzuarbeiten – die Geschichte der Heiligen Jungfrau Maria zu erzählen. Wir müssen jetzt tun, was die Jungfrau Maria in ihren vielen Erscheinungen von uns verlangt hat. Wir können sie nicht ignorieren.

Seit ich aus der Grotte des Nationalheiligtums von Lourdes herausgekommen bin, begleitet mich ein neues Gefühl der Gelassenheit und Liebe, in größerem und kleinerem Ausmaß. Selbst in den schwierigsten Zeiten kehren die Worte des Heiligen Geistes „Fürchtet euch nicht" zurück und geben meinem Inneren Frieden und Sicherheit.

Alle werden schließlich vor diesem „Gericht" stehen und einige von uns werden es zweimal erleben – einmal zu Lebzeiten und ein zweites Mal am Ende unseres Lebens. Ich hatte zufällig eine Miniaturversion meines Urteils in diesem Leben, solange ich noch Zeit habe, Änderungen vorzunehmen. Aber wenn wir diesem Gericht getrennt vom Fleisch gegenüberstehen, was für uns alle vorgesehen ist, werden wir keine Gelegenheit mehr haben, uns zu bekehren.

Warum Gott mir dieses große Geschenk der Seelenschau gemacht hat, weiß ich nicht. Aber es hat mich gelehrt, dass wir alle dazu berufen sind, in diesem Leben ein gutes Vorbild zu sein, und jeder Tag ist eine Gelegenheit, diese Berufung zu erfüllen. Nehmen Sie sich Zeit, um Freundschaften zu schließen. Sagen Sie „Bitte“ und „Danke“. Schätzen Sie die kleinen Höflichkeiten und sehen Sie über die Beleidigungen hinweg. Seien Sie dankbar, dass Gott Ihnen überhaupt erlaubt hat zu leben.

Viele haben das, was ich erlebt habe, „Die Warnung“ genannt, so wie es die Kinder bei den Erscheinungen in Garabandal berichtet haben. Ich weiß nicht, ob ich es so nennen würde. Wenn man dem Herrn nicht dankbar ist, wäre es vielleicht eine Warnung. Für mich war es das schönste Geschenk von Gott, das ich je erhalten habe.[X]

Jesus:

[Alle, die] von Meiner großen Barmherzigkeit künden werden, werde Ich Selbst in der Stunde des Todes verteidigen wie Meine Ehre. Wären auch die Sünden der Seelen schwarz wie die Nacht — wenn der Sünder sich an Meine Barmherzigkeit wendet, erweist er Mir die größte Ehre und wird zum Lob Meines bitteren Leidens. Wenn eine Seele Meine Güte preist, erzittert der Satan vor ihr und flieht bis auf den Grund der Hölle.

Tagebuch der Hl. Maria Faustyna Kowalska, Nr. 378

RHONDA L'HEUREUX

Nie mehr Dieselbe

Eines Nachts gegen 3 Uhr weckte mein Vater meinen zwölfjährigen Bruder, meine elfjährige Schwester und mich als Neunjährige und holte uns an den Küchentisch. „Was wollt ihr mit eurem Leben anfangen?", fragte er. Ich konnte sofort erkennen, dass er betrunken war. Nervös suchte ich nach einer Antwort und erinnerte mich daran, wie sehr ich meine Lehrer und Tiere liebte, also platzte ich heraus: „Ich möchte Tierärztin oder Lehrerin werden."

Mit einem wütenden Blick schlug er mit der Faust auf den Tisch. „Das ist nicht gut genug! Du musst etwas Besseres aus deinem Leben machen!" Ich erstarrte vor Schreck. Ich wollte fliehen, aber niemand wagte es, vor meinem Vater wegzulaufen.

Noch ein paar Jahre zuvor war ich Papas kleines Mädchen gewesen. Er war ruhig und lustig. Ich genoss seine Gesellschaft so sehr, dass ich ihm zum Eisfischen folgte und fror. Aber das machte nichts. Ich war mit Papa zusammen. Besonders liebte ich es, sonntags in meinen geputzten Schuhen in der Kirche zu beten, neben mir mein Vater mit gesenktem Kopf und geschlossenen Augen in aufrichtiger Gemeinschaft mit Gott. Meine Eltern lehrten uns, dem Herrn immer zu danken, denn damals hatten wir nicht viel in unserem bescheidenen Haus in unserer kleinen kanadischen Stadt, aber wir waren glücklich.

Meine Mutter war katholisch, denn als ihre Mutter (meine Großmutter, „Nan“) meinen Großvater („Pa“) heiratete, sagte Nans Mutter (meine Urgroßmutter), dass Nan Pa nur heiraten könne, wenn sie verspreche, dass ihre Kinder getauft würden und auf eine katholische Schule gingen. Also ging Nan mit Pa jeden Sonntag zur Messe, um bei ihrem Mann und ihren Kindern zu sein, und so wuchs meine Mutter in der Kirche auf. Aber Nan wurde nie katholisch: „Ich gehöre der United Church of Christ an und werde es auch bleiben.“ Seltsamerweise setzte sie nie einen Fuß in ihre eigene Kirche und die einzige Religion, die sie je praktizierte, war der Katholizismus, aber sie hielt sich hartnäckig zurück.

Vaters Mutter hingegen war eine sehr gläubige Katholikin, die wollte, dass ihr Sohn das auch sei. Aber als ich fünf Jahre alt war, hörten wir auf, zur Kirche zu gehen. Jede Woche fragten meine Geschwister und ich meine Eltern, ob wir zur Messe gehen würden. „Nein“, lautete immer die Antwort. Irgendwann hörten wir auf zu fragen. Mein sehnlichster Wunsch, zur Erstkommunion zu gehen, wurde zerschlagen. Die Kirche wurde durch Partys ersetzt, bei denen getrunken wurde und noch mehr getrunken …

Wir wussten nicht, warum mein Vater begann so wütend zu werden. Eines Tages rannte er die Treppe hinunter und zertrümmerte das hölzerne Barbiehaus, das Pa liebevoll für meine Schwester und mich gebaut hatte. An einem Samstagmorgen schlug mein Vater meinen 13-jährigen Bruder mit einem Gürtel, weil er ihm erzählt hatte, dass eine Statue zerbrochen worden war, obwohl mein Bruder sie nicht zerbrochen hatte, und dann schlug er meine Mutter, als sie versuchte einzugreifen. Mein Bruder rannte in seiner Unterwäsche die Straße hinunter und machte sich aus dem Staub, während meine Schwester und ich uns aus Angst hinter der Badezimmertür versteckten.

Mein Vater arbeitete als Sanitäter und meine Mutter als Krankenschwester, und als ich elf Jahre alt war schnitt ich mir ein paar Monate lang jeden Tag mit einer Krankenhausschere, die ich in ihren Taschen fand, in Hände und Unterarme. Zu sehen, wie meine Haut blutete, verschaffte mir ein seltsames Gefühl der Erleichterung von meinen Ängsten. Hätte meine Schwester mich dabei erwischt und gedroht, es meiner Mutter zu erzählen, weiß ich nicht, ob ich aufgehört hätte. Zu dieser Zeit wandte ich mich an Gott mit dem ersten sehr persönlichen Gebet, das ich je zu ihm gesprochen hatte: „Mach, dass Vater geht. Mach, dass er geht, damit wir alle in Sicherheit sind."

Im Alter von elf Jahren hatte ich durch Gerüchte erfahren, dass mein Vater meiner Mutter, einer liebevollen Frau mit einem Herzen aus Gold, die die Wahrheit verdrängte, nie treu gewesen war. Sie glaubte anderen nicht, die ihr von seinen Affären erzählten. Sie erlaubte uns nicht, mit der Großfamilie über Vaters Ausbrüche zu sprechen, vor allem nicht mit Nan und Pa, den liebenden Säulen unserer Familie. Selbst als Mama ein blaues Auge hatte, bat sie uns, ihren Eltern zu sagen, dass sie sich mit einer Schranktür „gestritten" hätte.

Als ich zwölf war, begann Dad eine Affäre mit der besten Freundin meiner Mutter, Wendy, deren Tochter meine beste Freundin war. Schlimmer noch: Sie wohnten direkt hinter unserem neuen vierstöckigen Haus in Medicine Hat, Alberta. Mein Gebet sollte bald erhört werden. Als ich eines Nachmittags von der Schule nach Hause kam, sah ich, dass meine Geschwister noch nicht zu Hause waren, und ich ging in den Hinterhof. Mein Vater saß in einem Gartenstuhl. Neben ihm saßen meine Mutter und meine Großfamilie – beide Großelternpaare. Ich spürte eine riesige, unsichtbare Wolke des Schmerzes, die in der Atmosphäre schwebte, sah mich um und stellte fest, dass alle weinten. Zu sehen, wie mein Vater zum ersten Mal in Tränen ausbrach, überwältigte meine Gefühle. All meine Wut und Enttäuschung verschwanden. Plötzlich war ich wieder Papas kleines Mädchen. Ich ging zu ihm hinüber, setzte mich auf seinen Schoß und fing an zu weinen und fragte mich, was passiert war. Aber ich wusste, dass ich nicht fragen konnte.

Die Mutter meines Vaters kniete vor ihm … vor uns, mit einem Blick voller bitterer Angst. Sie wischte sich die Tränen weg, die ihr über die Wangen liefen, und sagte: „Du bist kein Sohn von mir. Ich weiß nicht, was ich mit dir falsch gemacht habe. Ich wünschte, du wärst bei der Geburt gestorben.“ Dass ihr erstgeborener Sohn Ehebruch begangen hatte, war mehr, als sie ertragen konnte. Mein Vater sagte nichts. Er weinte nur. Das war das Ende ihrer Beziehung.

In diesem Moment lehnte sich Wendy über den Zaun und rief mir zu: „Hey, Rhonda, du musst dir das alles nicht anhören. Komm her und sei bei mir und meiner Tochter.“ Pa ging zu Wendy hinüber, nahm ihre Arme vom Zaun und stieß sie wütend zurück. „Raus hier!“, bellte er. „Du bist der Grund, warum das alles passiert ist!“

„Nein, lass Rhonda einfach gehen“, sagte meine Mutter zwischen Schluchzern. „Sie braucht das nicht zu hören.“ Ich ging nach nebenan. Ich wollte einfach nur, dass das alles aufhört. Ich hatte genug gehört: Eine Trennung war angekündigt worden. Mein Vater wollte weg.

Danach verwandelte sich meine Traurigkeit in Wut, die sich in Sünde verwandelte. Ich suchte keinen Streit, aber wenn jemand gemobbt wurde, schritt ich ein, um dem Unterlegenen zu helfen. Als ich einmal sah, wie ein Mädchen auf einer Freundin von mir herumhackte, packte ich sie, drückte sie mit dem Gesicht nach unten in eine Schlammpfütze auf dem Schulhof und sagte ihr, sie müsse daraus trinken. Als ich 13 war, mochte ein Mädchen eine Klasse unter mir eine unserer Sportlehrerinnen nicht, die schwanger war, und wurde extrem wütend auf sie. Jemand erzählte mir, dass dieses Mädchen drohte, der Sportlehrerin in den Bauch zu schlagen, um ihr Baby zu töten. Also ging ich zu dem Mädchen, warf sie an die Wand und sagte ihr, sie solle die Sportlehrerin nicht anrühren, sonst würde sie in der Hölle schmoren. Als die Lehrer herausfanden, warum es zu der Konfrontation gekommen war, gab es kein Nachspiel. Die Sportlehrerin kam sogar mit Tränen in den Augen zu mir und dankte mir. Aber dass ich sie verteidigt hatte, kam mir ganz normal vor – das hätte jeder getan.

Im Allgemeinen hing ich mit Jungs herum und wenn einer von ihnen mehr als nur freundschaftliches Interesse an mir zeigte, schlug ich ihn. Ich fühlte mich zu Menschen mit einer schwierigen Vergangenheit hingezogen und gemeinsam bildeten wir eine engmaschige Gruppe von Freunden. Eine unserer Gruppenaktivitäten bestand darin, dass wir uns mit einer Sicherheitsnadel, die wir in das Ende eines Tintenstiftes steckten, erhitzten und uns dann in die Haut brannten, selbst Tattoos machten. Ich habe immer noch ein „L" und ein „F" auf meinem Handrücken, Narben, auf denen einmal „LIFE SUCKS" stand. Mit 13 hatte ich angefangen zu rauchen, zu trinken, die Schule und die Hausaufgaben zu schwänzen, mit meiner Schwester und ihren Freunden auf Partys zu gehen und ein paar Zauberpilze zu probieren – während ich meine Mutter in allem anlog.

Der dunkelste Wendepunkt in meinem Leben ereignete sich in jenem Jahr, als meine fünfzehnjährige Schwester mich zu einer Keller-Jam-Party einlud. Umgeben von Rauch und dem Geruch von Alkohol setzte ich mich schüchtern und still auf eine Couch in einem schummrigen, unfertigen Raum. Singende Teenager, die Schlagzeug und Gitarre spielten, hielten sich für eine kleine Band. Ein Junge namens Rob, fünf Jahre älter als ich, setzte sich neben mich und begann, sich zu unterhalten. Eine Stunde verging wie im Flug. Er rutschte näher an mich heran. Eine weitere Stunde verging. Dann schien die Zeit stehenzubleiben. Ich ließ zu, dass er mich küsste – es war das erste Mal, dass ich geküsst wurde. Ich ließ ihn gewähren, weil er wusste, wie er zu meinem Herzen sprechen konnte. Er war sanft, in keiner Weise aggressiv. Er brachte mich dazu, etwas zu fühlen, was ich noch nie zuvor gefühlt hatte. Er gab mir ein gutes Gefühl für mich selbst.

Es war 22.00 Uhr, als ich mir plötzlich meiner Umgebung bewusst wurde. Ich musste nach Hause. Rob lud sich selbst zum Mitfahren ein und hüpfte neben mir auf den Rücksitz. Es machte mir nichts aus. Während die Band Boston laut auf der Kassettenanlage spielte, küssten wir uns während der gesamten Fahrt nach Hause.

Damit begann eine sexuelle Beziehung, die sechs Jahre lang andauerte. Ich nahm die Antibabypille und empfand keine körperliche Befriedigung bei unseren Eskapaden, die sich häuften, als er eine eigene Wohnung bezog. Ich sehnte mich nach Zuneigung, während Rob Sex wollte. Die Unzucht schürte Robs extreme Eifersucht, die ich als Liebe ansah; er liebte mich so sehr, dass er nicht wollte, dass ich mit anderen Männern sprach. Letztendlich hat Rob mich wiederholt betrogen. Er war meinem Vater sehr ähnlich.

Als ich mich schließlich von Rob trennte, begann ich mit einer langen Reihe von gelegentlichen sexuellen Beziehungen. Nach meinem Schulabschluss mit 19 fing ich an, als Hostess in einem Restaurant zu arbeiten, dann mit 21 als Barkeeperin in einem beliebten Nachtclub, wo ich weit über die Sperrstunde hinaus blieb, um ein paar Drinks oder mehr zu nehmen. An manchen Abenden gabelte ich einen Typen an der Bar auf und ging nach Hause mit Eric… James… Sean… die Namen begannen zu verschwimmen.

Als ich 22 war, lud mich ein junger Mann namens Travis, den ich seit Jahren als Freund kannte, eines Abends zu sich nach Hause ein und respektierte auch meine Vorlieben – etwas, das ich noch nie zuvor erlebt hatte. Das warf mich völlig aus der Bahn und ließ mich zum ersten Mal innehalten und nachdenken. Sex war immer eine Selbstverständlichkeit gewesen. Aber dann schüttelte ich mein Zögern ab und sagte: „Ja, klar." In dieser Nacht, obwohl ich noch die Pille nahm, wurde ich schwanger. Travis arbeitete auf einer Ölbohrinsel und ging für einen Monat in den Norden. Ich wohnte in der Wohnung meiner Schwester, die mit ihrem Freund zusammenlebte, als ich das Ergebnis meines Schwangerschaftstests erfuhr. Der Gedanke an eine Abtreibung schoss mir für einen kurzen, beängstigenden Moment durch den Kopf, aber ich verwarf ihn bald wieder. Ich hatte mir immer Kinder gewünscht, und trotz meiner lähmenden Ängste wollte ich mein Leben für das Kind, das ich in mir trug, in den Griff bekommen.

Die Nachricht von der Schwangerschaft und die Tatsache, dass ich Travis' Heiratsantrag abgelehnt hatte, brachten ihn auf die schiefe Bahn und auf den Weg des Alkohols und der Drogen. Er rief an oder kam vorbei, wenn er betrunken war, aber ich sagte ihm, dass ich nur mit ihm reden würde, wenn er nüchtern war. Dann ging er weg – ich wusste nicht wohin – und wir sprachen 13 Jahre lang nicht mehr miteinander.

Der Tag, an dem ich erfuhr, dass ich schwanger war, war der Tag, an dem ich zu beten begann. Mit meinem ganzen Wesen rief ich zu Gott: „Ich schaffe das nicht allein, ich brauche deine Hilfe!" Kurz darauf merkte ich, dass ich keine Angst mehr hatte. Obwohl es mir an finanzieller Stabilität und einer klaren Zukunft fehlte, spürte ich eine überwältigende, unbegründete Gewissheit, dass alles gut werden würde.

Jahrelang war ich nie bereit gewesen, in die Kirche zu gehen, war nie bereit gewesen, mich zu ändern, und jetzt wollte ich plötzlich eine innige Beziehung zu Jesus. Das kann ich nur der Gnade zuschreiben, denn es machte anders keinen Sinn, dass ich mich so wild und schnell in Seine Arme stürzte. Ich spürte, wie Er mein Herz erweichte, mich in Seine Nähe rief, und ich begann, mich mit Ihm noch mehr zu unterhalten als mit meinen Freunden. Ich bat Ihn, mein Kind gesund sein zu lassen, und fügte hinzu: „Und mach ihn sehr schlau in Mathe, denn das ist mein schlechtestes Fach.“

Nur einen Monat nach Beginn der Schwangerschaft begann ich in unserer Gemeinde mit der Teilnahme am RCIA, dem Ritus der christlichen Initiation für Erwachsene. In mir wuchs ein starkes Verlangen zu erfahren, was der Katholizismus wirklich ist, was die Sakramente bedeuten, was die Kirche lehrt und warum. Der Eifer und die Sehnsucht nach der heiligen Kommunion, die mir aus meiner Kindheit gestohlen worden waren, kehrten zurück. Ohne zu zögern, vertraute ich Gott meine Zukunft an.

Im fünften Monat der Schwangerschaft lernte ich meinen zukünftigen Ehemann Rick kennen, einen großen und gut aussehenden kanadischen Soldaten mit kräftiger Statur und schönen blauen Augen, die mir sofort auffielen. Innerhalb von fünf Minuten konnte ich feststellen, dass er respektvoll, höflich und witzig war. Er bat mich, mit ihm auszugehen, mit meinem übergroßen Bauch und allem. Rick und ich zogen einen Monat nach der Geburt meines Sohnes Devon zusammen, und erst als Devon drei Monate alt war, wurden wir intim miteinander. Ich sprach zwar immer noch mit Jesus, aber ich unterdrückte meine katholischen Neigungen aus Angst, Rick zu verlieren.

1995 wurde Rick während des Bosnienkriegs für sechs Monate nach Bosnien entsandt. Als er nach Hause kam, wollte er nicht darüber sprechen, und als ich versuchte, ihm Informationen über seine Zeit dort zu entlocken, machte er dicht. Als er fünf Jahre später zu seinem zweiten sechsmonatigen Einsatz zurückkehrte, um beim Abzug der Truppen nach dem Krieg zu helfen, kam er mit einem ausgewachsenen Fall von posttraumatischer Belastungsstörung (PTBS) nach Hause. Rick war nicht mehr der Mann, den ich geheiratet hatte.

Schließlich erfuhr ich von ihm, dass er bei seinem ersten Einsatz in Bosnien die Schrecken des Krieges, insbesondere die Massengräber mit den abgemagerten Waisenkindern, die dort umherirrten und kein Zuhause und niemanden hatten, der sich um sie kümmerte, nur schwer ertragen konnte. Gefühle von extremer Hilflosigkeit und Schmerz überkamen ihn und ergriffen seine Seele. Er war ein Mann, der Dinge in Ordnung bringen konnte, der Menschen beschützen konnte, der alles besser machen konnte – und doch musste er Kinder mit toten Eltern allein lassen, die verhungerten.

Rick verfiel zusehends in Depressionen und dachte an Selbstmord. Er musste Antidepressiva einnehmen, was nur wenig half, und ich machte mir große Sorgen um ihn. Sein Bruder und seine leibliche Mutter hatten Selbstmord begangen; die erste Frau seines Vaters hatte ihr Baby und dann sich selbst erschossen; und sein Vater war Alkoholiker, bis Rick in seinen späten Teenagerjahren war. Ich hatte Angst davor zu erfahren, welche „Geister" ihn verfolgten.

Einer der wenigen Lichtblicke, die Rick kurze Momente des Friedens bescherten, waren unsere Konversionen zur Kirche. Als es an der Zeit war, Devon bei der Vorbereitung auf seine Erstkommunion zu helfen, empfingen Rick und ich zusammen mit Devon unsere Erstkommunion und das Sakrament der Firmung. Im Jahr 2001, sechs Jahre nach Beginn unserer Beziehung, heirateten wir schließlich im Garten von Pa und Nan. Zwei Jahre nach unserer Hochzeit im Garten wurde unser Bund in der Kirche gesegnet.

Rick fand sonntags Trost in der Heiligen Messe, aber unter der Woche war das Leben für ihn ein harter Kampf. In der Zwischenzeit begann ich, den Katechismusunterricht für Erwachsene zu besuchen, und fühlte mich zu einem Leben der Buße, des Gehorsams und des Dienstes hingezogen. Jede Predigt unseres Pfarrers, Father Ray, schien mir auf den Leib geschneidert zu sein, denn der Herr erreichte mich durch seine Worte und ich fühlte mich wie der einzige Mensch in der Kirche. Wieder einmal öffnete ich mein Herz für Jesus, und Er erfüllte mich mit Seiner Liebe. Ich würde sie brauchen für das, was noch kommen sollte.

Eines Abends im Jahr 2008 kniete ich neben meinem Bett und betete meinen Rosenkranz, wie ich es jeden Abend tat. Devon schlief schon, und Rick war noch bei der Arbeit. Mir wurde ein wenig schwindlig und traurig zumute. Dann, ohne Vorwarnung, wurde mir plötzlich meine eigene Sündhaftigkeit schlagartig bewusst. Überwältigt von schmerzlicher Trauer und Scham fühlte ich, dass ich der schlechteste Mensch auf der Welt war. Ich war in der Lage, tief in mir selbst all die Wege zu erkennen, auf denen ich schrecklich gewesen war, von der Zeit, als ich noch sehr klein war, bis zum heutigen Tag. Meine Unwürdigkeit und meine Nichtigkeit ohne Gott waren keine mentalen Konzepte mehr, sondern ich spürte sie körperlich. Mein Herz und meine Seele wurden zermalmt. Auf einer Achterbahnfahrt des Schmerzes musste ich all die Verletzungen und die Enttäuschung erfahren, die ich unserem Herrn und anderen in meinem ganzen Leben zugefügt hatte. Und ich wusste, dass Jesus für diese Fahrt verantwortlich war. Diese unerträgliche Qual dauerte vier Stunden, und alles, was meine Sinne tun konnten, um damit fertig zu werden, war, ständig und unkontrolliert zu schluchzen. Ich sah meine Sünden nicht, aber ich spürte sie durch einen inneren Lebensrückblick. Es begann damit, dass ich meine Eltern belog, als ich gerade drei Jahre alt war, und wurde immer intensiver, je näher ich dem elften Lebensjahr kam. Mehr Egoismus, mehr Dinge, die ich für meine eigene Belohnung und mein Vergnügen tat, ohne Rücksicht auf die Gefühle oder das Wohlergehen anderer. Oh, der Schaden, den ich durch meine Einstellung, bei der es nur um mich und meine Wünsche ging, im Leben anderer anrichtete! Ich war unnachgiebig und konnte meine Meinung nicht ändern, und wenn andere anders dachten, hatten sie Unrecht. Jetzt erlebte ich genau, wie sie sich fühlten.

Mit den Minuten wurden die Sünden meines Lebens intensiver und ernster: das Trinken, das Rauchen, der Sex mit Rob, die Lügen, die Manipulationen, der Glaube während meiner Schulzeit, dass ich aufgrund meines furchterregenden Rufs mein eigener Gott sei. Die Leute mussten nun auf mich hören oder sich mit mir auseinandersetzen. Indem ich anderen Angst einflößte, genoss ich ein Gefühl der Kontrolle über sie und sorgte dafür, dass sie sich weniger mächtig fühlten als ich.

Es brannte mir in der Seele, das Leid zu spüren, das ich meiner Mutter zufügte, indem ich ihrem ohnehin schon angeschlagenen Herzen noch mehr Schmerz, Kummer, Stress und Vernachlässigung aufbürdete. Die Nächte, in denen ich nicht nach Hause kam, die Art und Weise, wie ich nicht für sie da war, mein chronischer Betrug – all das passte in ein übergreifendes Muster von Egoismus. Meine Mutter hatte mir ihre Maßstäbe mitgeteilt: Sie wollte, dass ich zur Sperrstunde zu Hause war; Rob musste unten bleiben, wenn er bei uns übernachtete; keine großen Partys im Haus und kein Sex vor der Ehe. Aber letztendlich ließ sie mich meine eigenen Entscheidungen treffen, und ich missbrauchte ihr Vertrauen.

Nachdem ich Dreiviertel dieser Erfahrung hinter mir hatte, kam das Schlimmste: Das Gefühl meiner Selbstsucht verstärkte sich. Ich hatte den Körper, den Gott mir gegeben hatte, wiederholt missachtet und missbraucht, indem ich ihn für mein eigenes Vergnügen benutzte, anstatt ihn als Tempel Gottes zu behandeln. Die Jungen und Männer, mit denen ich Sex hatte, benutzten mich genauso wie ich sie, aber ich spürte den Schmerz des Herrn noch intensiver über die Art und Weise, wie ich ihre Seelen geschädigt und sie zu Fall gebracht hatte. Nicht sie, sondern ich war es, die die Sünde initiierte. Die meiste Zeit meines Lebens war ich diejenige, die sie verfolgte.

Zusätzlich zu dem unerträglichen Schaden, den ich angerichtet hatte, spürte ich, wie ich den Menschen hätte helfen können, es aber nicht tat. Manchmal habe ich sogar genau den Menschen das Leben schwer gemacht, deren Situation zu verbessern Gott mich berufen hatte. Ich war einfach nicht liebevoll genug, vergebend genug, selbstlos genug. Wegen meiner Handlungen und meiner Vernachlässigung gerieten Seelen in die Fänge Satans.

Ich fühlte mich fast gelähmt. Ich lehnte mich über mein Bett und vergrub mein Gesicht in den Händen, ich konnte kaum noch atmen. Ich dachte, ich würde sterben, buchstäblich, und meine überwältigenden Schamgefühle ließen mich den Tod herbeisehnen. Noch nie in meinem Leben hatte ich so starke Qualen in meinem ganzen Wesen empfunden. Es war, als würde dein schlimmster Albtraum vor deinen Augen wahr werden, und du kannst nichts tun, um ihn aufzuhalten oder zu ändern. Es war, als würde man sehen, wie jemandem das kostbare Kind aus den Armen gerissen wird, was überall Verwüstung und Hilflosigkeit auslöst, und man weiß, dass man selbst schuld daran ist; und doch kann man nichts anderes tun, als die Qualen der anderen zu spüren. Eine schmerzhafte Wahrheit nach der anderen spielte sich ab wie ein Horrorfilm, der nicht aufhören wollte, und ich war der Bösewicht.

Eine ganze Stunde lang glaubte ich, ich stünde vor der Tür der Hölle. Würde ich eintreten? Meine Hände zitterten und mein Inneres bebte vor Angst. Jesus offenbarte mir, dass ich im ewigen Feuer gelandet wäre, wenn ich auf demselben Weg geblieben wäre, ohne Ihn zu finden.

Nicht ein Tropfen meines guten Wesens war vorhanden. Ich fühlte mich so verwirrt. Ich verstand nicht, was geschah und warum, aber ich wusste, dass der Herr wollte, dass ich die Folgen meiner Verstöße gegen Seinen Heiligen Willen zu spüren bekam. Zu diesem Zeitpunkt war ich schon seit einem Jahr regelmäßig zum Sakrament der Versöhnung gegangen und kannte alle meine Sünden, aber ich lernte schnell, dass es eine Sache ist, zu beichten, und eine ganz andere, den Schmerz des Herrn über unsere Verfehlungen zu spüren. In tiefe Reue gestürzt, wollte ich nur noch sagen: „Es tut mir so leid." Ich konnte mich nicht oft genug entschuldigen und flehte den Herrn wiederholt um Seine Gnade an.

Als die Erfahrung mich in die letzten zurückliegenden Jahre brachte, fühlte ich mich noch immer zerrüttet und weinte reichlich Tränen, aber die Angst vor der Hölle verließ mich. Als ich dann in die Gegenwart geführt wurde, ließ der Schmerz nach, und schließlich war er ganz weg. Als ich merkte, dass ich wieder normal geworden war, schwoll mein Herz vor lauter Erleichterung an. Ich fühlte mich wie Ebenezer Scrooge, der gegen seinen Willen von den Geistern der vergangenen Weihnacht, der gegenwärtigen Weihnacht und der kommenden Weihnacht auf eine augenöffnende Reise mitgenommen worden war. Als ich in die Gegenwart zurückkehrte, war ich ein veränderter Mensch, überglücklich, eine zweite Chance im Leben zu haben.

Wie viel Zeit war vergangen, fünf Minuten oder zehn Stunden? Hatte ich meinen Körper verlassen oder war ich geblieben? Erst als alles vorbei war, hatte ich wieder eine Vorstellung von Zeit und Ort. Nach vier Stunden des Kniens waren meine

Knie kein bisschen wund oder steif und für den Rest der Nacht durchflutete der Herr meinen Körper mit übernatürlicher Wärme und Frieden und entzündete meine Seele mit dem Feuer des Heiligen Geistes.

Vor der Seelenschau liebte ich unseren Herrn und suchte eine enge Beziehung zu Ihm. Danach hatte ich das Gefühl, dass Er in meinem Haus wohnte und neben mir ging. Ich lebte und atmete Ihn auf eine Weise, die ich nie für möglich gehalten hätte.

Ich würde den Herrn auf diese Weise bei mir brauchen. Im selben Jahr begann für unsere Familie die schlimmste Phase von Ricks psychischer Erkrankung. Seine PTBS-Symptome begannen unkontrolliert aufzutreten. Er wurde wütend und beschimpfte vor allem Devon. Wenn Devons Schuhe nicht an der richtigen Stelle standen oder sein Zimmer nicht nach Ricks Vorstellungen aufgeräumt war, schrie er Devon an und brachte ihn zum Weinen. Rick versuchte auch, seine Wut an mir auszulassen, aber ich setzte mich immer für mich selbst und für Devon ein, und er reagierte darauf mit Schweigen.

Durch all das war ich durch die Gnade Gottes immer in der Lage, Rick zu lieben und bei ihm zu bleiben. Ich glaubte mit allem, was ich hatte, an das Sakrament der Ehe, betete jeden Tag für Rick und legte unser Leben in Gottes Hände. Ich klammerte mich an die Hoffnung, dass Rick, wenn er aus dem Militär ausscheiden würde, die richtige Hilfe von guten Ärzten bekommen und ich wieder den Mann haben würde, in den ich mich verliebt hatte. Der Hauptgrund jedoch, weswegen es für mich nicht in Frage kam, meinen Mann zu verlassen, war das Gefühl, dass Jesus mir sagte, ich solle bleiben.

Damit ich die Kraft habe, dies zu tun, hat mir der Herr eine übergroße Gnade geschenkt. Zusätzlich zu der göttlichen Vertrautheit, die ich nach der Erkenntnis des Gewissens erhielt, erlaubte der Herr mir nie, den wirklichen Schmerz in meiner

Umgebung zu spüren. Ich weiß nicht, ob es daran lag, dass ich täglich die Messe besuchte, zur Anbetung ging, täglich den Rosenkranz und den Rosenkranz zur Göttlichen Barmherzigkeit betete, bei RCIA und im Pfarrgemeinderat mitarbeitete, die Kirche kostenlos reinigte – oder einfach daran, dass ich es brauchte. Aber von dem Moment an, als ich in die katholische Kirche eintrat, überhäufte mich Jesus mit einem überwältigenden Gefühl Seiner bedingungslosen Liebe und Seinem unbeschreiblichen Frieden … solch einem Frieden. Nicht ein einziges Mal hat Er mich verlassen, nicht ein einziges Mal wurde ich aus dem Trost Seines Schoßes gerissen.

Devon, besonders als er älter wurde, zeigte durch sein Verhalten, dass auch er bis zu einem gewissen Grad beschützt worden sein musste. Er fand seine Stimme und begann, sich zu verteidigen, indem er darauf hinwies, wo Rick ungerecht war. Zwar litt er weiterhin zeitweise unter Migräne, Traurigkeit und Wut, aber er verfiel nie in eine Depression. Er genoss die Zeit mit seinen Freunden, wurde Kapitän seines Lacrosse-Teams und bekam weiterhin in der Schule gute Noten. Wie sich herausstellte, war Mathe sein bestes Fach.

Als Devon 13 Jahre alt war wurde Rick in die Stadt Suffield versetzt, eine halbe Autostunde außerhalb von Medicine Hat. Im Juli 2009 kehrte unsere ganze Familie in die Gegend zurück, in der ich aufgewachsen war. Wir zogen für eine Weile bei Nan und Pa ein und die Freude und Aufregung, bei der Familie zu sein, milderte Ricks Depression.

Eines Morgens, als meine Mutter auch bei Nan und Pa auf der Couch schlief, wachte sie um 7 Uhr auf und ging die Treppe hinauf, um meine Großmutter zu sehen, die zerzaust und verstört neben ihrem Bett saß.

„Was ist denn los?“, fragte meine Mutter.

„Ich weiß es nicht“, sagte Nan. „Ich war die ganze Nacht

wach. Ich habe nicht geschlafen. Ich habe nur noch geweint. Ich habe Dinge aus meiner Vergangenheit gesehen … all den Schmerz. Ich weiß nicht, was mit mir los ist."

„Oh, Mama, du musst Rhonda aufwecken."

Nan war so benommen, dass sie sich kaum bewegen konnte, also ging meine Mutter die Treppe hinunter, um mich zu wecken: „Ich glaube, Nan hatte gerade dasselbe wie du. Sie ist oben und weint und war die ganze Nacht wach. Sie hat Dinge gesehen, die sie als kleines Mädchen erlebt hat."

Plötzlich hellwach, eilte ich nach oben, setzte mich auf Nans Bett, umarmte sie und fragte: „Was ist passiert?"

Unter Tränen sagte sie: „Ich weiß es nicht. Ich weiß nicht, was los ist. Ich habe die ganze Nacht über so viele Dinge aus meinem ganzen Leben gesehen. Ich weiß nicht, was los ist."

„Nan, du hattest eine so genannte Seelenschau, bei der der Herr dir all deine vergangenen Sünden gezeigt hat, und jetzt hast du die Möglichkeit, sie zu bekennen und Vergebung für alles zu erlangen, was du anderen, dir selbst und dem Herrn angetan hast. Du hast ein Wunder erlebt." Sie beruhigte sich langsam und hörte mir sehr aufmerksam zu. „Wann hat es angefangen?", fragte ich sie.

„Ich ging zu Bett. Ich sprach gerade meine Nachtgebete und Segenswünsche für unsere Familie, als ich begann, traurig zu werden und all diese Bilder aus meiner Kindheit zu sehen – Dinge, die ich falsch gemacht hatte. Und es wollte nicht aufhören. Ich konnte nur noch weinen. Ich konnte nicht aus dem Bett aufstehen, konnte niemanden rufen. Rhonda, es war furchtbar. Es wollte einfach nicht aufhören."

„Warst du die ganze Nacht wach?"

„Ich habe kein Auge zugetan. Ich habe die ganze Nacht geweint."

Einen Monat vor Nans Gewissenserkenntnis besuchte eine katholische Nonne aus der örtlichen Gemeinde meine Großeltern und sie brachte Father John mit. Nan begann Father John zu erzählen, dass sie nie konvertiert war, und er sagte zu ihr: „Möchtest du die Kommunion empfangen, Dorothy? Du bist katholischer als viele Katholiken da draußen. Willst du konvertieren? In deinem Alter können wir das schnell für dich tun." Überraschenderweise sagte meine Großmutter, dass sie gerne konvertieren würde und sie empfing unseren Herrn im Alter von 83 Jahren zum ersten Mal in der Kommunion. Meine Nan, die nur einen Meter fünfzig groß war, war eine sehr starke Frau mit einem stoischen Temperament, aber als sie ihre Erstkommunion empfing, brach sie in Tränen aus.

Nach Nans Seelenschau konnte jeder sehen, dass sie viel nachdachte. Sie war ruhiger und freundlicher. Sie war lange nicht mehr so aufgeregt und bissig gegenüber Großvater, wie sie es jahrzehntelang gewesen war. Nach nur wenigen Monaten rutschte sie schnell in die Demenz ab. Der Herr hatte ihr die Gabe gegeben, ihr Gewissen zu erkennen, solange sie noch den Verstand hatte, um zu begreifen, was geschah. Nicht einmal ein Jahr später lag sie nach einer Herzinsuffizienz in einem Krankenhausbett, auf Morphium, völlig bewusstlos. Sie war dabei zu gehen.

Nachdem Nan die Krankensalbung erhalten hatte, hielt ich sie in meinen Armen und betete, dass Jesus sie beschützen und in den Himmel bringen möge. Plötzlich wachte sie auf, starrte mich direkt an und durch mich hindurch. Drei Sekunden später blickten ihre Augen nach oben und konzentrierten sich auf jemanden oder etwas direkt über mir, dann schloss sie die Augen und sank in meinen Armen zusammen. Die Gegenwart des Herrn war spürbar. Als Er kam, um sie zu holen, war das der schönste Moment in meinem Leben.

Bald nach Nans Beerdigung zog meine kleine Familie aus dem Haus von Nan und Pa in unsere eigene Wohnung. Nach ein paar Monaten kam Rick zu mir und sagte: „Mir geht es nicht gut." Er aß nicht. Er schlief nicht mehr. Er sprach weniger und blieb stundenlang im Bett oder auf der Couch liegen. Zu Weihnachten 2009 war er soweit, dass er dachte, wir würden bald mittellos sein, obwohl wir beide ein Einkommen hatten. Er wurde paranoid und wollte nicht einmal, dass ich Geld für Weihnachtsgeschenke ausgab. Langsam und leblos öffnete er seine Geschenke und starrte sie nur an.

Am 8. Januar 2010 nahm Rick unsere Futonmatratze und lehnte sie an die Wand. Er holte seinen Militärausweis und seinen Führerschein heraus und legte sie auf den Küchentisch. Er schloss die Haustür auf und legte einen Zettel neben den Futon, auf dem stand: „Rufen Sie meine Frau an", und auf dem meine Arbeitsnummer stand. Dann rief er den Notruf an, erzählte den Einsatzkräften von seinem Plan, gab ihnen unsere Adresse und legte auf. Sie konnten ihn nicht in der Leitung halten. Dann stellte er sich mit dem Rücken zum Futon, nahm eine geladene Pistole und schoss sich in den Kopf.

Im selben Moment war ich mitten in meiner Arbeit als Angestellte in einem Bistro. Ich hielt inne, schaute meine Chefin an und sagte: „Ich habe das Gefühl, dass etwas nicht stimmt."

„Warum?", fragte sie.

„Ich weiß es nicht. Ich habe einfach das überwältigende Gefühl, dass etwas nicht stimmt."

„Machen Sie doch eine Pause und trinken Sie einen Kaffee", antwortete sie. Ich beendete den Abwasch, holte mir einen Kaffee und setzte mich hin. Keine fünf Minuten später kam ein Polizist zur Tür herein, zusammen mit Devon.

„Sind Sie Rhonda L'Heureux?"

„Ja."

„Sie müssen mit mir kommen."

Ich sah Devon an und fragte: „Was hast du getan?". Ich dachte, er hätte etwas falsch gemacht.

„Mama", sagte er, „ich kam von der Schule nach Hause und vor unserem Haus standen vier Polizeiautos und zwei Krankenwagen."

Mir standen die Tränen in den Augen und Devon sah erschrocken aus. In unseren Herzen wussten wir es beide. Der Polizist führte uns in einen kleinen Besprechungsraum in der Bildungsakademie um die Ecke des Cafés und sagte: „Ihr müsst euch beide hinsetzen. Ich habe eine schlechte Nachricht."

„Es geht um Rick, nicht wahr", sagte ich.

„Ja."

„Er hat es nicht getan."

„Doch."

„Er ist es nicht."

„Er ist es."

Rick starb nur ein paar Monate nach Nan und nicht lange nach seiner Beerdigung verschwand die unverkennbare Gnade, die mein Herz in jeder Situation beschützt hatte. Während ich vorher nicht verstehen konnte, warum ich keinen Schmerz empfand, konnte ich jetzt nicht verstehen, warum ich alle möglichen Gefühle empfand. Ich wünschte, ich hätte dieses göttliche Geschenk für immer auskosten können, aber ich wurde wieder ein gewöhnlicher Mensch wie jeder andere auch.

Heute bin ich immer noch in Medicine Hat, wo alle meine Versuchungen ihren Anfang nahmen, und doch hat mich die Erkenntnis meines Gewissens nicht nur in der Keuschheit bewahrt, sondern auch vor dem Trinken, dem Tratsch, der Eitelkeit, dem Stolz, dem Materialismus – der Welt um mich herum. Ich glaube, ohne sie wäre ich in vielerlei Hinsicht gefallen. Eines der größten Geschenke, die sie meiner Seele gemacht hat, war ein verstärktes Gefühl des Gehorsams gegenüber unserem Herrn. Die Erfahrung, die Qualen zu spüren, die meine Sünden Ihm bereitet haben, ist mir geblieben. Der Schmerz meiner

Erkenntnis war hundert-, vielleicht tausendmal qualvoller und lebensverändernder als der Selbstmord meines lieben Mannes.

Sobald ich mir bewusst werde, dass ich etwas Falsches getan oder etwas Gutes unterlassen habe, auch wenn es nur ein kleines Vergehen ist, tut der Schmerz nicht nur weh, er ist unerträglich. Ich empfinde mehr als nur Reue. Ich spüre das Leiden von Jesus. Es fühlt sich an, als hätte ich einen scharfen Nagel genommen und ihn direkt in Seine Hand geschlagen.

Die Seelenschau hat mir auch ein Herz der Liebe und Vergebung für alle Menschen geschenkt und meine Augen wurden geöffnet, um das Gute in den Menschen zu sehen. Ich bin mir der Gefühle der Menschen sehr bewusst und versuche, Verständnis für andere aufzubringen. Früher war es eine Gewohnheit, über Menschen zu urteilen, aber jetzt hat das Urteilen meine Seele verlassen. Ich spüre es wirklich nicht mehr. Mein Herz hat sich auch weit geöffnet und ich bin dankbar für jedes kleine Geschenk des Guten: die Wärme der Sonnenstrahlen, das Zwitschern der Vögel – und ich halte nichts für selbstverständlich, weil alles, was ich habe, aus der Hand des Herrn stammt. Ich habe erkannt, dass es im Leben nicht so sehr darum geht, was in dieser Welt geschieht, sondern darum, was in unserer Seele geschieht.

Heute bin ich eine alleinerziehende Mutter ohne Unterstützungssystem und ohne Freunde, die meinen glühenden Glauben teilen, aber ich habe weiterhin volles Vertrauen zu Gott. An manchen Tagen ist es schwierig, aber das passiert, wenn ich in der Welt gefangen bin und nicht so viel bete, wie ich sollte. Wenn ich bete, dann sind die geistlichen Früchte vielfältig. Seit ich wieder zu Hause bin, habe ich viele Bekehrungen in der Familie und bei Freunden erlebt, weil der Herr durch mich gewirkt und mir geholfen hat, ihnen die richtigen Worte zu sagen. Meine Mutter ist inzwischen wieder in die Kirche eingetreten und fragt sich, warum sie jemals ausgetreten ist. Als ich ihr diese Frage stellte, kamen ihr die Tränen und sie entschuldigte sich und sagte, sie fühle sich schrecklich, weil sie ihren Kindern ein Leben in der katholischen Kirche verweigert habe. Aber sie gab mir nie wirklich eine Antwort auf die Frage, warum wir ausgetreten sind. Ich glaube, wenn wir geblieben wären, hätte ich mein Leben dem Herrn geweiht und wäre vielleicht sogar in ein Kloster eingetreten; ich hatte eine so unsterbliche Liebe zu unserem Herrn, als ich in die Kirche eintrat.

Devon ist jetzt 17 und unsere Beziehung ist gut. An manchen Tagen sprechen wir darüber, wie sehr wir Rick vermissen, nicht die Verrücktheit und die Beschimpfungen, sondern den Rick vor und unter seiner Krankheit, der uns mit allem liebte, was er hatte. Vor kurzem, eines Nachts, als Devon auf dem Rücken im Bett lag, begann er mit Rick zu sprechen und ihm zu sagen, wie sehr er ihn vermisse, als plötzlich an seiner Decke ein Bild der Muttergottes von Guadalupe erschien. Überwältigt von ihrer liebevollen Gegenwart brach er in Tränen aus und spürte, dass die Gottesmutter bei ihm war und dass alles gut werden würde. „Mama", sagte er mir, „sie sah genauso aus wie das Bild unten über dem Kamin." Dieser Moment hat ihn verändert und nach ein paar Jahren der Abwesenheit ist auch er zur Kirche zurückgekehrt.

Vor nicht allzu langer Zeit erhielt ich eine Erkenntnis meiner Seele, die ganz anders war als die Erkenntnis des Gewissens. Als ich in der ersten Bank meiner Kirche saß und in der Nähe des Tabernakels betete, wurde ich sofort mit Leib und Seele von dem strahlenden Herzen des Herrn eingenommen, der mir nach und nach all die Dinge aufzählte, die Ihm an mir gefielen. Ich saß eine Stunde lang da und konnte nur noch weinen. Aber dieses Mal war jede Träne mit Freude gefüllt.

Hl. Faustyna Kowalska:

Wenn ich sehe, dass die Last meine Kräfte übersteigt, so denke ich nicht daran, analysiere und grüble nicht, sondern flüchte wie ein Kind zum Herzen Jesu und sage Ihm nur ein Wort: „Du vermagst alles." Und ich schweige, denn ich weiß, dass Jesus Selbst sich der Sache annimmt. Ich aber, statt mich zu quälen, verwende diese Zeit, um Ihn zu lieben.

Tagebuch der Hl. Maria Faustyna Kowalska, Nr. 1033

CHRISTINA GEORGOTAS

Durch die Augen der Seele

Im Jahr 1981 brachte meine Mutter meinen älteren Bruder zur Welt, der sofort in ein Neugeborenenzentrum geschafft werden musste, weil er nicht atmete. Die Ärzte hatten keine Erklärung für den Zustand meines Bruders und wussten nicht, ob er überleben würde. Angesichts der Gefahr, ihr erstgeborenes Kind zu verlieren, fiel meine Mutter auf die Knie und betete aus tiefstem Herzen zur Hl. Jungfrau Maria. Obwohl sie sehr gläubig war, hatte sie keine besondere Verehrung für die Gottesmutter, spürte aber, wie tiefe Bitten aus ihrer Seele aufstiegen und um die Fürsprache Marias als Mutter baten.

Nach einer Woche auf der Intensivstation erholte sich mein Bruder auf ebenso mysteriöse und plötzliche Weise, wie er erkrankt war, und ohne erkennbare Erklärung. Er wurde am Gedenktag Unserer Lieben Frau in Jerusalem [21. November] aus dem Krankenhaus entlassen. Aufgrund dieses wundersamen Ereignisses weihte meine Mutter sowohl meinen Bruder als auch mich bei unserer Geburt dem Dienst der Muttergottes.

Ich wuchs damit auf, jeden Sonntag in die Kirche zu gehen und liebte Gott auf meine kindliche Art, aber als ich älter wurde, stellte ich fest, dass ich mich von dieser Verbindung entfernte. In meinen Teenagerjahren kam mir unser dreistündiger griechisch-orthodoxer Gottesdienst endlos vor und oft hoffte ich auf der Autofahrt von New Jersey nach New York auf den

Sonntagsverkehr, damit wir soviel wie möglich von der Kirche verpassen würden.

Im Gymnasium hatte ich einen intelligenten und motivierenden Lehrer, den ich bewunderte. Er forderte uns oft auf, den Status quo zu hinterfragen: „Warum glauben wir die Dinge, die wir tun? Glauben wir wirklich daran, oder folgen wir nur dem, was andere uns zu glauben vorschreiben?" Er nutzte diese Argumentation, um unsere Vorurteile und Stereotypen in Frage zu stellen, forderte uns aber auf subtilere Weise auf, alle unsere Überzeugungen zu hinterfragen, einschließlich der Religion.

Ich begann, viel von seiner Rhetorik zu verinnerlichen. Es machte Sinn. Ich war Christ, weil ich so erzogen wurde. Wäre ich in einem anderen Teil der Welt geboren worden, wäre ich vielleicht Buddhist oder Hindu gewesen. Die Menschen anderer Religionen waren davon überzeugt, dass auch ihre Religion richtig war, wie konnten also die Christen behaupten, die Wahrheit zu besitzen, die anderen aber nicht?

Dieser Lehrer zitierte den berühmten Satz von Karl Marx: „Religion ist das Opium des Volkes." Ich begann das zu glauben. Vielleicht brauchten die Menschen nur einen Weg, um mit dem Tod fertigzuwerden, und erfanden eine Geschichte, um ihre Angst vor dem Unbekannten zu lindern. Am Ende des Jahres stellte ich nicht nur das Christentum in Frage, sondern auch die Vorstellung von Gott wurde für mich so abstrakt, dass es unwahrscheinlich schien, dass Er wirklich existieren könnte.

Trotz meines Unglaubens war ich kein negativer Jugendlicher. In der Schule war ich lustig und die Leute mochten mich. Akademisch war ich hervorragend und entschied mich für eine „Top 25 Universität" im „Bible Belt" [stark evangelikal-fundamentalistisch geprägtes Gebiet]. Ich bin mir nicht sicher warum, aber ich entschied mich für einen Einführungskurs an der Universität, der auf den Glauben ausgerichtet war. Irgendwo in meinem Inneren muss ich mich danach gesehnt haben, wieder mit Gott in Kontakt zu kommen, auch wenn ich Ihn nicht kannte. In meinem ersten Studienjahr belegte ich sogar einen Kurs „Einführung in das Christentum“ und besuchte einige Bibelstudien auf dem Campus. Aber bei jedem Versuch, meinen Glauben wiederzuentdecken, fühlte ich mich zunehmend distanziert, enttäuscht und entmutigt. Je enthusiastischer und „übertriebener“ die Leute über Jesus sprachen, desto mehr verdrehte ich im Geiste die Augen.

Ich schloss mein Studium ein Semester früher ab, um als persönliche Assistentin eines prominenten Paares in New York zu arbeiten – ein Traumjob. Ich wurde zu einem neurotischen Workaholic und innerhalb weniger Jahre zahlte sich die harte Arbeit aus, denn ich wurde in eine leitende Position in der neu gegründeten Produktionsfirma des Paares befördert, wo meine Aufgabe darin bestand, Konzepte für neue Reality-TV-Sendungen zu entwickeln. Die erste Fernsehsendung, die ich in Los Angeles vorstellte, wurde an einen großen Sender verkauft und ich zog mit Freunden in eine geräumige Wohnung in der Innenstadt von Manhattan. Aus weltlicher Sicht war ich ganz oben angekommen.

Am 12. Oktober 2008 kam ich über das Wochenende nach Hause, um mit meiner Familie zur Taufe der Tochter meines Cousins nach Boston zu fahren. An diesem Tag dachte ich kaum an Gott, Jesus, Maria oder irgendein anderes religiöses Thema. Vielmehr dachte ich an einen unpassenden Saturday Night Live-Sketch, den meine Kollegen und ich im Büro spielten. Meine Mutter rief mich ins Wohnzimmer, um mir ein YouTube-Video zu zeigen, das sie im Internet gefunden hatte – irgendetwas über die Erscheinung der Muttergottes vor Kindern in Bosnien. Ich hatte keine Ahnung, wovon sie sprach, und hatte noch nie von Marienerscheinungen gehört.

Um sie bei Laune zu halten, ging ich hinüber und schaute auf den Bildschirm. Auf dem Video war eine blonde Frau in einer großen Halle zu sehen, umgeben von Hunderten, vielleicht Tausenden von Menschen, die alle den Rosenkranz beteten. Völlig ins Gebet vertieft, begann die Frau schwer zu atmen und fasste sich an ihr Herz. Dann schaute sie auf und ihr Gesichtsausdruck war so, wie ich ihn noch nie in meinem Leben gesehen hatte.

Diesen Moment kann ich bis heute nicht ganz beschreiben kann. Als das Gesicht der Frau vor Verwunderung und Ekstase strahlte, wurde mir etwas plötzlich und sehr stark bewusst. Das Erste, was ich sofort verstand, war, dass Gott existiert. Ich wusste, dass dies eine unbestreitbare Tatsache ist. Ich wusste auch, dass Jesus real war und dass Er Gott ist. Gleichzeitig offenbarte mir Gott, dass das, was sich in dem Video abspielte, real war, dass diese Frau tatsächlich die Heilige Jungfrau Maria sah und mit ihr sprach.

Im gleichen Atemzug wurde mir die Gnade zuteil, mich selbst in absoluter Wahrheit zu sehen – nicht so, wie ich mich mir vorstellte, sondern wie ich wirklich war. Plötzlich sah ich bis ins kleinste Detail, auf welche Weise ich Gott beleidigt hatte. Noch nie zuvor und auch nicht danach habe ich so tief und schmerzlich bereut. Ich begann zu schluchzen. Ich war entsetzt über all die Dinge, die ich verspottet und verleugnet hatte, über die vielen Male, die ich andere Menschen durch mein Handeln verletzt hatte. Selbst Dinge, über die ich nie nachgedacht hatte, wie sarkastische Witze, hatten Gott verärgert, weil sie das Leid der Menschen auf die leichte Schulter nahmen.

Abgesehen von meinem Weinen wusste meine Mutter nicht, was mit mir geschah. Ich wiederholte nur immer wieder: „Das ist echt, das ist echt", so überrascht war ich. Bis zu diesem Zeitpunkt hatte ich mich immer als einen guten Menschen gesehen. Jetzt wurde mir schmerzlich bewusst, dass ich nicht so aufrichtig war, wie ich es von mir selbst angenommen hatte. In den Augen Gottes war ich ganz anders, als in meinen eigenen. Wie hatte ich nur so sein können? Ich war so verzweifelt, dass ich nicht aufhören konnte zu weinen, und ich weinte danach noch viele Wochen lang.

Diese Erfahrung war für mich wie ein Minitod, ein Vorgeschmack auf das, was mich am Ende meines Lebens erwarten würde, wenn ich Gott weiterhin in so vielen meiner Gedanken und Handlungen beleidigen würde. Zu dieser Zeit wusste ich nicht, was mit mir geschehen war. Erst Jahre später hörte ich von dem Begriff „Seelenschau". Ich glaube, dass es das war, was ich an jenem Tag erlebte, ausgelöst durch das Video, von dem ich bald erfuhr, dass es die Seherin Mirjana Soldo war, die eine Erscheinung der Muttergottes an der heiligen Stätte von Medjugorje in Bosnien-Herzegowina sah. Passenderweise ist es eine von Mirjanas Missionen, die ihr von der Gottesmutter gegeben wurde, für die Bekehrung von Ungläubigen zu beten.

Ich sah mir das Video noch ein paar Mal an, weinte und verarbeitete, was mir gezeigt worden war. Das ganze christliche Trara, über das ich mich lustig gemacht hatte, war jetzt sehr real für mich. Ich wandte mich an meine Mutter und sagte: „Ich möchte dorthin gehen – nach Medjugorje." Da ich 23 war und dies eine Reise um die Welt bedeuten würde, antwortete meine Mutter mir mit ihrem klassischen „Mal sehen! Vielleicht eines Tages", in einem Ton, der bedeutete: „Auf keinen Fall werde ich dir erlauben, allein nach Bosnien zu fliegen."

An diesem Abend gab mir meine Mutter ein Buch über Medjugorje zu lesen, das sie schon seit vielen Jahren besaß. Ich hatte es vorher noch nie gesehen: *Königin des Kosmos*, ein kurzes Buch mit Interviews mit den sechs Sehern von Medjugorje. Ich hatte es geschafft, durch das Bildungssystem zu kommen, indem ich Zusammmenfassungen überflog, und war kein großer Leser, aber ich verschlang dieses Buch von vorne bis hinten und wusste irgendwie, dass alles, was die Seher darin sagten, wahr war. Am nächsten Tag, als ich mit meiner Familie nach Boston fuhr, war mein Kopf mit all diesen neuen Informationen vollgestopft.

Als ich die Kirche in Boston betrat, wehte mir der herrliche Duft von Rosen entgegen. Aber in der Kirche gab es keine Rosen. Ich wusste nicht, dass Maria sich manchmal durch den Duft von Rosen bemerkbar macht. Alles um mich herum sah anders aus als die Welt, die ich bisher kannte. Plötzlich stellten die Heiligenfiguren, die die Kirche schmückten, echte Menschen dar und nicht mehr nur Phantasiegebilde. Ich wollte nicht fliehen. Ich wollte jede Minute des Gottesdienstes miterleben.

Als wir in einer der vorderen Kirchenbänke saßen, kam meine Cousine zu mir herüber, gerade als die Taufe beginnen sollte, und sagte: „Ich weiß nicht warum, aber ich habe diesen starken Drang, dich zu bitten, Ninas Patin zu werden." Entgegen der Nacht zuvor war dies eine äußerst bedeutungsvolle Bitte in letzter Minute. Ich spürte, dass Maria sich direkt an mich wandte, und als meine Patentochter das Wasser der Taufe im Namen des Vaters, des Sohnes und des Heiligen Geistes empfing, hatte ich das Gefühl, mein eigenes Taufversprechen zu erneuern.

Die nächsten Monate waren jedoch sehr schwierig. Ich war innerlich ein völlig anderer Mensch, während alle und alles in meinem Umfeld genau so waren wie vorher. Ich wollte meinen Freunden nicht erzählen, was mit mir geschehen war, und ich war nicht sicher, was ich sagen würde, wenn man mich fragte. Sicherlich würden sie denken, ich hätte den Verstand verloren. Viele Wochen lang zog ich mich in mein Zimmer zurück, um allein zu sein, zu weinen und zu beten.

Als ich wieder in New York war, wurde mir die Gegenwart des Bösen sehr bewusst. Genauso plötzlich, wie ich begriffen hatte, dass Gott existiert, wurde mir bewusst, dass auch Satan existiert. Nun begann ich, sein Zeichen überall um mich herum zu sehen. Es schien, als ob alles in New York City als Ablenkung geschaffen worden war, um uns davon abzuhalten, Gott zu sehen. Die Menschen wurden mit einer Million verschiedener Botschaften, Werbung, Oberflächlichkeiten, Ikonen der Popkultur, Filmen, Bars, Stripclubs, satanischen Bildern, Obsessionen, Ängsten, Begierden, Jobs, Geld … bombardiert … Satan versuchte, die Menschheit auf so viele Arten zu locken und abzulenken, und die Menschen waren sich seiner Taktik nicht bewusst – Sklaven dieser Scheinwelt um sie herum.

Ich hatte das deutliche Gefühl, dass diese Welt, die wir um uns herum geschaffen haben, nicht real ist. Ich saß in der U-Bahn und hörte so viele sinnlose Gespräche, so viel Gerede und dem Fokus auf trivialen, unwichtigen Dingen, so viel

Klatsch und Tratsch, so viel Negativität. Ich habe mich all dieser Dinge genauso schuldig gemacht, aber jetzt empfand ich Reue darüber. Auch taten diese Menschen mir sehr leid. Tränenüberströmt lief ich in Manhattan umher.

Jede Woche sahen meine Freunde und ich eine Vampirserie namens „True Blood“ auf HBO. Vorher hatte ich mir nie etwas dabei gedacht, aber jetzt war ich so verstört, dass ich meine Augen abwenden und auf den Boden starren musste, um die Bilder auf dem Bildschirm nicht zu sehen. Allein im Vorspann gab es so viele unverhohlene und unterschwellige Angriffe auf die Religion, so viel Dunkelheit. Es war satanisch. Ich konnte nicht glauben, dass ich das nie zuvor gesehen hatte. Die direkten Angriffe auf das Christentum in der Werbung und im Mainstream-Fernsehen waren mannigfaltig. Ich rief meine Mutter an, überwältigt: „Was soll ich mit all diesen Informationen anfangen?“

Ich wurde von der Bibel angezogen und begann zum ersten Mal, sie mit Interesse zu lesen, angefangen mit dem Neuen Testament. Die sel. Mutter Teresa – jetzt hl. Mutter Teresa von Kalkutta – und ihre Schriften zogen mich in ihren Bann. Ich verschlang alles, was ich über Medjugorje finden konnte. Angetrieben von dem starken Wunsch in mir, wohltätige Arbeit zu leisten, meldete ich mich bei einer Organisation namens NY Cares an, die es mir ermöglichte, an fast jedem Tag der Woche ehrenamtlich in Suppenküchen mit älteren Menschen und Obdachlosen zu arbeiten. An manchen Tagen wachte ich schon um fünf Uhr morgens auf, um vor der Arbeit zu helfen.

Ich wollte nie wieder schlecht über jemanden sprechen. Ich wollte nicht mehr Teil der oberflächlichen Welt der Fernsehproduktion sein. Ich wollte nicht mehr mit meinen Freunden zum Essen gehen und sinnlose Gespräche führen. Ich wollte mich jede Minute des Tages voll und ganz auf Gott konzentrieren und ich ertappte mich dabei, dass ich von Sonnenaufgang bis Sonnenuntergang an Ihn und die Muttergottes dachte.

Nach einigen Monaten begann ich, mich durch verschiedene Prüfungen zu kämpfen. Starke Versuchungen überfielen mich, und ich spürte, wie Satan um meine Seele kämpfte. Er ließ mich wissen, dass er überhaupt nicht glücklich darüber war, dass ich Gott kennen und lieben gelernt hatte, und er wollte mich zurückgewinnen. Im Laufe der nächsten anderthalb Jahre hörte ich nie auf, an Gott zu glauben, aber ich erlebte viele Verlockungen, die mich von Ihm zu entfernen versuchten.

Am 24. Juni, dem Jahrestag des ersten Erscheinens der Muttergottes in Medjugorje, wachte ich auf, als mein Telefon klingelte. Ich antwortete mit einem müden „Hallo?". Mein geliebter Vater war gestorben. Schnell und ohne Vorwarnung verstarb er an einem Herzinfarkt. Er war im Ruhestand und hatte einige Wochen lang seine Schwester in Griechenland besucht, als es passierte. Das Datum, an dem er starb, und der Ort, an dem er starb, erwiesen sich als nicht zufällig.

Einige Monate nach dem Tod meines Vaters fand meine Mutter im Internet den Terminplan eines der Seher von Medjugorje namens Ivan Dragicevic. Er sollte eine Erscheinung haben und einen Vortrag in einer kleinen Kapelle auf dem Campus des MIT halten. Wir fuhren früh hin und kamen zu unserer Überraschung vor allen anderen in der Kapelle an. Ein Priester lud uns freundlicherweise ein, vorne zu sitzen. Als Ivan eintrat, ging er nach vorne und kniete neben uns nieder.

Ich konnte kaum glauben, dass ich direkt neben Ivan saß und bald nur noch Zentimeter von der Gottesmutter entfernt sein würde. Ich fühlte mich auf die andere Seite der Leinwand des Videos versetzt, das mein Leben verändert hat. Als Ivan seinen Kopf hob und begann, mit der Luft über und vor ihm zu sprechen, erstarrte ich, überwältigt von meinen Gefühlen. Ich bewegte mich die ganze Zeit über nicht. Als die Erscheinung bei Ivan nach ein paar Minuten beendet war, kehrte er an seinen Platz zurück und reichte mir ein Rosenkranzset – einen für mich und einen für meine Mutter. Da ich griechisch-orthodox bin, hatte ich den Rosenkranz noch nie allein gebetet.

Am Ende des Abends kam eine Frau namens Carol, die Ivans Vortragstermine in Boston gebucht hatte, zu uns und erwähnte, dass sie Pilgerfahrten nach Medjugorje organisiert. Ihre nächste Gruppe würde am Jahrestag der ersten Erscheinung dorthin fahren und sie fragte, ob wir uns ihr anschließen wollten. Ich wollte unbedingt mitfahren! Meine Mutter erklärte mir, dass wir an diesem Tag wegen der Trauerfeier meines Vaters in Griechenland sein würden, aber sie nahm Carols Karte mit, für den Fall, dass wir zu einem anderen Zeitpunkt fahren könnten.

Am nächsten Tag rief die Schwester meines Vaters aus Griechenland an und fragte, ob wir die Trauerfeier um eine Woche nach hinten verschieben könnten. Plötzlich war der 24. Juni da, und meine Mutter rief Carol an, um einen Zwischenstopp in Medjugorje mit ihrer Gruppe auf dem Weg nach Griechenland zu koordinieren.

Diese Pilgerfahrt nach Medjugorje dauerte nur drei Tage, aber sie hatte eine tiefe Wirkung auf mich. Viele Wunder geschahen, als ich dort war, aber das größte von allen geschah in meiner Seele. Ich ging zum ersten Mal in meinem Leben zur Beichte und fühlte einen solchen Frieden! Ich kam mit neuer Kraft nach Hause und begann, die Botschaften der Muttergottes zu leben: beten, beichten, die Bibel lesen, in die Kirche gehen und mittwochs und freitags fasten. Ich begann auch, den Rosenkranz zu beten. Jetzt war ich mit den mächtigsten Waffen gegen Satan bewaffnet.

Nur zwei Monate später kehrte ich nach Medjugorje zurück, dieses Mal allein und mit der Unterstützung meiner Mutter, um herauszufinden, was Gott mit meinem Leben anfangen wollte. Während dieser Reise bekam ich den überwältigenden Wunsch, allen in meinem Leben von Medjugorje zu erzählen und die Botschaften der Muttergottes weiterzugeben. Ich spürte einen besonderen Ruf, einen Dokumentarfilm zu machen, um Medjugorje den Nicht-Gläubigen und den Menschen, die noch nie davon gehört hatten, vorzustellen. Ich glaubte, wenn ich mich ändern konnte, konnten es auch andere, die mit dem Glauben rangen.

Ich wusste, dass ich meine Arbeit aufgeben musste, um das zu tun, was Gott von mir wollte, und als ich nach Manhattan zurückkehrte, kündigte ich, um bis Weihnachten fertig zu sein. Ich begann, meinen Freunden und meiner Familie von Medjugorje zu erzählen, aber es fiel mir sehr schwer, es den Leuten zu beschreiben, besonders den weltlichen, nicht

katholischen Freunden, die Fatima oder Lourdes nicht kannten. Nichts von dem, was ich sagte, vermittelte jemals richtig, was dort geschah, und ich ertappte mich dabei, dass ich sie auf den YouTube-Clip verwies, den ich gesehen hatte, in der naiven Annahme, dass er auf sie die gleiche Wirkung haben würde wie auf mich.

An Heiligabend packte ich die Sachen von meinem Schreibtisch ein und zog zurück nach New Jersey. An Silvester hatte ich mir eine schwere Grippe eingefangen. Als ich zu Hause mit Hustensaft und Dick Clark [TV-Moderator] auf der Couch saß, drehten sich meine Gedanken: „Habe ich gerade einen großen Fehler gemacht, als ich meinen Job aufgab? Wie werde ich meinen Lebensunterhalt bestreiten können? Wie werde ich die Seher interviewen können? Ich kenne die Seher nicht! Ich weiß nicht, wie man etwas filmt. Ich weiß nicht einmal, wie man Videos schneidet. Wie um alles in der Welt soll ich einen Dokumentarfilm machen?“

Zum Glück war die Gottesmutter bei jedem Schritt gegenwärtig. Während der Dreharbeiten öffneten sich Türen, die eigentlich hätten verschlossen sein sollen. Obwohl es bei den Dreharbeiten viele Schwierigkeiten gab, hatte ich nach etwas mehr als einem Jahr ein fertiges Projekt. Zwei Tage, nachdem ich mich am 15. August 2011 der Gottesmutter geweiht hatte, hielt ich meine fertige DVD mit dem Titel „Queen of Peace“ in den Händen.

Seit ihrer Veröffentlichung habe ich aus dem ganzen Land Nachrichten von Menschen erhalten, die den Film gesehen haben. Familienmitglieder und Freunde, die einst skeptisch waren, glaubten und waren zu Tränen gerührt. Einige entschlossen sich, nach Medjugorje zu fahren – sogar ganze Familien haben beschlossen, gemeinsam dorthin zu reisen. Das Feedback der Zuschauer hat mir sehr viel Freude gebracht. Ich fühle mich über alle Maßen gesegnet. (Siehe www.medjfilms.com)

Es ist mein ständiges Gebet, dass „Queen of Peace“ als Werkzeug in den Händen einiger der Millionen, die in Medjugorje waren und die Botschaften der Muttergottes mit denen in ihrem Leben teilen möchten, die noch nie von Medjugorje gehört haben, oder mit Menschen, die mit ihrem Glauben kämpfen, oder mit ihren Pfarreien und Gebetsgruppen, verwendet wird.

Durch Medjugorje gibt uns die Muttergottes alle Werkzeuge, die wir brauchen, um den schwierigen Weg der Heiligkeit zu gehen und den Weg der Welt zu verlassen. Ohne ihre Fürsprache weiß ich nicht, ob ich jemals umgekehrt und den richtigen Weg eingeschlagen hätte. Ich bin der Gottesmutter für immer dankbar, dass sie mich zu ihrem Sohn zurückgebracht hat, und ich bete, dass mein Leben und mein Film Wegweiser sind, die den Menschen weiterhin den Weg zu ihrer ewigen Heimat weisen.

Es heißt, ein Bild sagt mehr als tausend Worte, und ich kann Ihnen aus Erfahrung sagen: Ein einfaches Video sagt mehr als eine Million Worte.

Die Hl. Faustyna Kowalska:

O mein Gott, wie süß ist es, für Dich zu leiden, zu leiden in den geheimsten Winkeln des Herzens; im Verborgenen als unbeachtetes Opfer zu brennen, rein wie Kristall, ohne Trost, ohne Mitleid. Mein Geist brennt in tätiger Liebe, ich vergeude meine Zeit nicht mit Träumereien. Ich nehme jeden Augenblick einzeln wahr, denn er ist in meiner Macht. Die Vergangenheit gehört mir nicht mehr, die Zukunft ist nicht mein, die Gegenwart bemühe ich mich, mit ganzer Seele zu nutzen.

Tagebuch der Hl. Maria Faustyna Kowalska, Nr. 341

MARINO RESTREPO

Ein heiliger Paulus für unser Jahrhundert

Ich wurde in einer kleinen kolumbianischen Stadt namens Anserma, hoch in den Anden, geboren. Sowohl mein Großvater mütterlicherseits als auch mein Großvater väterlicherseits waren mächtige Patriarchen, die große Kaffeeplantagen besaßen, so dass meine unmittelbaren und erweiterten Familienmitglieder Kaffeebauern sind. Meine Eltern hatten zehn Kinder, von denen acht noch leben, und ich bin Nummer sechs; meine beiden älteren Brüder starben sehr früh. Meine Onkel und Tanten waren mit jeweils 15 bis 20 Kindern noch fruchtbarer, so dass ich 92 unmittelbare Cousins und Cousinen habe. Unsere Familie ist eher ein Stamm und unser katholischer Glaube reicht viele Generationen zurück, so dass ich nie nach Gott oder nach einem Freund suchen musste.

Als ich 14 Jahre alt war, wurde ich nach Bogotá, der Hauptstadt Kolumbiens, geschickt, um mein Abitur zu machen. Es waren die 1960er-Jahre und viele meiner Freunde verließen den katholischen Glauben. Es war leicht wegzugehen und es gab niemanden, der uns davon abhielt. Mit 16 schloss ich mich einer Gruppe junger amerikanischer Hippies an, die für drei Monate Kolumbien besuchten. Eine von ihnen war eine blauäugige Amerikanerin namens Donna, die mich mit Marihuana bekannt machte, mit der „Befreiung“ vom „Establishment“ und mit allem, was sie über Sex wusste – und ich hörte auf, an Gott zu glauben.

Von Marihuana bin ich schnell zu LSD, Meskalin, PCP und Pilzen übergegangen und habe dann mit all diesen Drogen gehandelt. Außerdem stürzte ich mich kopfüber in östliches Heidentum, Gurus, Tarotkarten, Metaphysik, Okkultismus, Magie, Wahrsagerei – all die spirituell giftigen Strömungen, die schließlich in den 1970er-Jahren als New-Age-Bewegung bekannt wurden.

Im Laufe von vier Jahren hatte ich Affären mit unzähligen „Donnas", die aus allen Teilen der Vereinigten Staaten zu Besuch kamen, und mit einer ähnlichen Anzahl von „Marias" aus meinem Heimatland. In den späten 1960er-Jahren blieb ich schließlich ein ganzes Jahr lang mit einer Kolumbianerin zusammen, ohne andere Beziehungen zu haben, was für meinen neuen Lebensstil ungewöhnlich war. Sie und ich schienen füreinander bestimmt zu sein. Als ich 20 war, schwängerte ich sie. Der größte Teil ihrer Familie war in der Politik tätig, arbeitete für die Regierung und lebte einen Lebensstil, den unsere jüngere Generation hasste. Ihre Familie wiederum betrachtete uns als den Abschaum der Welt. Nur weil wir beide katholische Eltern hatten, die es verlangten, heirateten wir in einer katholischen Kirche in Bogotá; aber wir glaubten nicht mehr an die Ehe. Ein paar Tage nach der Trauung schlugen die Verwandten meiner Braut uns vor, nach Deutschland zu ziehen, wo sie uns helfen würden, Arbeit zu finden. Die Wahrheit war, dass sie uns weit weg von sich schicken wollten, damit wir ihren Ruf nicht beschädigen konnten.

In Deutschland studierte ich an der Universität in Hamburg und wurde Schauspieler und Musikkomponist. Wir lebten dort etwas mehr als sechs Jahre und meine Frau brachte zwei Söhne zur Welt. Am Ende unseres Aufenthalts war die einzige gemeinsame Freizeitbeschäftigung meiner Frau und mir der Besuch von teuren Rock'n'Roll-Konzerten, die wir nach dem Füttern unserer Kinder besuchten. Dadurch fehlten uns die Mittel für alles andere, aber das war uns egal.

Nach und nach änderten sich das Leben und die Verbindung zwischen uns, obwohl wir uns gegenseitig liebten und gut kannten. Sie begann, sich nach ihren Wurzeln zu sehnen, und ich widmete mich zunehmend meiner künstlerischen, psychedelischen Welt. Im Jahr 1976 beschlossen wir, nach Kolumbien zurückzukehren. Ein paar Monate später trennten wir uns.

Ich ging in die Vereinigten Staaten und verbrachte einige Zeit in Florida und New York, wo ich Theater spielte. Die Trennung von meinen Kindern und meiner Frau machte mir das Herz schwer und ich tauchte in eine verwirrte und unruhige Welt voller Bars, Kokain und Frauen ein, die genauso dekadent waren wie ich. Zwei Jahre später führten mich meine künstlerischen Verbindungen und Bekanntschaften in New York nach Hollywood. Derselbe Geist, der mich durch Sex in Donnas Welt getauft und mir 1967 meinen ersten Marihuana-Joint geschenkt hatte, lenkte mein Leben weiterhin mit Macht. In den folgenden 29 Jahren arbeitete ich in der Unterhaltungsindustrie als Schauspieler, Regisseur, Produzent und Komponist und bewegte mich im Hollywood-Mekka der Drogen, der Lust und des New Age.

Mitte der 70er-Jahre, als ich noch in Hollywood lebte, wurde ich bei CBS Records in New York unter Vertrag genommen und reiste mit einer Band durch viele Länder, um Musik zu promoten und Platten zu produzieren. Ich hatte Geld, Ruhm und Macht und glaubte wirklich, der coolste Typ der Stadt zu sein. Als Sklave des New Age richtete ich meine Wohnung nach Feng-Shui ein, einer importierten chinesischen Tradition. Mein Sofa stand im Norden, mein Bett im Süden und mein Spiegel neben der Eingangstür reflektierte einen Kristall nach rechts, damit alles die „universelle Energie“ richtig kanalisieren konnte.

Ich kultivierte „Kräfte", „Wissen" und andere „kosmische Mächte" durch Kerzen, Astrologie, Horoskope, Hellseherei usw., zusätzlich zu all dem Aberglauben, den ich aus meiner Kultur mitgebracht, und dem, den ich aus den Ländern, die ich besucht hatte, mitgenommen hatte. In meinen Augen war alles ein Gewinn.

Der Böse, der sehr schlau ist, sorgte dafür, dass alles, was ich anfasste, zu weltlichem Erfolg wurde, damit ich dachte, meine esoterischen spirituellen Praktiken müssten richtig und gut sein. Wenn ich meine katholischen Verwandten besuchte, denen es finanziell schlecht ging, gab ich ihnen Ratschläge: „Tut, was ich tue, benutzt diese Kristalle…" Ihre Reaktion war, sich zu bekreuzigen und wegzulaufen. „Diese Leute sind so komisch", dachte ich dann. „Sie leben im finsteren Mittelalter."

Aber ich war derjenige, der in der Dunkelheit lebte, während ich glaubte, im hellsten Licht zu wohnen. Luzifer, der sich als Engel des Lichts verkleidete, war für mich nicht zu erkennen, weil ich direkt mit ihm unterwegs war. Die einzige Person, die in der Lage war, eine Perspektive Gottes in mein Leben zu bringen, war meine Mutter. Wenn sie alle ein oder zwei Jahre nach Kalifornien flog, um mich zu besuchen – als Ausgleich für meine seltenen Besuche in Kolumbien –, sagte sie mir immer: „Ich bin nicht sehr beeindruckt von deinem Geld oder deinem Erfolg. Ich mache mir große Sorgen um deine Seele. Wenn du mit dem Leben, das du führst, stirbst, wirst du verdammt sein." Für meine Familie war es unvorstellbar, dass ich meinen Glauben verloren hatte und nicht an Jesus glaubte, und so sagte meine Mutter, wenn sie nach Hause kam, einfach: „Betet viel für Marino."

Die Warnung meiner Mutter klang tief in mir, aber ich wollte ihr nicht gehorchen, weil ich zuviel um die Ohren hatte. Außerdem waren die Katholiken ein veraltetes Volk, das von mir lernen musste. Wie konnten sie nur immer noch an so etwas wie die Hölle glauben? Was für ein abergläubisches, entmenschlichendes und absurdes Konzept! Wann immer das Thema im Gespräch aufkam, sorgte ich dafür, meine Meinung lautstark kundzutun.

Einige Monate, nachdem ich den Vertrag mit CBS Records (heute Sony Music) unterzeichnet hatte, kam meine Frau überraschend aus Kolumbien zu Besuch, um mir mitzuteilen, dass sie Krebs hatte. Die Nachricht von ihrer Diagnose stimmte mich sehr traurig. Trotz unserer mehrjährigen Trennung hatten wir uns immer umeinander gekümmert und waren eng befreundet, weil wir das Leben des anderen so gut kannten. Zwischen uns gab es keine Geheimnisse.

Nicht lange nach ihrem Besuch beschlossen wir, dass es für unsere Jungen, die inzwischen Teenager waren, besser wäre, dauerhaft bei mir zu leben. Die ersten Jahre, in denen ich wieder mit meinen Jungs zusammen war, waren wegen meiner häufigen Musiktourneen sehr schwierig, aber diese neue Verantwortung zwang mich, viele meiner destruktiven Gewohnheiten aufzugeben, mit Ausnahme meiner okkulten Praktiken, die ich als harmlos ansah. Doch all der Aberglaube, den ich mir angeeignet hatte, führte dazu, dass meine Umgebung plötzlich bedrohlich werden konnte. Ich fürchtete mich vor viel mehr als nur davor, unter einer Leiter durchzulaufen oder vor einer schwarzen Katze, die meinen Weg kreuzte. Ich hatte mich in einen Idioten verwandelt.

1992 begann für mich eine Zeit der Verluste. In diesem Jahr starb meine Frau nach langem Leiden. 1993 starb mein jüngster Bruder bei einem Bootsunfall vor der Insel Antigua – seine Leiche wurde nie gefunden. Sechs Monate später verstarb mein Vater an einer Hirnblutung. 1996 erschoss sich mein letzter lebender Bruder während eines Streits mit seiner Frau, nachdem er auf einer Party in Bogotá Alkohol konsumiert hatte. Zu dieser Zeit war meine Mutter schwerkrank, abgemagert und von all den Familientragödien gezeichnet. Zwei Monate später starb sie in meinen Armen nach einer dreistündigen Ekstase, in der sie ihr ganzes Leben noch einmal durchlebte und erzählte.

Ein Jahr später, 1997, kehrte ich nach Kolumbien zurück, um Weihnachten mit meinen vier verbliebenen Schwestern zu verbringen, die alle praktizierende Katholikinnen waren. Bei dem Tempo, das unsere Familie vorlegte, schien es, als würde Gott den Rest von uns sehr bald holen. Eine meiner Schwestern, die erkrankt war, war überzeugt, dass sie die Nächste sein würde. Sie fragte, ob wir in die Kirche gehen könnten, um die Weihnachtsnovene zum Prager Jesuskind[XII] zu beten, eine besondere Verehrung, die einst in der ganzen Kirche weit verbreitet war und in Ländern wie Kolumbien und den Philippinen immer noch praktiziert wird. Die Novene begann am 16. Dezember und sollte am 24. Dezember enden, wenn das Jesuskind feierlich in die Krippe der Kirche gelegt wurde.

33 Jahre waren vergangen, seit ich das letzte Mal einen Fuß in eine katholische Kirche gesetzt hatte, und ich glaubte nicht an irgendetwas davon. Ich ging nur, um meinen Schwestern eine Freude zu machen, besonders der einen, die glaubte, dass sie bald sterben würde. Als der Priester die Novene vorstellte, sagte er: „Für denjenigen, der diese Novene mit Hingabe und Glauben betet, wird das Jesuskind eine Gnade gewähren. Das weckte die Gier in mir. „Vielleicht kann ich etwas aus diesem Kind herausholen“, dachte ich mir, und so fragte ich die Schwester, die neben mir saß: „Also, wie mächtig ist dieses Baby?“

Sie erzählte mir von vielen Wundern, die sich aufgrund der Novene ereignet hatten, und so sagte ich: „Klingt gut.“ Für mich war dieses Jesuskind wie Magie – eine weitere „Macht“, die mir Glück und Reichtum bringen würde. Ich hatte schon vor langer Zeit jegliches Verständnis von Gnade verloren.

„Ich werde das Jesuskind bitten, mein Leben zu ändern", beschloss ich. Ich behielt meinen Plan für mich und bat Es, mir die Möglichkeit zu geben, mich mit viel Geld zur Ruhe zu setzen und den Rest meines Lebens wie ein König mit mindestens drei Frauen auf einer Insel in Indonesien zu leben, die ich auf Bildern gesehen hatte.

„Tu es mit viel Glauben", sagte meine Schwester.

„Darauf kannst du wetten", antwortete ich.

Ich war überzeugt davon, dass das Jesuskind meine Bitte erhören würde. Ich wusste nicht, dass ich tatsächlich mit Gott sprach und dass Er mein Gebet erhören würde, um mein Leben zu verändern – auf Seine Weise. Ich beendete die Novene am Abend des Heiligen Abends. Am ersten Weihnachtstag, nachdem ich mit Freunden und Verwandten gefeiert hatte, stieg ich um Mitternacht mit einem meiner Neffen in meinen Land Cruiser. Wir fuhren zur Kaffeeplantage meines Onkels, um dort zu übernachten. Mein Onkel ließ das Eingangstor immer offen, wenn er mich erwartete, und so war ich überrascht, dass es bei meiner Ankunft geschlossen war. Ich hielt das Auto an und bat meinen Neffen, auszusteigen und das Tor zu öffnen.

Plötzlich sprangen sechs vermummte Männer mit Maschinengewehren aus der Dunkelheit. Sie rissen die Autotüren auf, stießen meinen Neffen auf den Rücksitz, zerrten mich aus dem Jeep und fesselten mir die Hände auf den Rücken. Nachdem sie mir eine Stoffhaube über den Kopf gestülpt hatten, schoben sie mich zusammen mit meinem Neffen auf den Rücksitz.

Alle sechs stiegen in den Jeep und der Fahrer raste mit gefährlicher Geschwindigkeit aus der Stadt. Als wir anhielten, stiegen vier der vermummten Männer aus dem Auto und nahmen mich mit. Die beiden anderen fuhren mit meinem Neffen davon. Später erfuhr ich, dass sie mein Auto und meinen Neffen noch in derselben Nacht auf einer Zuckerrohrplantage zurückgelassen hatten. Er war in Sicherheit, aber ich befürchtete das Schlimmste für ihn.

Mit schnellen Schritten banden mir die Männer einen Strick um die Taille. Einer von ihnen hielt den Strick von vorne, ein anderer von hinten. Dann zwangen sie mich, die ganze Nacht hindurch durch die Berge zu laufen, die Hände immer noch auf den Rücken gefesselt und mit der erstickenden Haube über dem Kopf. Als wir schließlich anhielten, wurde ich in einem Raum abgesetzt, der sich dem Echo nach wie ein verlassener Bauernhof anhörte. Bei Sonnenaufgang wurde ich, immer noch gefesselt und mit Haube, in ein Auto gestoßen und verbrachte die nächsten Stunden auf einer holprigen Fahrt, ohne Hände oder Augen, um mich zu stützen. „Wir müssen den Ort wechseln", hörte ich sie sagen, „weil die Polizei und die Armee nach ihm suchen."

Dann war ich wieder gezwungen, mehrere Stunden durch die Nacht zu laufen. Diesmal hörte ich die beängstigenden Geräusche des Dschungels, was mich noch panischer werden ließ. Die Autofahrt hatte an meinem Körper blaue Flecken hinterlassen, die Feuchtigkeit machte es mir schwer, durch die Haube zu atmen, und die mangelnde Blutzirkulation verursachte stechende Schmerzen in meinem Rücken und meinen Armen. Der Alkohol, den ich in den letzten drei Tagen auf den Weihnachtsfeiern konsumiert hatte, hatte mir auch meine Energie geraubt und jeder Schritt fühlte sich an, als käme ich einem Herzinfarkt einen Schritt näher.

Als diese schreckliche Odyssee durch den Dschungel endete, warf mich einer der Männer in eine Höhle. Als mein Körper auf dem Boden aufschlug, hörte ich ein lautes Flattern und merkte schnell, dass ich von Hunderten von Fledermäusen umgeben war. Ich wusste nicht, was schlimmer war: der Geruch der Höhle oder der Regen von Fledermauskot, der den verrotteten

Boden bedeckte. Jedes Mal, wenn ich mich einen Zentimeter bewegte, wurden die Fledermäuse gestört und ihr Kot regnete auf mich herab. Zu allem Übel krabbelten auch noch Tausende von Wanzen aus dem Kot in meine Kleidung und bissen mich von Kopf bis Fuß. Bald war mein ganzer Körper mit verschiedenen Arten von Insektenstichen übersät. Einige fühlten sich wie Stromschläge an, andere verursachten große entzündete Flecken und wieder andere verursachten einen schrecklichen Juckreiz, den ich mit meinen auf den Rücken gefesselten Händen nicht kratzen konnte.

Am dritten Tag fing ich an, nach meinen Entführern zu rufen, weil ich dachte, sie würden mich aus der Höhle holen, und wenn ich erst einmal draußen wäre, hätte ich eine Chance zu entkommen. Ich rief nach ihnen, aber meine Stimme versagte fast vor Müdigkeit. Nach einiger Zeit kam einer der Männer, zerrte mich an den Füßen aus der Höhle, riss mir die Haube ab und ließ mich leblos am Boden liegen. „Willst du etwas essen?", fragte er. Ich antwortete nicht. Meine Augen, deren Lider von Mückenstichen geschwollen und durch viele Tage völliger Dunkelheit geblendet waren, brauchten Zeit, um sich zu öffnen und an das Licht zu gewöhnen, und als sie es taten, bekam ich noch mehr Angst.

Als ich mich aufsetzte, starrte ich in die Höhle und sah etwas, das wie eine makabre Bühne aus riesigen Spinnennetzen aussah, die mit einem grünlichen Schleim überzogen waren. Langsam begann ich, die größten und haarigsten Spinnen zu beobachten, die ich je gesehen hatte. Sie schienen zu wissen, dass ich sie beobachtete. Entsetzt stellte ich fest, dass ich ein großes Loch in eines der größeren, dickeren Spinnennetze gemacht hatte, in dem ich die letzten drei Tage gelegen hatte. Ich wollte nur noch weglaufen. Es war mir egal, ob ich erschossen werden würde. Aber ich konnte nicht einmal aufstehen, so schwach war mein Blutkreislauf. Dann zog mir der Mann eine Kapuze über und stieß mich zurück in die Höhle.

Einmal am Tag bot mir einer meiner Entführer Essen an, aber ich weigerte mich, etwas zu essen, weil ich unbedingt sterben wollte. Er erklärte mir, dass sie mir das geben würden, was sie im Dschungel gefunden hätten, weil die Gruppe, die mich abholen sollte, noch nicht angekommen sei. Er sagte nicht, auf wen sie warteten oder was sie mit mir vorhatten, und ich wagte nicht, Fragen zu stellen.

Jeden Tag wurde ich schwächer, wütender und verzweifelter. Ich wollte diese Männer nur noch töten, einen Weg zur Flucht finden oder einfach sterben. Schließlich beschloss ich, zu versuchen, wieder zu Kräften zu kommen, und begann, die wilden Früchte, Wurzeln und das Dschungelwasser, das sie mir gaben, zu essen und zu trinken. Am 15.Tag brachten sie mich aus der Höhle heraus (ich habe die Zeit bis zum 21.Tag meiner Entführung verfolgt). Ich befand mich inmitten von fast 80 marxistischen Guerillarebellen in Militäruniformen im Alter von etwa 14 bis 21 Jahren. Sie waren Mitglieder der revolutionären Gruppe FARC. Mir wurde sofort klar, dass die Armee nicht mehr nach mir suchte, weil diese Rebellen sich nun offen bewegen konnten, ohne sich verstecken zu müssen.

Der FARC-Kommandant des Lagers, etwa 30 Jahre alt, fing an, im Kreis zu laufen, seine Macht zu demonstrieren und zu erklären, dass ich von meinen ersten Entführern gekauft worden sei und dass ich seiner Gruppe ein hohes Lösegeld zahlen solle (Geld, das ich nicht hatte). Dies, so behauptete er, sei nur ein kleiner Teil meines Vermögens. Sie müssen angenommen haben, dass ich reich war, weil ich im Fernsehen und in Filmen zu sehen gewesen war und mit prominenten Kaffeeplantagenbesitzern verwandt war, die sie seit Jahren schikaniert hatten.

Dieser karikaturhafte Kommandant wusste, wo meine

Schwestern waren, und ging sogar soweit, mir eine Liste mit ihren Namen, Adressen und Telefonnummern zu zeigen. Weigerte ich mich, ihnen das Geld zu geben, würden meine Schwestern getötet werden, eine nach der anderen. Ich wusste, dass ihnen ein Menschenleben nichts bedeutete, und sie würden keine Sekunde zögern, ihre Drohung wahr zu machen. Alles, was der Kommandant sagte, wurde von dem Rudel unterernährter, räuberischer Schakale um mich herum mit Gelächter quittiert. Bei dieser absurden Prüfung in der Dschungelnacht schwankten meine Gefühle wild zwischen Wut und Angst, Tapferkeit und schmerzlicher Verzweiflung.

Meine anfänglichen Entführer gehörten zu einer bekannten Familie aus meinem Dorf, die im Drogenhandel gescheitert war und ihre Schulden mit der Entführung von Menschen bezahlte. Der FARC-Kommandant erklärte, dass diese Entführer mich nach der Zahlung des Lösegelds tot sehen wollten, da sie aus demselben Dorf wie ich stammten und befürchteten, ich würde sie verfolgen. Da ich ihre Gesichter gesehen hatte, war mein Urteil der Tod.

Der Kommandant befahl mir, in die Höhle zurückzukehren, und die Guerilleros setzten mir die Haube wieder auf. Diesmal fesselten sie mir die Hände vorne zusammen, was mir nur die geringste Erleichterung verschaffte. Zurück in der Höhle fühlte ich mich völlig zerstört und hatte keinerlei Hoffnung, lebend wieder herauszukommen. Ich dachte an meine Jungs, die um mein Leben fürchteten, die keinen Vater mehr hatten. Ich dachte an meine Schwestern – meine gesamte Familie, die nun in Gefahr war, getötet zu werden. Ich hatte buchstäblich alles verloren. Meine Existenz hatte sich in Asche verwandelt. Ich war unter dem Tiefpunkt gelandet, wenn es so etwas überhaupt gab.

Ich versuchte verzweifelt, eine Kraft zu beschwören, einen Führer, irgendetwas, das mir in dieser Qual Halt gab. Ich suchte

Hilfe bei den östlichen Philosophien, die ich als etwas so Tiefes und Wunderbares geschätzt hatte. Aber die magischen Formeln, das metaphysische Wissen des Okkulten, die Mantras, die Kristalle, die mystischen Amulette aus aller Welt – all diese Dinge, für die ich lebte – boten mir nichts und ließen mich spirituell bankrott. Ich versuchte, mich an die Gebete zu erinnern, die ich in der Kirche und in der Schule gesprochen hatte, aber ich konnte mich nicht einmal an das „Vaterunser“ erinnern. An nichts.

†

Die Seelenschau

In diesem Moment, als ich als Mensch völlig zerstört war, trat Gott in mein Leben. Die ganze Nacht hindurch, etwa acht oder neun Stunden lang, hielt mich der Herr in einer mystischen Umarmung. Mein Gewissen wurde erleuchtet und ich erkannte auf außergewöhnliche Weise Seine Lehren – Teile davon werde ich einbeziehen, wenn ich erzähle, was während der Seelenschau geschah. (Obwohl ich bei der Beschreibung der Seelenschau oft die Worte „der Herr hat es mir gezeigt“ verwenden werde, verstand ich erst nach ihrem Ende, dass der Herr die Quelle war, denn zu der Zeit wusste ich nicht, wer der Herr war.)

Während ich immer noch die Realität im Griff hatte und mir bewusst war, dass ich mich in der Höhle befand, trat ich in einen geheimnisvollen, unendlichen Zustand ein, in dem es kein Gefühl für Zeit und Raum gab. In diesem Reich des lebendigen Bewusstseins ließ ich mein ganzes sündiges Leben Revue passieren. Plötzlich sah ich mich selbst im Alter von drei Jahren, wie ich mit einem Dreirad über die alte spanische Terrasse meines Elternhauses in Kolumbien raste. Mit einem Stock in der Hand schlug ich auf die Zierpflanzen ein und beschädigte die Topfblumen. Im Hintergrund hörte ich die Stimme von jemandem, vielleicht einem Hausmädchen, die mir sagte, ich solle aufhören. „Vielleicht werde ich verrückt", dachte ich. „Mit siebenundvierzig Jahren erlebe ich mein Leben mit drei Jahren noch einmal."

Versteinert überlegte ich: „Drei Stunden lang hat meine Mutter vor ihrem Tod über ihr ganzes Leben gesprochen, also muss ich sterben, wie meine Mutter." Dann kam mir der Gedanke: „Nein, vielleicht habe ich Halluzinationen, weil ich fünfzehn Tage lang von giftigen Insekten gestochen wurde." Irgendetwas in meinem Inneren sagte mir etwas anderes, aber die Antwort war zu geheimnisvoll, zu groß. Keine meiner Rationalisierungen konnte meiner sich entfaltenden Erfahrung standhalten, also gab ich den Versuch auf, sie zu verstehen. Mein Verstand war weit davon entfernt zu glauben, dass die Seelenschau von Gott käme.

Als ich Szenen aus meiner Kindheit sah, erkannte ich, wie ich Schritt für Schritt immer mehr an die äußere Welt gebunden war und meine Beziehung zum Heiligen Geist, der meine gesamte Existenz durchdrungen hatte, aufgab. Ich sah, wie sehr ich mich an meine Umgebung, an materielle Güter und an die Menschen in meinem Leben gebunden hatte. Die Kultur, in die ich hineingeboren wurde, hatte mich auch der ungezügelten sexuellen Unreinheit ausgesetzt, und schon früh begann ich, intensive sexuelle Handlungen an mir selbst vorzunehmen. Ich verlor das Gefühl der Freude, der Geborgenheit und der Liebe und verwandelte mich allmählich in einen Menschen, der ständig auf menschliche Zuneigung angewiesen war, mit einem Appetit, der sich an den Sinnen und Instinkten orientierte.

Als ich sah, wie mein Glück schwand, wurde meine Zunge zur Waffe.[13] Schon in der Grundschule beging ich ein schreckliches Vergehen gegen einen Mitschüler, der von unseren Klassenkameraden gehänselt wurde. Der schlimmste Spitzname, den er bekam, war der, den ich ihm gab: „Gallo", was Hahn bedeutet. Diesen Spitznamen trug er sein ganzes Leben lang mit sich herum und musste Demütigungen und Verfolgungen durch fast alle ertragen, was ihm große Qualen bereitete. Dieser Junge wuchs in Isolation und extremer Einsamkeit auf, was seine Seele auf wertvolle Weise läuterte. Seine Läuterung durch das Leiden verursachte einen enormen Schaden in den Seelen all derer, die zu seiner Heiligkeit beitrugen, mich eingeschlossen. Das mag verwirrend klingen, aber es ist genauso, wie ich es erlebt habe.

Man könnte argumentieren, dass ich als Schuljunge zu jung war, um es besser zu wissen, und dass ich noch kein voll ausgebildetes Gewissen hatte. Im Gegenteil, das wäre eine Rationalisierung, denn der Herr teilte mir später mit, dass die Weisheit in der Seele im Augenblick der Geburt erklingt, wenn die Seele zum ersten Mal vollkommen unabhängig vom Mutterleib wird. Das schließt aus, dass wir Unwissenheit vortäuschen, um eine solche Tat zu rechtfertigen. Die Seele spürt den Schmerz der Sünde in dem Moment, in dem die Sünde begangen oder sogar im Geiste gebilligt wird. Ich hatte also keine Ausrede.

Als ich mein Leben im Alter von elf, zwölf, dreizehn, vierzehn Jahren betrachtete, begann ich einen geistigen Schmerz zu erfahren, der unerträglich war. Zum ersten Mal spürte ich die Qualen der Sünde. Dieses Leiden drang so tief in mein Herz ein, dass ich es niemals beschreiben könnte – und ich war erst kurz vor meinem Teenager-Alter. Als siebenundvierzigjähriger Mann in einer Höhle, der nicht an die Sünde glaubte, spürte ich plötzlich den ganzen Schmerz des Unrechts, das ich bereits in meinen frühen Teenagerjahren begangen hatte. Je älter ich während dieser Erfahrung wurde, desto verheerender war der

Schmerz, denn ich hatte die letzten dreiunddreißig Jahre meines Lebens in Todsünde verbracht.

Ich erlebte nicht nur meine Sünden, sondern auch die Folgen jeder Sünde. Um diese Realität zu erklären, werde ich eine bestimmte Szene erzählen, die ich später vor dem Herrn erlebte:

Eines Morgens wurde mir eine Gruppe von Menschen gezeigt, die vor einem Bankschalter aufgereiht waren. Aus irgendeinem Grund arbeitete der Kassierer sehr langsam. Eine der Personen in der Schlange wurde unruhig und begann sich zu beschweren, indem sie die Bank, ihre Angestellten und dann die Regierung verfluchte. Andere Leute in der Schlange wurden unruhig und begannen ebenfalls zu schimpfen, so dass sie, als sie schließlich den Kassierer von Angesicht zu Angesicht trafen, auch ihn beschimpften. Daraufhin verlor der Kassierer die Beherrschung und verhielt sich für den Rest des Tages schlecht. Die Kette von Ereignissen, die sich in der Bank entwickelte, breitete sich auf andere Teile der Stadt aus und führte zu einem Anstieg von Feindseligkeit und Gewalt, und dann über den Ozean durch das Telefon, wodurch ein unglaublich großer Radius von bösen Handlungen entstand. Am Ende des Tages kam es zu extremen Gewalttaten als Folge der Reaktion einer Person auf eine nicht schnell genug arbeitenden Kassierer.

War ich derjenige, der ein Feuer der Sünde entfacht hatte, war ich auch für dessen Ausbreitung verantwortlich. Zu sehen, wie all meine Übertretungen wie eine schreckliche Plage von einer Seele zur anderen übergehen, war mehr als verheerend.

Ich sah, wie die Beziehung zwischen mir (einem Geschöpf) und meinem Gott (dem Schöpfer) in dem Moment zerbrach, in dem ich glaubte, die Kontrolle über mein eigenes Leben zu haben. Mit vierzehn Jahren war ich in ein solches Gebäude aus Eitelkeit, Überheblichkeit und Stolz gehüllt, dass ich das Sakrament der Versöhnung abbrach, weil ich es lächerlich fand, einem anderen Menschen etwas zu beichten.

Ich fing an, mich über die Kirche lustig zu machen und andere dazu zu bringen, das Gleiche zu tun. Ich beobachtete mich selbst dabei, wie ich die absurdesten Argumente vorbrachte, um zu zeigen, wie unnötig es war, Teil der Kirche zu sein. Ich verunglimpfte alle Christen, aber besonders die Katholiken. „Seht euch diese Priester an! Sie sind ein Wrack. Ich werde ihnen nichts sagen. Wer braucht schon einen Mittelsmann?“ … „Zum Teufel? Das ist ja wohl ein Scherz! Das kann nicht möglich sein. Gott würde uns nicht erschaffen, um in die Hölle zu kommen. Das würde Er uns nie antun.“ Ich sah all die Seelen, denen ich hätte dienen und sie evangelisieren sollen, wenn ich in der Kirche geblieben wäre. In den nächsten dreiunddreißig Jahren würde ich sie alle im Stich lassen. Ich hatte den großen Segen und die große Verantwortung, katholisch erzogen worden zu sein, erhalten, und ich hatte nichts daraus gemacht.

Gott hob auch einen bestimmten Moment im Jahr 1966 hervor, als ich fünfzehn Jahre alt war. Ich sah mich in der Küche eines Hauses in Bogotá in Begleitung eines Dienstmädchens in meinem Alter. Ich hatte eine Macho-Attitüde, die ich von meinen Vorfahren geerbt hatte, und die sich in meinem grausamen, arroganten und beleidigenden Verhalten gegenüber denjenigen zeigte, über die ich Autorität hatte. Ich sprach barsch mit ihr, während ich einen Gegenstand in der Hand hielt, den sie eigentlich hätte reinigen sollen. Sie starrte auf den Boden, ihr Gesicht errötete vor Elend. Sie protestierte weder, noch zeigte sie eine einzige Geste des Widerstands oder des Ekels. Als ich das sah, zerriss es mir das Herz. Ich sah, wie sie sich in einem der empfindlichsten Zustände ihres geistigen und emotionalen Lebens befand, und meine Handlungen führten sie in einen noch größeren Schmerz. Sie war erst vor kurzem aus dem Land, in dem sie geboren wurde, weggebracht worden. Sie wurde von ihren Eltern getrennt und in die große Stadt gebracht, wo sie in den Dienst von Fremden gestellt wurde, die keine Liebe oder Barmherzigkeit für sie empfanden, was ihr noch mehr Leid und Verzweiflung brachte.

Ich konnte sehen, wie geistlich behindert ich mit sechzehn Jahren war, weil ich so viele Wurzeln in dieser Welt entwickelt hatte. Infolgedessen war mein Leben absolut eintönig und von Ängsten und Begierden der Natur erfüllt. Mit unendlicher Traurigkeit erlebte ich, wie meine sündigen Handlungen dazu führten, dass ich von der Gnade, die mir bei meiner Geburt geschenkt wurde, getrennt wurde.

Mit siebzehn Jahren betrat ich dann das Gebiet der wahrhaft Gefallenen, indem ich beim Vollzug meines ersten sexuellen Aktes mit Donna in eine Höhle der Unreinheit hinabstieg. Der Herr offenbarte mir später, dass ich durch die Unzucht die Gnade meiner Taufe verlor und in die Erbsünde zurückfiel, so als wäre ich nie getauft worden[XIV]. Ich geriet nicht nur in die Folgen meiner eigenen schweren Sünde, sondern nahm auch die Sünden meiner Vorfahren auf mich, die ebenfalls Unzucht getrieben hatten.[XV] Anstatt Jungfräulichkeit und Keuschheit für die sakramentale Ehe zwischen einem Mann und einer Frau zu reservieren, die eine Fülle christlicher Gnaden mit sich bringt, hatten meine Vorfahren und meine Kultur den Weg der fleischlichen Lust vor der Ehe gewählt. Ich hatte also keinen geistlichen Kompass mehr und fuhr fort, diese Sünden – diesen schrecklichen Fluch – für künftige Generationen zu vermehren.

Von diesem ersten Akt mit Donna an begann mein ganzes Leben nach dem Fleisch und nicht mehr nach dem Geist zu funktionieren. Ich sah, wie sich meine Augen veränderten und danach lechzten, in die tiefsten Abgründe der Sexualität einzudringen. Wie Schwämme wollten sie jedes Detail auf dem Weg dorthin aufsaugen. Infolgedessen verlor ich unzählige Gnaden und den Schatz des Friedens.

Wenn unser Herr Ihnen, dem Leser, erlauben würde, nur einen Augenblick lang zu beobachten, was ich erlebt habe, was die Ankunft von Donna in meinem Leben bedeutete und umgekehrt. Dies zu sehen, wäre eine eindringliche Warnung über die Ernsthaftigkeit des Kampfes, der um unsere Seelen geführt wird.

Mit Schrecken verfolgte ich die Entwicklung meiner Fleischeslust, die schwerwiegende Folgen für mein Leben und die Menschen in meiner Umgebung hatte. Ich war überzeugt, dass Sex wie Atmen sei. Aber der Herr erklärte mir später, dass Sexualität kein Bedürfnis ist, sondern eine Funktion. Ein Mensch kann ohne Sexualleben überleben. Er ist vielleicht nicht in der Lage, sich fortzupflanzen, aber er wird mit Sicherheit nicht sterben oder verkümmern, weder körperlich noch seelisch oder geistlich. Sexuelle Unreinheit, sagte Er, ist einer der schnellsten Wege, um uns Lichtjahre von Seiner Gegenwart zu trennen, ein Weg, der uns mit Seinen teuflischen Gefilden ernsthaft kompromittiert. Jeder sündige sexuelle Akt ist eine innere Metamorphose, die den Menschen allmählich von seiner geistlichen Existenz entleert. Dies kann nur zu einem vorzeitigen Tod der Seele führen – sie wird zu einer wandelnden Leiche, die vom Bösen in ein ewiges Begräbnis getrieben wird.

Diese erste Beziehung war der Beginn einer langen Abfolge von höllischen Ereignissen in meinem Leben. Durch Donna wurden mir zwei verschiedene Gifte eingeflößt: das der halluzinatorischen Drogen und das der Promiskuität [die Praxis sexueller Kontakte mit relativ häufig wechselnden verschiedenen Partnern oder parallel mit mehreren Partnern], deren giftige Flammen durch mein generationsübergreifendes Erbe und meine Geschichte sexueller Aktivitäten mit mir selbst geschürt wurden. Das Zusammentreffen mit Donna entfachte ein Feuer, das jahrzehntelang nicht erloschen werden sollte.

Der Teufel bereitete mich gut auf meine zweite Affäre mit einer anderen amerikanischen Besucherin namens Cindy vor. Nachdem er in uns beiden eine Quelle der Verderbnis geschaffen hatte, benutzte Satan uns als seine Werkzeuge, um diejenigen zu verführen, mit denen wir in Kontakt kamen. Cindy und ich verursachten die Zerstörung vieler Seelen. Durch uns wurden sie in LSD und ein spontanes, ungezwungenes Sexualleben eingeweiht. Das alles zu sehen, war so schmerzhaft. Cindy selbst starb zu Hause in San Francisco an einer Überdosis Heroin.

Der Herr erklärte mir später, dass der Böse die Gaben und Talente kennt, die Gott uns gegeben hat, und dass er alle diese Fähigkeiten schon früh in unserem Leben für sein Territorium vereinnahmen will. Andernfalls werden sie zu Waffen, die gegen ihn eingesetzt werden. Der Teufel gab mir dekadente Talente, um das andere Geschlecht zu kultivieren, und ich ließ mich mit Leichtigkeit von den Einladungen der Frauen zu fleischlicher Leidenschaft gefangen nehmen. Ohne Anstrengung konnte ich andere verführen und noch leichter verführt werden. Ich sah, wie ich sogar die Manieren und Gesten der Dämonen annahm, die durch mich wirkten. Donna, Cindy und ich waren jedoch nicht nur Marionetten des Satans. Wir waren uns völlig bewusst, dass wir gegen alles handelten, was im moralischen Gesetz Gottes steht.

Nachdem ich die Wahrheit über meinen Kontakt mit Donna und Cindy erfahren hatte, erlebte ich, wie der Böse mich noch viele Jahre lang benutzte und meine Vitalität und künstlerischen Neigungen ausnutzte. Von klein auf hatte ich eine Vorliebe für die Kunst und jedes künstlerische Talent, das ich besaß, wurde vom Bösen benutzt, um den giftigen Einfluss meiner Handlungen zu verstärken.

Es war furchtbar schwer für mich, bei dieser Offenbarung

meines Gewissens zu lernen, dass der Schlüssel zum Himmel nicht Macht oder Bequemlichkeit oder Sinnlichkeit ist, sondern Verzicht. Die Welt, die ich mir geschaffen hatte, war darauf ausgerichtet, Schmerz zu vermeiden und Vergnügen um jeden Preis zu erlangen. Meine Version der Realität machte es mir von Tag zu Tag unmöglicher, mir vorzustellen, dass der Weg der Läuterung zur absoluten Vereinigung mit Gott mit Leid, Schmerz und Trübsal gepflastert war. Außerdem war ich auf der Suche nach dem Glück in dieser Welt – eine unmögliche Aufgabe, denn das Ewige kann niemals vollständig in dem verwirklicht werden, was nicht dauerhaft ist. Es ist, als ob man versucht, ein Haus auf den Wellen des Ozeans zu bauen.

Mindestens tausendmal während dieser Seelenschau fiel mir auf, wie meine Augen an so vielen Stellen auf Kreuze gerichtet waren. Bei jedem Blick auf ein Kruzifix regte sich tief in mir ein brennender Ruf, der jedoch nie mein Herz erreichen konnte, da ich gegen die Bewegungen des Heiligen Geistes immun war.

Je mehr Sünden ich beging, desto mehr wurde ich gequält, und desto verzweifelter suchte ich nach dem verlorenen Glück. In meiner Verzweiflung tat ich schließlich Dinge, die ein Teil von mir verabscheute. Gott erlaubte mir auch zu sehen, wie inmitten meiner intensivsten sündigen Aktivität (wenn ich dachte, dass ich körperlich das meiste Vergnügen genoss), meine Seele Flüsse von innerem Schmerz ausströmte, die mein ganzes Wesen verzehrten. Meine Augen sahen aus wie Fenster der Traurigkeit, bedeckt mit Karnevalsschminke, die niemanden täuschte.

Ich sah auch die Augen derer, die mit mir gesündigt hatten. Auch sie durchlebten eine innere Qual, mit Ausnahme derer, die von der Dunkelheit verschlungen zu werden schienen. Inmitten all dieses Schmerzes zeigte mir der Herr später, dass Er in jeder noch so dunklen Handlung da war, um die Last der

Sünde von unseren gequälten Seelen zu nehmen, die erkannten, dass etwas völlig falsch war.

Ich kann Ihnen nicht beschreiben, welche geistlichen Qualen ich bei dieser Erweckung meines Gewissens durchgemacht habe. Ich bin mir nicht sicher, wie ich das überlebt habe. Ich weiß, dass jemand, der sich in einem Zustand andauernder Todsünde befindet, wahrscheinlich sterben würde, wenn er das erleben würde, was ich erlebt habe.

†

Mein persönliches Urteil

Während dieses Rückblicks auf mein sündiges Leben war ich mir auf geheimnisvolle Weise bewusst, dass ich immer noch in der Höhle anwesend war. Ich hatte immer noch einen Bezug zur Realität. Aber dann war dieser Halt weg. Plötzlich wurde ich in eine andere Dimension gebracht. Ob ich ohnmächtig wurde, starb oder einschlief, weiß ich nicht. Ich fand mich in der Frische eines sehr freundlichen Feldes wieder, mit dem Gesicht nach unten in wunderschönem Gras, das das Plateau eines hohen Berges zu bedecken schien – eines Berges, der anders war als alle anderen auf der Erde. Ich befand mich inmitten einer unglaublichen und unermesslichen Stille, die ich als die vollkommene Stille bezeichnen möchte. Ich konnte auch meinen Körper in dieser Höhle in einer anderen Dimension sehen. Mein erster Gedanke war: „Ich bin gerade gestorben." Und doch hatte ich mich noch nie so lebendig gefühlt. Mein ganzes Wesen war schwerelos, frei von jeglicher Angst oder Schmerz und durchdrungen von einem reinen Gefühl der Freude.

In der Ferne sah ich einen anderen, noch höheren Berg, der nicht mit dem Berg verbunden war, auf dem ich mich befand.

Durch einen fernen Nebel, der den Berggipfel umgab, tauchte langsam eine spektakulär schöne Stadt auf. Ich befand mich in einem perfekten Zustand des Wissens und verstand alles, was ich sah. Als ich begann, diese Stadt zu erkunden (ich konnte sie von innen und außen sehen, obwohl sie weit weg war), wusste ich genau, dass meine Seele dort hätte landen sollen, aber sie hat es nicht geschafft.

Dann hörte ich die Stimme des Herrn zu mir sprechen. Ich wusste, dass es Gott war. Seine Stimme klang so majestätisch, so gewaltig, als käme sie von überall im Universum und gleichzeitig aus meinem Inneren. Alle Schönheit der Welt kann es nicht beschreiben. Ich erlebte die herrlichste, liebevollste, vergebende und barmherzigste Stimme; aber in meinem Stolz schämte ich mich so sehr dafür, dass ich in der Gegenwart dieses großartigen, großmütigen Gottes so war, dass ich nicht in der Lage war, Seine Gnade anzunehmen. Ich wollte in meiner Scham versinken, aber der Herr hielt mich immer wieder aufrecht. Er versuchte, mich vor mir selbst zu retten. Je mehr Scham ich erlebte, desto mehr Barmherzigkeit und Liebe zeigte Er mir, in einer Hin- und Her-Symphonie für meine Rettung.

Die bedingungslose Liebe und extravagante Barmherzigkeit in der Stimme des Herrn verbrannte mich. Ich wollte sie nicht hören, also lehnte ich sie ab. Die Menschen können sich nur schwer vorstellen, dass wir Menschen Gott, der uns nur retten will, jemals ablehnen könnten. Aber wir können es. Es passiert, wenn wir sterben und ohne Liebe vor dem Herrn erscheinen. Als ich die Stimme des Herrn zurückwies, hörte Er sofort auf, zu mir zu sprechen. Ich verfiel in eine unbeschreibliche Einsamkeit. Die Stille war nicht mehr vollkommen, sondern wurde zur völligen Abwesenheit von Liebe. Ich wusste, wenn diese Stimme nicht mehr zu mir sprechen würde, würde ich zerstört werden, denn diese Stimme war mein Leben.

Dann verschwand alles: das Gras, die Berge, die Stadt des Lichts. Ich schwebte nun über einem furchtbaren Abgrund, über etwas, das wie ein Ozean aus Nebel aussah. Ich begann, darin zu versinken, und als ich hinabstieg, stellte ich fest, dass es gar kein Nebel war. Jedes Teilchen war eine verdammte Seele, ein dämonisierter Mensch. Jede der schrecklichen Gestalten besaß noch Spuren von Menschlichkeit; ich konnte die Ähnlichkeit eines Arms, das Stück eines Gesichts sehen. Aber jedes Wesen war durch die Sünde völlig entstellt, und ich wusste genau, welche Art von Sünde zu welcher Art von Entstellung geführt hatte. Gleichzeitig kannte und fühlte ich auch den Ursprung jeder meiner eigenen schrecklichen Entstellungen. Als ich tiefer in diesen beängstigenden Abgrund in den Eingeweiden der Erde blickte, sah ich, dass es immer komplizierter wurde, weil es unendlich viele Ebenen der Verurteilung gab und alle verdammten menschlichen Seelen mit dämonischen Hierarchien weit unten verbunden waren. Diese Hierarchien wurden von gefallenen Engeln[XVI] gebildet. Jede Hierarchie herrschte über ein anderes Gebiet der Sünde, und ich konnte sehen, wie die Seelen auf ewig an die Hierarchien der Dämonen gekettet waren, die ihren Sünden entsprachen. Es war, als ob die Seelen mit ihnen verdrahtet wären, und ich war auch mit ihnen verdrahtet. Meine Sünden waren perfekt mit Millionen von bösen Geistern in verschiedenen Dimensionen des Abgrunds verbunden. Auf einmal sah ich die entsetzlichen Gesichter der Dämonen, mit denen ich Unzucht getrieben und Ehebruch begangen hatte – ich sah die bösen, verdrehten Gesichter meiner Gewalttätigkeit, meiner Unehrlichkeit, meiner Gier, meiner Völlerei.

Die meisten Menschen, die wie ich in Todsünde leben, argumentieren, dass Gott so barmherzig ist und es deshalb keine Hölle gibt. Nun, ich habe mich geirrt. Es gibt eine Hölle. Umgeben von abscheulichen Kreaturen, die meine kühnsten Vorstellungen übertrafen, erlebte ich die unerträglichsten Schmerzen meiner gesamten menschlichen Existenz. Ich fühlte mich, als wäre meine Seele gestohlen, vergewaltigt und mit Füßen getreten worden. Das Schlimmste war die Erkenntnis, dass ich dies freiwillig verursacht hatte. Auch wenn das Wort „Vergewaltigung" übertrieben klingen mag, spürte ich wirklich eine Verletzung der inneren Tiefen meiner Seele. Ich konnte die verschiedenen Winkel sehen, in denen das Böse in mir wirkte und wie es in die Räume meines inneren Lebens eingedrungen war und allmählich die kleinsten Details der Gegenwart Gottes in mir auslöschte.

Dies war mein Moment vor dem „Richterstuhl", dem „Heiligen Tribunal" Gottes. Die geistliche Gegenwart der Sünde vor dem Heiligen Tribunal ist der größte Schmerz, den eine Seele je erleiden kann. Er ist unaussprechlich und unvergleichlich. Ich befand mich in einem Gebiet des Bösen, das so groß war, dass ich jede Hoffnung verlor, jemals wieder das Licht zu sehen. In Gottes Heiligem Tribunal erlebte ich mein eigenes persönliches Urteil, und mein Urteil war die ewige Verdammnis.

†

In Seiner Gegenwart

Wenn sich die Seele im Tod ihrem eigenen persönlichen Gericht stellt, wird sie nichts Unbekanntes finden. Die Selbsterkenntnis ist dem Menschen bereits durch das Wirken des Heiligen Geistes eingepflanzt worden. Es ist die Sünde, die diese Weisheit in sich schlummern lässt. In der Gegenwart des Herrn erkennt die Seele die Wahrheit augenblicklich. Die einzige Verwirrung, die die Seele im Augenblick des physischen Todes erlebt, ist die Begegnung mit ihrer Beziehung zum Bösen. Das kommt für sie sehr überraschend.

Wenn wir auf Erden mit Klarheit wüssten, wann wir uns in einem hierarchischen Gebiet der Sünde befinden, würden wir uns niemals täuschen oder manipulieren lassen und zu solch absurden Marionetten Satans werden. Vor dem Richterstuhl Gottes gibt es keinen halben Weg. Wir können nicht sagen, dass wir irgendwie gut oder irgendwie böse waren. Die Trennlinie verschwindet und wir stehen entweder auf der einen oder auf der anderen Seite, bestimmt für das Fegefeuer oder den Himmel – oder für die Hölle.

Ich stand auf bösem Boden. Der Teufel war mein Herr gewesen, und auf seinem Terrain musste ich meinem Herrn Rechenschaft ablegen. In der göttlichen Gegenwart war ich wie ein verheirateter Mann, der von seiner Frau in der Umarmung seiner Geliebten ertappt wurde, untreu und seit dreiunddreißig Jahren im Bett mit dem Bösen. Ich nahm an, dass ich für eine Ewigkeit in der Hölle sein würde, um nie wieder das Licht Gottes zu sehen.

Plötzlich fand ich mich auf dem Berg wieder, mit dem Gesicht im Gras. Es schien, als hätte ich diesen Ort der vollkommenen Stille nie verlassen – nie die Hölle erlebt; doch ich wusste, dass ich sie erlebt hatte. Dann begann der Herr wieder zu mir zu sprechen. Während ich mich umschaute und versuchte herauszufinden, woher Seine Stimme kam, fand ich mich bis zur Hüfte in einem kleinen See versenkt. Ich war mir nicht nur bewusst, dass ich mich in drei verschiedenen Zuständen befand – in der Höhle mit den Fledermäusen, im Gras liegend und jetzt im See -, sondern ich wurde mir auch der Beziehung zwischen den einzelnen Zuständen sehr deutlich bewusst. Ich weiß, dass dies für den Leser genauso unvorstellbar ist wie für mich.

Mit meiner Aufmerksamkeit in der Dimension, in der ich hüfttief im See stand, blickte ich mit ausgestreckten Armen nach oben. Dort, vor dem See, erschien ein riesiger und kostbarer goldener Felsen, der sich nicht beschreiben lässt. Er schien so groß zu sein wie das Universum. Obwohl seine Größe unvorstellbar war, konnte mein Verstand ihn dennoch ergründen.

Im selben Augenblick wurde ich auf die Anwesenheit von Myriaden böser Geister aufmerksam gemacht, die sich in dem See befanden. Dann erschien mein Schutzengel auf der Spitze des Felsens. Er trug eine helle, elfenbeinfarbene Tunika, die dieselbe Farbe wie sein Gesicht hatte, so als wäre sie ein Teil seines Körpers. Mit vollkommenem Wissen wusste ich alles, was er sagte, ohne ihn zu „hören". „Du stehst auf dem Gebiet all deiner Sünden", sagte er. „Du hast dein Leben gegen die Gebote des allmächtigen Gottes gelebt." Während er die Geister des Bösen um mich herum anstarrte, waren seine Augen wie Fackeln aus Feuer.

Dann wurde mir die Anwesenheit meines Schutzengels während meines gesamten Lebens gezeigt, zusammen mit der Anwesenheit vieler anderer Engel – den Beschützern meiner Verwandten oder von Menschen, die ich verletzt hatte – und ich sah, wie die Handlungen dieser Engel durch meine Sünden zunichte gemacht worden waren. Ich beobachtete ihren geistlichen Kampf gegen die gefallenen Geister. Es war niederschmetternd zu sehen, wie viele Gnaden ich vergeudet hatte und wie viel Zeit meines Lebens ich mit Dämonen verbracht hatte, und das mit so wenig Bewusstsein für sie!

Es gab noch etwas Größeres in dieser großen Erscheinung, und ich wusste, was es war: der Herr selbst. Nachdem ich bis zu diesem Zeitpunkt nur Seine Stimme gehört hatte, verstand ich, dass ich im Begriff war, Ihn zu sehen. Vor Scham wollte ich im See verschwinden. Aber Er gab mir die Kraft, zur Spitze des Felsens hinaufzuschauen. Ganz leise und sanft nahm der Herr Jesus als Person Gestalt an, durchsichtig und in ein majestätisches Licht getaucht. Diese Offenbarung verblüffte mich, denn seit Jahrzehnten hatte ich mir Gott nicht mehr als göttliche Person vorgestellt, sondern nur noch als universelle, kosmische „Energie" oder als Nirwana.

Ich verschmolz mit Seiner Gegenwart; Seine Aura durchdrang mich so vollständig, dass ich das Gefühl hatte, mit Ihm vereinigt zu sein. Keine Worte können meine Begegnung mit unserem König beschreiben. Ich sah mein ganzes Leben in Ihm. Ich sah die ganze Schöpfung in Ihm. Ich hätte erwartet, Ihn in einer Tunika zu sehen, aber ich kann nur sagen, dass Er in das kostbarste Licht gekleidet war. Gleichzeitig erschien in Ihm das spektakulärste Farbspektrum, an dem sich die Augen erfreuen konnten, und Er zeigte sich in verschiedenen Lichtakzenten. Diese Farben waren wie lebendige Wesen wegen der enormen Lebendigkeit, in der sie existierten. Es gibt keinen Vergleich zwischen dem Licht und den Farben, die ich sah, und dem, was wir in der materiellen Welt sehen.

Das Haar Jesu war schulterlang und erschien in verschiedenen Goldtönen, von den dunkelsten bis zu den hellsten. Ich sah Ihn älter und jünger – alles zur gleichen Zeit – mit einem Gesicht, das ewig schön, weise, mächtig und von unendlicher Liebe erfüllt war. Ich konnte nicht anders, als mich ganz in Seine Augen zu versenken, die unbändige Liebe und Mitgefühl verkörperten. Sie wechselten von Gelb über Blau zu Grün, Farben, die mich streichelten und mir die größte Erleichterung verschafften, die sich eine Seele wünschen kann. Die Augen Jesu Christi zu sehen, bedeutet, die absolute Verwirklichung, die letzte Erfüllung unserer Existenz zu finden.

Unser Herr war das prächtige Anwesen, durch das ich den Himmel sehen konnte. In Ihm sah ich einen erstaunlichen, endlosen Ozean der Reinheit – eine riesige Fläche von exquisitem Grün. Als sich meine Augen auf einen bestimmten Punkt konzentrierten, erkannte ich, dass dieser Ozean aus einer großen Anzahl einzelner Engel und Heiliger bestand, so wie ein grünes Feld aus Millionen von Grashalmen besteht.

Inmitten des farbenprächtigsten Lichts, als käme es aus den Herzen aller Engel und Heiligen, tauchte dann das herrlichste aller Geschöpfe auf, die Heilige Jungfrau Maria. Sie war kostbar und jung und von einer solchen königlichen Autorität, von einer überschwänglichen Demut und Gnade erfüllt, dass ich nicht imstande war, sie anzuschauen. Dann fand ich mich wie ein Kind in ihrem Schoß wieder, verbunden mit ihr durch eine geistliche Nabelschnur. In der Umarmung ihres Wesens fühlte ich mich so zart genährt, dass ich Angst hatte, sie zu verlieren. Gemeinsam begannen sie und alle himmlischen Heerscharen, den Herrn in einem einzigen Chor zu preisen und anzubeten, der mit menschlichen Begriffen nicht beschrieben werden kann. Die Gegenwart einer solchen Vollkommenheit kann in der Seele nur einen Zustand erhabener Ekstase hervorrufen. Mein anfängliches Verständnis von Jesus und Maria war so dürftig, dass jede Entdeckung eine tiefgreifende war. Ich hatte nie den Katechismus gelernt oder im Religionsunterricht aufgepasst. Für mich war es die größte aller Offenbarungen, zu erfahren, dass Jesus Christus Gott ist. Darüber hinaus füllte die Entdeckung, dass ich eine Mutter im Himmel habe, eine tiefe mütterliche Leere in meiner Seele aus – eine Leere, derer ich mir bis zu dem Moment, als ich sie sah, nicht bewusst war. Während ich mich wie ein Kind in ihren Schoß schmiegte, blieb ich auch hüfttief im See. Sie sprach mit tiefer Liebe zu mir, mit Worten, die ich nicht „hörte", aber perfekt verstand: „Du musst auf deinen Herrn Jesus vertrauen. Du musst dein Herz öffnen, um Ihn hereinzulassen. Jesus liebt dich. Er vergibt dir." Aber in meinem Herzen fühlte es sich immer noch unmöglich an, die Vergebung des Herrn anzunehmen, weil ich nicht fähig war, mir selbst zu verzeihen.

Als ich bei der Muttergottes war, wurde mir ein großes Tal der Einsamkeit gezeigt, vollgepackt mit Millionen von Seelen, das wie ein großer Feuerkörper aussah und doch so kalt wie Eis war. Es sah aus wie die Hölle, aber mein Schutzengel sagte mir, ich sähe das Fegefeuer,[XVII] weit unter der Erde. Die Seelen in diesem Zustand, so erklärte er mir, hatten es zwar zur Erlösung geschafft, aber nicht zur Heiligkeit, deshalb mussten sie geläutert werden.

Die Seelen dort litten, weil sie von Gott, den sie liebten, getrennt waren. In ihren geistlichen Sinnen erlebten sie die extremen Empfindungen von Feuer und Eis, denn es war entweder zu heiß oder zu kalt. Die Stufen der Läuterung im Fegefeuer, die ich gesehen habe, waren so zahlreich und so groß, dass, würden hundert Menschen plötzlich sterben und dorthin gehen, sie sich nicht sehen könnten, da sie wahrscheinlich auf verschiedenen Stufen landen würden, je nach ihren größeren oder kleineren Sünden. Die Muttergottes, die Königin des Fegefeuers, hatte großes Mitleid mit jeder einzelnen Seele und hörte nicht auf, sich für sie einzusetzen. Sie, mein Schutzengel und andere Engel des Herrn zeigten mir, dass alle Seelen, die ich sah, eine schöne und echte Gewissheit besaßen, dass sie gerettet waren. Sie akzeptierten, dass sie noch nicht am Festmahl des Herrn teilnehmen konnten, weil sie noch nicht richtig in Tugend gekleidet waren, und sie schöpften großen Trost aus der Verheißung des Himmels, die Gott ihnen gegeben hatte. Die Gottesmutter und die Engel wollten, dass ich dieselbe Barmherzigkeit und Hoffnung für mich annehme, aber ich konnte es nicht.

Ich fühlte mich so unwürdig, dass ich meinen Kopf abwandte und auf den See hinunterblickte. Maria, die mich sanft verfolgte, begegnete mir auf der Wasseroberfläche. Neben ihrem Spiegelbild deutete sie auf die Geister meiner Sünden und sagte mit einer Stimme der süßesten Zärtlichkeit: „Sie sind nicht du."

Endlich konnte ich zulassen, dass die Barmherzigkeit des Herrn mich einhüllte. Dann begann Er, mich durch ausführliche Belehrungen zu führen, von denen ich Teile in die Erzählung über meine Seelenschau aufgenommen habe. Jesus sprach über mein Leben, die Menschheit, die Kirche, die sieben Sakramente, die zehn Gebote, die Gottesmutter, die Heiligen, den Himmel, das Fegefeuer, die Hölle, die Dämonen, die Engel, die Eschatologie, die Erlösung, die Todsünden, das, was Er die „Ökonomie der Seele" nannte, und so vieles mehr. Der Zustand, in dem ich mich befand, ist sehr schwer zu beschreiben. Der einzige Weg, den ich mir vorstellen kann, um dieses Phänomen auszudrücken, wäre zu sagen, dass sich alles, worüber Er sprach, vor meinen Augen materialisierte und in mein Herz eindrang.

Worte erlauben es mir nicht, auch nur annähernd die Vollkommenheit, den Frieden und die absolute Weisheit zu beschreiben, in der Seine Lehren stattfanden, und ich werde nie in der Lage sein, sie zu messen. Würde ich noch hundert Jahre leben, könnte ich nicht einmal ein Minimum von all dem wiedergeben, was der Herr mir mitteilte. Ich hatte nie etwas von dem studiert oder in Büchern gelesen, was Er mich lehrte, oder es von den Menschen um mich herum gehört. Alles war neu.

†

Zurück in meinem Körper

Meine gesamte mystische Erfahrung dauerte die ganze Nacht hindurch, etwa acht oder neun Stunden. Dann brachte mich der Herr zurück in meinen physischen Körper. Als ich das Gefängnis meines Fleisches wieder betrat, geriet es in Krämpfe. Äußerlich befand ich mich wieder in demselben lebenden Albtraum. Innerlich aber war ich ein völlig veränderter Mensch. In den nächsten fünf Monaten lebte ich in Gefangenschaft. Täglich wurde ich von den Rebellen, die versuchten, Geld von mir und meiner Familie zu erpressen, physisch und psychisch gefoltert. Während dieser langen Monate durchlebte ich großes Leid und Verzweiflung. Niemals hätte ich mir träumen lassen, dass ich es lebendig herausschaffen würde. Ich sah mir diese jungen Männer an und wusste, dass sie Gefangene des Teufels waren. Sie griffen mich an, körperlich und geistlich, und sie wussten nicht, warum. Sie taten mir so leid.

Jeden Tag opferte ich jedes Leiden, das ich ertrug, zur Wiedergutmachung meiner Sünden. Ich glaubte nun voll und ganz an die Barmherzigkeit Gottes, aber ich hatte Angst vor mir selbst, vor dem, was ich in der Gegenwart des Herrn tun würde, wenn ich wieder sterben würde. Ich flehte Ihn an, mir jemanden zu schicken, der mir die Beichte abnehmen würde, auch wenn es ein entführter Priester wäre.

Im vierten Monat meiner Gefangenschaft hatte ich den FARC-Guerillas jeden Penny gegeben, den ich je gespart hatte, obwohl es viel weniger war, als sie verlangten. Dann wurde mir mitgeteilt, dass sie auf Anweisungen für meine Hinrichtung warteten. Die nächsten Monate lebte ich in der Erwartung, getötet zu werden. Jedes Mal, wenn ich einen der Männer mit einem Seil sah, bedeutete das, dass sie mich hängen wollten. Wenn ich einen dabei erwischte, wie er ein Messer schärfte, machte ich mich darauf gefasst, erstochen zu werden. Wenn einer ein Maschinengewehr reinigte, rechnete ich damit, erschossen zu werden. Mindestens zweimal am Tag erlebte ich gefühlsmäßig die letzten Momente meines Lebens.

Eines Tages riet mir ein Guerilla-Rebell, den Kommandanten zu bitten, mich auf der Straße zu töten, damit meine Familie mich finden könne. Ich folgte seinem Vorschlag und wandte mich an den Kommandanten. „Könnten Sie mich auf der Straße töten?“ fragte ich ihn heimlich.

„Nein“, sagte er. „Ich muss Sie im Dschungel töten. Wir haben keine Zeit, Sie auf die Straße zu bringen.“

Ich rechnete also damit, jeden Moment mitten im Dschungel ermordet zu werden. Eines Tages wurde ich um 2.00 Uhr morgens bei strömendem Regen von dem Baum losgebunden, an den man mich gefesselt hatte, und erhielt den Befehl, vier Guerillas zu folgen. In den frühen Morgenstunden und für den Rest des ermüdenden Tages führten sie mich durch einen der westlichen Regenwälder Kolumbiens – einen dunklen, bergigen und unwirtlichen Dschungel. Zu diesem Zeitpunkt meiner Entführung war ich dünn wie eine Harke, hatte einen Bart bis zur Mitte meiner Brust und trug die gleichen zerrissenen Kleider, die sechs Monate zuvor in Fledermauskot gelegen hatten. Ein ganzes halbes Jahr lang hatte ich weder in einem Bett geschlafen noch geduscht.

Nachdem die Sonne ihre letzten Strahlen ausgesendet hatte näherten wir uns einer ungepflasterten Straße. Das Datum war auf den Tag genau sechs Monate nach meiner Entführung. Ohne eine Erklärung zu geben, sagte mir einer der Guerilleros: „Geh geradeaus und schau nicht zurück“. Ich machte mich also mühsam auf den Weg, meine Beine waren vor Angst fast gelähmt und bei jedem Schritt erwartete ich das unheilvolle Geräusch eines Gewehrschusses, das mich und die dunkle, stille Nacht durchdringen sollte. Ich flehte Gott an, die Kugel möge mich in den Kopf treffen, damit ich auf der Stelle tot sei und nicht tödlich verwundet auf einer einsamen, abgelegenen Straße einen qualvollen Tod erleiden müsse.

Es war der längste Spaziergang meines Lebens. Wie versteinert lief ich … und lief … und lief … und nichts geschah. Als ich mich einer Kurve näherte, nahm ich allen Mut zusammen, um hinter mich zu schauen. Völlig verwirrt sah ich, wie die vier Männer den Berg in Richtung des Waldes, aus dem wir gekommen waren, wieder hinaufkletterten. Konnte ich es wagen zu hoffen? Würde man mich weiter unten auf dem Weg abfangen? Mein Herz schlug schnell, als ich im schwachen Mondlicht den Horizont nach Rebellen absuchte. Aber es war keiner zu sehen.

Ich war so lange entführt gewesen, dass ich nicht wusste, was ich tun sollte. Ich hatte meinen Willen verloren. Ich begann sogar zu hoffen, dass die Verbrecher zurückkommen würden, um mir zu sagen, wohin ich gehen und wie ich mich verhalten sollte. Nach gefühlten Stunden hörte ich in der Ferne einen Automotor. Auf dem Feldweg kam ein alter Bus, der links an mir vorbeifuhr und einige Meter vor mir anhielt. Eine Frau trat auf den Feldweg und lief in den Wald, und ich erkannte, dass sie zu den Guerillas gehörte. Voller Adrenalin eilte ich zur Bustür, die mir vor der Nase zugemacht wurde, weil ich wie ein Höhlenmensch aussah. Ich stieß meinen Ellbogen und mein Knie in den Türspalt, öffnete sie und stieg ein.

Alle im Bus drehten sofort ihre Köpfe und sahen mich an. Mit Blick auf den leeren, hinteren Sitz, der mit Glasscherben und Staub bedeckt war, ging ich zum hinteren Teil des Busses und setzte mich genau in die Mitte des Sitzes. Der Fahrer starrte mich durch den Rückspiegel an, zweifellos in der Erwartung, dass ich etwas Schreckliches tun würde, und ich starrte auf ihn zurück. Alle im Bus hatten ihre Köpfe gedreht und sahen mich weiterhin an. „Sind das Guerillas?“ fragte ich mich. „Ist das alles eine Falle?“ Obwohl ich nicht wusste, wo ich war, traute ich mich nicht, jemanden etwas zu fragen. Doch irgendwo in meiner Angst begann ich zu hoffen.

Nach einiger Zeit kam ich in eine Stadt, dann in eine andere. Die Polizei kam vorbei und meine Schwestern holten mich schließlich ab. Unser Wiedersehen war dramatisch. Sie waren überglücklich, und gleichzeitig schmerzte es sie, mich zu sehen, weil ich ihre Liebesbekundungen und Zuneigung nicht ertragen konnte. Nachdem ich sechs Monate lang zerquetscht und geschlagen, mit Seilen gefesselt und unterernährt worden war, war ich paranoid geworden. Ich hatte nicht die Kraft, eine Umarmung oder einen liebevollen Blick zu empfangen, weil ich jede Minute eines jeden Tages bestraft worden war, ohne dass ein anderes Ende als meine Ermordung in Sicht gewesen wäre. Grausamkeit war alles, was ich kannte, und wenn meine Schwestern auf mich zukamen, hatte ich Angst. Als sie versuchten, mich zu packen, zitterte und bebte mein Körper.

Meine Schwestern brachten mich nach Hause, und ich verbrachte fünfzehn Tage in einem Zimmer eingesperrt. Da ich mich mit niemandem zusammensetzen konnte, schlich ich mich zum Tisch, um allein zu essen, und achtete darauf, dass niemand in der Nähe war. Musste ich baden, schaffte ich kaum den Weg zur Dusche und zurück. Meine Schwestern boten mir psychiatrische Hilfe an, aber ich nahm sie nicht an. Nur langsam begann ich, kleine Schritte zurück in die Welt zu machen. Es fiel mir jedoch leicht, zu beten … und zu beten. Ich wusste, dass der Herr mich heilen würde.

Nachdem ich mich körperlich und seelisch ein wenig erholt hatte, ging ich als Erstes zur Beichte in ein Kloster in der Stadt meiner Schwester. Nachdem ich mich in eine lange Schlange eingereiht hatte, stand ich dem Abt gegenüber, einem heiligmäßigen Franziskaner mit langem Bart, der sich freundlich meine endlose Beichte anhörte. Da wir uns in einem Raum ohne Möbel befanden, drang das Echo überall hin, und die Frauen, die draußen in der Schlange standen, konnten meine Sünden hören. Ich stellte mir vor, dass sie wie versteinert waren und dachten: „Puh! Wir machen alles richtig."

Schließlich war ich am Ende angelangt und der Priester sagte: „Ich erteile Ihnen jetzt die Absolution … Gott, der barmherzige Vater, hat durch den Tod und die Auferstehung Seines Sohnes die Welt mit sich versöhnt und den Heiligen Geist gesandt zur Vergebung der Sünden; durch den Dienst der Kirche schenke

Er dir Verzeihung und Frieden schenken, ich spreche dich los von deinen Sünden, im Namen des Vaters und des Sohnes und des Heiligen Geistes."

Ich fühlte mich unglaublich leicht und überglücklich und verließ den Beichtstuhl und winkte allen zu. Ich hätte meine Sünden vor einer Million Menschen beichten können, denn der Herr sagte mir, dass die Sünde der Teufel ist und dass wir alle Sünder sind. Da ich verstand, was gerade auf mystische Weise geschehen war, freute ich mich, dass ich den Teufel ins Gefängnis gebracht hatte. Ich konnte fast hören, wie er und seine Legionen verbrannt wurden, eine nach der anderen. Nicht nur das, ich war praktisch geheilt von all meiner Paranoia und von allen emotionalen und psychologischen Folgen meines Traumas der Entführung. Es war das größte Gefühl der Erleichterung und Befreiung in meinem ganzen Leben.

Kurz darauf zog ich zurück nach Kalifornien, in mein Haus in Los Angeles. Dort ging ich als erstes wieder in die Kirche. Meine erste Erfahrung mit der Kommunion war ein Blick in den Himmel. Jesus überkam mich auf eine Weise, die unmöglich zu beschreiben ist. Wie verliebt war ich in den Herrn und die Kirche – in die Heilige Schrift, den Katechismus, die Liturgie, die Geschichten der Heiligen. Alles bestätigte mir, was ich durch meine mystische Erfahrung in der Höhle erfahren hatte. Zu wissen, dass ich mich in der Kirche des Herrn, dem Haus Gottes, befand, gab mir ein Gefühl der Sicherheit. Jeden Tag besuchte ich die Hl. Messe und ging oft zur Beichte. Ich war zu Hause.

In der Kirche fühlte ich mich unter Menschen sehr schüchtern, weil ich als Katholik nicht einmal das Vaterunser kannte. Wenn ich neben Leuten stand, die sich über den Glauben unterhielten, beugte ich mich zu ihnen, um zuzuhören. Manchmal wurden sie von diesem gebeugten Fremden eingeschüchtert und hörten auf zu sprechen. „Verflixt!“ dachte ich dann. Ich schloss mich Gebetsgruppen an, schwieg aber über meine mystische Erfahrung und erzählte niemandem davon, nicht einmal meinen Söhnen. Ich dachte, es sei ein großes Geheimnis zwischen mir und Gott, ein Geheimnis, das bedeutet, dass Gott mir noch eine Chance gibt. Ich zog nie in Betracht, dass mir überhaupt jemand glauben würde.

Obwohl ich geistlich erfüllt war, fühlte ich mich immer noch erschöpft und am Boden zerstört, körperlich und geistlich, wegen der Entführung und der Schläge. Ich glaubte nicht, dass ich noch lange leben würde. Alles, was ich wollte, war, in eine kleine Stadt in Norditalien zu ziehen, mich zur Ruhe zu setzen und meine letzten Tage in einem einfachen, kleinen, bescheidenen Leben zu verbringen. Meine Familie und Freunde waren besorgt über mein „seltsames“ Verhalten, weil ich die meisten meiner früheren Aktivitäten eingestellt hatte und immer in der Kirche war. „Er wird eines Tages in sein altes Leben zurückkehren“, sagten sie. „Er ist nur traumatisiert und muss zum Psychiater gehen. Sie wussten nicht, dass ich dieses Reich verlassen hatte.

Im Alter von neunundvierzig Jahren, nachdem ich zwei Jahre lang in Los Angeles gelebt hatte, reiste ich in der Karwoche zurück nach Kolumbien. Am Palmsonntag besuchte ich eine

Mittagsmesse, die so voll war, dass ich es nicht mehr hinein schaffte. Durch die Haupttüren der Kirche blickte ich über ein Meer von Menschen und konzentrierte mich auf ein riesiges Kruzifix, das über dem Altar hing. Als ich es anstarrte, wurde mir schwindlig, als würde ich ohnmächtig werden. Dann wurde mir klar, dass der Herr mich zu einer weiteren mystischen Erfahrung führte.

Er manifestierte sich erneut, diesmal vom Kruzifix aus, auf dieselbe Weise, wie Er mir im Felsen erschienen war. Ob ich in das Kruzifix eintrat oder das Kruzifix in mich, weiß ich nicht. In diesem unerklärlichen Zustand zeigte mir der Herr, dass meine Mission in diesem Leben gerade erst beginnen würde. Er sagte, dass Er mich um die ganze Welt führen würde und dass ich all das Wissen, das Er in meine Seele eingepflanzt hatte, weitergeben sollte. Er würde mich unterstützen und sich selbst durch mein Zeugnis ausdrücken, indem Er natürliche Mittel einsetzte – meinen Sprachstil, meine Kultur und die Sprachen, die ich kannte. Er sagte mir, dass Er bereits jeden Ort, an den ich gehen würde, und jede Person, die mir zuhören würde, namentlich ausgewählt hatte, und fügte hinzu, dass sie für alles, was ich ihnen sagen würde, verantwortlich sein würden. Die einzige unmittelbare Bitte des Herrn an mich war, treu zu sein, zu beten und das Wort Gottes zu lesen.

Ich verstand kein Wort von dem, was Er mir mitteilte. „Auf keinen Fall", sagte ich Ihm. „Ein Sünder wie ich, der ein so dekadentes Leben geführt, die Kirche verfolgt und über Christen und Priester gelacht hat … Ich soll zu einer Gemeinde sprechen und sagen: ‚Hey, ich habe gegen den Herrn gesündigt, und dann hat der Herr zu mir gesprochen.' Ich werde von Tomaten und Steinen begrüßt werden!"

Als ich diesen Palmsonntagsgottesdienst verließ, dachte ich: „Jetzt bin ich wirklich verloren." Aber der Herr hatte einen

Plan. Ich erinnerte mich an den heiligmäßigen Abt des Klosters, der mir zwei Jahre zuvor die Beichte abgenommen hatte, und ging erneut zu ihm zur Beichte. Ich erzählte ihm, was ich gerade vom Herrn gehört hatte, und zum ersten Mal offenbarte ich ihm meine mystische Begegnung in der Höhle. Nachdem ich ihm mein ganzes Erlebnis geschildert hatte, sagte er: „Nun, wenn alles, was Sie mir erzählt haben, von Gott ist, dann machen Sie sich keine Sorgen. Gehen Sie einfach zurück nach Kalifornien, und Er wird sich darum kümmern."

„Was?" dachte ich und ging noch verwirrter von dannen. Ich hatte auf ein Handbuch gehofft. Aber der Abt hatte Recht. Eine geheimnisvolle Mission tat sich vor mir auf. Obwohl ich keine Ahnung hatte, dass Menschen in Kirchen Zeugnis ablegen, begann ich, meine Geschichte in Gebetsgruppen und kleinen Versammlungen zu erzählen. Das entfachte ein Feuer. Man sprach überall von mir, und ich bekam große Angst. Die Leute fingen an, nach mir zu suchen, und wenn ich Vorträge hielt, zückten sie Aufnahmegeräte und Kameras, was ich sehr beunruhigend fand. „Warum in aller Welt tun sie das?" fragte ich mich argwöhnisch. Ich fühlte mich ein wenig verärgert über viele Dinge, die ich nicht verstand.

Nach und nach begann der Herr, meine ganze Zeit in Anspruch zu nehmen. Meine beiden Söhne waren unabhängige, erwachsene Männer, und meine entfremdete Frau war schon lange vorher, 1992, gestorben, so dass ich keine Ausrede hatte, dem Ruf Gottes nicht zu folgen. Der Herr ließ nicht zu, dass ich mein Geld in Hollywood zurückverdiente. Er behielt mich so, wie ich nach meiner Entlassung aus der Entführung war – arm und entblößt.

Ich erhielt eine Einladung nach der anderen, obwohl ich mich nie selbst beworben habe. Ich wurde ein internationaler katholischer Laienmissionar und gründete 1999 auf Wunsch des Herrn eine Mission mit dem Namen Pilger der Liebe in Zusammenarbeit mit der Erzdiözese von Bogotá. Ich habe die kirchliche Genehmigung, wie im Kirchenrecht vorgeschrieben.

Das erste Jahr meiner Mission war schwierig. Ich lebte aus einem Koffer, reiste von Ort zu Ort und tauchte kopfüber in den unglaublichen Ozean der Kirche ein. Innerhalb von vier Jahren hatte mich der Herr in einundzwanzig Länder geschickt. Bis heute habe ich in fünf Kontinenten gesprochen: in Kirchengemeinden, Exerzitienhäusern, Universitäten, Gymnasien, Seminaren, Ordensgemeinschaften, Laiengemeinschaften, protestantischen Kirchen und so weiter.

Als ich mich zum ersten Mal auf den Weg machte, fragte ich mich: „Wie um alles in der Welt werde ich mich ernähren können?“ Aber es hat mir nie an etwas gefehlt, auch nicht in letzter Minute, als ich nicht wusste, wie der Herr für mich sorgen würde. Ich habe nie etwas für meine Vorträge verlangt und werde es auch nie tun. Ich lebe wie der hl. Paulus, von der Großzügigkeit der Menschen. Paulus baute Zelte und ich entwickle Materialien, schreibe Bücher und nehme meine Vorträge auf. Ich lebe vom Glauben.

Bis heute habe ich neun Bücher geschrieben und über tausend verschiedene Themen entwickelt, die kleine Fenster zu meiner mystischen Erfahrung abdecken. Weil der Herr mich durch so viele verschiedene Bereiche des Glaubens geführt hat, konnte ich nicht einmal an der Oberfläche dessen kratzen, was Er in mich hineingelegt hat. Ich habe nie Theologie oder Religionswissenschaften studiert. Ich habe mich nie auf dieses Leben vorbereitet. Wenn ich einen Vortrag halten soll, denke ich nie im Voraus darüber nach, was ich sagen werde – ich überlasse es dem Heiligen Geist. Ich spreche nicht aus dem Verstand oder aus dem Gedächtnis heraus. Wenn das so wäre, wäre ich schon längst zu müde, um weiterzumachen. Alles, was der Herr in mich hineingegeben hat, fließt wieder aus mir heraus.

Ich bin nichts Besonderes. Sie haben gelesen, wer ich bin. Ich war einer der schrecklichsten Sünder. Warum also hat der Herr mich ausgewählt? Wegen Seiner großen Barmherzigkeit und weil Er sicherstellen will, dass diejenigen, die von meinen Erfahrungen hören oder lesen, wissen, dass die Lehren, von denen ich spreche, von Ihm kommen, nicht von mir. Wie könnte ich jemals über diese Dinge sprechen, wenn ich sie nie studiert habe? Es ist der Heilige Geist, der sie weitergibt. So einfach ist das.

Was mich betrifft, so flehe ich den Herrn an, mich nicht sterben zu lassen, bevor ich nicht die letzte Meile gegangen bin, um all den Schaden zu reparieren, den ich verursacht habe, als ich in Todsünde lebte. Selbst wenn Gott mir noch hundert Jahre gäbe, um Sein Werk zu tun, würde ich mich nicht völlig in Frieden und bereit fühlen, Ihn zu sehen. Unabhängig von den Hindernissen (Gesundheit, geistlicher Kampf usw.), die sich mir in den Weg stellen, werde ich die Mission fortsetzen, die Er mir anvertraut hat. Zu sprechen und Seelen davor zu bewahren, ins Fegefeuer zu kommen und, was noch wichtiger ist, in der Hölle zu landen – ein Ziel, das ich meinem ärgsten Feind nicht wünschen würde – ist mein Wunsch bis zu dem Tag, an dem der Herr mich ruft.

†

Die Welt heute

Wir leben im dunkelsten geistlichen Zeitalter, das die Menschheit je erlebt hat, und der Herr hat mir gesagt, dass es noch dunkler werden wird. Aber die Welt war auch noch nie so hell wie jetzt, und sie wird noch heller werden. Der Herr leuchtet mehr denn je auf uns, weil unsere Welt ihr Licht verliert.[XVIII] Trotzdem verstehen wir diese Liebe nicht.

Aufgrund der Fortschritte in der Medizin und den Gesundheitswissenschaften gab es noch nie so viele körperlich schöne Menschen wie heute; aber es gab auch noch nie so viele hässlich aussehende Seelen. Der Herr sagte, dass die Welt heute von Milliarden unterernährter Seelen bewohnt wird, die so sehr darauf bedacht sind, das Fleisch zu ernähren, dass sie es vernachlässigen, den Geist zu ernähren. Unterernährte Seelen sind nicht fähig zu lieben, Mitgefühl zu haben. Sie können nicht vergeben und sind so sehr auf sich selbst fixiert, dass sie die Liebe Gottes zurückweisen, wenn sie sterben.

Selbst der Glaube ist oberflächlich geworden. „Es gibt keine Hölle", sagen manche Christen heute. „Es gibt kein Gericht."

Deshalb ist es wichtig, dass wir dem gerecht werden, was uns gegeben wurde. Wenn wir mit dem katholischen Glauben begnadet wurden, müssen wir echte Katholiken sein. Wie können wir das tun? Wir müssen nicht nur die Gebote und die Lehren der Kirche leben, sondern auch unseren Glauben studieren, den Katechismus der Katholischen Kirche lernen und über die Heiligen und Mystiker lesen, was uns darauf vorbereitet, mit unserem Nächsten zu sprechen. Mangelndes Wissen, mangelnde Treue, mangelnder Mut und mangelnde Liebe sind der Grund, warum so viele Menschen von der Kirche weggeführt werden. Wir müssen die Wahrheit leben und sterben, indem wir die Wahrheit sagen.

Der Herr teilte mir mit, dass es zwar nie ein größeres Risiko auf Erden für eine Seele gegeben hat, in die Hölle zu kommen, als heute, dass es aber auch nie eine größere Gelegenheit für eine Seele gegeben hat, Heiligkeit zu erlangen, während sie noch im Fleische ist. Wir leben in einer glorreichen Zeit für diejenigen, die Gott gehorsam sind.

Heute befinden wir uns im Apostolat der Endzeit. Der Herr sagte mir, dass wir uns am Ende des Endes der Endzeit befinden. Doch, wie der hl. Petrus sagte, ist ein Tag für den Herrn wie tausend Jahre.[XIX] Hören Sie nicht auf all diese „Propheten", die sagen: „Das Ende der Welt ist nächsten Monat! Es ist im Mai!" Dann kommt der Mai und es passiert nichts, also sagt der „Prophet": „Danke für eure Gebete. Es wird im Mai des nächsten Jahres sein." Wir dürfen uns nicht täuschen lassen. Der Teufel ist der Einzige, der uns Sorgen um die Zukunft macht.

Wir können schon jetzt Anzeichen des Glaubensabfalls sehen. Wenn Sie heute jemandem sagen: „Ich habe beschlossen, ein Heiliger zu werden", wird er Sie wahrscheinlich auslachen. Die Leute denken, das Leben eines Heiligen zu lesen, sei wie das eines Außerirdischen. Und doch sind wir alle dazu berufen, heilig zu werden.

Wir sehen Menschen, die acht, zehn, fünfzehn Jahre lang studieren, um Ärzte oder Spezialisten auf ihrem Gebiet zu werden, die ihre Zeit und ihre ganze Familie opfern. Sie leiden und vollbringen die unglaublichsten Dinge, um etwas zu tun, das mit ihnen sterben wird. Aber wie viele Menschen sehen Sie, die hart genug arbeiten, um auf ewig bei Gott zu sein – ein Heiliger zu sein? Wie viele Menschen lieben Gott wirklich und lieben ihren Nächsten: den Fremden, den Armen, ihre Feinde? Sehr wenige.

Besonders in dieser Periode der Menschheitsgeschichte entwickelt der Böse die künstlerischen Talente ehrgeiziger Menschen schnell auf das höchste Niveau. Auf diese Weise kann er Millionen von Seelen in unserer fleischzentrierten Kultur fesseln und erobern. Der Herr sagte mir, dass es keine Talente gibt, die Luzifer mehr anziehen als die Künste. Mehr denn je sehen wir eine wachsende Zahl junger Stars, die die künstlerische Bühne erklimmen und sich in menschliche Macht, Reichtum und Ruhm hüllen. Ihre Bekanntheit und ihr Einfluss bieten dem Teufel eine Plattform, um die Massen zu verderben, denn er weiß, dass die Menschen das dekadente und weltliche Verhalten der Stars nachahmen.

Was die Welt und ihre Zukunft anbelangt, so sagte der Herr, dass sie noch stärker industrialisiert werden wird – eine gottlose Welt, in deren Mittelpunkt der Materialismus steht. Religion wird eine private Aktivität sein, die nicht öffentlich geäußert werden kann und von den Regierungen überwacht und kontrolliert werden wird. Die wahre Kirche wird praktisch im Untergrund leben, wie in den Anfängen des Christentums.

Der Herr sagte mir, dass die Bekehrung Israels stattfinden muss, bevor Jesus wiederkommen wird. Er erklärte mir, dass die Juden die Auserwählten des Herrn sind. Katholiken sind in den Weinstock der Auserwählten als deren Adoptivkinder eingepfropft, und die Juden sind unsere älteren Brüder. Wir müssen die Juden anerkennen, auch wenn sie noch nicht glauben. Er sagte, so wie das jüdische Volk für die Menschwerdung Jesu auserwählt wurde, ist es auch für die Wiederkunft auserwählt worden. Die Juden sind diejenigen, die dem Herrn den Weg bereiten werden, wenn Er wiederkommt.

Ganz am Ende werden die Juden massenhaft zum Katholizismus konvertieren. Eine Salbung durch den Heiligen Geist wird sie zurückrufen. Das wird fast über Nacht geschehen, ähnlich wie die Berliner Mauer gefallen ist. Sobald die Konversion beginnt, wird es unter den Juden viel Verwirrung geben, und viele von ihnen werden sich gegenseitig umbringen. Wenn die Juden zum Katholizismus überlaufen, läutet die letzte Glocke: „Jesus kommt“. Sie werden die katholische Kirche vor einem großen Glaubensabfall retten. Dies sind die Zeichen, von denen der Herr sagte, dass Er sie geben wird.

In den nächsten Jahren werden jedoch viele Menschen vom katholischen Glauben abfallen. Der Herr räumt in Seinem Haus auf, und es wird viel Schmutz aufgedeckt werden – was verborgen war, wird ans Licht kommen. Die Kirche wird kleiner werden, aber sie wird eine Kirche der wahren Gläubigen werden. Ohne einen Glauben, der radikal auf Liebe und vollkommenen Gehorsam ausgerichtet ist, wird es nicht möglich sein, die Zeiten zu überstehen, die wir erleben.

In unserer Zeit ist es absolut notwendig, dass wir lernen, wie man wirklich liebt. Wir müssen uns umsehen und uns fragen, ob uns das Heil der Menschen um uns herum wirklich am Herzen liegt, oder ob sie nur Schatten sind. Bevor ich einen Vortrag halte, bitte ich den Herrn, mir Seine Liebe für alle, die zuhören, zu schenken und mir zu helfen, aus keinem anderen Grund zu sprechen als aus dem reinen Wunsch nach ihrem Heil. Ich möchte, dass jeder Zuhause ankommt. Jeder einzelne von uns auf der Erde ist äußerst wichtig. Wenn ich mich nicht um meinen Nächsten kümmere, dann sind meine Werke und Gebete leer.

Wenn wir uns um Fremde kümmern und zulassen, dass ihre Gegenwart unser Herz berührt, und sei es nur für den Moment, in dem sie vorbeigehen, dann sind wir wirklich fähig zu lieben. Wenn wir an einer belebten Straßenecke stehen, Menschen im Supermarkt anlächeln, auf der Autobahn an anderen vorbeifahren und in unserem Herzen wissen, dass sie ungemein wichtige Geschöpfe sind, die aus Gottes Liebe geboren wurden, und wir nicht anders können, als uns zutiefst um sie und ihr Seelenheil zu kümmern – unabhängig von ihrem Aussehen, ihrem Glauben oder ihrem Verhalten – dann wissen wir, wie man liebt.

Wenn wir nicht lernen, auf diese Weise zu lieben, wenn wir nicht von ganzem Herzen für die Bekehrung aller Sünder beten, weil uns jeder am Herzen liegt, dann werden wir diese Lektion im Fegefeuer lernen müssen. Der Herr kann uns fragen, wenn wir Ihn sehen: „Erinnerst du dich an diese Person, die eine Stunde lang neben dir stand … dreißig Minuten lang

… fünf Minuten lang? Diese Person brauchte deine Liebe und deine Gebete. Hast du sie wahrgenommen, oder war sie nur ein vorübergehender Schatten? Hat sie dir nichts bedeutet, weil du so sehr mit dir selbst beschäftigt warst?“

Unser Leben ist kein Spiel. Es ist sehr ernst, und es findet nur einmal statt. Was macht es schon, wenn wir in diesem Leben gewinnen, aber unsere Seele verlieren?[XX] Wir müssen wachsam sein. Wir müssen auf jede Kleinigkeit achten, die wir tun: was wir denken, sagen, berühren, fühlen und begehren. Wir müssen uns all dessen bewusst sein, was wir hören und woran wir teilnehmen. Die Wahrheit ist, dass das Ewige Leben beginnt, wenn wir im Schoß unserer Mutter sind. Wir stehen jetzt schon in der Ewigkeit, und alles, was wir tun, wird in der Ewigkeit reflektiert und gesehen werden.

Unser Leben ist eine Reise, die niemals enden wird. Es ist wichtig für uns, über Fleisch und Knochen hinaus zu denken. In diesem Körper zu sein, ist erst der Anfang. Wir befinden uns im ersten Schritt, und es wird noch viel besser werden, wenn wir dem Herrn treu sind. Wenn wir nur wüssten, was uns erwartet, würden wir lächeln, auch wenn wir Schmerzen haben und unser Leben auf den Kopf gestellt ist. Das alles wird sehr bald vorbei sein, und die Freude, die uns erwartet, übersteigt bei weitem unsere größten Vorstellungen von Glück.

Die Leute fragen mich: „Wünschst du dir, deine Entführung wäre nie passiert?“ Ich sage ihnen, dass ich nichts daran ändern würde. Ich würde jeden quälenden Moment noch einmal erleben, wenn ich dafür für immer im Himmel sein könnte. Ich war bei Jesus, und Er ist die Erfüllung aller menschlichen Wünsche.

Indem der Herr einen schrecklichen Sünder wie mich zum Sprachrohr Seiner Gnade erwählt hat, lädt Er uns ein, mehr auf Seine Barmherzigkeit zu vertrauen als auf die Verdienste, die wir suchen. Mein Leben ist ein Zeugnis für Seine Vergebung und Sein Erbarmen. Wir haben einen mächtigen Gott, einen unglaublich liebenden Gott, einen Gott, der vollkommen gut und vollkommen gerecht ist. Wir sollten sehr, sehr glücklich sein, aber wir sollten auch sehr, sehr heilig sein. Es gibt keinen anderen Weg.[84]

Brüder und Schwestern:
Wir sind also immer zuversichtlich, auch wenn wir wissen,
dass wir fern vom Herrn in der Fremde leben, solange wir in diesem Leib zu Hause sind;
denn als Glaubende gehen wir unseren Weg, nicht als Schauende.
Weil wir aber zuversichtlich sind, ziehen wir es vor,
aus dem Leib auszuwandern und daheim beim Herrn zu sein.
Deswegen suchen wir unsere Ehre darin,
ihm zu gefallen, ob wir daheim oder in der Fremde sind.
Denn wir alle müssen vor dem Richterstuhl Christi offenbar werden,
damit jeder seinen Lohn empfängt für das Gute oder Böse,
das er im irdischen Leben getan hat.

2 Korinther 5,6-10

[84] Heute wird Marino Restrepo als Neuer Hl. Paulus für dieses Jahrhundert gefeiert. Seit 1999 reist er als katholischer Laienmissionar um die Welt und predigt die Botschaft des Evangeliums. Marino hat viele wichtige und inspirierende DVDs, CDs und Bücher produziert, und seine Vorträge sind auf YouTube in Englisch und Spanisch zu finden. Er ist der Gründer der von der Kirche anerkannten Laienmission „Peregrinos del Amor“ (Pilger der Liebe). Siehe www.marinorestrepo.com.

Hl. Faustyna Kowalska

Heute sagte mir der Herr: „Tochter, wenn du zur heiligen Beichte kommst, zur Quelle Meiner Barmherzigkeit, fließt stets auf deine Seele Mein aus dem Herzen quellendes Blut und Wasser und veredelt deine Seele. Jedes Mal, wenn du zur heiligen Beichte gehst, tauche mit großem Vertrauen ganz in Meiner Barmherzigkeit unter, damit Ich über Deine Seele die Fülle Meiner Gnaden ergießen kann. Wenn du zur Beichte kommst, wisse, dass Ich Selbst im Beichtstuhl auf dich warte. Ich verhülle Mich nur mit dem Priester, aber in der Seele wirke Ich Selbst. Hier begegnet das Elend der Seele dem Gott der Barmherzigkeit. Sage den Seelen, dass sie aus dieser Quelle der Barmherzigkeit nur mit dem Gefäß des Vertrauens schöpfen können. Wenn ihr Vertrauen groß ist, ist Meine Freigebigkeit grenzenlos. Ströme Meiner Gnade überfluten demütige Seelen. Hochmütige sind immer in Armut und Elend, denn Meine Gnade wendet sich von ihnen ab, hin zu den demütigen Seelen“.

Tagebuch der Hl. Maria Faustyna Kowalska, Nr. 1602

Anhang

BIOGRAFIEN UND WORTE
DER PROPHETEN
DER SEELENSCHAU

HEILIGER EDMUND CAMPION, SJ
ENGLAND (1540-1581)

Priester und Märtyrer

Der hl. Edmund Campion, geboren 1540, wurde in einer Zeit großer katholischer Verfolgung in England katholisch erzogen. Unter König Heinrich VIII. und später unter Elisabeth I. wurde die katholische Kirche von der Kirche von England eingenommen und katholische Priester und Laien wurden wegen ihres Glaubens verhaftet und getötet.

Edmund, der Sohn eines Buchhändlers, verfügte über einen so ausgeprägten und schillernden Intellekt, dass er im Alter von fünfzehn Jahren ein Stipendium für die St. John's Universität in Oxford erhielt und mit siebzehn Jahren zum Nachwuchsstipendiaten ernannt wurde. Im Jahr 1566 besuchte Königin Elisabeth I. Oxford mit ihren Beratern Robert Dudley, Graf von Leicester, und William Cecil, einem der wichtigsten Architekten der Reformation in England. Edmund wurde beauftragt, der Königin eine Begrüßungsrede zu halten, in der er die Bewegungen der Gezeiten, des Mondes und der Planeten erläuterte, was er auch tat – und zwar auf Latein, nachdem er die Königin zuvor gelobt hatte. Die Königin hatte gehofft, begabte Gelehrte zu finden, die sich bereit erklären würden, sich zu anglikanischen Priestern weihen zu lassen und die neue Kirche zu leiten. Begeistert empfahl sie Edmund dem ebenfalls beeindruckten Dudley, der anbot, Campions politischer Förderer zu werden und ihm zu einer steilen Karriere zu verhelfen. Der geschmeichelte Edmund wurde 1564 anglikanischer Diakon und leistete den erforderlichen Suprematseid, mit dem er Elisabeth als Oberhaupt der Kirche in England anerkannte.

Zweifel am Protestantismus quälten Edmund jedoch zunehmend und 1569 ging er nach Irland, wo ihn weitere Studien davon überzeugten, dass er sich geirrt hatte. Schließlich kehrte er zu seinen katholischen Wurzeln und nach England zurück, wo er Gefahr lief, gefangen genommen zu werden. Campion floh nach Frankreich und als Cecil davon erfuhr erklärte er: „Es ist sehr schade, dass ein so bemerkenswerter Mann sein Land verlässt, denn er war wirklich einer der Diamanten Englands.“[XXI]

Edmund fühlte sich zum katholischen Priester berufen und besuchte das Priesterseminar in Frankreich. Anschließend pilgerte er barfuß nach Rom, wo er 1573 in die Gesellschaft Jesu eintrat. Als Novize wurde er zum Studium nach Brunn, das damals zu Österreich gehörte, und später nach Prag geschickt. In Brunn hatte Campion in einem Garten eine Vision der Heiligen Jungfrau Maria, die ihm sagte, dass er ein Märtyrer für den Glauben sein würde. 1578 wurde er zum Jesuitenpater geweiht und 1580 baten ihn seine Vorgesetzten zusammen mit seinem Jesuitenkollegen Robert Parsons eine gefährliche Mission in England zu leiten. Er nahm den Auftrag freudig an. In der Nacht vor seiner Abreise aus Prag schrieb einer der Jesuitenpatres über Campions Tür: „P. Edmundus Campianus, Märtyrer“.

Zurück in England predigte ein verkleideter Pater Campion ein- bis dreimal am Tag und bereitete seine Predigten geistig vor, während er zu Pferd durch die englische Landschaft reiste, die Sakramente spendete und viele Bekehrte gewann. Königin Elisabeth hatte überall Spione, die nach Priestern suchten. Die

Berühmtheit von Pater Campion und die Veröffentlichung seines Pamphlets mit dem Titel Rationes Decem (Zehn Gründe), das von protestantischen Verweigerern als „Campions Prahlerei" bezeichnet wurde, machten ihn zum Ziel einer der intensivsten Fahndungen in der englischen Geschichte.

Kurz nach Sonnenaufgang am 18. Juli 1581 wurde Edmund Campion in einem katholischen Haus gefunden, zusammengekauert hinter einer geheimen Wand mit zwei Gefährten. Der Schrei wurde laut: „Ich habe die Verräter gefunden!" Pater Campion wurde auf Befehl der Königin in einen Kerker im Tower von London geworfen und als er sich weigerte, dem Katholizismus öffentlich abzuschwören, befahlen Cecil und Dudley, Campion auf der Folterbank zu foltern. Er wurde an den Hand- und Fußgelenken an ein Gestell gefesselt, das dann so lange gedehnt wurde, bis seine Gliedmaßen verrenkt waren. Unter starken Schmerzen nannte Campion die Namen einiger Personen, die ihm Unterschlupf gewährt hatten. Anschließend wurde er gezwungen, an vier formellen Konferenzen teilzunehmen, um mit sechs hochrangigen anglikanischen Geistlichen zu debattieren, die Antworten auf sein Pamphlet verlangten. Ohne Notizen oder Vorbereitung, geschwächt von der Folter, widerlegte er ihre Anschuldigungen auf brillante Weise. Anschließend wurde er in der Westminster Hall unter der erfundenen Anklage eines Attentats auf die Königin vor Gericht gestellt. Nach monatelanger Haft und Folter war er so geschwächt, dass er nicht einmal mehr seinen rechten Arm heben konnte, um vor Gericht seinen Eid zu schwören. Ein Mitgefangener küsste Campions Arm und hielt ihn für ihn hoch.

Im Alter von einundvierzig Jahren wurde P. Campion für schuldig befunden und an den Galgen geschickt. Hinrichtungen im elisabethanischen England waren grausame Angelegenheiten, die viele Zuschauer anzogen. Diejenigen, die des Hochverrats für schuldig befunden wurden, wurden zum Hängen, Strecken und Vierteilen verurteilt. P. Edmund Campion wurde zunächst gehängt bis er fast tot war, dann bei Bewusstsein aufgeschnitten und ausgeweidet. Schließlich wurden seine Gliedmaßen und sein Kopf abgehackt. Unmittelbar vor seinem Tod wandte sich Campion an die Menge und vergab dem Konzil, das ihn verurteilt hatte. Er bat auch um Vergebung für jeden Schaden, den er durch die Namensnennung unter der Folter verursacht haben könnte. Mit seinen letzten Worten betete er für die Königin und wünschte ihr eine lange und erfolgreiche Regentschaft.

Obwohl Elisabeth und ihre Berater hofften, dass Campions Tod zum Ende des Katholizismus in England führen würde, hatte er das Gegenteil zur Folge. Sein Märtyrertod am 1. Dezember 1581 löste eine Welle von Konversionen zum Katholizismus aus und bestärkte viele Jesuitenpriester darin, in seine mutigen Fußstapfen zu treten. Edmund Campion, SJ, wurde 1970 von Papst Paul VI. heiliggesprochen.[XXII]

WORTE ÜBER DIE SEELENSCHAU:

„Ich habe einen großen Tag verkündet, an dem nicht irgendein weltlicher Machthaber wirken soll, sondern an dem der schreckliche Richter das Gewissen aller Menschen offenbaren und jeden Menschen jeder Art von Religion prüfen soll. Dies ist der Tag der Veränderung …“[XXIII]

Hl. Edmund Campion, SJ

SELIGE ANNA MARÍA TAIGI

ITALIEN (1769-1837)

Ehefrau, Mutter und Mystikerin

Die Sel. Anna María Taigi wurde am 29. Mai 1769 in Siena, Italien, geboren. Die hübsche Frau fiel einem gut aussehenden Portier mit dunklem, lockigem Haar namens Domenico ins Auge und sie heirateten am 7. Januar 1790. In den ersten Jahren ihrer Ehe war die aus der Arbeiterklasse stammende Anna María eher weltlich als gottesfürchtig. Sie neigte zur Eitelkeit und schmückte sich gerne mit hübschen Kleidern und Schmuck, und als sie eines Tages in ihrer modischen Kleidung über den Petersplatz schlenderte, stieß sie zufällig mit P. Angelo Verandi, einem Servitenpriester, zusammen, der sofort eine innere Eingebung erhielt: „Nimm diese Frau zur Kenntnis, denn eines Tages werde ich sie deiner Obhut anvertrauen, und du sollst für ihre Bekehrung arbeiten. Sie soll sich heiligen, denn ich habe sie auserwählt, eine Heilige zu werden".

Bald darauf empfand Anna María Reue über ihren Lebenswandel und ging zur Beichte zu einem ihr unbekannten Priester: P. Angel Verandi. Sie verließ den Beichtstuhl voller Reue und schlug zu Hause ihren Kopf mit solcher Wucht gegen den Boden, dass sie blutete. Von diesem Moment an ersetzte sie ihre schicken Kleider und Accessoires durch schlichte Kleider und lebte mit einem großen Geist der Buße und des Verzichts. Mit der Zeit erlebte sie Ekstasen und Einsprechungen und sagte P. Verandi, dass sie „ein Sühneopfer für die Sünden der Welt" sein sollte. Sie erhielt oft persönlichen Rat vom Herrn und der Gottesmutter, die ihr sagte: „Wisse gut, meine liebe Tochter, dass du hier unten für jeden guten Tag hundert schlechte haben wirst, denn du musst wie mein Sohn Jesus sein. Du musst dich vor allem dafür einsetzen, Seinen Willen zu tun und deinen eigenen ständig dem Seinen zu unterwerfen …"

Anna Marías Heiligkeit lag in ihrer täglichen und schwierigen Arbeit als Ehefrau, Mutter und Leiterin eines Haushalts mit mehr als einem Dutzend verschiedener Familienmitglieder, darunter ihre schwierigen Eltern und ein wichtiger Priester, Msgr. Raffaele Natali, der ihr als Vertrauter und Sekretär diente. Zu allem Überfluss hatte ihr Ehemann Domenico ein vulkanisches Temperament, und obwohl Anna María dafür sorgte, dass das Abendessen für ihn zubereitet wurde, wenn er nach Hause kam, riss er einmal das Tischtuch weg, so dass ihre fertig servierten Mahlzeiten durch die Gegend flogen. Trotzdem bereute sie es nie, ihn geheiratet zu haben. Oft betete und arbeitete sie bis in die frühen Morgenstunden und stand früh für die Hl. Messe auf. Ohne ihre Kinder zu überfordern, sorgte sie dafür, dass sie beschäftigt waren, denn sie glaubte, dass „Faulheit die Mutter aller Laster ist". Sie sorgte dafür, dass jeden Morgen und jeden Abend gebetet wurde, und der Rosenkranz wurde vor dem Abendessen von allen auf den

Knien gebetet. Ihre Kreuze waren zahlreich: ständige Gebrechen, teuflische Angriffe, bösartiger Klatsch, Bußübungen und ständiges Fasten. Traurigerweise musste sie vier ihrer sieben geliebten Kinder zu Grabe tragen.

Anna María wurde schnell als lebende Heilige bekannt und erhielt einen Strom von Besuchern, die bei ihr Rat suchten. Jesus hatte ihr gesagt: „Ich habe dich dazu bestimmt, Sünder zu bekehren, Menschen aller Art und Umstände zu trösten: Priester, Prälaten, Meinen Stellvertreter selbst. Alle, die auf deine Worte hören, werden durch Meine Hände mit beachtlichen Gnaden beschenkt." Ihr wurden auch die Gaben der Heilung und der Prophetie verliehen. Monsignore Natali, der Sekretär von Papst Pius VII. und ein enger Vertrauter von ihr, sagte, dass sie von einer zukünftigen Zeit gewaltiger Unruhen in der Kirche und der Welt sprach. „... Dann würden ganze Völker zur Einheit der Kirche zurückkehren, und viele Türken [Moslems?], Heiden und Juden würden sich bekehren und ihr Eifer die ursprünglichen Christen verwirren. Mit einem Wort sagte sie mir, dass unser Herr die Absicht hat, die Welt und Seine Kirche zu reinigen, wofür Er eine wunderbare Wiedergeburt vorbereitet, die ein Triumph Seiner Barmherzigkeit sein wird."

Anna Marías bemerkenswerteste geistliche Gabe war eine, die sich nie wiederholt hat: ein glühendes Licht, wie eine kleine Sonne, das immer an ihrer Seite blieb. Kardinal Carlo Maria Pedicini, der sie dreißig Jahre lang kannte, sagte in seiner eidesstattlichen Aussage in Sachen ihrer Heiligkeit:

> *Siebenundvierzig Jahre lang, Tag und Nacht, zu Hause, in der Kirche, auf der Straße, sah sie in dieser Sonne, die immer heller wurde, alle Dinge dieser Erde, sowohl die physischen als auch die moralischen; sie drang in die Tiefe ein und stieg zum Himmel auf, wo sie das ewige Los der Toten sah. Sie sah die*

geheimsten Gedanken der nahen und fernen Menschen, Ereignisse und Persönlichkeiten vergangener Tage … Sie brauchte nur an eine Sache zu denken, und sie zeigte sich klar und vollständig … Ein Blick auf diese mystische Sonne genügte, und sie trat nach Belieben in die geheimsten Ratsräume der Könige ein. Sie drang in die Gefängnisse von China und Arabien ein … wo Bekenner des Glaubens, Sklaven und Gefangene in Qualen schmachteten … Auf diese Weise übte sie ein grenzenloses Apostolat aus, gewann in allen Teilen der Welt Seelen für die Gnade und bereitete den Weg für Missionare; die ganze Welt war der Schauplatz ihres Wirkens.

Am 9. Juni 1837 starb Anna María, fast blind, im Alter von 68 Jahren. Nach ihrem Tod wurden an ihrem Körper Spuren von Bußwerkzeugen und ein Haarhemd gefunden. Als ihr Sarg, der achtzehn Jahre lang versiegelt war, wieder geöffnet wurde, fand man ihren unversehrten Körper. Als ihre heiligen Überreste 1920 erneut untersucht wurden, waren sie zu diesem Zeitpunkt dem normalen Verwesungsprozess unterworfen. Der Leichnam der sel. Anna María Taigi, dessen Gesicht und Hände mit Wachs überzogen wurden, um ihre Ähnlichkeit zu bewahren, liegt noch heute in der Madonnenkapelle der Basilika San Chrysogono in Rom. Ihr Gedenktag wird in der Kirche am 9. Juni begangen.[XXIV]

WORTE ÜBER DIE SEELENSCHAU:

„Eine große Läuterung wird über die Welt kommen, der eine Erkenntnis des Gewissens vorausgeht, in der jeder sich selbst so sehen wird, wie Gott ihn sieht."[XXV]

Selige Anna María Taigi

Die sel. Anna Maria wies auch darauf hin, dass diese Erkenntnis des Gewissens viele Seelen retten wird, weil viele dadurch Buße tun werden.[XXVI] In ihrem Seligsprechungsprozess, der in den Analecta juris Pontificii veröffentlicht wurde, wurde der folgende Umstand von Kardinal Pedicini eidesstattlich versichert. Er sagte, dass „Anna María eines Tages unter Tränen betete und ihre Taten und Leiden für die Bekehrung der Sünder und die Vernichtung der Sünde aufopferte, damit Gott von allen Menschen erkannt und geliebt werden möge. Dann offenbarte Gott ihr die schrecklichen Sünden der Menschen aller Stände und wie sehr Er beleidigt wird. Bei diesem Anblick empfand die Dienerin Gottes einen tiefen Schmerz, und seufzend rief sie aus: ‚Liebe Geliebte, was ist das Heilmittel für dieses Unheil?'

Jesus Christus antwortete:

‚Mein Kind, die Kirche, Meine Braut, Mein Vater und Ich selbst werden alles wiedergutmachen. Denn nach einer Bestrafung… müssen *diejenigen, die überleben werden, sich gut verhalten.'* An diesem Punkt sah sie unzählige Bekehrungen von Häretikern, die in den Schoß der Kirche zurückkehren werden; sie sah auch die erbauliche Führung ihres Lebens, ebenso wie die aller anderen Katholiken."[XXVII]

DER SELIGE PAPST PIUS IX
VATIKANSTAAT (1792-1878)

Papst Pius IX. wurde 1792 in Senigallia, Italien, als neuntes Kind einer Adelsfamilie geboren. Er litt an einer nicht genau diagnostizierten Krankheit, die manche als Epilepsie bezeichnen, und seine Kindheit war von kleinen freiwilligen Abtötungen und einem intensiven religiösen Leben geprägt. Vinzenz Pallotti prophezeite ihm 1815, dass er Papst werden würde und dass die Jungfrau von Loreto ihn schließlich von seiner Krankheit befreien würde.

In seiner Amtszeit von 1846 bis 1878 hatte er das längste und eines der schwierigsten Pontifikate der Kirchengeschichte inne. (Das Pontifikat des hl. Petrus wird traditionell mit fünfundzwanzig Jahren angegeben.) Er regierte den Kirchenstaat in einer Zeit, in der der Papst nicht nur als Oberhaupt der Kirche, sondern auch als Herrscher über eine Reihe von Territorien auf der italienischen Halbinsel fungierte (vom 8. Jahrhundert bis 1870). Schon kurz nach seiner Wahl begann er mit rudimentären politischen Reformen im Kirchenstaat. Er ließ politische Gefangene frei, hob viele der Beschränkungen für Juden auf und öffnete die Tore des jüdischen Ghettos in Rom.

Pius IX. war in weiten Teilen der katholischen Welt sehr beliebt und wurde liebevoll Pio Nono genannt – ein Wortspiel mit Pio Nove („Pius der Neunte“), was „Pius-Opa“ bedeutet. Wegen seiner Spiritualität erhielt er auch die Spitznamen „Papst des Gebets“ und „Papst des Kreuzes“.

Francis Newman sagte, Pius IX. sei so beliebt gewesen, weil „seine persönliche Präsenz von einer Art war, der niemand widerstehen konnte. Die Hauptursache für seine Popularität war die Magie seiner Präsenz ... Im Gegensatz zu den meisten seiner Vorgänger hatte Pius ein reges gesellschaftliches Leben, er unternahm häufige Spaziergänge durch Rom, gewährte eine noch nie dagewesene Anzahl von Audienzen, veranstaltete wöchentliche Partys in den Quirinal-Gärten und sprach täglich zu Menschenmengen auf der Piazza.“[XXVIII] Er war der erste Papst, der fotografiert wurde – es gab kein Pfarrhaus ohne sein Bild. Mit seinem charakteristischen scharfen Sinn für Humor scherzte er einmal, er sei die Hauptattraktion für Touristen in Rom. Vor ihm wusste das einfache Volk nicht, wie Päpste aussahen, und sie waren oft in Geheimnisse gehüllt.[XXIX]

Der sel. Pius IX. war ein marianischer Papst, der Maria in seiner Enzyklika „Ubi Primum“ als Mittlerin der Errettung bezeichnete. Im Jahr 1854 verkündete er das Dogma der Unbefleckten Empfängnis und brachte damit den seit Jahrhunderten von den katholischen Gläubigen vertretenen Glauben zum Ausdruck, dass die Muttergottes im Schoß ihrer Mutter ohne Erbsünde empfangen wurde. Sein Pontifikat stellte den Höhepunkt der Missionsarbeit bis zu diesem Zeitpunkt dar, und 1862 berief er 300 Bischöfe in den Vatikan zur Heiligsprechung von sechsundzwanzig japanischen Märtyrern. Sein Syllabus of Errors von 1864 war eine scharfe Verurteilung von Liberalismus, Modernismus, moralischem Relativismus, Säkularisierung und der Trennung von Kirche und Staat.

Den Kirchenstaaten drohte die Übernahme durch Giuseppe Garibaldi, der unter der Parole Roma o Morte (Rom oder Tod) marschieren wollte. In einer überraschenden Liebeserklärung an den antiklerikalen italienischen Revolutionär sagte der Papst einmal: „Wenn Sie Garibaldi sehen, sagen Sie ihm, dass ich weiß, dass er mich täglich verflucht, aber dass ich ihn immer segne." Und einmal gewann er Garibaldis Truppen, die in seinen eigenen Kerkern gefangen waren, so sehr für sich, dass sie weinten und seine Hände küssten.[XXX]

Das wichtigste Vermächtnis von Pius IX. ist das Erste Vatikanische Konzil, das er 1869 einberief, das bei weitem größte Konzil der Geschichte. Das Konzil beklagte offiziell den Pantheismus, Materialismus und Atheismus der damaligen Zeit und verkündete das Dogma der „päpstlichen Unfehlbarkeit".[XXXI] Als Antonelli, der Geldverwalter, den Papst warnte, dass die Unfehlbarkeit viele Menschen verärgern würde, erwiderte er: „Ich habe die Heilige Jungfrau auf meiner Seite".[XXXII]

Dieses Dekret wurde am 18. Juli 1870 verkündet, und zwar keinen Augenblick zu früh. Am nächsten Tag wurde der Deutsch-Französische Krieg erklärt und die französischen Truppen zogen sich sofort aus Rom zurück, gefolgt von der Besetzung der Stadt durch die Italiener, was das Konzil etwas abrupt beendete. Das Vatikanische Konzil endete. Das liberale Italien schluckte Rom und den verbliebenen Kirchenstaat und ließ die Vatikanstadt in der Größe einer Kleinstadt zurück. Als sich der finanzielle Kampf des Papsttums zuspitzte, sagte Pio Nono: „Ich mag unfehlbar sein, aber ich bin mit Sicherheit bankrott".[XXXIII]

Die Idee der päpstlichen Unfehlbarkeit war jedoch eine Reichweite, mit der kein Präsident, Premierminister oder Diktator konkurrieren konnte. Sein Appell an die weltweite Öffentlichkeit, den Heiligen Stuhl zu unterstützen, nachdem er, wie er es nannte, „der Gefangene des Vatikans" geworden war, führte zur Wiederbelebung und Ausbreitung des Petrusgeldes in der gesamten katholischen Kirche, das heute verwendet wird, um den Papst in die Lage zu versetzen, „denen zu helfen, die unter Krieg, Unterdrückung, Naturkatastrophen und Krankheiten leiden".[XXXIV] Papst Pius IX. wurde am 3. September 2000 von Papst Johannes Paul II. seliggesprochen.

WORTE ÜBER DIE SEELENSCHAU:

„Da die ganze Welt gegen Gott und Seine Kirche ist, ist es offensichtlich, dass Er den Sieg über Seine Feinde für Sich selbst reserviert hat. Das wird noch offensichtlicher, wenn man bedenkt, dass die Wurzel all unserer gegenwärtigen Übel darin liegt, dass diejenigen, die über Talente und Kraft verfügen, sich nach irdischen Vergnügungen sehnen und Gott nicht nur verlassen, sondern Ihn gänzlich verleugnen. Es scheint also, dass sie auf keine andere Weise zurückgebracht werden können als durch einen Akt, der keiner sekundären Macht zugeschrieben werden kann, und so werden alle gezwungen sein, auf das Übernatürliche zu schauen … Es wird ein großes Wunder geschehen, das die Welt mit Erstaunen erfüllen wird. Diesem Wunder wird der Triumph der Revolution vorausgehen. Die Kirche wird außerordentlich leiden. Ihre Diener und ihr Oberhaupt werden verspottet, gegeißelt und gemartert werden."[XXXV]

Sel. Papst Pius IX.

HEILIGE FAUSTYNA KOWALSKA

POLEN (1905-1938)

Nonne, Mystikerin und Apostelin der Göttlichen Barmherzigkeit

Die hl. Faustyna Kowalska ist eine der größten Mystikerinnen der Kirche. Sie wurde als drittes von zehn Kindern einer armen, katholischen Bauernfamilie in Głogowiec, Polen, geboren. Ihre Kindheit war geprägt von harter Arbeit, Gehorsam, Frömmigkeit, Liebe zum Gebet und einer enormen Sensibilität für das menschliche Elend. In ihrem berühmten Werk, dem Tagebuch der hl. Maria Faustyna Kowalska: Die Göttliche Barmherzigkeit in meiner Seele, schrieb sie: *„Den letzten Ruf Gottes, die Gnade der Berufung zum klösterlichen Leben spürte ich seit dem siebten Jahr. Im siebten Lebensjahr hörte ich zum ersten Mal die Stimme Gottes in meiner Seele, als Einladung zu einem vollkommenen Leben.“ (Tagebuch Nr. 7)*

Nach drei Jahren Schulbesuch – der einzigen Ausbildung, die sie jemals erhalten sollte – teilte sie ihren Eltern ihren Wunsch mit, ins Kloster einzutreten, was diese jedoch verhinderten. Mit sechzehn Jahren arbeitete sie als Haushälterin, um ihnen zu helfen und um ihren Lebensunterhalt zu bestreiten. Als sie neunzehn Jahre alt war, geschah folgendes: *„Einmal ging ich mit einer meiner Schwestern zum Ball. Als alle in bester Stimmung waren, empfand meine Seele innere Qualen. Im Moment, als ich zu tanzen anfing, erblickte ich neben mir Jesus; den ge-*

schundenen, entblößten Jesus, ganz mit Wunden bedeckt, der zu mir die Worte sprach: „Wie lange soll Ich dich ertragen und wie lange wirst du Mich hinhalten?" In dem Augenblick verstummte die liebliche Musik, die Gesellschaft, in der ich mich befand, verschwand mir aus den Augen, es blieben Jesus und ich. Ich setzte mich neben meine liebe Schwester und täuschte Kopfweh vor, um zu verstecken was in meiner Seele vorgegangen war. Nach einer Weile verließ ich heimlich die Gesellschaft und meine liebe Schwester und begab mich in die Kathedrale des hl. Stanislaw Kostka. Die Morgenstunde begann zu grauen, nur wenige Menschen waren in der Kathedrale. Auf nichts achtend, was um mich geschah, warf ich mich vor dem Allerheiligsten Sakrament nieder und bat den Herrn, mich erkennen zu lassen, was ich weiter tun sollte.

Sogleich hörte ich die Worte: „Fahre sofort nach Warschau, dort wirst du ins Kloster eintreten". Ich erhob mich vom Gebet, kam nach Hause und verrichtete notwendige Dinge. So gut ich konnte vertraute ich meiner Schwester an, was in meiner Seele geschehen war und sagte ihr, sie solle die Eltern von mir verabschieden und so, in meinem einzigen Kleid, ohne alles, kam ich nach Warschau" (Tagebuch, Nr. 9-10).

In Warschau klopfte sie an zahlreiche Klostertüren, aber keine öffnete sich ihr. Schließlich wurde sie im August 1925 von der Kongregation der Schwestern der Muttergottes der Barmherzigkeit aufgenommen und trat kurz darauf in den Orden ein: *„Ich war überglücklich, ich hatte den Eindruck, ins Paradiesesleben eingetreten zu sein. Ein einziges Dankgebet entrang sich meinem Herzen" (Tagebuch, Nr. 17).*

In ihren Jahren im Kloster arbeitete sie als Köchin, Gärtnerin und Pförtnerin und half Prostituierten auf der Straße, ihren Beruf aufzugeben und ein neues Leben zu beginnen. Schwester Faustyna besaß ein Herz, das von der Barmherzigkeit für die

Seelen erfüllt war, eine Barmherzigkeit, zu deren Verbreitung sie bald berufen sein würde. Ihr rigoroser Lebensstil und ihr anstrengendes Fasten für andere ließen sie schwach werden, und sie durchlebte große geistliche, moralische und körperliche Leiden im Ordensleben. Sie opferte ihr Leben für die Sünder.

Als sich ihr Gebetsleben vertiefte, wurde Sr. Faustynas Seele mit außergewöhnlichen Gaben erfüllt: Offenbarungen, Visionen, verborgene Stigmata, Teilnahme an der Passion, Bilokation, Seelenschau, Prophetie, mystische Verlobung und Hochzeit mit dem Herrn. Obwohl sie so reich mit Gnadengaben ausgestattet war, wusste sie, dass diese keine Heiligkeit darstellen. Sie schrieb in ihrem Tagebuch:

Weder Gnaden noch Eingebungen, noch Entzückungen, wie auch andere verliehene Gaben machen die Seele vollkommen, sondern nur die innere Vereinigung meiner Seele mit Gott. Die Gaben sind lediglich Schmuck für die Seele, doch bilden sie weder ihren Inhalt noch die Vollkommenheit. Meine Heiligkeit und Vollkommenheit beruht auf der engen Vereinigung meines Willens mit dem Willen Gottes (Tagebuch Nr. 1107).

Am 22. Februar 1931, nachdem sie vom Gebet zurückgekehrt war, erhielt sie ihre intensivste Vision, die ihr Leben und die Welt für immer verändern sollte. Jesus erschien ihr in einem strahlend weißen Gewand. Eine Hand war zum Segen erhoben und die andere berührte Sein Gewand an der Brust. Zwei große Lichtstrahlen, ein roter und ein blasser, gingen von Seinem Herzen aus.

P. Michał Sopoćko, der geistliche Begleiter der hl. Faustyna und die vom Herrn auserwählte Person, um Seine Botschaft der Göttlichen Barmherzigkeit zu verbreiten, war von der Heiligkeit Schwester Faustynas inspiriert, wusste aber nicht, ob er wirklich an ihre Visionen glauben sollte. Zweifel überkamen ihn, als Jesus auf Seiner Bitte beharrte, ein Bild der Göttlichen

Barmherzigkeit von Seinem Abbild in ihrer Vision zu malen und ein neues Fest der Göttlichen Barmherzigkeit am Sonntag nach Ostern zu feiern, begleitet von außerordentlichen Versprechen: *„An diesem Tag … Jene Seele, die beichtet und die heilige Kommunion empfängt, erhält vollkommenen Nachlass der Schuld und der Strafen" (Tagebuch, 699).*

P. Sopoćko würde später sagen: *„Mehr aus Neugierde, wie das Bild aussehen würde, als aus Glauben an die Echtheit der Visionen von Schwester Faustyna, beschloss ich, das Bild malen zu lassen … Schwester Faustyna beklagte sich, dass das Bild nicht so schön sei, wie sie es gesehen hatte, aber der Herr Jesus tröstete sie und sagte, es sei schön genug, wie es sei, und fügte hinzu: „Ich gebe den Menschen ein Gefäß, mit dem sie zu Mir kommen sollen, um Gnaden zu erhalten. Dieses Gefäß ist dieses Bild mit der Aufschrift: Jesus, ich vertraue auf Dich."“* Mit der Zeit glaubte P. Sopoćko an Sr. Faustynas mystische Erfahrungen, besonders als sich ihre Prophezeiungen, die ihn beunruhigten, erfüllten: *„Sie sagte mir im Detail Schwierigkeiten und sogar Verfolgungen voraus, denen ich begegnen sollte, weil ich die Verehrung der Göttlichen Barmherzigkeit verbreitete und versuchte, das Fest dieses Namens am Weißen Sonntag einzuführen. Es war leichter zu ertragen, weil ich wusste, dass es von Anfang an der Wille Gottes war."*[XXXVI]

Am 19. April 1935, dem Karfreitag, sagte Jesus zu Sr. Faustyna, dass Er wolle, dass Sein Bild öffentlich verehrt werde, und P. Sopoćko hielt eine Woche später die allererste Predigt über die Göttliche Barmherzigkeit. Im selben Jahr lehrte Jesus Sr. Faustyna den Rosenkranz zur Göttlichen Barmherzigkeit, ein besonderes Gebet mit Rosenkranzperlen: „ *„O, welch große Gnaden werde Ich den Seelen verleihen, die diesen Rosenkranz beten werden. Das Innerste Meiner Barmherzigkeit bewegt sich für diejenigen, die dieses Gebet beten. Schreibe diese Worte auf, Meine Tochter, verkünde der Welt Meine Barmherzigkeit. Möge* *die ganze Menschheit Meine unergründliche Barmherzigkeit kennen lernen. Das ist das Zeichen der Endzeit. Danach kommt der Tag der Gerechtigkeit. Solange noch Zeit ist, sollen sie zur Quelle meiner Barmherzigkeit Zuflucht nehmen; sie sollen das Blut und das Wasser, das für sie entsprang, nutzen" (Tagebuch, Nr. 848).*

Im Juli 1937 entstanden die ersten Bildkarten mit dem Bild der Göttlichen Barmherzigkeit und der Aufschrift *„Jesus, ich vertraue auf Dich"*, und Faustyna gab Anweisungen für das Beten der Novene der Göttlichen Barmherzigkeit, die ihr der Herr ebenfalls diktiert hatte.

In den letzten Jahren ihres Lebens verschlechterte sich Sr. Faustynas Gesundheitszustand zusehends: Sie erkrankte an Tuberkulose, die ihre Lunge und ihren Magen-Darm-Trakt angriff. Infolgedessen musste sie zwei Krankenhausaufenthalte überstehen, die jeweils einige Monate dauerten. P. Sopoćko schrieb: *„Am 26. September [1938] sagte sie mir auch ihren eigenen Tod voraus, dass sie in zehn Tagen sterben würde, und sie starb tatsächlich am 5. Oktober."* Körperlich schwer gezeichnet, aber geistlich mit Gott vereint, starb Sr. Faustyna im Alter von dreiunddreißig Jahren, umgeben vom Geruch der Heiligkeit. Am 30. April 2000 sprach der hl. Papst Johannes Paul II. Sr. Faustyna Kowalska heilig und nannte sie *„die große Apostelin der Göttlichen Barmherzigkeit in unserer Zeit"*. Die Zeremonie fand am Sonntag nach Ostern statt, dem Sonntag, der vom Papst auf Bitten Jesu Christi als Fest der **Göttlichen Barmherzigkeit** für die ganze Kirche eingeführt wurde.[XXXVII]

WORTE ÜBER DIE SEELENSCHAU:

Die hl. Faustyna Kowalska erlebte eine Seelenschau und beschreibt diesen Moment in ihrem Tagebuch:

„Einmal wurde ich vor Gottes Gericht gestellt. Ich erschien vor dem Herrn von Angesicht zu Angesicht. Jesus war so, wie in Seinem Leiden. Nach einer Weile verschwanden die Wunden und es verblieben nur die fünf, an Händen und Füßen und an der Seite. Sofort erkannte ich den Zustand meiner Seele, so wie Gott sie sieht. Ganz klar erkannte ich, was Gott nicht gefällt. Ich wusste nicht, dass man sogar über kleine Schatten vor dem Herrn Rechenschaft abgeben muss. Was für ein Augenblick! Wer beschreibt ihn? – Dem Dreimal Heiligen gegenüberzustehen!!"[XXXVIII]

Hl. Faustyna Kowalska

Botschaft Jesu Christi an die hl. Faustyna Kowalska über die allgemeine Erkenntnis des Gewissens:

„Schreibe folgendes: Noch bevor Ich als gerechter Richter kommen werde, komme ich als König der Barmherzigkeit. Bevor der Tag der Gerechtigkeit anbricht, wird den Menschen folgendes Zeichen am Himmel gegeben werden:

Alles Licht am Himmel erlischt und große Finsternis wird auf der ganzen Erde sein. Dann erscheint das Zeichen des Kreuzes am Himmel und aus den Öffnungen, wo die durchbohrten Hände und Füße des Erlösers waren, werden große Lichter fluten, die eine Zeitlang die Erde beleuchten. Das wird kurz vor dem Jüngsten Tag geschehen"[XXXIX]

Tagebucheintrag, 2. August 1934

ERSCHEINUNGEN UNSERES HERRN UND UNSERER LIEBEN FRAU IN HEEDE, DEUTSCHLAND (1937-1940, 1945)

GRETE GANSEFORTH

Mystikerin und Stigmatisierte (1926-1996)

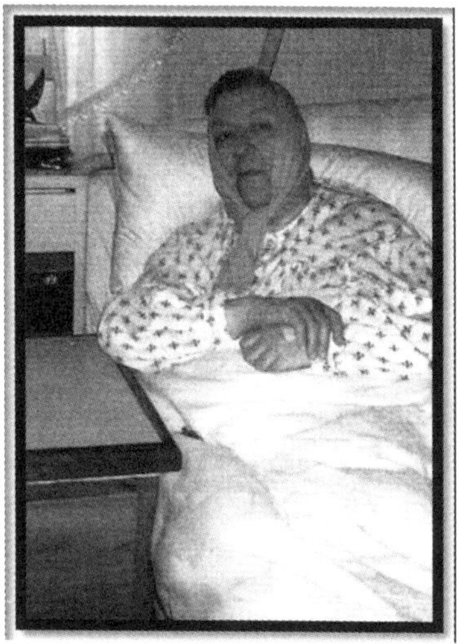

Am Abend des 1. November 1937 berichteten vier Mädchen, Anna Schulte, die Schwestern Maria und Grete Ganseforth und Susanna Bruns im Alter von zwölf bis vierzehn Jahren, dass ihnen die Heilige Jungfrau Maria erschienen sei, als sie auf dem Weg zur Feier von Allerheiligen am Friedhof der Kirche vorbeikamen. Die Nachricht wurde in ihrem kleinen deutschen Dorf Heede mit Skepsis und Belustigung aufgenommen, bis die Mädchen, die sich zuvor mit weltlichen Vergnügungen beschäftigt hatten, zu einem langen und inbrünstigen Gebet übergingen. Am 7. November umringten 4.000 bis 5.000 Dorfbewohner die Mädchen während ihrer Erscheinung und mehrere Priester behaupteten, die Gottesmutter ebenfalls gesehen zu haben. Am nächsten Tag versammelte sich eine Menschenmenge von mehr als 7.000 Menschen an dem Ort.

Die Muttergottes schwebte etwa einen Meter über dem Boden, auf einer kleinen, hellblauen Wolke unter ihren Füßen.

Sie schien etwa achtzehn Jahre alt zu sein, war atemberaubend schön, hatte hellblaue Augen und trug eine verzierte goldene Krone und ein langes weißes Kleid. Auf ihrem linken Arm saß das Jesuskind, das in Seiner rechten Hand eine goldene Weltkugel mit einem Kreuz hielt.

Es war der Vorabend des Zweiten Weltkriegs. Hitler regierte Deutschland und verbot die Teilnahme an diesem „abergläubischen Unsinn". 1939 beschlagnahmte die Gestapo die Kinder und brachte sie in die Irrenanstalt von Göttingen. Dort wurden sie vier Wochen lang von psychiatrischen Experten untersucht und für völlig gesund und normal befunden. Die Kinder wurden freigelassen, aber es wurde ihnen verboten, sich in die Nähe des Erscheinungsortes zu begeben, ebenso wie den Pilgern, und so begann die Muttergottes, den Kindern anderswo zu erscheinen.

Margaret (Grete), Susana, Ana y María en 1938

Die Muttergottes bat darum, unter den Titeln „Königin des Weltalls" und „Königin der Armen Seelen" angerufen zu werden. Sie gab über 100 Botschaften, vor allem dringende Appelle – manchmal unter Tränen – zur Umkehr, Buße und zum Gebet. Fünf Jahre nach der letzten Erscheinung, am 3. November 1940, begann Grete, den Herrn und ihren Schutzengel zu sehen, und obwohl sie die Gottesmutter nicht sah, hörte sie ihre Stimme bei zahlreichen Gelegenheiten aus einem strahlenden Licht. Auf Anweisung ihres geistlichen Begleiters führte sie ein Tagebuch über ihre mystischen Erlebnisse. Unser Herr sagte Grete, dass Er sie auserwählt habe, Seine Braut zu werden, indem sie eine Opferseele für die Bekehrung von hartnäckigen Sündern werde. Als sie zustimmte, gab Unser Herr ihr die Wunden der Stigmata, und sie teilte die Passion Christi bis zu ihrem Tod im Jahr 1996. Heute wird ihr Grab von Pilgern besucht, von denen einige auf die Fürsprache der Seherin hin bedeutende Wohltaten erlangt haben.[XL]

Nach jahrelangen Untersuchungen erklärte der Bischof von Osnabrück, Helmut Hermann Wittler, am 3. Juni 1959 in einem Rundschreiben an den Klerus der Diözese Folgendes:

„Die Erscheinungen sind ein unbestreitbarer Beweis für die Ernsthaftigkeit und Echtheit dieser Manifestationen … In den Erscheinungen und Botschaften von Heede finden wir nichts, was dem Glauben widerspricht. In der Tat ist ihre Ähnlichkeit mit den anerkannten Erscheinungen von Fatima, Lourdes und La Salette ein gutes Indiz für ihre Echtheit."[XLI]

Die Anerkennung der Erscheinungen wurde mit der Einsetzung jedes nachfolgenden Bischofs von Osnabrück gnädig bestätigt, ohne dass ein formelles Urteil gefällt wurde. Am 22. August 1977 wurde auf dem Gelände des Friedhofs, auf dem Maria zum ersten Mal erschienen war, eine neue Kapelle „Maria, Königin des Weltalls" eingeweiht. Einunddreißig Jahre zuvor war eine Statue gleichen Namens auf dem Friedhof aufgestellt worden, und zwar im Auftrag von Bischof Hermann Wilhelm Berning, wie es die Muttergottes durch die Seher angeordnet hatte. Im Jahr 2000 erhob Bischof Franz Josef Bode die Kirche und Kapelle von Heede in den Rang eines Diözesanheiligtums. Die Botschaft mit dem persönlichen Gericht wurde 1945 Grete Ganseforth gegeben. Sie wurde 1949 in italienischer Sprache in einer Broschüre von Don Alfonso Cenni veröffentlicht, die das Nihil Obstat und das Imprimatur erhielt.[XLII]

WORTE ÜBER DIE SEELENSCHAU:

Botschaft von Jesus an Grete Ganseforth im Jahr 1945:

Die Menschheit hat nicht auf Meine Heilige Mutter gehört, die in Fatima erschienen ist, um die Menschheit zur Buße zu ermahnen. Nun bin Ich selbst gekommen, um die Welt in dieser letzten Stunde zu warnen: Die Zeiten sind ernst! Mögen die Menschen endlich Buße für ihre Sünden tun; mögen sie sich von ganzem Herzen vom Bösen abwenden und beten, viel beten, um den Zorn Gottes zu besänftigen. Mögen sie oft den Rosenkranz beten, vor allem: dieses Gebet ist mächtig bei Gott. Weniger Unterhaltungen und Vergnügungen!

Ich bin sehr nahe. Die Erde wird erbeben und leiden. Es wird schrecklich sein, ein persönliches Gericht. Aber habt keine Angst. Ich bin mit euch. Ihr werdet frohlocken und Mir danken. Diejenigen, die auf Mich warten, werden Meine Hilfe, Meine Gnade und Meine Liebe haben. Für diejenigen, die sich nicht in einem Zustand der Gnade befinden, wird es beängstigend sein. Die Engel der Gerechtigkeit sind jetzt über die ganze Welt verstreut. Ich werde mich der Menschheit zu erkennen geben. Jede Seele wird Mich als ihren Gott erkennen. Ich komme! Ich stehe vor der Tür. Die Erde wird erbeben und stöhnen.

Meine Liebe hat diese Aktion schon vor der Erschaffung der Welt geplant. Die Menschen hören nicht auf Meine Rufe: sie verschließen ihre Ohren; sie widerstehen der Gnade und lehnen Meine Barmherzigkeit, Meine Liebe und Meine Verdienste ab. Die

Welt ist schlimmer als vor der Sintflut. Sie quält sich in einem Sumpf der Sünde. Hass und Habgier sind in die Herzen der Menschen eingedrungen. All das ist das Werk des Satans. Die Welt liegt in dichter Finsternis. Diese Generation verdient es, ausgelöscht zu werden, aber Ich möchte ihr Meine Barmherzigkeit erweisen. Der Kelch des Zorns Gottes ergießt sich bereits über die Völker. Der Engel des Friedens wird nicht zögern, auf die Erde zu kommen. Ich will heilen und retten. Durch die Wunden, die jetzt bluten, wird die Barmherzigkeit siegen und die Gerechtigkeit triumphieren.

Aber Meine Gläubigen schlafen nicht, wie die Jünger im Ölgarten, sondern sie schöpfen ständig für sich und andere aus dem Schatz Meiner Verdienste und Meiner Fülle. Es werden wunderbare Dinge vorbereitet. Das, was kommt, wird schrecklich sein, wie nie zuvor seit Anbeginn der Welt. Ich, Ich Selbst, komme und werde Meinen Willen kundtun.

Alle, die in dieser letzten Zeit gelitten haben, sind Meine Märtyrer, und sie bereiten Meine Ernte für die Kirche vor. Sie haben an Meiner Via Dolorosa teilgenommen. Das, was jetzt geschehen wird, wird alles, was bisher geschehen ist, bei weitem übertreffen. Die Mutter Gottes und die Engel werden daran teilhaben. Die Hölle glaubt, dass ihr der Sieg sicher ist, aber Ich werde sie aus ihrer Hand reißen. Viele verfluchen Mich, und Ich muss deshalb zulassen, dass sie in eine Welt des Unglücks fallen; denn viele werden dadurch gerettet werden. Gesegnet sind diejenigen, die alles erleiden, um diejenigen zu entschädigen, die Mich beleidigen.

Ich werde mit Meinem Frieden kommen. Ich werde Mein Reich mit einer kleinen Zahl von Auserwählten errichten. Dieses Reich wird plötzlich kommen, schneller als die Menschen denken … Ich werde Mein Licht leuchten lassen: ein Licht, das für die einen ein Segen und für die anderen eine Finsternis sein wird. Die Menschheit wird Meine Liebe und Meine Macht erkennen.

Meine geliebten Kinder, die Stunde ist nahe. Betet unaufhörlich, und ihr werdet nicht verwirrt sein. Ich versammle Meine Auserwählten. Sie werden aus allen Teilen der Welt zusammenkommen, und sie werden Mich verherrlichen. Ich komme! Gesegnet sind die, die vorbereitet sind. Gesegnet sind diejenigen, die Mich erwarten.[XLIII]

ELIZABETH KINDELMANN
(1913-1985)

Ehefrau, Mutter, Mystikerin und Gründerin der Bewegung „Die Liebesflamme“

Elizabeth Szántò war eine ungarische Mystikerin, die 1913 in Budapest geboren wurde und ein Leben in Armut und Entbehrungen führte. Sie war das älteste Kind. Elizabeth hatte zwölf Brüder und Schwestern, sechs Mal Zwillinge. Und nur sie erreichte das Erwachsenenalter. Als sie fünf Jahre alt war, starb ihr Vater, und als sie zehn Jahre alt war, wurde Elizabeth nach Willisau in die Schweiz geschickt, um bei einer wohlhabenden Familie zu leben. Im Alter von elf Jahren kehrte sie vorübergehend nach Budapest zurück, um ihre schwer kranke und bettlägerige Mutter zu begleiten und zu pflegen. Einen Monat später sollte Elizabeth um 10.00 Uhr morgens einen Zug aus Österreich besteigen, um zu der Schweizer Familie zurückzukehren, die beschlossen hatte, sie zu adoptieren. Sie war allein und kam irrtümlich um 22 Uhr am Bahnhof an. Ein junges Paar nahm sie mit nach Budapest, wo sie den Rest ihres Lebens verbrachte, bis sie 1985 starb.

Als Waisenkind am Rande des Verhungerns arbeitete Elizabeth hart, um zu überleben. Zweimal versuchte sie, in religiöse Gemeinschaften einzutreten, wurde aber abgewiesen. Ein Wendepunkt kam im August 1929, als sie in den Kirchenchor aufgenommen wurde und dort Karoly Kindlemann, einen Schornsteinfegerlehrling, kennenlernte. Sie heirateten am 25. Mai 1930, als sie sechzehn und er dreißig Jahre alt war. Gemeinsam bekamen sie sechs Kinder, und nach sechzehn Jahren Ehe starb ihr Mann.

In den folgenden Jahren kämpfte Elizabeth um den Lebensunterhalt für sich und ihre Familie. Im Jahr 1948 war die kommunistische Verstaatlichung Ungarns ein harter Brocken und sie wurde von ihrer ersten Arbeitsstelle entlassen, weil sie eine Statue der Gottesmutter in ihrem Haus hatte. Elizabeth war immer eine fleißige Arbeiterin, hatte aber in ihrer langen Reihe von kurzlebigen Jobs nie Glück, da sie darum kämpfte, ihre Familie zu ernähren. Schließlich heirateten alle ihre Kinder und zogen mit der Zeit wieder bei ihr ein und brachten ihre Kinder mit.

Elizabeths tiefes Gebetsleben veranlasste sie, Laienkarmelitin zu werden, und 1958, im Alter von fünfundvierzig Jahren, trat sie in eine dreijährige Periode geistlicher Dunkelheit ein. Zu dieser Zeit begann sie auch, durch innere Einsprechungen intime Gespräche mit dem Herrn zu führen, gefolgt von Gesprächen mit der Jungfrau Maria und ihrem Schutzengel. Am 13. Juli 1960 begann Elizabeth auf Bitten des Herrn ein Tagebuch zu führen. Zwei Jahre nach Beginn dieses Prozesses schrieb sie: *„Bevor ich Botschaften von Jesus und der Jungfrau Maria erhielt, bekam ich folgende Eingebung: ‚Du musst selbstlos sein, denn wir* *werden dir eine große Aufgabe anvertrauen, und du wirst dieser Aufgabe gewachsen sein. Dies ist jedoch nur möglich, wenn du völlig selbstlos bleibst und auf dich selbst verzichtest. Diese Aufgabe kann dir nur übertragen werden, wenn du sie auch aus freiem Willen willst.*"

Elizabeths Antwort war „Ja", und durch sie begannen Jesus und Maria eine kirchliche Bewegung unter einem neuen Namen, der dieser unermesslichen und ewigen Liebe Marias zu allen ihren Kindern gegeben wurde: „Die Liebesflamme".

Durch das, was zum *Geistlichen Tagebuch* wurde, lehrten Jesus und Maria Elizabeth, und sie lehren die Gläubigen weiterhin in der göttlichen Kunst des Leidens für die Rettung der Seelen. Für jeden Tag der Woche werden Aufgaben zugewiesen, die Gebet, Fasten und Nachtwachen beinhalten und mit schönen Versprechen verbunden sind, die mit besonderen Gnaden für Priester und die Seelen im Fegefeuer verbunden sind. In ihren Botschaften sagen Jesus und Maria, dass die Liebesflamme des Unbefleckten Herzens Mariens die größte Gnade ist, die der Menschheit seit der Menschwerdung gegeben wurde. Und in nicht allzu ferner Zukunft wird ihre Flamme die ganze Welt umhüllen.

Kardinal Péter Erdő von Esztergom-Budapest, Primas von Ungarn, setzte eine Kommission ein, um das *Geistliche Tagebuch* und die verschiedenen Anerkennungen zu untersuchen, die die Ortsbischöfe in der ganzen Welt der Bewegung der Liebesflamme als einer privaten Vereinigung von Gläubigen gegeben hatten. Im Jahr 2009 erteilte der Kardinal nicht nur das Imprimatur für das *Geistliche Tagebuch*, sondern erkannte auch die mystischen Einsprechungen und Schriften von Elizabeth als authentisch und als „Geschenk an die Kirche" an. Darüber hinaus erteilte er der Bewegung Liebesflamme, die seit über zwanzig Jahren offiziell in der Kirche tätig ist, seine bischöfliche Anerkennung. Derzeit bemüht sich die Bewegung um eine weitere Anerkennung als öffentliche Vereinigung der Gläubigen. Am 19. Juni 2013 erteilte Papst Franziskus der Bewegung seinen Apostolischen Segen.

†

Aus dem Tagebuch von Elizabeth Kindelmann mit dem Titel Die Liebesflamme des Unbefleckten Herzens Mariens: *Das geistliche Tagebuch* (Kanada) und die gekürzte Fassung mit dem Titel Die Liebesflamme (Vereinigte Staaten)-

Tagebucheintrag vom 15. Januar 1963:

Die Erfüllung Seines mir schon früher mitgeteilten Herzenswunsches erbat Er jetzt nicht durch Worte, sondern mit dem durchdringenden Blick Seiner Augen. Ach, diese Augen! Meine irdischen Augen können ihren Blick gar nicht ertragen! Meine Augen schließend, konnte ich nicht einmal zitternd auf Ihn blicken. Der Blick Seiner Augen ist wie ein Blitz, der alles erleuchtet. Er durchdrang mein ganzes Wesen, dass ich all meine geheimen Sünden beleuchtet sah und empfand. Stundenlang strömten meine Tränen ohne Unterlass! Meine Sünden, ach, meine Sünden! seufzte ich stöhnend. Der Seelenschmerz über meine Sünden war inzwischen so gewaltig wie noch nie. Er ließ den durchdringenden Blick Seiner Augen weiterhin auf mir ruhen. Währenddessen sprach Er: *„Unsere Augen schauen ineinander, unser Blick verschmelze sich!“* Ich, armer Sünder! Ich großer, sehr großer Sünder! Und meine sündigen Augen sollen sich mit dem göttlichen Blick Deiner Augen verschmelzen? Und nicht nur meine Augen, sondern nach Deinem Wunsch: alle Augen! Jesus sagte: *„Wer mit Mir geht und mit Mir sammelt, dessen Augen sollen auch mit Mir sich verschmelzen!“*

[Am 15. August 1980] „Der Herr Jesus sagte: *„Die Kirche und die ganze Welt befindet sich in einer großen Gefahr. Daran könnt ihr mit irdischen Mitteln und Bemühungen nichts mehr ändern. Nur die Allerheiligste Dreifaltigkeit, die Allerseligste Jungfrau, alle Engel und Heiligen, sowie die Fürsprache aller von euch befreiten Armen Seelen können der streitenden Kirche noch helfen.“*

„Am 27. März [1963] Er sprach viel über die Gnadenzeit und das Ausströmen des Heiligen Geistes, das man mit dem ersten Pfingsten vergleichen könnte, dass die Erde mit der Kraft des Heiligen Geistes überflutet wird. Bei diesem großen Wunder wird die ganze Menschheit aufhorchen. Dies wird durch das Gnadenwirken der Liebesflamme unserer Heiligsten Jungfrau geschehen …

Die vom Unglauben schon allmählich verdunkelte Welt wird gewaltige Erschütterungen erleben müssen, und danach wird man glauben. Diese Erschütterung wird durch die Kraft des Glaubens eine neue Welt ins Leben rufen. Das im Glauben gefestigte Vertrauen wird durch die Kraft der Liebesflamme in den Seelen Wurzel fassen. So wird das Angesicht der Erde erneuert. *„Denn eine solche Gnadenflut wurde noch nie gegeben, seit das Wort Mensch geworden ist.“* Diese Erneuerung der von Leiden überfluteten Erde wird durch die fürbittende Macht und Kraft der Allerseligsten Jungfrau geschehen.

Der Herr bat mich, die Botschaft dem Bischof zu übermitteln. Unser Herr Bischof spendete in einer naheliegenden Gemeinde die Hl. Firmung. Ich fuhr hin, bat seinen Sekretär (H.), den Herrn Bischof zu fragen, ob sich eine Gelegenheit zu einem Gespräch mit ihm anböte… Zu meiner großen Überraschung bot er mir an, mich Mittwoch, um 10.00 Uhr, zu empfangen. …

Mittwochvormittag wartete der Herr Bischof auf mich. Das Gespräch dauerte eine Stunde. Wir waren nur zu zweit. Ich übergab ihm das vorher Niedergeschriebene."

[Am 24. Juli 1963] „Die Muttergottes sprach: „*Meine Karmeliterin, gib den Kampf nicht auf, auch wenn du mit noch so vielen Schwierigkeiten kämpfen musst. Durch meine Liebesflamme, die ich jetzt auf die Erde sende, beginnt die Epoche einer bisher nie gekannten Gnadenzeit.*"

„Am 1. August (1963) sagte [Unser Herr]: *Ich muss dir sagen, seit das Wort Mensch geworden ist, wurde Meine Mutter noch nie mit einer solchen Ehre ausgezeichnet wie jetzt, da sie durch Ihre Liebesflamme die Menschenherzen und Seelen entflammt. Ein jedes Gebet, jedes Stoßgebet, das irgendjemand irgendwo auf der Welt gebetet hat, wird an jenem Tage, an dem die Liebesflamme Meiner Heiligsten Mutter zur Geltung kommt, wie ein ineinander verschmolzener Hilferuf sein. Dann wird die Menschheit sich der Gottesmutter zu Füßen werfen, um ihr für ihre unbegrenzte mütterliche Liebe zu danken." Noch am selben Tage sagte Er: „Übergib Meine Worte den Zuständigen. Bitte sie in Meinem Namen, die große Gnadenflut nicht verhindern zu wollen, die das Unbefleckte Herz Meiner Mutter in ihrer glühenden Liebe zu euch über die ganze Erde ausgießen will."*

„Am 12. März 1964 sagte Jesus in eindringlichen Ton: „Bevor die schweren Tage anbrechen, bereitet euch entschieden auf die Be-

rufung vor, für die Ich euch auserwählt habe. Lebt nicht gelangweilt, in gleichgültiger Müßigkeit, denn jetzt beginnt der große Sturm, von dessen Strömungen die in Müßiggang Versunkenen dahingerafft werden. Nur jene werden dagegen aufrecht standhalten, die ihre Berufung wahrhaftig leben. Die große Gefahr, die jetzt gegen euch loszieht, nimmt durch die Erhebung Meiner Hand seinen Lauf. Gib Meine mahnenden Worte weiter, sie sollen an jede Priesterseele gelangen. Meine im Voraus mahnenden Worte und strenge Bitte mögen euch aufrütteln …"[XLIV]

Die Muttergottes sagte: „Die Erde erlebt die Ruhe vor dem Sturm, wie ein Vulkan, der kurz vor der Explosion steht. Die Erde befindet sich jetzt in dieser schrecklichen Situation. Der Krater des Hasses brodelt. Ich, der schöne Strahl der Morgenröte, werde Satan blenden. Keine sterbende Seele sollte verurteilt werden. Meine Liebesflamme wird jetzt entzündet werden. Es wird ein schrecklicher Sturm sein, ein Orkan, der den Glauben zerstören will. In dieser dunklen Nacht werden Himmel und Erde von der Liebesflamme, die ich den Seelen anbiete, erhellt werden.

Die Muttergottes sprach: *„Meine Liebesflamme brennt. Sie ist so groß, dass ich sie nicht länger in mir behalten kann. Sie springt mit explosiver Kraft zu euch hinaus. Wenn sie sich verströmt, wird meine Liebe den satanischen Hass zerstören, der die Welt verseucht. Die größte Anzahl von Seelen wird befreit werden. So etwas hat es noch nie gegeben. Dies ist mein größtes Wunder, das ich für alle tun werde … Dieses Wunder braucht nicht beglaubigt zu werden. Ich werde das Wunder in jeder Seele beglaubigen. Alle werden die Ausgießung der Liebesflamme erkennen.*[XLV]

Unsere Liebe Frau sagt:[Der Augenblick ist nahe, in dem sich meine Liebesflamme entzünden wird. In diesem Augenblick wird Satan geblendet sein. […] Jeder, der diese Flamme empfängt, wird sie spüren, denn sie wird sich entzünden und die ganze Welt erreichen, nicht nur in den mir geweihten Nationen, sondern auf der ganzen Erde. Sie wird sich selbst an den unzugänglichsten Orten ausbreiten, denn es gibt keinen Ort, der für Satan unzugänglich ist.[XLVI]

Wenn Satan erst einmal geblendet ist", so versprach Unser Herr, „werden sich die Dekrete des Zweiten Vatikanischen Konzils auf außergewöhnliche Weise erfüllen". [Botschaft von Jesus am 25. Oktober 1964. Das Konzil hatte zwei Jahre zuvor begonnen].[XLVII] *Lasst die Priester und ihr Volk in geistiger Einheit zusammenkommen. Diese Ausgießung wird sogar die Seelen der Nichtgetauften erreichen."*[XLVIII]

ERSCHEINUNGEN DER MUTTERGOTTES IN GARABANDAL, SPANIEN (1961-1965)

Seher: CONCHITA GONZALEZ, MARI LOLI MAZON, MARI CRUZ GONZALEZ UND JACINTA GONZALEZ

Am Abend des 18. Juni 1961 spielten vier junge Mädchen im Alter von elf und zwölf Jahren am südlichen Rand eines kleinen spanischen Dorfes mit etwa achtzig bescheidenen Häusern, das Garabandal hieß. Der Weiler war arm, katholisch und hatte keine modernen Annehmlichkeiten, nicht einmal Telefone. Conchita, Mari Loli, Mari Cruz und Jacinta wollten Äpfel vom Baum ihrer Lehrerin stehlen, als sie einen lauten Knall hörten, der wie ein Donnerschlag klang, aber es war keine einzige Wolke am Himmel. „Was für einen großen Fehler haben wir begangen!" klagte Conchita. „Jetzt, wo wir die Äpfel genommen haben, die uns nicht gehören, ist der Teufel glücklich und unser armer Schutzengel traurig."[XLIX] Ein paar Minuten später erschien ein strahlender Engel vor ihnen. Er sagte nichts und verschwand nach ein paar Minuten wieder. In den folgenden Tagen erschien der Engel den vier Mädchen noch achtmal, ohne ein Wort zu sagen. Dann, am 1. Juli, sprach er endlich: *„Ich bin gekommen, um den Besuch der Seligen Jungfrau Maria vom Karmel anzukündigen. Sie wird morgen, am Sonntag, erscheinen."*

Die Mädchen waren überglücklich. „Sie soll bald kommen!", sagten sie ihm.[L] Die Nachricht verbreitete sich schnell, und am nächsten Tag kamen viele Dorfbewohner und Neugierige aus den umliegenden Dörfern, darunter auch Priester, zu der Stelle, an der den Mädchen der Engel erschienen war. Am 2. Juli erschien ihnen die Jungfrau Maria mit dem Jesuskind und zwei Engeln – einer davon war der Engel, den sie gesehen hatten und den sie nun als den hl. Michael erkannten. Die Mädchen sprachen offen und vertraut mit der Gottesmutter, die sie anlächelte. So begann eine wunderbare Mutter-Tochter-Beziehung mit Erscheinungen, die sich in den nächsten vier Jahren etwa 2000 Mal wiederholen sollten, manchmal mehrmals an einem einzigen Tag.

Die Besuche zogen Tausende von Zeugen in riesigen Menschenmengen an und brachten mystische Phänomene mit sich, von denen viele gefilmt oder fotografiert wurden. Diese Interaktionen zwischen der Muttergottes und den Kindern wurden als Ekstasen bekannt – wenn die Kinder auf die Knie fielen und nach oben blickten, schwer wie Felsbrocken und unempfindlich gegen Licht und Schmerz. Dazu gehörten auch ekstatische Spaziergänge, bei denen die Mädchen z.B. schnell rückwärts durch unwegsames Gelände gingen und dabei den Kopf und die Augen zum Himmel richteten, und die Rückgabe von Rosenkränzen und Medaillen an ihre rechtmäßigen Besitzer – wenn die Mädchen, immer noch mit dem Blick nach oben, die von der Gottesmutter gesegneten Gegenstände ihren rechtmäßigen Besitzern in einer Menschenmenge übergaben, ohne zu wissen, wem sie gehörten.

Die erste Botschaft der Jungfrau Maria an die Welt am 18. Oktober 1961 war ein Aufruf zu einer radikalen Umkehr des Herzens. Mit den Worten der vier Seher: „*Viele Opfer müssen gebracht werden. Es muss viel Buße getan werden. Wir müssen viele Besuche vor dem Allerheiligsten Sakrament machen. Aber zuallererst müssen wir sehr gut sein. Der Kelch füllt sich bereits, und wenn wir uns nicht ändern, werden wir bestraft werden*". In einer zweiten Botschaft, die acht Monate später, am 19. Juni 1962, an die Welt gerichtet wurde, berichtete Jacinta: „*... die Welt ist schlimmer und muss sich sehr ändern, aber sie hat sich überhaupt nicht geändert. Wie schade, dass sie sich nicht ändert.*" In einer dritten Botschaft vom 23. Juni 1962 sagte die Muttergottes mit den Worten von Mari Loli und Jacinta, die jetzt dreizehn Jahre alt ist:

> *„Die Jungfrau hat uns gesagt: Die Welt bleibt dieselbe ... sie ändert sich nicht. Wenige werden Gott sehen. Es sind so wenige, dass es der Jungfrau viel Kummer bereitet. Wie schade, dass sie sich nicht ändert. Die Jungfrau sagt uns, dass die Strafe kommt, weil sich die Welt nicht ändert. Der Kelch füllt sich. Wie traurig die Jungfrau war, auch wenn sie es uns nicht hat anmerken lassen, weil sie uns so sehr liebt und allein leidet. Sie ist so gut! Seid alle gut, damit die Jungfrau glücklich ist. Sie sagte uns, dass wir, die wir gut sind, für die Bösen beten sollen. Beten wir zu Gott für die Welt, für die, die Ihn nicht kennen. Seid gut ... seid sehr gut zu allen."*[LI]

Am 18. Juni 1965 gab die Gottesmutter Conchita in Garabandal ihre letzte öffentliche Botschaft. Sie wurde live im spanischen

Fernsehen übertragen. Ein Video von Conchita in Ekstase zusammen mit den Ereignissen, die der Erscheinung vorausgingen, kann jetzt auf YouTube angesehen werden, in einem Video mit dem Titel „Garabandal Film 08 – Zweite Botschaft 18. Juni 1965". [LII] Die Worte der Gottesmutter waren traurig und warnend:

> *„Da meine Botschaft vom 18. Oktober [1961] nicht befolgt wurde und der Welt nicht bekannt gemacht wurde, sage ich euch, dass dies die letzte ist. Vorher hat sich der Kelch gefüllt, jetzt läuft er über. Viele Kardinäle, viele Bischöfe und viele Priester sind auf dem Weg ins Verderben, und sie nehmen viele Seelen mit sich. Der Eucharistie wird immer weniger Bedeutung beigemessen. Ihr solltet durch eure Bemühungen den Zorn Gottes von euch abwenden. Wenn ihr mit aufrichtigem Herzen um Vergebung bittet, wird Er euch verzeihen. Ich, eure Mutter, möchte euch durch die Fürsprache des Erzengels Michael sagen, dass ihr euer Leben ändern sollt. Die letzten Warnungen sind über euch. Ich liebe euch sehr und will nicht, dass ihr verdammt werdet. Betet aufrichtig zu Uns, und Wir werden eure Bitten erfüllen. Ihr müsst mehr Opfer bringen. Denkt über die Passion Jesu nach."*

Die zweite Botschaft verursachte eine besondere Kontroverse wegen der Worte „viele Kardinäle, viele Bischöfe und viele Priester sind auf dem Weg ins Verderben". Conchita wurde mehrmals gebeten, diese Information zu verifizieren und antwortete mehrmals, dass Maria die Bedeutung des Priestertums betonte und die Aufmerksamkeit vor allen anderen auf die Priester richtete.[LIII]

Neben diesen Botschaften sagten die Seher eine „Warnung", ein „Wunder" und eine „Züchtigung" voraus. Innerhalb eines Jahres nach der „Warnung" wird sich ein großes Wunder für eine Viertelstunde ereignen und ein dauerhaftes Zeichen in Garabandal hinterlassen, das man sehen und fotografieren, aber nicht berühren kann. Conchita wird der Welt das kommende Wunder ankündigen, acht Tage im Voraus. Die Kranken, die an diesem Tag nach Garabandal kommen, werden geheilt, die Ungläubigen werden bekehrt werden. „Das Zeichen, das bleiben wird", sagt Conchita, „wird man sehen, fotografieren und im Fernsehen übertragen können, aber man wird es nicht anfassen können. Es wird sich deutlich zeigen, dass es nicht von dieser Welt ist, sondern von Gott".

Die allerletzte Erscheinung war eine private Erscheinung an Conchita am 13. November 1965. *„Erzähle mir, Conchita"*, sagte die Muttergottes mit mütterlicher Fürsorge, *„erzähle mir von meinen Kindern. Sie sind alle unter meinem Mantel. Ich liebe dich so sehr und ich wünsche mir dein Heil.* Sie erinnerte Conchita an die Bedeutung des Gebets und sagte: *„Warum besuchst du meinen Sohn nicht öfter im Allerheiligsten Sakrament? Warum lässt du dich von deiner Trägheit leiten und gehst nicht zu Ihm? Er wartet Tag und Nacht auf euch ..."*

Gegen Ende ihres Gesprächs rief Conchita aus: „Oh, wie glücklich bin ich, wenn ich dich sehe. Warum nimmst du mich nicht gleich mit?"

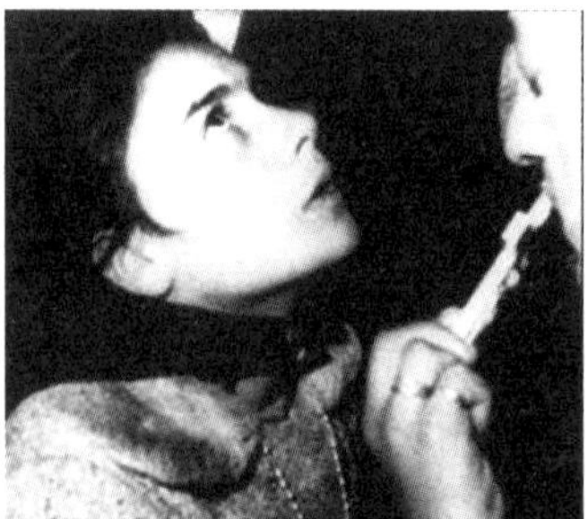

Die Muttergottes antwortete: *„Erinnere dich daran, was ich dir an deinem Ehrentag gesagt habe. Wenn du vor Gott trittst, musst du Ihm deine Hände voller guter Werke zeigen, die du für deine Brüder und zur Ehre Gottes getan hast; jetzt sind deine Hände leer."*

Am Tag nach dieser letzten Erscheinung hatte der Autor der Ereignisse in Garabandal, Albrecht Weber, ein langes Gespräch mit Conchita, die ihn fragte: „Kannst du dir vorstellen, wie jemand Kinder im Mutterleib töten kann, ohne dabei die Mutter zu töten?"

Albrecht antwortete: „Nein! Wie kommst du auf diese Idee, Conchita?"

„Nun, die Gottesmutter hat davon gesprochen, und sie ließ mich wissen, dass dies mit dem Überlaufen des Kelches geschehen wird." Conchita sagte dies zitternd und beunruhigt, ohne sich vorstellen zu können, was es wirklich bedeutete oder wie die Tötung zustande kommen kann. Sie würde es noch früh genug erfahren.[LIV]

Wo sind die Seher jetzt? Conchita González zog nach New York City, wo sie ihren Mann kennenlernte und vier Kinder bekam. Sie wurde am 31. Oktober 2013 Witwe.[LV]

Mari Loli Mazón zog nach Brockton, Massachusetts, wo sie heiratete, vier Kinder bekam – das vierte starb früh – und die nächsten siebenundzwanzig Jahre bis zu ihrem Tod im Jahr 2009 in New Hampshire lebte. Jacinta González wurde zu Jacinta Moynihan und lebt mit ihrem Mann und ihrer Tochter in Oxnard, Kalifornien. Mari Cruz González lebt in Aviles, Spanien, ist verheiratet und hat vier Kinder.

Das derzeitige kirchliche Urteil über die Erscheinungen in Garabandal lautet „Non-constat de supernaturalitate", was so viel bedeutet wie „Der übernatürliche Ursprung ist nicht erwiesen", und es ist offen für neue Bewertungen[LVI]. In einer „Offiziellen Note" vom 8. Juli 1965 schrieb Bischof Eugenio Beitia von Santander, der Diözese, in der Garabandal liegt:

> *„Wir weisen jedoch darauf hin, dass wir weder in der Lehre noch in den geistlichen Empfehlungen, die als an die Gläubigen gerichtet veröffentlicht wurden, etwas gefunden haben,*

das einer kirchlichen Zensur oder Verurteilung würdig wäre, denn diese enthalten eine Ermahnung zum Gebet und zum Opfer, zur eucharistischen Verehrung, zur Verehrung der Gottesmutter in traditioneller lobenswerter Weise und zur heiligen Furcht vor Gott, der durch unsere Sünden beleidigt wurde. Sie wiederholen einfach die gemeinsame Lehre der Kirche in diesen Fragen."[LVII]

Zahlreiche zeitgenössische Heilige haben an die Erscheinungen von Garabandal geglaubt, darunter die hl. Teresa von Kalkutta[LVIII], der hl. Papst Paul VI[LIX], der hl. Josemaría Escrivá de Balaguer[LX] und der Hl. Pater Pio[LXI]. Der hl. Pater Pio ermutigte die Menschen, nach Garabandal zu gehen; auf die Frage nach der Echtheit des Ortes antwortete er einmal lapidar: „Wie oft muss sie dort erscheinen, damit man ihr glaubt?"[LXII]

Auch der hl. Papst Johannes Paul II. war offenbar ein Befürworter der Erscheinungen der Gottesmutter in Garabandal. Als Papst Johannes Paul II. ein Exemplar der 1993 erschienenen Fassung des Buches von Albrecht Weber, *Garabandal Der Zeigefinger Gottes,* vorgelegt wurde, bat er später seinen Sekretär, Vater (heute Erzbischof) Stanislaus Dziwisz, dem Autor zu schreiben. In einer späteren Auflage des Buches im Jahr 2000 ist ein Teil der Botschaft des Papstes auf Seite 19 abgedruckt:

„Möge Gott Sie für alles belohnen. Besonders für die tiefe Liebe, mit der Sie die Ereignisse von Garabandal bekannt machen. Möge die Botschaft der Muttergottes Eingang in die Herzen finden, bevor es zu spät ist. Als Ausdruck der Freude und Dankbarkeit erteilt Ihnen der Heilige Vater seinen apostolischen Segen."

†

WORTE ÜBER DIE SEELENSCHAU:

Seit der letzten Erscheinung der Muttergottes vom Karmel in Garabandal haben drei der Seherinnen, Conchita, Mari Loli und Jacinta, gelegentlich Interviews gegeben. Wenn sie über die Seelenschau sprechen, kommt es oft vor, dass neue oder unterstützende Informationen oder eine andere Perspektive enthüllt werden. Um ein vollständigeres Bild von dem zu vermitteln, was sie von der Gottesmutter über das Ereignis erfahren haben, finden Sie im Folgenden chronologische Auszüge aus verschiedenen Interviews.

Conchita am 13. und 14. September sowie am 22. Oktober 1965:

„Wenn ich nicht wüsste, dass eine andere Strafe kommt, würde ich sagen, es gibt keine größere Strafe als die Seelenschau. Alle werden Angst haben, aber die Katholiken werden sie mit größerer Resignation ertragen als andere. Sie wird nur eine kurze Zeit andauern. Die Seelenschau kommt direkt von Gott. Sie wird in allen Teilen der Welt sichtbar sein, ganz gleich, wo wir leben. Sie wird wie eine innere Einsicht in unsere Sünden sein. Gläubige wie Ungläubige, wo immer sie sich zu diesem Zeitpunkt befinden, werden sie sehen und spüren. Oh, ja, die Seelenschau wird sehr gewaltig sein! Tausendmal schlimmer als Erdbeben. Sie wird wie Feuer sein; sie wird unser Fleisch nicht verbrennen, aber wir werden sie leiblich und innerlich spüren. Alle Nationen und jeder Mensch auf der Erde wird es spüren. Niemand wird ihr entgehen. Und die Ungläubigen werden die Furcht vor Gott spüren.

Wir können sie sowohl am Tag als auch in der Nacht erleiden, egal ob wir im Bett sind oder nicht. Wenn wir in dieser Zeit sterben, wird es vor Schreck sein … Wenn ich Ihnen nur sagen könnte, wie die Jungfrau es mir beschrieben hat! Aber die Pein, die wird noch schlimmer sein …

Wir werden verstehen, dass die Seelenschau wegen unserer Sünden über uns kommt. Ich bin es leid, sie zu verkünden, ohne dass sie jemand beachtet.

Wir können uns nicht vorstellen, wie sehr wir Gott beleidigen. Die Gottesmutter sagte mir, dass die Menschen sehr wohl wissen, dass es einen Himmel und eine Hölle gibt. Aber können wir nicht erkennen, dass wir nur aus Angst und nicht aus Liebe zu Gott daran denken? Wegen unserer Sünden haben wir nur uns selbst die Schuld an der Seelenschau zu geben. Und wir müssen sie für Jesus erleiden, für die Vergehen, die wir gegen Gott begangen haben."[LXIII]

Conchita im Jahr 1968:

F: Was ist mit den vielen Menschen, die Christus nicht kennen; wie werden sie die Seelenschau verstehen?

A: Diejenigen, die Christus nicht kennen, werden glauben, dass es eine Ankündigung von Gott ist.

Conchita im Jahr 1973:

F: Wie lange wird sie dauern, eine halbe Stunde, eine Stunde?

A: Das weiß ich wirklich nicht. Ich denke, dass fünf Minuten eine angemessene Zeit sein wird.

Conchita an Dr. J. Dominguez im Mai 1973:

A: Das Wichtigste an diesem Tag ist, dass jeder auf der ganzen Welt ein Zeichen, eine Gnade oder eine Strafe in sich selbst sehen wird. Sie werden sich ganz allein auf der Welt wiederfinden, ganz gleich, wo sie sich zu diesem Zeitpunkt befinden, allein mit ihrem Gewissen vor Gott … Manchmal gibt es Menschen, die ihr eigenes Böses nicht sehen können, weil sie, wie man sagt, die Augen der Seele verschließen, weil sie nicht nach innen sehen wollen … Sie soll unsere Seele für Gott öffnen und uns zur Umkehr bringen.

Jeder von uns wird die Seelenschau anders empfinden, denn sie hängt von unserem Gewissen ab. Sie wird sehr persönlich sein. Deshalb werden wir alle unterschiedlich darauf reagieren, denn Ihre Sünden sind anders als meine.

F: Wird die Seelenschau körperlichen Schaden verursachen?

A: Nein, es sei denn, es handelt sich um etwas, das aus dem Schock resultiert, wie z. B. ein Herzinfarkt.

Mari Loli am 27. Juli 1975:

F: Es wird gesagt, dass Sie erwähnt haben, dass zur Zeit der Seelenschau alles aufhören wird – sogar Flugzeuge in der Luft. Ist das wahr?

A: Ja.

F: Können Sie uns noch etwas über die Seelenschau sagen?

A: Alles, was ich sagen kann, ist, dass sie sehr nahe ist und dass es sehr wichtig ist, dass wir uns darauf vorbereiten, denn es wird ein schreckliches Ereignis sein. Es wird uns alle Sünden bewusst machen, die wir begangen haben.[LXIV]

Jacinta im Februar 1977:

„Die Seelenschau ist etwas, das einfach in der Luft gesehen wird, überall auf der Welt, und sofort in das Innere unserer Seelen übertragen wird. Sie wird eine sehr kurze Zeit andauern, aber sie wird uns sehr lange erscheinen, weil sie in uns wirkt. Es wird gut für unsere Seele sein, um in uns selbst unser Gewissen zu sehen – das Gute, das wir nicht getan haben, und das Schlechte, das wir getan haben. Dann werden wir eine große Liebe zu unseren himmlischen Eltern empfinden und um Vergebung für alle unsere Vergehen bitten. Die Seelenschau soll uns näher zu Ihm bringen und unseren Glauben stärken. Deshalb sollte man sich auf diesen Tag vorbereiten, ihn aber nicht mit Furcht erwarten. Gott schickt die Dinge nicht aus Angst, sondern aus Gerechtigkeit und Liebe. Er tut es zum Wohl aller Seiner Kinder, damit sie das ewige Glück genießen können und nicht verloren gehen."

Conchita im Jahr 1977:

F: Sie haben einmal zu Vater Marcelino Andreu gesagt: „Wenn Sie die Seelenschau sehen, werden Sie wissen, dass wir die Endzeit eröffnet haben." Können Sie erklären, was Sie damit meinten?

A: Die Jungfrau hat uns gesagt, dass die Seelenschau und das Wunder die letzten Warnungen oder öffentlichen Ereignisse sein werden, die Gott uns geben wird. Deshalb glaube ich, dass wir uns nach ihnen der Endzeit nähern werden.

F: Haben Sie irgendwelche Ratschläge für die Menschen, damit sie sich auf dieses Ereignis vorbereiten können?

A: Wir müssen immer mit einer ruhigen Seele vorbereitet sein und uns nicht so sehr an diese Welt binden. Stattdessen müssen wir sehr oft daran denken, dass wir hier sind, um in den Himmel zu kommen und um Heilige zu sein.

Mari Loli im Jahr 1977:

F: Haben Sie irgendwelche Ratschläge für die Menschen, damit sie sich auf dieses Ereignis vorbereiten können?

A: Viel Buße tun, Opfer bringen, das Allerheiligste Sakrament jeden Tag besuchen, wenn es uns möglich ist, und täglich den Rosenkranz beten.[LXV]

Mari Loli an P. Francis Benac, SJ, 29. September 1978:

„Es wird eine innere, persönliche Erfahrung sein. Es wird so aussehen, als ob die Welt zum Stillstand gekommen wäre, aber niemand wird sich dessen bewusst sein, da jeder völlig in seine eigene Erfahrung vertieft sein wird. Wenn wir etwas Falsches tun, bitten wir den Herrn oft nur mit den Lippen um Vergebung, aber jetzt wird Er uns helfen, diesen tiefen Schmerz zu spüren.

Conchita an P. Francis Benac, SJ, 29. September 1978:

„Privat habe ich gesagt, dass es so etwas ist wie zwei Sterne, die zusammenstoßen, viel Lärm machen und helles Licht erzeugen, aber den Menschen keinen materiellen Schaden zufügen, aber sehr beängstigend sind. Aber bitte, Herr Pfarrer, das ist doch nur ein Vergleich."

Conchita an Albrecht Weber, den Autor von Garabandal-Der Zeigefinger Gottes, *im Jahr 1965:*

A: Wenn der Kommunismus wiederkommt, wird alles [die Seelenschau] geschehen.

F: Was meinen Sie mit „wiederkommen"?

A: Ja, wenn er wiederkommt.

F: Heißt das, dass der Kommunismus vorher verschwinden wird?

A: Ich weiß es nicht. Die Heilige Jungfrau hat einfach gesagt: „Wenn der Kommunismus wiederkommt".[LXVI]

Mari Loli am 19. Oktober 1982:

F: Erinnern Sie sich daran, was die Gottesmutter über die kommunistische Drangsal sagte, die der Seelenschau vorausgehen wird?

A: Es wird so aussehen, als hätten die Kommunisten die ganze Welt übernommen, und es wird sehr schwer sein, die Religion zu praktizieren, dass die Priester die Messe halten oder dass die Menschen die Türen der Kirchen öffnen.

F: Ist es das, was Sie meinten, als Sie sagten, dass es so aussehen wird, als ob die Kirche verschwunden wäre?

A: Ja.

F: Es wird wegen der Verfolgung sein und nicht, weil die Menschen aufhören würden, ihre Religion zu praktizieren?

A: Ja, aber ich vermute, dass viele Menschen damit aufhören werden. Wer sie praktiziert, wird sich verstecken müssen.

F: Sie sagten, dass es für Priester sehr schwierig sein würde, die Messe zu halten. Hat die Gottesmutter Ihnen das gesagt, oder haben Sie das wegen der kommunistischen Bedrängnis selbst gedacht?

A: Soweit ich mich erinnere, war es etwas, das sie gesagt hat.

F: Und die Jungfrau sagte, dass es so aussehen würde, als ob die Kirche verschwunden wäre?

A: Ja.

Jacinta am 16. April 1983:

A: Die Jungfrau sagte, dass die Seelenschau kommen wird, wenn die Bedingungen am schlimmsten sind. Es wird auch nicht nur die Verfolgung sein, denn viele Menschen werden ihre Religion nicht mehr ausüben.

F: Wenn die Seelenschau kommt, wird sie von allen Menschen auf der Erde gesehen und gespürt werden. Gilt das auch für kleine Kinder, die noch nicht das Alter der Vernunft erreicht haben?

A: Ja. Deshalb hatten wir Mitleid mit ihnen, weil es eine so schreckliche Erfahrung war.

F: Können Sie uns etwas darüber sagen, wie die Welt aussehen wird, wenn die Seelenschau kommt?

A: Schlecht …

F: Erinnern Sie sich, als die Jungfrau Ihnen sagte, dass sich die Kirchen vereinigen werden?

A: Sie sagte, dass die ganze Menschheit in einer einzigen Kirche, der katholischen Kirche, sein würde. Sie sagte auch, dass es sehr wichtig sei, für diese Absicht zu beten.[LXVII]

Conchita zu einer Freundin, die sagte, sie habe große Angst vor der Seelenschau:

„Ja, aber nach der Seelenschau wirst du Gott viel mehr lieben."

DON STEFANO GOBBI

ITALIEN (1930-2011)

Priester, Mystiker und Gründer der Marianischen Priesterbewegung

Vater Stefano Gobbi wurde in Dongo, Italien, nördlich von Mailand, geboren. Als Laie leitete er eine Versicherungsagentur, dann folgte er dem Ruf zum Priestertum und promovierte an der Päpstlichen Lateranuniversität in Rom in Theologie. Im Jahr 1964 wurde er im Alter von 34 Jahren zum Priester geweiht.

1972, acht Jahre nach seiner Priesterweihe, reiste Vater Gobbi zu einer Pilgerfahrt nach Fatima in Portugal. Als er am Schrein der Muttergottes für einige Priester betete, die ihre Berufung aufgegeben hatten und versuchten, sich in Verbänden gegen die katholische Kirche aufzulehnen, hörte er die Stimme der Muttergottes, die ihn aufforderte, andere Priester zu versammeln, die bereit wären, sich dem Unbefleckten Herzen Mariens[LXVIII] zu weihen und sich mit dem Papst und der Kirche fest zu verbinden. Dies war die erste von Hunderten von inneren Eingebungen, die Don Gobbi im Laufe seines Lebens empfangen sollte.

Geleitet von diesen Botschaften des Himmels gründete Don Gobbi die Marianische Priesterbewegung[LXIX] (MPB). In der Einleitung des De-facto-Handbuchs der MPB: *An die Priester, die vielgeliebten Söhne der Muttergottes,* heißt es über die Bewegung:

> *Es ist ein Werk der Liebe, das das Unbefleckte Herz Mariens heute in der Kirche anregt, um allen ihren Kindern zu helfen, mit Vertrauen und kindlicher Hoffnung die schmerzlichen Momente der Läuterung zu leben. In diesen Zeiten großer Gefahr handelt die Muttergottes und die Kirche ohne Zögern und Unsicherheit, um in erster Linie den Priestern zu helfen, die die Söhne ihrer mütterlichen Vorliebe sind. Es liegt in der Natur der Sache, dass sich diese Arbeit bestimmter Werkzeuge bedient; und in besonderer Weise wurde Don Stefano Gobbi ausgewählt. Und warum? In einer Passage des Buches wird die folgende Erklärung gegeben: „Mein Sohn, ich habe dich erwählt, weil du das untauglichste Werkzeug bist. So wird auch niemand sagen* können, *dass sei dein Werk. Die Marianische Priesterbewegung soll allein mein Werk sein. Durch deine Schwäche werde ich meine Kraft erkennen lassen. Durch deine Armseligkeit werde ich meine Stärke kundtun*“ (Botschaft vom 16. Juli 1973) … *Durch diese Bewegung rufe ich alle meine Kinder auf, sich meinem Herzen zu weihen*[LXX] *und überall Zönakel des Gebets zu verbreiten.*[LXXI]

Don Gobbi arbeitete unermüdlich, um die Mission zu erfüllen, die die Gottesmutter ihm anvertraut hatte, und eine Flut von Berufungen und Bekehrungen folgte ihm. Bis März 1973 schlossen sich etwa vierzig Priester der Marianischen Priesterbewegung an und bis Ende 1985 hatte Don Gobbi mehr als 350 Flugreisen und zahlreiche Reisen mit dem Auto und dem Zug unternommen und dabei fünf Kontinente mehrmals besucht.[LXXII] Heute zählt die Bewegung über 400 katholische Kardinäle und Bischöfe, mehr als 100.000 katholische Priester und Millionen von katholischen Laien auf der ganzen Welt zu ihren Mitgliedern, mit Gebetszönakeln und brüderlichem Austausch zwischen Priestern und Laien in allen Teilen der Welt.

Die Einsprechungen von Don Gobbi von Juli 1973 bis Dezember 1997, die in dem Buch „*An die Priester, die vielgeliebten Söhne der Muttergottes*" abgedruckt sind, erhielten das Imprimatur der Kirche.[LXXIII] Die Glaubenskongregation nahm eine vorsichtige Haltung gegenüber den Botschaften von Don Gobbi ein und forderte die Marianische Priesterbewegung, die die treibende Kraft seines fruchtbaren Apostolats war, auf, den Titel seines Buches von „*Die Muttergottes spricht zu ihren geliebten Söhnen*" in „*An die Priester, die vielgeliebten Söhne der Muttergottes*" zu ändern. Gleichzeitig erlaubte die Kirche, dass die Botschaften des Buches als in den Mund der Muttergottes gelegt angesehen werden dürfen.[LXXIV]

Im November 1993 erhielt die MPB in den Vereinigten Staaten mit Sitz in St. Francis, Maine, den offiziellen päpstlichen Segen von Papst Johannes Paul II., der eine enge Beziehung zu Don Gobbi unterhielt und mit ihm jahrelang jährlich die Messe in seiner privaten Kapelle im Vatikan feierte.

Don Gobbis letzte Ansprache an die Marianische Priesterbewegung am 31. Dezember 1997 enthielt die zärtliche Dankbarkeit einer Mutter gegenüber ihrem Sohn:

Es sind nunmehr fünfundzwanzig Jahre, dass ich euch mit den Worten führe, die ich zum Herzen dieses meines kleinen

Sohnes gesprochen habe, den ich als Werkzeug zur Verwirklichung meines mütterlichen Plans erwählt habe. In diesen Jahren habe ich selbst ihn mehrmals in alle Teile der Welt geführt, und er hat sich fügsam führen lassen, klein und ängstlich, aber gänzlich mir hingegeben wie ein kleines Kind auf dem Arm seiner Mutter.

†

WORTE ÜBER DIE SEELENSCHAU:

Laut Vater Stefano Gobbi hat die Muttergottes fünf Botschaften über eine kommende Seelenschau gegeben:

Botschaft vom 22. Mai 1988, Pfingsten:

„Mit Seiner göttlichen Liebe wird Er die Tore der Herzen öffnen und alle Gewissen erleuchten. Jeder Mensch wird sich selbst im brennenden Feuer der göttlichen Wahrheit sehen. Es wird wie ein Gericht im Kleinen sein. Dann wird Jesus Christus Sein herrliches Reich in die Welt bringen.“

Botschaft vom 2. Oktober 1992, Fest der Heiligen Schutzengel:

„Wenn das eintritt, wird dies das größte Ereignis seit der Erschaffung der Welt sein. Es wird wie ein Gericht im Kleinen sein, und jeder wird das eigene Leben und all seine Werke im Lichte Gottes selbst sehen.

Dem ersten Engel fällt die Aufgabe zu, alles zu verkünden: „Fürchtet Gott, und erweist Ihm die Ehre! Denn die Stunde Seines Gerichts ist gekommen. Betet Ihn an, der den Himmel und die Erde, das Meer und die Wasserquellen geschaffen hat.“

Botschaft vom 22. Mai 1994, Pfingsten:

„Neues Feuer wird vom Himmel herabfallen und wird die

ganze wieder heidnisch gewordene Menschheit läutern. Es wird sein, wie ein Gericht im Kleinen, und jeder wird sich im Lichte der Wahrheit Gottes sehen."

Botschaft vom 4. Juni 1995, Pfingsten:

„Feuerzungen werden auf euch alle, meine armen Kinder, herabkommen, die ihr von Satan und allen bösen Geistern, die in diesen Jahren ihren großen Sieg errungen haben, so betrogen und verführt werdet.

So werdet ihr, von diesem göttlichen Licht erleuchtet, euch selbst im Spiegel der Wahrheit und Heiligkeit Gottes erkennen. Es wird wie ein Gericht im Kleinen sein, dass die Tür eures Herzens öffnet, um das große Geschenk der Göttlichen Barmherzigkeit zu empfangen.

Dann wird der Heilige Geist das neue Wunder der universalen Umwandlung im Herzen und im Leben aller wirken: die Sünder werden sich bekehren, die Schwachen werden Stütze, die Kranken Heilung finden, die Fernstehenden werden ins Vaterhaus zurückkehren, die Getrennten und Entzweiten werden zur vollen Einheit finden.

Auf diese Art und Weise wird das Wunder des zweiten Pfingsten geschehen. Es wird mit dem Triumph meines Unbefleckten Herzens in der Welt kommen.

Erst dann werdet ihr sehen, wie die Feuerzungen des Geistes der Liebe die ganze Welt erneuern werden, die vollständig umgewandelt wird von der größten Offenbarung der Göttlichen Barmherzigkeit.

Deshalb lade ich euch ein, diesen Tag im Zönakel vereint im Gebet mit mir, der Mutter der Barmherzigkeit, zu verbringen in der Hoffnung und in der innigen Erwartung des herannahenden zweiten Pfingsten."[LXXV]

Botschaft vom 26. Mai 1996, Pfingsten:

„Mit einem außerordentlichen Zönakel des Gebetes und der Brüderlichkeit feiert ihr heute das hochheilige Pfingstfest.

Ihr gedenkt des wunderbaren Ereignisses der Herabkunft des Heiligen Geistes in Gestalt von Feuerzungen im Abendmahlssaal zu Jerusalem, wo die Apostel mit mir, eurer himmlischen Mutter, im Gebet versammelt waren.

Auch ihr seid heute im Gebet im geistlichen Zönakel meines Unbefleckten Herzens versammelt *und bereitet euch vor, das wunderbare Geschenk des zweiten Pfingsten zu empfangen.*

Das zweite Pfingsten wird kommen, um diese wieder heidnisch gewordene Menschheit, die unter dem mächtigen Einfluss des Bösen steht, zu ihrer vollen Lebensgemeinschaft mit ihrem Herrn zurückzuführen, der sie erschaffen, erlöst und gerettet hat.

Feurige Zungen, geistlich und wunderbar, werden die Herzen und die Seelen aller reinigen, die sich im Lichte Gottes, vom scharfen Schwert Seiner göttlichen Wahrheit durchbohrt, selbst erkennen werden.

Das zweite Pfingsten wird kommen, um die ganze Kirche im schönsten Glanz erstrahlen zu lassen.

Der Geist der Weisheit wird sie zu vollkommener Treue zum Evangelium führen; der Geist des Rates wird ihr beistehen und sie in all ihren Drangsalen trösten; der Geist des Starkmutes wird sie zu einem täglichen heroischen Zeugnis für Jesus befähigen.

Vor allem aber wird der Heilige Geist der Kirche die kostbare Gabe ihrer vollkommenen Einheit und ihrer größten Heiligkeit schenken.

Erst dann wird Jesus Sein Reich der Herrlichkeit in ihr errichten.

Das zweite Pfingsten wird in die Herzen herabkommen und sie umformen, um sie empfänglich und offen zu machen für die

Liebe, demütig und barmherzig, frei von allem Egoismus und jeder Bosheit.

Dann wird der Geist des Herrn die Herzen aus Stein in Herzen aus Fleisch verwandeln.[LXXVI]

MATTHEW KELLY

AUSTRALIEN, VEREINIGTE STAATEN (1973-)

Ehemann, Vater, Redner, Schriftsteller und Gründer des Dynamic Catholic Institute

Matthew Kelly wurde 1973 in Sydney, Australien, geboren. Er ist das vierte Kind von acht Jungen. Seine Eltern nahmen sie sonntags mit in die Kirche, sprachen das Tischgebet vor den Mahlzeiten und hatten eine wunderbare Art, Kommentare wie „Gott war gut zu unserer Familie" zu äußern, was ihn als Kind nachhaltig prägte. Dennoch zweifelte er als Teenager eine Zeit lang an seinem Glauben und sagte seinem Vater einmal, dass er nicht mehr an Gott glaube. Matthew sagt, sein Vater habe sich nicht aufgeregt oder dagegen gesprochen, sondern in aller Ruhe die perfekte Antwort gegeben: „Gott glaubt immer noch an dich."

Eines Tages ermutigte ein befreundeter Arzt der Familie Matthew, sich intensiver mit seinem Glauben zu beschäftigen und jeden Tag zehn Minuten in einer Kirche zu sitzen und vielleicht sogar zu beten. Matthew nahm die Herausforderung an. Dann lud der Freund der Familie Matthew nach und nach ein, weitere spirituelle Praktiken zu erlernen: Bibellesen, tägliche Hl. Messe, Rosenkranzgebet und Besuche in einem Altersheim – all das führte zu einem lebendigen Glauben.

Am 7. April 1993, als er neunzehn Jahre alt war, kniete Matthew neben seinem Bett nieder, um sein Abendgebet zu sprechen, kroch dann unter die Bettdecke und griff nach seinem Walkman, um über seine Kopfhörer Musik zu hören. Seltsamerweise spürte er eine starke äußere Präsenz und ein inneres Gefühl, das ihn davon abhalten wollte, aber er tat es trotzdem. Nach nur zwei oder drei Sekunden Musikhören war das Gefühl unverkennbar, so dass er die Kopfhörer abnahm, sich wieder neben sein Bett kniete und sagte: „Ich höre zu." In diesem Moment begann Gott Vater durch innere Einsprechungen zu ihm zu sprechen. Der Vater bat dann darum, dass die Botschaften, die Er gab, mit der Welt geteilt werden sollten, und so veröffentlichte Matthew sie in einem Buch mit dem schlichten Titel *Worte von Gott.*

In einer Familie, die tief im Geschäftsleben und im Unternehmergeist verwurzelt war, glich jedes Abendessen bei den Kellys wie bei einer Diskussion in einer MBA-Klasse [Magister der Betriebswirtschaftslehre]. Jeder hatte eine eigene Meinung, und Matthew musste sich durchsetzen, um gehört zu werden. Es überrascht nicht, dass er an der Wirtschaftshochschule studierte, und aufgrund seines Interesses an den Überschneidungen zwischen Glauben, Ethik und Wirtschaft begann er, Vorträge zu diesem Thema zu halten. Als sein Vortragsplan immer voller wurde nahm Matthew ein Urlaubssemester und plante, zu reisen und zu sprechen (den „Gotteskram" zu erledigen) und dann an die Wirtschaftsschule zurückzukehren. Er ging nie zurück.

Das Reden führte zum Schreiben, was sich zu einem Leben des unermüdlichen, selbstlosen und kontinuierlichen Dienstes an der katholischen Kirche entwickelte. Matthew hat seine tiefe, australische Stimme, die auf Kommando ertönt, in fünfzig Länder gebracht, und er schreibt weiter an seinen vielen Büchern, die inzwischen in über fünfundzwanzig Sprachen veröffentlicht wurden. Er ist der Gründer von Floyd Consulting und der Matthew Kelly Foundation, einer wohltätigen Organisation. In seinem Eifer, „das Genie des Katholizismus“ mit der Welt zu teilen, gründete er eine gemeinnützige Organisation, das Dynamic Catholic Institute[LXXVII], dessen Aufgabe es ist, der katholischen Kirche in Nordamerika neuen Schwung zu verleihen. Matthew heiratete Meggie im Jahr 2009. Wenn er nicht auf Reisen oder im Büro ist, findet man ihn zu Hause in Cincinnati, Ohio, bei seiner Lieblingsbeschäftigung: dem Spielen mit seinen fünf Kindern.

†

WORTE ÜBER DIE SEELENSCHAU:

Die folgenden Auszüge stammen aus Matthew Kellys veröffentlichtem Buch, *Worte von Gott*, Seiten 76-78.[85]

Botschaft an Matthew Kelly von Gott dem Vater am 5. Juni 1993:

„Das kleine Gericht ist eine Tatsache. Den Menschen kommt es nicht mehr zum Bewusstsein, dass sie Mich beleidigen. Aus Meiner unendlichen Barmherzigkeit heraus werde Ich ein kleines Gericht abhalten. Es wird schmerzvoll sein, sehr schmerzvoll, aber kurz. Ihr werdet eure Sünden erkennen, ihr werdet erkennen, wie sehr ihr Mich täglich beleidigt. Ich weiß, dass du denkst, dies klingt wie eine gute Sache, aber unglücklicherweise wird selbst dies nicht die ganze Welt in Meine Liebe bringen. Einige werden sich sogar noch weiter von Mir entfernen, sie werden stolz und halsstarrig sein. Satan arbeitet schwer gegen Mich.

---

[85] Wie das gesamte zitierte Material in diesem Buch wurde auch diese Nachricht unter Verwendung einer üblichen und akzeptierten literarischen Praxis, die als „fair use“ bekannt ist, hier genutzt.

Arme Seelen, die ihr alle seid, der Kenntnis Meiner Liebe beraubt. Bereitet euch auf dieses Gericht von Mir vor. Gericht ist das beste Wort, dass ihr Menschen habt, es zu beschreiben, aber es wird mehr sein wie dies: Ihr werdet eure eigene persönliche Finsternis im Kontrast zum reinen Licht Meiner Liebe sehen. Denen, die bereuen, wird ein unstillbarer Durst nach diesem Licht gegeben werden. Ihre Liebe für Mich wird dann so stark sein, dass sie vereint mit Marias Unbefleckten Herzen und dem Heiligsten Herzen Jesu, Satans Kopf zertreten werden und er für immer in die Hölle verbannt sein wird. Alle, die Mich lieben, werden zusammen mithelfen, die Ferse zu bilden, die den Satan zertreten wird. Dann, wenn ihr alle eines natürlichen Todes gestorben seid, wird euer Durst nach diesem Licht gelöscht sein, ihr werdet Mich, euren Gott, sehen. Ihr werdet in Meiner Liebe leben, ihr werdet im Himmel sein.

Begreift ihr jetzt, wie wichtig diese Zeiten sind? Wartet nicht auf das kleine Gericht, ihr müsst beginnen, euch selbst genauer zu betrachten, sodass ihr eure Fehler erkennen und bereuen könnt. Ihr habt das Glück, den Glauben zu haben, der nötig ist, diese Botschaft zu lesen, zu glauben und anzunehmen, ihr sollt nicht gleichgültig daran vorbeigehen. Ihr müsst euch selbst täglich öfter prüfen und um Wiedergutmachung beten. Ihr alle seid wie der blinde Mann. Jeden Tag solltet ihr schreien: ‚Herr, öffne meine Augen', und Mein Sohn wird euch die Augen öffnen, so dass ihr eure Erbärmlichkeit sehen und bereuen könnt. Betet jetzt mehr denn je und merkt euch, das weltliche Maßstäbe ein falscher Anhaltspunkt für Mein Gericht sind. Ich bin euer Gott, während Ich vollkommen barmherzig zu denen bin, die bereuen, so bin Ich vollkommen gerecht gegenüber denen, die es nicht tun.

Viele Menschen denken, dass es Mir, euerm Gott, nichts ausmacht. Es ist nur wenig, sagen sie. Aber es ist keine Frage der Toleranz. Ich wünsche Menschen, die Mich lieben. Die Liebe schätzt die Kleinigkeiten ebenso wie die großen Dinge und in den meisten Fällen sind diese Kleinigkeiten gar nicht so klein. Beurteilt nicht eure Taten oder die Taten anderer, ihr seid außerstande zu urteilen, ihr seid unfähig zu urteilen, weil ihr nicht im Herzen eines Menschen lesen könnt. Ihr müsst Mich lieben mit eurem ganzen Herzen, mit eurem ganzen Verstand, mit eurer ganzen Seele und mit eurer ganzen Kraft. Heute ist der Tag, tut euer Bestes, euch selbst aufzugeben, und lasst Christus in eurem Leben herrschen. Ihr werdet niemals für das kleine Gericht vorbereitet sein, aber einige werden besser gerüstet sein als andere. Ihr sollt erstreben einer von diesem zu sein und bringt so viele andere, wie ihr könnt, dazu, vorbereitet zu sein oder so vorbereitet zu sein wie möglich.

Vor allem fürchtet euch nicht, Ich erzähle euch dies alles nicht, um euch zu erschrecken. Nein, versucht einfach täglich bessere Menschen zu werden, mehr als das könnte Ich nicht verlangen. Ich bin euer Gott, Ich bin vollkommen gerecht und vollkommen barmherzig. Ihr seid Meine Söhne und Töchter. Kümmert sich ein Vater nicht um seine Kinder? Ich schicke euch diese Botschaft, um euch vor jeglichem Leid zu verschonen, wie Ich nur kann, aber den Schmerz, der ihr erfahrt, wenn ihr die Finsternis eurer Seele seht, ist ein Akt der Liebe, der von Mir ausgeht. Seht ihr nicht, dass dadurch viele, viele Seelen zu einer größeren Liebe zu Mir zurückgeführt werden? Dies wird viele Seelen vor dem Feuer der Hölle retten.

Das ist die wichtigste aller Meiner Botschaften: Ich bin der Herr, euer Gott, ihr seid Meine Söhne und Töchter, die Ich sehr liebe, und Meine größte Freude ist es, mit euch zu sein, und Ich möchte mit euch sein in alle Ewigkeit. Alles, was Ich tue, tue Ich aus Liebe zu euch, meine Kinder. Vertraut auf Mich, euren himmlischen Vater.“[LXXVIII]

JANIE GARZA
VEREINIGTE STAATEN (1955-)

Ehefrau, Mutter, Mystikerin und Stigmatisierte

Frau Janie Garza ist eine Visionärin mit Einsprechungen und den sichtbaren Stigmata, den Wunden Christi, an ihrem Körper. Sie ist die Autorin von *Heaven's Messages for the Family: How to Become the Family God Wants You to Be and Heaven's Messages for the Family, Vol. II: Messages from St. Joseph and the Archangels.* [in Deutsch: Himmlische Botschaften für die Familie: Wie Sie die Familie werden, die Gott von Ihnen will und Himmlische Botschaften für die Familie, Band II: Botschaften vom Heiligen Josef und den Erzengeln]. Am 31. Mai 2006 gab ihr Bischof ihr seine volle Zustimmung, dass sie weiterhin die Botschaften des Himmels, die sie erhalten hat, sprechen und verkünden darf. Frau Garza lebt in Austin, Texas, mit ihrem Mann Marcelino, vier Söhnen und einer wachsenden Zahl von Enkeln.

Janie wuchs in Austin unter der scharfen Zunge und den Händen ihrer misshandelnden Mutter – der einzigen Versorgerin ihrer neun Kinder – und ihres ständig betrunkenen Stiefvaters auf. In dem einen Jahr, in dem Janie die katholische Schule besuchte (bevor ihre Mutter sie ohne Erklärung herausnahm), erfuhr Janie von den Nonnen von der Gegenwart Jesu im Allerheiligsten Sakrament. Als Kind besuchte sie täglich die Hl. Messe und saß oft vor dem Tabernakel und wartete darauf, dass Jesus herauskam. Sie hatte sich verliebt.

Janie versprach sich selbst, als sie jung war, dass sie niemals einen anderen leiden lassen würde. Nachdem sie geheiratet hatte, hatte sie die Hosen in ihrer Familie an, obwohl sie nie missbräuchlich handelte, und übernahm alle Entscheidungen, wobei sie oft eine Scheidung in Erwägung zog, wenn die Dinge nicht so liefen, wie sie wollte. Gott hatte einen Plan, um sie und andere Familien durch sie zu lehren, wie sie ihre Berufung als Ehefrau und Mutter auf eine liebevollere Weise annehmen konnte, und am 15. Februar 1989 erschien Janie die Gottesmutter. Damit begann ein neuer Weg in ihrem Leben mit regelmäßigen Besuchen und Botschaften von Maria, dann Jesus, dem hl. Josef, der hl. Philomena und anderen Heiligen sowie den drei Erzengeln. Bis heute lässt die Muttergottes Frau Garza keine Botschaften vom Himmel erfahren oder lesen, die sie von anderen Sehern oder Personen mit Einsprechungen erhalten hat, so dass das, was sie erlebt, für sich allein steht.[LXXIX]

Eines Tages baten Jesus und Maria Frau Garza, sich als Sühneseele für das Leiden der Kirche, der Ungeborenen und die Bekehrung von Familien anzubieten. Frau Garza und ihr Mann knieten daraufhin vor dem Allerheiligsten Sakrament nieder, wo er sagte: *„Herr, ich gebe Dir meine Frau, damit Du mit ihr machst, was Du willst. Ich weiß, dass Du Dich um sie kümmern wirst“*. In der Folgezeit litt Janie an verschiedenen Krankheiten, erhielt die Stigmata und erlebt die Passion am eigenen Leib, besonders am Karfreitag.[LXXX]

WORTE ÜBER DIE SEELENSCHAU:

Die folgenden Auszüge stammen aus den Büchern von Janie Garza, *Heaven's Messages for the Family: How to Become the Family God Wants You to Be* und *Heaven's Messages for the Family, Volume II: Messages from St. Joseph and the Archangels.*

Botschaft vom 13. Mai 1994:

Der hl. Josef: Ich, der hl. Josef, bringe dir und deiner Familie den Segen Gottes.

Janie: Danke, geliebter hl. Joseph. Gepriesen sei der Ewige Vater für Seine Güte in Ewigkeit. Amen.

Der hl. Josef: Meine Kleine, ich, der hl. Josef, weiß, dass du mit der Ernsthaftigkeit der Botschaften, die du von der hl. Maria und dem hl. Michael erhalten hast, zu kämpfen hattest. Ich bin hier, um dir zu helfen, diese Botschaften zu verstehen. Du siehst, meine Kleine, das Volk Gottes hat sSeine Warnungen ignoriert. Die Welt versteht die Finsternis nicht, die sie umgibt. Viele Menschen leben weiterhin in Sünde und vergessen, dass der Tag kommt, an dem sie den Zustand ihrer Seelen sehen dürfen. Was für eine schreckliche Zeit wird das für viele, viele Seelen sein. Viele werden sterben, denn sie werden es nicht ertragen können, die Wahrheit über den Zustand ihrer Seelen zu erfahren.

Janie: Hl. Josef, kannst du mir erklären, warum viele Menschen sterben, wenn sie ihre Seelen sehen? Ich verstehe das nicht, bitte hilf mir zu verstehen.

Der hl. Joseph: Meine Kleine, die Seele ist der Ort, an dem alle Wahrheit liegt, und niemand kann deine Seele sehen oder kennen, außer dem Ewigen. Er allein kennt alle Seelen, und Er allein wird alle Seelen richten. Niemand kennt die Wahrheit außer der Heiligen Dreifaltigkeit. Wenn die Menschen die Wahrheit kennen würden, würden sie sich entscheiden, nicht zu sündigen, denn die Wahrheit würde ihre Herzen erleuchten, um zu erkennen, wie sehr die Sünde sie von der Wahrheit trennt. Die Wahrheit ist der Ewige Vater. Man kann nicht in Sünde leben und behaupten, man kenne die Wahrheit, denn man kann nicht zwei Herren haben. Ihr müsst euch entscheiden, ob ihr in der Finsternis oder im Licht leben wollt. Für diejenigen, die glauben, dass sie im Licht leben, aber weiterhin jedes von Gott gegebene Gebot brechen, sage ich, der hl. Josef, dass diese Seelen nicht in der Lage sein werden, den Zustand ihrer Seelen zu erkennen und zu leben.

Janie: Das ist für mich schwer zu verstehen. Willst du sagen, dass Menschen, die Gottes Gebote nicht leben, sterben werden, wenn sie ihre Seelen sehen?

Der hl. Josef: Ja, meine Kleine, so wird es vielen ergehen, wenn sie nicht umkehren und sich für die Bekehrung entscheiden. Es ist noch Zeit zur Umkehr, aber die Zeit wird mit jedem Tag kürzer.

Janie: Was soll ich den Menschen sagen?

Der hl. Josef: Teile ihnen mit, dass der Ewige sie aufruft, zu Ihm zurückzukehren und Seine Liebe und Barmherzigkeit anzunehmen, ihr Leben zu ändern und die Botschaften des Gebets, des Fastens und der Bekehrung zu leben. Alle, die Buße tun, werden besondere Gnaden erhalten, um in das Heiligste Herz Jesu und das Unbefleckte Herz Mariens einzutreten. Über alle, die Buße tun, wird Gott Seine Barmherzigkeit ausschütten. Niemand wird abgewiesen werden, denn Gott liebt alle Seine Kinder.[LXXXI]

Botschaft vom 9. September 1995:

Jesus: Unsere demütige Dienerin, die Seelenschau, die stattfinden wird, wird für eine kurze Zeitspanne sein. Während dieser Zeit wird Mein Vater der ganzen Menschheit erlauben, den Zustand ihrer Seelen zu sehen, wie Mein Vater ihre Seelen sieht. Dies wird eine Zeit großer Gnade sein, in der viele Seelen Buße tun und zu Meinem Vater zurückkehren werden. Die Seelen, die sterben, werden unter großem Schock sterben, weil sie den Zustand der Dunkelheit in ihren Seelen sehen.

Janie: Geliebter Heiland, wird die Seelenschau die Menschen erschrecken?

Jesus: Die Angst, die ihre Herzen entflammen wird, ist die heilige Angst vor der unermesslichen Macht Meines Vaters, besonders für die vielen Seelen, die weiterhin die Existenz Meines Vaters geleugnet haben. Das werden die Seelen sein, die eine enorme Furcht erleben werden.

Janie: Werden sich alle Menschen bekehren?

Jesus: Viele werden sich bekehren, aber viele werden es nicht tun.

Janie: Oh, Jesus, wird das sehr bald geschehen?

Jesus: Unsere demütige Dienerin, das wird in kurzer Zeit geschehen. Lass dich nicht von Terminen ablenken, sondern bereite dich jeden Tag mit starkem Gebet vor. Viele, die sich über diese Zeiten Sorgen machen, werden diese Dinge nicht mehr erleben. Deshalb warnt die Heilige Schrift alle, sich nicht um das Morgen zu sorgen, denn das Morgen ist niemandem versprochen. Der heutige Tag hat genug Prüfungen und Kreuze. Wisset, wenn Wir von solchen Dingen sprechen, die noch kommen werden, dann geschieht dies, damit die Menschen sich bekehren und ihre bösen Wege aufgeben. Jeder Tag ist eine Gelegenheit für die Seelen, sich zu bekehren. Die Menschen sollten nicht warten, bis solche

Dinge kommen, um sich zu bekehren, sondern sie sollten sich jetzt bekehren, bevor es zu spät ist! Die Tatsache, dass solche Gerichte kommen werden, liegt daran, dass die Menschen sich weigern, sich zu bekehren und weiterhin in der Finsternis leben.[LXXXII]

Botschaft vom 19. März 1996:

Janie: Oh, wir sind so gesegnet, dich als Beschützer der Familie zu haben. Gepriesen sei Gott für immer und ewig.

Der hl. Josef: Meine Kleine, die Liebe Gottes zur Menschheit ist unermesslich. Er appelliert jede Sekunde des Tages an die Welt, sich von ihren Sünden abzuwenden. Er schenkt ihnen Seine Liebe und Barmherzigkeit, um den Seelen zu helfen, sich zu bekehren. Gott wird weiterhin an Seine Kinder appellieren, zu Seiner Liebe und Barmherzigkeit zurückzukehren. Die Zeit wird kommen, in der Gott allen Seinen Kindern erlauben wird, tief in ihre Seelen zu schauen und ihre Sünden zu sehen, so wie Gott ihre sündigen Herzen sieht. Gott wird eine Seelenschau über die ganze Welt schicken. Dies wird eine Zeit großer Gnade und Bekehrung für viele Seelen sein. Kurz nach dieser großen Erkenntnis der Seelen wird Gott ein großes Wunder senden, das die Welt sehen kann. Nach diesem großen Zeichen wird die Welt Frieden erfahren. Es wird große Freude für das ganze gläubige Volk Gottes herrschen. Seine Kinder werden glücklich sein. Überall wird es Liebe in den Familien geben. Die Menschen werden von ihrer Arbeit profitieren, sie werden ihre Häuser bauen und leben, um sie zu genießen. Sie werden die Kinder ihrer Kinder sehen, und alle werden ein langes Leben haben.

Janie: Geliebter hl. Josef, was sollten wir tun, um uns darauf vorzubereiten?

Der hl. Joseph: Bete, meine Kleine, bete. Bleibe all dem treu, was der Heilige Geist dir aufträgt. Handle in allem, wozu die hl. Maria dich aufruft. Sei ein starker Bote, der ihre Botschaften des Friedens, des Gebets, der Hl. Messe, des Fastens, der Bekehrung und des Lesens der Heiligen Schrift lebt. Tut dies als Familie. Lehnt den Heiligsten Namen Gottes nicht ab, damit Er euch nicht ablehnt. Entscheidet euch, eine heilige Familie zu sein, gemeinsam zu beten, zu lieben und einander zu vergeben. Dies ist eine Zeit der Entscheidung für alle Kinder Gottes. Lebt als Gottes Volk und führt ein gutes, einfaches und gerechtes Leben. Öffnet eure Herzen für die Liebe und Barmherzigkeit Gottes. Jede Familie muss sich dem Heiligsten Herzen Jesu, dem Unbefleckten Herzen Mariens[LXXXIII] und meiner Fürsprache und meinem Schutz weihen, damit wir euch näher zu Gott führen können. Wir werden euch auf das vorbereiten, was kommen wird. Lebt als Kinder des Herrn und ihr werdet all diese unruhigen Zeiten überstehen.

Janie: Bitte hilf uns, geliebter hl. Josef, wir brauchen deine Hilfe.

Der hl. Josef: Meine Kleine, sei vorbereitet, indem du all das lebst, was ich, der hl. Josef, mit dir geteilt habe, und zwar jeden Tag, als wäre es dein letzter Tag. Das ist der heilige Wille Gottes für Seine Kinder. Fürchtet euch vor nichts, sondern überlasst euch dem Heiligen Geist, der euch helfen wird, den heiligen Willen Gottes zu tun.

Janie: Ich danke dir dafür, demütigster hl. Josef.

Der hl. Josef: Ich gebe dir meinen Segen. Lebt in Gottes Frieden. LXXXIV

DIENERIN GOTTES, MARIA ESPERANZA
(1928-2004)

Ehefrau, Mutter, Mystikerin, Stigmatisierte und Visionärin der Marienerscheinungen in Betania, Venezuela (1976-1990)

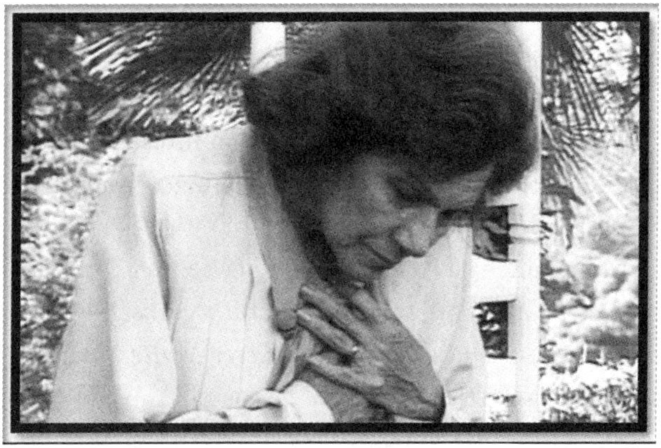

Maria Esperanza, 1928 in Venezuela geboren, hatte ihre erste mystische Erfahrung, als sie erst fünf Jahre alt war. Als sie sich von ihrer Mutter verabschiedete, die zu einer Reise aufbrach, sah sie, wie die hl. Therese von Lisieux aus dem Wasser des Orinoco-Flusses auftauchte und ihr eine rote Rose zuwarf. Maria fing sie auf und reichte sie ihrer erstaunten Mutter. Die Rose hatte eine einzigartig schöne, samtige Oberfläche und in ihrer Nähe waren keine Rosen zu finden.

Maria war ein kränkliches Kind, das mehr als eine lebensbedrohliche Krankheit durchmachte. Einmal, im Alter von zwölf Jahren, erkrankte sie so akut an einer Lungenentzündung, dass ihr Arzt nicht glaubte, dass sie noch mehr als drei Tage leben würde. Tiefgläubig fragte Maria: „Meine Mutter, möchtest du, dass ich zu dir komme?" Dann schloss sie die Augen und wartete auf eine Antwort. Als Maria sie öffnete, stand die Heilige Jungfrau lächelnd vor ihr. Maria lebte weiter, wurde durch Injektionen ernährt und betete bald, dass Christus sie zu sich nehmen möge, damit sie ihrer Familie nicht länger zur Last falle. Diesmal erschien Christus und sprach sie als „*Meine weiße Rose*“ an.

Als Maria sich Jahre später an diesen Moment erinnerte, sagte sie: „*Es ist wie ein Radar, wie Er dich mit Seinen Augen durchdringt! Es waren so schöne, schöne Augen … Sein Gesicht war so sanft!*“ Doch anstatt ihr den Tod zu gönnen, kam Jesus mit Maria, um sie zu heilen. Sie erklärten ihrer „weißen Rose“, dass das Leben eine lange Reihe von Prüfungen ist und dass die Brücke zum Himmel durch Kämpfe, Läuterung und Demut – vor allem Demut – gebaut wird. „*Meine Tochter*“, sagte ihr die Gottesmutter, „*wenn du deine Pilgerreise beginnst, wirst du viele Leiden haben. Sie sind der Schmerz dieser Mutter. Hilf mir. Hilf mir, diese Welt zu retten, die in die Irre geht*“.[LXXXV]

Während ihrer Jugendjahre erhielt Maria mehrere mystische Gnaden, darunter die Fähigkeit, in den Herzen zu lesen, und sie hatte oft die Vorahnung zu wissen, wann Gäste kommen würden oder wann Familienmitglieder oder Freunde krank waren. Die Menschen, die ihre Gebete empfingen, wurden oft geheilt oder erhielten von ihr ein Wort über das benötigte Heilmittel.

Maria wünschte sich, Nonne zu werden und trat 1954 in ein Kloster ein. Doch am 3. Oktober desselben Jahres erschien ihr die hl. Therese vom Kinde Jesu erneut und warf ihr eine rote Rose zu. Als Maria dieses Mal nach der Rose griff, drückte etwas in ihre rechte Handfläche, und Blut begann aus ihrer Hand zu sickern. Das war der Beginn ihrer Stigmata. *„Dies ist nicht deine Berufung"*, belehrte die hl. Therese sie. *„Deine ist es, Ehefrau und Mutter zu sein."* Vier Tage später sagte ihr die Gottesmutter, sie solle täglich die Kommunion empfangen, fasten, beten und Buße tun, und sie solle eine geistliche Mutter der Seelen sein. *„Außerdem sollst du die Mutter von sieben Kindern sein: sechs Rosen und eine Knospe"*. Maria würde sechs Mädchen und einen Jungen zur Welt bringen.

Nachdem sie das Kloster verlassen hatte, befahl Jesus Maria, nach Rom zu gehen, wo sie den Segen von Papst Pius XII. erhalten sollte. Dort, vor der Herz-Jesu-Kirche, traf sie keinen Monat später, am 1. November, ihren zukünftigen Ehemann, Geo Bianchini Gianni. Nach einer zweijährigen Verlobungszeit wandte sich Maria an Msgr. Giulio Rossi, den Pfarrer des Petersdoms in der Vatikanstadt, der päpstlichen Enklave und einer der größten Kirchen der Welt. Sie bat ihn um eine Sondergenehmigung für die Eheschließung in der Kapelle des Chors der Unbefleckten Empfängnis in der Basilika. Msgr. Rossi bemerkte eine Aura um Maria Esperanzas Gesicht, die ihn veranlasste, ihre Bitte an Papst Pius XII. heranzutragen. Der Papst, der Maria bereits kannte, gab seine Zustimmung, und ihre Hochzeit mit Geo wurde am 8. Dezember 1956 gefeiert.

Papst Pius XII. war nicht der einzige Heilige, der mit Maria Esperanza vertraut war. Der hl. Pater Pio erzählte in seinen späten Jahren den Menschen, dass er den Besuch einer außergewöhnlichen Frau erwarte. „Es gibt eine junge Frau, die aus Südamerika kommen wird", sagte er. „Wenn ich weggehe, wird sie euer Trost sein. Die beiden trafen sich schließlich, als Maria den „Ruf" des hl. Pio hörte, während sie betete, um zu ihm zu reisen. Sie befand sich zu der Zeit in der Nähe von Rom, weit entfernt von seinem Kloster San Giovanni Rotondo, aber sie machte die Reise, und als sie inmitten einer Menschenmenge stand, die darauf wartete, den alten Priester zu sehen, rief er: „*Esperanza!*" Am 23. September 1968 sprach der hl. Pio in einer Vision zu ihr: „*Esperanza, ich bin gekommen, um mich zu verabschieden. Meine Zeit ist gekommen. Jetzt bist du dran.*" Während dies geschah, beobachtete Geo mit Erstaunen, wie sich das Gesicht seiner Frau in das von Pater Pio verwandelte. Am nächsten Tag sahen sie in der Zeitung, dass er gestorben war.

Als Pater Pio noch lebte, erzählte Maria ihm von einer Vision, die sie als Kind von einem besonderen Stück Land hatte, auf dem ihr die Jungfrau Maria erscheinen sollte. Maria hatte ein altes Haus, einen Wasserfall und eine Grotte gesehen. „*Von 1957 bis 1974 suchten wir in ganz Venezuela nach diesem Land*", sagte Geo, der in Caracas Ölkonzerne und ein Baugeschäft besaß. Bei der Besichtigung eines zum Verkauf stehenden Bauernhofs fand das Paar schließlich den Ort, den sie gesehen hatten, und dieser wurde zum Wallfahrtsort Finca, Betania in Venezuela, die heute als das „Lourdes" Südamerikas gilt. „Betania", wie es oft genannt wird, wurde zu einem heiligen Ort großer und dokumentierter Wunder, an dem nicht nur Maria, sondern fast zweitausend Menschen die Jungfrau Maria sahen.

Als die Erscheinungen am 25. März 1976 begannen, stellte sich die Gottesmutter als „*Maria, die Versöhnerin der Völker und Nationen*" vor. Maria Esperanza erhielt in der Folge unzählige Botschaften von der Muttergottes, manchmal mehr als eine pro Tag. Am 21. November 1987 führte Bischof Pio Bello Ricardo, ein Doktor der Psychologie, eine gründliche Untersuchung der Erscheinungen durch, gefolgt von drei Jahren weiterer Überlegungen und Unterscheidungen. Am Ende veröffentlichte er einen Hirtenbrief, in dem er erklärte, dass die Erscheinungen von Betania „*authentisch und übernatürlich sind*". Der letzte Absatz seiner „Pastoralen Instruktion über die Erscheinungen der Heiligen Jungfrau in Finca, Betania“ beginnt: *„Am Ende dieser Pastoralen Instruktion danke ich dem Herrn, dass Er unserer Diözese und unserem Land das Privileg des Besuchs der Heiligen Jungfrau geschenkt hat; Denn in dieser Zeit unserer Kirchengeschichte, die von einer neuen Evangelisierung geprägt ist, ermutigt sie uns zu einer Erneuerung und Vertiefung des Glaubens und zu einer Projektion dieses Glaubens in eine ganzheitliche Bekehrung, im Gebet und im apostolischen Einsatz; denn in dieser geteilten Welt ist sie als* Versöhnerin der Völker *gekommen.*“[LXXXVI]

Wie von der Gottesmutter beauftragt, diente Maria Esperanza den Pilgern in Betania und besuchte viele Orte auf der ganzen Welt, hielt Vorträge und verbreitete die Botschaft der Versöhnung zwischen Menschen unterschiedlicher Herkunft und zwischen den Menschen und ihrem Gott. Maria strahlte Frieden, Mitgefühl, Liebe und große Hoffnung aus, wie ihr Name „Esperanza“ besagt, und lebte was sie verkündete: *„Wir müssen dienen und nicht danach trachten, bedient zu werden, und wir müssen ständig dienen, ohne müde zu werden, wenn wir belästigt werden.“*[LXXXVII]

Maria Esperanza, eine der größten Mystikerinnen unserer Zeit, erhielt von Gott vielfältige und unerklärliche Gaben, darunter die Stigmata, Heilung, Bilokation, das Lesen von Herzen und die Prophezeiung zukünftiger Ereignisse – von denen viele noch kommen werden. Die Vereinigten Staaten waren ein Land, das Maria sehr am Herzen lag, und sie reiste manchmal in göttlicher Mission dorthin. Sie warnte die USA davor, in den Irak-Krieg zu ziehen, obwohl der Krieg von vielen befürwortet wurde[LXVIII], und 1992 sah sie in einer Vision den Angriff auf das World Trade Center – Rauch stieg aus den beiden Gebäuden auf und sie stürzten ein. In den Tagen nach dieser beunruhigenden Prophezeiung betete sie um Schutz für dieses Gebiet von New York. Maria sah den Ausbruch der AIDS-Epidemie voraus und prophezeite eine weitere Krankheit sowie eine Bedrohung der Vereinigten Staaten durch zwei Nationen, eine große und eine kleinere, die sich ihrer Meinung nach verschwören werden, um Nordamerika zu provozieren. Die Welt wird Kriege, gesellschaftliche Probleme und Naturkatastrophen erleben, und „[Gottes] Gerechtigkeit wird in Venezuela beginnen“[LXXXIX], sagte sie. Aber die Welt wird auch eine Reinigung durchmachen, die die Menschheit wieder aufwecken wird. Im Jahr 2004 starb Maria Esperanza im Alter von 77 Jahren in einem Krankenhaus in New Jersey an einer mysteriösen parkinsonähnlichen Krankheit, die ihr das Sprechen erschwerte. Bei ihrem Tod war sie von ihrer liebevollen Familie und dem starken Duft von Rosen umgeben.[XC]

†

WORTE ÜBER DIE SEELENSCHAU:

Einige Jahre vor Beginn der Erscheinungen erhielt Maria Esperanza folgende Botschaft von der Jungfrau Maria:

„Dies ist die schwierige Stunde für die ganze Menschheit, und es ist notwendig, Missverständnisse unter den Brüdern zu vermeiden; die Nationen müssen sich vereinen … . die Liebe meines Jesus wird die Tür sein, die die Herzen öffnen wird, um den Zugang zu einer schönen Ära zu ermöglichen, die die Menschen zu einer glorreichen Lehre der Einheit erwecken muss. Nutzt die Zeit, denn die Stunde kommt, in der mein Sohn vor allen als Richter und Erlöser erscheinen wird. Ihr müsst in der Lage sein, mit Ihm an diesem großen Tag zu leben. Denkt nicht, dass er in weiter Ferne liegt.“[XCI]

Die vierte Botschaft von Betania, die Maria Esperanza von Maria, der Versöhnerin der Völker und Nationen, erhielt:

„Meine lieben Kinder, ich bin eure Mutter, und ich komme, um euch zu suchen, damit ihr euch darauf vorbereitet, meine Botschaft der Versöhnung zu überbringen: Es kommt der große Augenblick eines großen Tages des Lichts. Die Gewissen dieses geliebten Volkes müssen heftig aufgerüttelt werden, damit sie „ihr Haus in Ordnung bringen" und Jesus die gerechte Wiedergutmachung für die täglichen Untreuen, die von den Sündern begangen werden, anbieten können … es ist die Stunde der Entscheidung für die Menschheit".[XCII]

LUZ DE MARÍA DE BONILLA
COSTA RICA, ARGENTINIEN (geb. 1962)

Ehefrau, Mutter, Mystikerin und Stigmatisierte

Luz de María de Bonilla ist eine katholische Mystikerin, Augustinerin des Dritten Ordens und Prophetin aus Costa Rica, die sich derzeit in Argentinien aufhält. Sie wuchs in einem sehr religiösen Elternhaus mit großer Verehrung der Eucharistie auf und erlebte als Kind himmlische Besuche ihres Schutzengels und der Gottesmutter, die sie als ihre Gefährten und Vertrauten betrachtete. Im Jahr 1990 wurde sie auf wundersame Weise von einer Krankheit geheilt, was mit einer Heimsuchung durch die Gottesmutter und einer neuen und öffentlichen Berufung zusammenfiel, ihre mystischen Erfahrungen weiterzugeben. Schon bald geriet sie in tiefe Ekstase, nicht nur im Beisein ihrer Familie, ihres Mannes und ihrer acht Kinder, sondern auch im Beisein von Menschen, die ihr nahe standen und die begannen, sich zum Gebet zu versammeln; diese wiederum bildeten ein Gebetszönakel, das sie bis heute begleitet.

Nach Jahren der Hingabe an den Willen Gottes begann Luz de María, den Schmerz des Kreuzes zu erleiden, den sie in ihrem Körper und ihrer Seele trägt. Dies geschah zum ersten Mal, wie sie erzählte, am Karfreitag: *„Unser Herr fragte mich, ob ich an Seinen Leiden teilnehmen wolle. Ich bejahte, und nach einem Tag ununterbrochenen Gebets erschien mir in dieser Nacht Christus am Kreuz und teilte Seine Wunden. Es war ein unbeschreiblicher Schmerz, obwohl ich weiß, dass dieser Schmerz, so schmerzhaft er auch sein mag, nicht die Gesamtheit des Schmerzes ist, den Christus weiterhin für die Menschheit erleidet.“*[XCIII]

Luz de Marías Wunden sind die meiste Zeit unsichtbar, obwohl sie nicht weniger schmerzhaft sind. Bei mehreren Gelegenheiten im Laufe des Jahres werden sie jedoch sichtbar. Jedes Mal, wenn Christus einen sichtbaren Ausdruck Seines Leidens mit ihr teilt, verfällt Luz de María in eine tiefe Ekstase, gefolgt von Leidenserscheinungen. Die Wunden in ihren Händen, an den Füßen, an der Seite und am Kopf werden sichtbar, und manchmal fallen Blutstränen aus ihren Augen und erfüllen den ganzen Raum mit duftendem Parfüm. Sie bleibt eine bis mehrere Stunden in diesem Zustand, und wenn er zu Ende ist heilen ihre Wunden, ihr Fleisch regeneriert sich vollständig und nur das vergossene Blut bleibt zurück.

Am 19. März 1992 begann die Gottesmutte regelmäßig zu Luz de María zu sprechen. Seitdem hat sie meist zwei Botschaften pro Woche erhalten, gelegentlich auch nur eine. Die Botschaften kamen ursprünglich als innere Einsprechungen, gefolgt von Visionen Marias, die Luz de Marías Mission beschrieben. *„Ich hatte noch nie so viel Schönheit gesehen“*, sagte Luz über die Erscheinung Marias. *„Daran kann man sich nie gewöhnen. Jedes Mal ist es wie das erste Mal.“*

Einige Monate später stellten Maria und der Erzengel Michael sie in einer Vision unserem Herrn vor und mit der Zeit sprachen Jesus und Maria zu ihr über kommende Ereignisse, wie die Seelenschau. Die Botschaften wurden nicht mehr privat, sondern öffentlich, und auf göttlichen Befehl musste sie sie der Welt mitteilen. Die Botschaften sprechen von der Liebe, der Barmherzigkeit und der Gerechtigkeit Gottes in Form einer Läuterung – eine Frucht des Ungehorsams des heutigen Menschen, der sich in seine eigene Geißel verwandelt.

Diese Mission hat Luz de María in verschiedene Länder geführt, vor allem in Lateinamerika, wo sie fin Radiointerviews und auf Konferenzen spricht. Da sie dazu berufen ist, ständig zu reisen, bezeichnet sie sich selbst als „Weltbürgerin", und ihre Arbeit hat rund um den Globus Gebets- und Lebensgemeinschaften für das Evangelium entstehen lassen. Christus warnte sie vor Verfolgung, Ungerechtigkeit und Verleumdung durch diejenigen, die nicht nur ihre Botschaften ablehnen, sondern auch unermüdlich versuchen würden, ihren Dienst zu zerstören und zu diskreditieren. Luz de María akzeptiert dies, denn sie weiß, dass sie als Sein Werkzeug denselben Weg gehen muss, den Christus auf Erden gegangen ist: *„Amen, amen, ich sage euch: Der Sklave ist nicht größer als sein Herr und der Abgesandte ist nicht größer als der, der ihn gesandt hat"* (Joh 13:16).

In den Worten der Seherin: *„Die Gottesmutter bittet uns, voll und ganz zu verstehen, was es bedeutet, Christ zu sein, was sich nicht auf ein Gebet beschränkt und auch nicht nur als historisches Erbe verstanden werden kann. Wir müssen mit Christus verschmolzen leben und im Göttlichen Willen leben und wirken. Sie sagt mir, dass ich keine leeren, sich wiederholenden Gebete ohne Aufmerksamkeit beten soll, sondern dass ich um eine engere, intimere Vereinigung mit der Muttergottes beten soll, und so erhält das Gebet einen unendlichen Wert. Sie bittet uns auch, Christus* *zu kennen und zu erkennen. Deshalb ruft Er uns zum Studium der Heiligen Schrift auf, damit wir nicht zu etwas Ja sagen, was nicht dem Göttlichen Willen entspricht. In den Botschaften wurde mir gesagt, dass wir nicht sagen können, dass wir glauben, wenn wir nicht mit Nächstenliebe, mit Liebe, mit Respekt, mit Verständnis, mit Hoffnung handeln, d.h. in dem Bewusstsein leben, dass wir Geschöpfe Gottes sind".*

Viele der Prophezeiungen, die Luz de María erhalten hat, haben sich bereits erfüllt, so auch der Angriff auf die Zwillingstürme in New York, der ihr acht Tage vorher angekündigt wurde. In den Botschaften bringen Jesus und Maria ihre tiefe Traurigkeit über den Ungehorsam des Menschen gegenüber dem göttlichen Gesetz zum Ausdruck, der ihn dazu gebracht hat, sich mit dem Bösen zu verbünden und gegen Gott zu handeln. Sie warnen die Welt vor kommenden Drangsalen: Kommunismus und sein kommender Höhepunkt; Krieg und der Einsatz von Atomwaffen; Umweltverschmutzung, Hungersnot und Seuchen; Revolution, soziale Unruhen und moralische Verderbtheit; eine Spaltung der Kirche; der Zusammenbruch der Weltwirtschaft; das öffentliche Auftreten und die Weltherrschaft des Antichristen; die Erfüllung der Seelenschau, des Wunders und der Strafen; der Fall eines Asteroiden und die Veränderung der irdischen Geographie, neben anderen Botschaften. All dies soll den Menschen nicht erschrecken, sondern ihn auffordern, seinen Blick auf Gott zu richten. Nicht alle Botschaften Gottes sind Unglücksfälle. Es gibt auch Ankündigungen des Wiederauflebens des wahren Glaubens, der Einheit des Volkes Gottes, des Triumphs des Unbefleckten Herzens Mariens und des endgültigen Triumphs Christi, des Königs des Weltalls, wenn es keine Trennungen mehr geben wird und wir ein Volk, unter dem einen Gott sein werden.[XCIV]

P. José María Fernandez Rojas steht Luz de María seit Beginn ihrer Einsprechungen und Visionen als ihr Beichtvater zur

Seite, und zwei Priester arbeiten ständig mit ihr. Die Botschaften, die sie empfängt, werden von zwei Personen aufgezeichnet und dann von einer Nonne aufgeschrieben. Ein Priester nimmt Rechtschreibkorrekturen vor, ein anderer überprüft die Botschaften abschließend, bevor sie auf die Website www.revelacionesmarianas.com hochgeladen werden, um sie mit der Welt zu teilen. Die Botschaften wurden in einem Buch mit dem Titel *Thy Kingdom Come* gesammelt, und am 19. März 2017 erteilte Juan Abelardo Mata Guevara SDB, Titularbischof von Estelí, Nicaragua, ihnen das Imprimatur der Kirche. Sein Brief begann mit:

> *Estelí, Nicaragua, Jahr des Herrn, 19. März 2017*
> *Hochfest des Patriarchen St. Josef*

Die Bände mit der „PRIVATEN OFFENBARUNG" des Himmels, die Luz de María vom Jahr 2009 bis heute erhalten hat, sind mir zur kirchlichen Genehmigung übergeben worden. Ich habe diese Bände mit dem Titel THY KINGDOM COME durchgesehen und bin zu dem Schluss gekommen, dass sie ein Aufruf an die Menschheit sind, auf den Weg zurückzukehren, der zum ewigen Leben führt, und dass diese Botschaften eine Ermahnung des Himmels in diesen Zeiten sind, in denen der Mensch darauf achten muss, nicht vom göttlichen Wort abzuweichen.
(Siehe Endnote für den gesamten Brief.)[XCV]

†

WORTE ÜBER DIE SEELENSCHAU:

Botschaften von Jesus und Maria an Luz de María de Bonilla (www.revelacionesmarianas.com/english.htm):

Botschaft vom 16. Februar 2010, von Jesus Christus:

Meine Mutter hat in der ganzen Welt und in der ganzen Zeit verkündet, was jetzt am Horizont zu sehen ist. Ich rufe euch nicht aus Angst, sondern aus Liebe. So wie Ich mich für euch hingegeben habe, werde Ich mit Meiner Barmherzigkeit in jeden Menschen eindringen. Ihr werdet eure Taten sehen, auch wenn ihr sie nicht sehen wollt; ihr werdet die Vergehen fühlen, auch wenn ihr sie nicht fühlen wollt. Es wird eine Seelenschau in jedem von euch sein; ihr werdet mit Mir allein sein. Das ist die Liebe des Königs, der nicht will, dass die Seinen verloren gehen, und der mit Seinem Plan fortfährt.

Ich habe euch Mein Wort anvertraut. Verkündet es euren Brüdern und Schwestern ohne Furcht. Mein Volk ist heute ein Held, eine mutige Seele, die ihr Leben für Mich gibt. Mein Volk weiß, dass es gegen die Welt kämpft. Mein Volk ist gefangen und muss sich erheben. Deshalb werde Ich euch nicht allein lassen, deshalb werde Ich kommen, und diejenigen, die nicht geglaubt haben, werden zu Schanden werden.

Botschaft vom 29. August 2010, von Jesus Christus:

Mein Kreuz ist der Sieg, und es wird sieben Tage und Nächte lang am Firmament leuchten. Es wird ständig Licht ausstrahlen. Es wird ein vorläufiges Zeichen sein, auf das Mein Volk gewartet hat; und für diejenigen, die nicht glauben, wird es eine große Verwirrung geben. Die Wissenschaft wird versuchen, eine Erklärung für das zu geben, wofür es keine wissenschaftliche Erklärung gibt.

Botschaft vom 16. Juli 2011, von Jesus Christus:

Geliebte, bleibt wachsam. Ein Zeichen am Himmel wird von allen gesehen werden. Mein Kreuz wird durch Meine Wunden leuchten und alles in einem Augenblick erhellen. Die Sonne wird große Zeichen offenbaren. Was für den Menschen unbegreiflich ist, wird sich am Himmel widerspiegeln, damit diejenigen, die nicht glauben, glauben werden.

Botschaft vom 21. Oktober 2011, von Jesus Christus:

Die Ankündigung der Seelenschau bringt einige zum Lachen. Aber das, Kinder, ist eine Wahrheit, so wie die Worte Meiner Mutter, die das Diktat der Dreifaltigkeit verkünden, wahr sind. Wenn die Seelenschau eintritt, werden diejenigen, die sich über diesen göttlichen Erlass lustig gemacht haben, sich von ihrer eigenen Sünde verzehrt fühlen. Wir haben sie aufgerufen, sich der Ernsthaftigkeit des Augenblicks, in dem sie leben, bewusst zu sein, aber wie jene, die sich über Noah lustig gemacht haben, werden sie stöhnen. Die Seelenschau, kosmisch und spirituell, wartet nicht, und sie wird sich erfüllen. Ich lade meine treuen Priester ein, ihre Schäfchen aufzurufen, über die Sünde nachzudenken, sie zu erkennen und sie sorgfältig zu vermeiden, denn sie ertränkt, versklavt und führt zum ewigen Tod.

Botschaft der sel. Jungfrau Maria vom 3. März 2013:

Wie nah ist diese Generation an der Seelenschau! Und wie viele von euch wissen nicht einmal, was die Seelenschau ist! In diesen Zeiten werden meine treuen Werkzeuge und mein Prophet [Luz de María] von jenen verspottet, die sich für Gelehrte der Spiritualität halten, von jenen, die Millionen von Seelen durch die Mittel der Massenkommunikation erreichen. Sie führen sie in die Irre und verbergen die Wahrheit, denn ich bin diejenige, die den Willen der Dreifaltigkeit offenbart, den Willen der Dreifaltigkeit, der bereits in allen meinen Erscheinungen zum Ausdruck kam, und zwar schon vor langer Zeit.

Die Seelenschau ist kein Hirngespinst. Die Menschheit muss geläutert werden, damit sie nicht in die Flammen der Hölle stürzt. Die Menschen werden sich selbst sehen, und in diesem Moment wird es sie schmerzen, dass sie nicht geglaubt haben, aber sie werden bereits viele Meiner Kinder in die Irre geführt haben, die sich nicht so leicht erholen können, denn die Gottlosen werden die Seelenschau leugnen und sie neuen Technologien zuschreiben.[XCVI]

Botschaft der sel. Jungfrau Maria vom 24. Juli 2014:

Meine Geliebten, die Seelenschau ist notwendig; ihr müsst im Glauben und im Wissen wachsen. In diesem Moment wird ein Spiegel eures Lebens eure Unterlassungen, eure Taten des Ungehorsams, eure Werke und euer persönliches Verhalten widerspiegeln. Die Liebe wird sowohl eure Vergebung als auch euer Henker sein. Angesichts dessen werden sich einige auflehnen und meinen Sohn ablehnen, denn in der Seelenschau wird niemand das Gute oder das Böse der anderen sehen, sondern nur das, was einzig und allein sein eigenes ist. Einige werden ihren Weg korrigieren, andere werden Meinen Sohn verleugnen und so zu großen Verfolgern meiner Auserwählten werden.[XCVII]

Botschaft vom 22. November 2014, von Jesus Christus:

Mein geliebtes Volk, die Prüfung eures Gewissens wird bald kommen … Alles, was sich bewegt, wird aufhören, sich zu bewegen, denn auf der Erde wird Stille herrschen. Ihr werdet nur noch die Klagen derer hören, die ihr begangenes Unrecht bereuen, und Ich werde mit Meiner Liebe kommen, um noch einmal Meine verlorenen Schafe aufzunehmen. Selbst dann werden einige Meiner Kinder leugnen, dass die Seelenschau aus Meinem Reich kam, und sie werden sich gegen Mich auflehnen und sich mit dem Bösen vereinigen.[XCVIII]

Botschaft vom 9. Januar 2015, von der heiligen Jungfrau Maria:

Ihr werdet die Freiheit haben, euer Gewissen zu prüfen, als ein Akt der Göttlichen Barmherzigkeit für die Rettung der Seelen. Die Menschen werden sagen, dass es sich um einen Akt der Wissenschaft handelt; die menschlichen Erklärungen werden ohne Verzögerung gehört werden.

Botschaft der sel. Jungfrau Maria vom 26. März 2016:

Geliebte Kinder, in einem Augenblick werden sich zwei Himmelskörper einander nähern und zusammenstürzen. Dieses Ereignis wird von allen am Himmel gesehen werden; dann wird jedes menschliche Geschöpf in seiner Seele, seinem Gewissen und seinem Wesen all das Böse sehen, das es begangen hat, und das Gute, das es nicht getan hat.

Botschaft vom 17. September 2018 von Jesus Christus:

Die Schatten werden aufhören Schatten zu sein und stattdessen zu einer schrecklichen Dunkelheit werden, die das Licht verdunkelt, bis das Gewölbe des Himmels von zwei Himmelskörpern erhellt wird, die miteinander kollidieren und die gesamte Erde erleuchten werden. Der Tag wird heller werden und die Nacht wird wie der Tag sein. Ich spreche von der Seelenschau, dem Moment, in dem jeder Mensch allein vor seinem eigenen Gewissen und seinen Sünden stehen wird – ein Moment, der so überwältigend ist, dass einige die Erfahrung ihrer eigenen Schlechtigkeit nicht überleben werden. Sie werden nicht die Hilfe eines anderen Menschen haben, denn jeder wird nicht nur seine eigene persönliche Erfahrung machen, sondern auch eine, in der alles auf der Erde in der Zeit eingefroren sein wird.

Botschaft vom 10. Mai 2018 von Jesus Christus:

Der Mensch schaut nicht mit Misstrauen auf den Teufel, sondern er folgt ihm gerne und gehorcht ihm, indem er gegen den Willen Gottes handelt. Während der Seelenschau wird der Mensch für Sekunden in Einsamkeit ohne Gott leben. „Und es wird Heulen und Zähneknirschen sein (vgl. Lk 13:28a).“

Botschaft vom 12. August 2019 von Jesus Christus:

Meine Liebe bleibt offen für jeden, der sich mit Mir auf den Weg machen will. Kinder, ihr müsst lebendige Zeugen Meiner Liebe und Meiner Barmherzigkeit für eure Brüder und Schwestern sein.

Dies ist nicht die Zeit des Wehklagens. Dieser Moment wird bald kommen. Dies ist der Moment der Entscheidung, in dem jeder Mensch mit Meiner Barmherzigkeit gesegnet wird, so dass er, einer nach dem anderen, die Sünden sieht, die er im Laufe seines Lebens begangen hat, gebeichtet oder nicht. So werden sie das Gute sehen, das sie getan haben und das sie nicht getan haben, das Schlechte, das sie getan haben, ihre Unterlassungssünden, ihren gesamten Lebensweg.

Diejenigen, die sich ihrem Nächsten gegenüber nach Meinem Ebenbild verhalten und handeln und mit all ihrer Kraft, Stärke und ihren Gefühlen Buße tun und ihre Sünden mit dem festen Vorsatz der Besserung bekennen, diese Meine Kinder werden die Seelenschau erfahren, wie jeder Mensch, aber nicht mit der Intensität derjenigen, die durch Ungehorsam im Sumpf der Sünde versinken, indem sie Meine Aufrufe, die Meiner Mutter und die Meines treuen hl. Erzengels Michael ignorieren.

Mein Volk, Ich will, dass ihr ehrlich seid, und dazu müsst ihr aus euren Stürzen lernen, damit ihr euch erheben könnt, damit ihr in der Zuflucht Meiner Barmherzigkeit, durchdrungen von Meiner Liebe und der Liebe zu eurem Nächsten, gerettet werdet, wie der reumütige Dieb; deshalb ist es unerlässlich, dass Meine Kinder um Vergebung bitten und lernen, zu vergeben.

†

Luz de María de Bonillas Erfahrung der Erkenntnis des Gewissens

Der Seherin Luz de María de Bonilla wurde eine einzigartige Erfahrung der Seelenschau zuteil, da sie diese nicht im Lichte ihrer eigenen Sünden erlebte, sondern so, wie man sie erleben könnte, wenn man in Todsünde und unvorbereitet wäre. Im Folgenden schildert Luz de María das Geschehen mit ihren eigenen Worten:

Auf ganz besondere Weise hat mir Unser Herr zu verstehen gegeben, dass ein Komet in die Nähe der Erde kommen wird, den die ganze Menschheit sehen wird, der Panik auslösen und viele Menschen zur Beichte zwingen wird, aber nicht zur Umkehr.

Am Himmel wird ein Zeichen erscheinen, „ein Kreuz". Einige Tage lang werden gläubige Menschen das Bedürfnis verspüren, ihre Sünden zu bekennen und Buße zu tun; die übrigen werden sagen, dass es von Menschen verursacht wurde und sich gegen die katholische Kirche wenden, indem sie sagen, dass es sich um einen Betrug handelt, um die Menschheit zu erschrecken.

Inmitten dieser Verwirrung, einschließlich eines Erdbebens, wird die Seelenschau kommen, die Unser Herr mir am Mittwoch der Fastenzeit 2008 teilweise zu erleben erlaubte. Ich werde es wie folgt beschreiben:

Ich fühlte Angst in meinem Wesen und mein Herz begann schnell zu schlagen, als ob etwas auf mich zukäme, aber ich konnte nicht sagen, was es war … etwas Schreckliches, etwas Beängs-

tigendes, das ich nicht begreifen konnte, obwohl ich wusste, dass etwas passieren würde.

Ich war etwa zwanzig Minuten lang in diesem Zustand. Dann wurde die Unruhe immer größer. Ich hatte das Gefühl, als ob meine Seele mich verlassen würde, denn nach und nach spürte ich eine schreckliche Einsamkeit, die nicht nur mein geistiges Wesen, sondern auch meinen physischen Körper erfüllte. Dann wurde die Einsamkeit furchtbar. Die Angst ließ mich hin und her laufen, denn die Einsamkeit wuchs mit jedem Augenblick. Ich war mir völlig bewusst, dass Gott nicht in meinem Wesen war; meine Seele war trostlos, gequält. Ich ging umher und suchte Trost, konnte ihn aber nicht finden; die Einsamkeit, die Leere wuchs bis zu dem Punkt, an dem ich das Gefühl hatte, den Verstand zu verlieren. Meine Seele stand ohne Gott da! Dann, wie in einem Film, begannen sich Sünden in mir zu entfalten, vielleicht die schwersten, die Menschen begehen können: Ich fühlte, oder sollte ich sagen, erlebte alles, weil ich es als mein eigenes empfand. Ich lebte sie.

Ich habe gespürt, was im Kopf, im Herzen, im Inneren von Menschen vorgeht, wenn sie leiden, bevor sie sich das Leben nehmen; ich habe erlebt, was ein Baby fühlt, wenn es abgetrieben wird; ich habe die Missbräuche erlebt, die Menschen begehen, wenn sie aufgebracht sind; ich habe Drogensucht und Prostitution erlebt. Alle Arten von Sünden begannen, eine nach der anderen, in meiner Seele zu passieren. Es war ein schreckliches Elend. Ich hatte das Gefühl, dass ich das Haus nicht verlassen konnte, weil Gott mich verlassen hatte; ich lebte in der „totalen Abwesenheit Gottes". Es ist eine erschreckende Leere, die nichts ausfüllen kann. Hier auf der Erde sündigen die Menschen und tun Buße, aber die Last des Vergehens, das die Sünde verursacht, spüren wir nicht, weil wir die Gegenwart Gottes haben.

Ich irrte ziellos umher, in der schrecklichen Trostlosigkeit der Gottverlassenheit, und dann erinnerte ich mich daran, dass mein

Mann doch Gott hat, also suchte ich ihn, fand ihn in seinem Schlafzimmer und sagte: „Bitte, leg mir die Hände auf den Kopf. Ich brauche dich, damit du mir Gott übergibst, denn Er hat mich verlassen!“

Mein Mann hatte Angst und wusste nicht, was er tun sollte, und fragte: „Was ist mit dir los?“

Ich antwortete verzweifelt: „Ich habe keinen Gott. Er ist weg. Bitte gib Ihn mir.“ Mein Stöhnen kam aus dem tiefsten Inneren meines Wesens.

„Welches Gebet soll ich sprechen?“

„Das spielt keine Rolle. Gib mir einfach Gott!“

Er betete, aber ich fühlte immer noch die Leere. Das war wirklich eine niederschmetternde und bittere Erfahrung. Ich glaube, der Dämon verleitete mich dazu, das Haus zu verlassen, ins Auto zu steigen und einen der Priester zu suchen; aber irgendwie wusste ich, dass es fatal sein könnte, das Haus zu verlassen. Ich warf mich mit ausgebreiteten Armen in Form eines Kreuzes auf den Boden und flehte Gott an, zu mir zurückzukehren. In diesem Moment sprach meine Seele zu mir! Ich wusste, dass es meine Seele war. Sie sagte einige Worte, und als ich sie immer wiederholte, begann der Heilige Geist mich zu erfüllen. Ich wurde von einem Gefühl des Friedens erfüllt, das ich noch nie zuvor erlebt hatte, einem Frieden, der mich erfüllte und durchdrang. Meine Brust war zum Bersten voll. Dann spürte ich, dass etwas Körperliches blieb: eine Präsenz, die ich bis heute spüre und die meine ganze Brust umgibt.

So wird die Seelenschau [für diejenigen, die in schwerer Sünde leben] sein. Deshalb werden Menschen, die in Sünde leben, den Verstand verlieren. Der Teufel wird auf sie warten, wird sie dazu anstiften, sich das Leben zu nehmen, wird versuchen, sie als seine eigene Beute zu nehmen, bevor die Stunde der Gnade kommt. Für diejenigen, die nicht mit Gott sind, wird die Seelenschau ein unerträglicher Moment sein, in dem sie sich in die Hände des

Teufels begeben könnten, der mit seinen dämonischen Legionen die Seelen einkreisen wird, sie ihrer Sünden beschuldigen und ihnen sagen wird, dass Gott ihnen nicht vergeben wird.

Für diejenigen, die lau sind, wird es ein Moment der Reue, der Gnade sein, denn wenn sie ihre Fehler einsehen, werden sie um Vergebung bitten und sich bekehren. Diejenigen, die in der Gnade Gottes stehen, werden von der Gegenwart des Heiligen Geistes erfüllt sein.

Nach der Seelenschau werden diejenigen, die nicht glauben, eine wissenschaftliche Erklärung dafür geben, so dass die Menschheit weiterhin im Irrtum verharren wird, die Sünde wird zunehmen [für diejenigen, die Gott und Seine Warnung ablehnen] und es wird Verfolgung geben.

Von diesem Tag an war mein Leben nicht mehr dasselbe. Während der Seelenschau wird Gott uns auf die Sünde aufmerksam machen. Ich werde diesen Tag nie vergessen. Ich weinte in den Momenten, in denen ich Gott nicht spürte. Ich konnte nicht einmal denken, weil die Abwesenheit Gottes alles übertrifft. Ich spürte nur die Leere und fühlte in meinem Fleisch die Sünden, die eine nach der anderen kamen.

Als ich diese Botschaft schrieb und immer, wenn ich darüber spreche, weine ich; ich weine, weil allein die Erinnerung daran so weh tut, und ich bitte unseren Jesus immer, mich das nicht noch einmal fühlen zu lassen, weil ich glaube, dass ich es nicht noch einmal ertragen könnte.

Dies ist meine persönliche Erfahrung mit der Seelenschau, die Aufzeichnung meiner Erfahrung des Leidens mit Jesus. Er hat mir gesagt, dass es das ist, was viele Seelen während der Seelenschau fühlen werden, und es ist nur ein Tropfen von dem, was er in Gethsemane für unsere Sünden erlebt hat.[XCIX]

PATER MICHEL RODRIGUE[86]

Priester, Mystiker, Exorzist, Gründer und Generaloberer der Apostolischen Bruderschaft des heiligen Benedikt Joseph Labre (Gegründet im Jahr 2012)

Michel wurde in eine gläubige katholische Familie mit dreiundzwanzig Kindern hineingeboren und wuchs in armen Verhältnissen auf. Seine Familie lebte auf einem kleinen Stück Ackerland, wo harte Arbeit und holprige Fahrten zur Sonntagsmesse mit mehreren Kindern auf dem Pferderücken seine Familie an Leib und Seele am Leben erhielten.

[86] Hinweis: Die Botschaften von Pater Michel Rodrigue werden von der Kirche nicht verurteilt, die keine kirchliche Untersuchung durchgeführt hat. Er ist nach wie vor ein Priester in gutem Ruf, der der Kirche gehorsam ist, und seine neue Bruderschaft ist innerhalb der katholischen Kirche offiziell anerkannt. Lesen Sie mehr auf der letzten Seite der Endnoten.

Wie der hl. Pater Pio und andere auserwählte Seelen begann Gott Vater im zarten Alter von drei Jahren zu Michel zu sprechen. „Als ich drei Jahre alt war", sagt P. Michel, „begann Gott zu mir zu sprechen, und wir unterhielten uns regelmäßig. Ich erinnere mich, wie ich unter einem großen Baum hinter unserem Haus auf dem Bauernhof unserer Familie saß und Gott fragte: ‚Wer hat diesen Baum gemacht'?

„Ich war es", antwortete Gott. Und als Er das Wort „Ich" aussprach, bekam ich plötzlich einen weiten Blick auf die Erde, das Universum und mich selbst, und ich verstand, dass alles von Ihm gemacht wurde und von Ihm aufrechterhalten wird. Ich dachte, dass jeder mit Gott dem Vater spricht. Vom dritten bis zum sechsten Lebensjahr unterwies mich der Herr im Glauben und gab mir eine gründliche theologische Ausbildung. Er sagte mir auch, als ich drei Jahre alt war, dass ich Priester werden würde.

Gott Vater gab Michel eine so gründliche theologische Ausbildung, dass er nach dem Gymnasium das Große Seminar von Quebec besuchte und seine Kurse mit einer Eins Plus abschloss. Michel studierte anschließend Psychologie und theologische Fächer wie Mariologie, Pneumatologie und die Schriften der Kirchenväter und schloss sein Studium mit einem Doktorat in Theologie ab.

Nachdem er ein Heim für obdachlose Jugendliche gegründet und geleitet hatte, in dem sie psychologisch und geistlich betreut wurden, wurde Michel Rodrigue im Alter von dreißig Jahren zum Diözesanpriester geweiht. Er diente fünf Jahre lang als Gemeindepfarrer im Norden Ontarios, bis sein Bischof feststellte, dass seine Talente bei der Ausbildung künftiger Geistlicher am besten eingesetzt werden sollten. P. Michel wurde dann Sulpician-Priester [kath. Orden] und lehrte Theologie am Großen Seminar von Montreal.

Am Weihnachtsabend 2009 nahm das Priestertum von P. Michel eine außergewöhnliche Wendung. Er wurde in der Nacht durch die Anwesenheit des hl. Benedikt Joseph Labre geweckt, der an seinem Bett stand und an seiner Schulter rüttelte, um seine Aufmerksamkeit zu erregen. P. Michel wachte auf und hörte die Stimme von Gott Vater: „Steh auf." Also stand P. Michel auf. „Geh zum Computer." Also gehorchte er. „Höre und schreibe." In diesem Moment begann Gott, die gesamte Regel für einen neuen Orden zu diktieren, und zwar schneller als P. Michel tippen konnte. Er musste Gott sagen, er solle langsamer machen!

Dann entführte Gott P. Michel plötzlich auf einen mystischen Flug zu dem Land in der Diözese Amos, Quebec, wo Er das Kloster errichten lassen wollte, und zeigte ihm den Entwurf des Klosters im Detail. Gott Vater sagte P. Michel, dass er der Gründer dieses Klosters sein würde. Er würde eine neue Bruderschaft in der Kirche gründen, die Fraternité Apostolique Saint Benoît-Joseph Labre (Apostolische Bruderschaft des Heiligen Joseph Benedikt Labre), um Priester für die Zukunft der katholischen Kirche vorzubereiten.[C] P. Michel reagierte zunächst mit einem Gefühl der Panik, da seine Verpflichtungen bereits erdrückend waren, erkannte aber schnell, dass ein Nein zum Vater nicht in Frage kam. Heute ist ein Großteil des Klosters so gebaut, wie Gott es wollte.

Gott hat P. Michel Rodrigue mit außergewöhnlichen intellektuellen und geistlichen Gaben beschenkt, wie Heilung, Seelenlesen, einem fotografischen Gedächtnis (das nach einer Krankheit nachließ), Prophetie, Einsprechungen und Visionen. Er ist von Natur aus fröhlich und hat immer ein Lachen auf den Lippen, aber auch eine große Ernsthaftigkeit in Bezug auf die Dinge Gottes.[CI]

WORTE ÜBER DIE SEELENSCHAU:

Botschaft von Gott Vater an P. Michel Rodrigue im Jahr 2018, bezüglich der Seelenschau:

Ich will für keinen von euch Tod und Verdammnis. So viel Leid, so viel Gewalt, so viele Sünden geschehen jetzt auf der Erde, die Ich geschaffen habe. Ich höre jetzt die Schreie all der Säuglinge und Kinder, die durch die Sünde Meiner Kinder, die unter der Herrschaft Satans leben, ermordet werden. DU SOLLST NICHT TÖTEN. (Diese Worte waren so stark.)

Betet und seid zuversichtlich. Ich will nicht, dass ihr wie diejenigen seid, die keinen Glauben haben und die bei der Offenbarung des Menschensohns zittern werden. Im Gegenteil, betet und freut euch und empfangt den Frieden, den Mein Sohn Jesus schenkt. Welch ein Schmerz, wenn Ich den freien Willen respektieren muss und an den Punkt komme, eine Seelenschau zu geben, die auch Teil Meiner Barmherzigkeit ist. Seid bereit und wachsam für die Stunde Meiner Barmherzigkeit. Ich segne euch, *Meine Kinder.*

Im Folgenden finden Sie Auszüge aus Vorträgen, die P. Michel Rodrigue in den Jahren 2018 und 2019 in Kanada und den Vereinigten Staaten gehalten hat:

„In den letzten fünf Jahren hat Gott Vater mir viele Dinge über die nahe Zukunft offenbart, die ich mit meinem Bischof geteilt habe. Einige dieser Ereignisse sind bereits eingetreten. Andere werden erst noch kommen. Die Zeiten sind dringend. Als der Vater mir die Bruderschaft [die Apostolische Bruderschaft des hl. Benedikt Joseph Labre, um deren Gründung Gott P. Michel gebeten hat] gab, bat Er mich, sie schnell zu errichten, weil sie eine Zuflucht für viele Priester sein wird, die dorthin kommen werden.

Eines der zukünftigen Ereignisse, die mir der Vater gezeigt hat, stellt für mich ein Pfingsten dar. Andere nennen es die Seelenschau [Warnung]. Am Ende der Einberufung des Zweiten Vatikanischen Konzils durch Papst Johannes XXIII. betete er zum Heiligen Geist um ein neues Pfingsten – nicht für die Kirche, sondern für die Welt. Bald wird der Tag, für den er gebetet hat, eintreten. Ich habe es gesehen.

Plötzlich werden die Sterne, die Sonne und der Mond nicht mehr scheinen. Alles wird schwarz sein. Am Himmel wird ein Zeichen von Jesus erscheinen und den Himmel und die Welt erhellen. Er wird am Kreuz sein – nicht in Seinem Leiden, sondern in Seiner Herrlichkeit. Hinter Ihm wird in einem fahlen Licht das Antlitz des Vaters, des wahren Gottes, erscheinen. Es wird etwas Besonderes sein, das versichere ich Ihnen.

Aus den Wunden an den Händen, Füßen und in der Seite Jesu werden hell leuchtende Strahlen der Liebe und Barmherzigkeit auf die ganze Erde fallen und alles wird anhalten. Sitzen Sie in einem Flugzeug, wird es stillstehen. Sitzen Sie in einem Auto, machen Sie sich keine Sorgen – das Auto wird anhalten. Wenn Sie mich fragen: „Wie kann das sein?“ werde ich sagen: „Gott ist Gott. Er ist der Allmächtige Vater, der Schöpfer von Himmel und Erde. Glauben Sie, dass Er die Materie nicht aufhalten kann? Glauben Sie, dass Ihr kleines Flugzeug schneller ist als Er? Nein.“

Alles wird rechtzeitig in Ordnung gebracht werden und die Flamme des Heiligen Geistes wird jedes Gewissen auf der Erde erhellen. Die Strahlen aus den Wunden Jesu werden jedes Herz durchdringen, wie Feuerzungen, und wir werden uns selbst wie in einem Spiegel vor uns sehen. Wir werden unsere Seelen sehen, wie wertvoll sie für den Vater sind, und wir werden das Böse in uns selbst sehen.

Die Erkenntnis wird etwa eine Viertelstunde dauern und in dieser barmherzigen Vorverurteilung werden alle sofort sehen, wo sie hingehen würden, wenn sie in diesem Moment sterben würden: in den Himmel, ins Fegefeuer oder in die Hölle. Mehr noch als das Sehen werden sie jedoch den Schmerz ihrer Sünden spüren, aller Sünden, auch derer, die sie im Sakrament der Versöhnung gebeichtet haben. Aber die Sünden, die sie gebeichtet haben, werden anders erlebt werden.

Diejenigen, die ins Fegefeuer gehen wollen, werden die Schmerzen ihrer Sünde und ihrer Läuterung sehen und fühlen. Sie werden ihre Fehler erkennen und wissen, was sie in sich selbst korrigieren müssen. Diejenigen, die Jesus sehr nahe stehen, werden sehen, was sie ändern müssen, um in völliger Einheit mit Ihm zu leben.

Diejenigen, die in die Hölle kommen wollen, werden brennen. Ihr Körper wird nicht zerstört werden, aber sie werden genau spüren, wie die Hölle ist, weil sie bereits dort sind. Das einzige, was fehlt, ist das Gefühl. Sie werden die Schläge des Teufels erleben und viele werden wegen ihrer großen Sünde nicht überleben, das versichere ich Ihnen. Aber es wird für sie ein Segen sein, denn sie werden um Vergebung bitten. Das wird ihre Rettung sein.

Der Vater will, dass ich Ihnen verkünde, dass Sie sich nicht fürchten müssen. Für denjenigen, der an Gott glaubt, wird dies ein liebevoller Tag sein, ein gesegneter Tag. Sie werden sehen, was Sie korrigieren müssen, um mehr von Seinem Willen zu erfüllen, um der Gnade, die Er Ihnen für Ihre Mission auf der Erde geben will, gefügiger zu sein. Es wird eines der größten Zeichen sein, das der Welt seit der Auferstehung Jesu Christi gegeben wurde. Der Vater sagte mir, dass das einundzwanzigste Jahrhun-

dert Sein Jahrhundert ist. Nach der Seelenschau wird niemand mehr auf der Erde sagen können, dass Gott nicht existiert.
Viele verstehen das Matthäus-Evangelium, Kapitel 24, nicht:

Sofort nach den Tagen der großen Drangsal wird die Sonne verfinstert werden und der Mond wird nicht mehr scheinen; die Sterne werden vom Himmel fallen und die Kräfte des Himmels werden erschüttert werden. Danach wird das Zeichen des Menschensohnes am Himmel erscheinen; dann werden alle Völker der Erde wehklagen und man wird den Menschensohn auf den Wolken des Himmels kommen sehen, mit großer Kraft und Herrlichkeit. Er wird Seine Engel unter lautem Posaunenschall aussenden und sie werden die von Ihm Auserwählten aus allen vier Windrichtungen zusammenführen, von einem Ende des Himmels bis zum andern. (Mt 24:29-31)

Die Menschen werden trauern, wenn sie ihr Versagen und den Schmerz über ihre Sünde erfahren. Sie werden ihre Zerknirschung offen zum Ausdruck bringen, ohne sich ihrer Umgebung bewusst zu sein, weil sie so sehr in die Erfahrung vertieft sind, wie in Fatima [als die Sonne am Himmel zu tanzen begann und auf schätzungsweise 70.000 Menschen herabstürzte, die auf die Knie fielen und ihre Sünden öffentlich bekannten, weil sie Angst hatten zu sterben].

Nach der Seelenschau wird der Menschheit ein weiteres einzigartiges Geschenk zuteil: eine Periode der Buße, die etwa sechseinhalb Wochen dauern wird, in der der Teufel keine Macht haben wird zu handeln. Das bedeutet, dass jeder seinen freien Willen hat, um eine Entscheidung für oder gegen den Herrn zu treffen. Der Teufel wird den Willen eines Menschen nicht binden und gegen ihn kämpfen. Der Herr wird die Leidenschaften eines jeden besänftigen und seine Begierden stillen. Er wird alle von der Verzerrung ihrer Sinne heilen, so dass nach diesem Pfingsten alle spüren werden, dass ihr ganzer Körper in Harmonie mit ihm ist.

Vor allem die ersten zweieinhalb Wochen [nach der Seelenschau] werden äußerst wichtig sein, weil der Teufel in dieser Zeit nicht zurückkehren wird, wohl aber die Gewohnheiten der Menschen, die dann schwerer zu bekehren sein werden. Alle, die das Verlangen nach dem Herrn empfangen haben, das Gefühl, dass sie Seine Rettung brauchen, werden von ihrem Schutzengel mit einem leuchtenden Kreuz auf der Stirn gezeichnet [für das menschliche Auge unsichtbar].

Gott hat uns nicht drei Wege zum Reisen gegeben, sondern nur zwei. Es gibt keine Grauzone zwischen dem Weg des Bösen und dem Weg des Herrn. Diejenigen, die sagen werden: „Ich weiß es nicht. Ich kann mich nicht entscheiden", werden nicht in der Lage sein, gleichgültig zu bleiben. Wie Gott im Buch der Offenbarung (3:16) sagt: *„Weil ihr also lauwarm seid, weder heiß noch kalt, werde ich euch aus meinem Mund ausspeien."* Die Menschen werden eine entscheidende Wahl treffen müssen, und sie werden verstehen warum, denn danach werden sie die Folgen ihrer Entscheidung zu tragen haben. Die Zeit der Barmherzigkeit wird enden und die Zeit der Gerechtigkeit wird beginnen. Jesus sagte dies zur hl. Faustyna Kowalska.

Der Vater sagte zu mir: „Erneuere deine Weihe an die Heiligen Herzen Jesu und Marias."[87] Das ist wichtig. Sie wissen, dass Sie bereits gesegnet sind, weil es Ihnen bewusst gemacht wird. Warum, glauben Sie, hat Gott Sie auserwählt, hier zu sein? (P. Michel sprach zu einer Gruppe gläubiger Katholiken) Weil Sie

---

[87] Für eine wirkungsvolle Marienweihe bestellen Sie das Buch Mary›s Mantle Consecration: A Spiritual Retreat for Heaven›s Help» (Exerzitien für die Hilfe des Himmels), das von Erzbischof Salvatore Cordileone und Bischof Myron J. Cotta unterstützt wird, und das dazugehörige Gebetsbuch «Mary›s Mantle Consecration». Siehe www.MarysMantleConsecration.com.

eine Mission haben. Wenn Sie hinausgehen, wenn Sie nach Hause zurückkehren, werden Sie etwas auf Ihren Schultern spüren. Was ist es? Die Last Jesu, das ist die Sendung des Herrn. Wenn Er Sie jetzt darauf aufmerksam macht, was passieren wird, dann deshalb, weil die Menschen von ihrer mystischen Erfahrung der Begegnung mit Gott zurückkommen werden, auf der Suche nach Hilfe, und nicht wissen, was sie tun sollen. Einige werden Angst haben, andere werden unter Schock stehen.

Sie sind für diese Zeit auserwählt worden, um diese Menschen in die katholische Kirche zu führen, damit sie die Frohe Botschaft von Jesus empfangen. Sie können jung oder alt sein. Machen Sie sich keine Sorgen, wenn Sie Probleme mit Ihren Beinen oder Ihrem Rücken haben. Im Himmel gibt es viele Rücken und der Herr kann Sie besser erneuern als jeder Arzt. Einige von Ihnen werden eine kurze katechetische Unterweisung für diejenigen geben, die nichts über die wesentlichen Dinge des katholischen Glaubens wissen.

In erster Linie werden die Menschen mit Gott versöhnt werden müssen, also werden Sie sie zu einem Priester zur Beichte bringen. Ich versichere Ihnen, dass die Priester, die sich nicht im Stande der Gnade befinden, es schwer haben werden, weil es lange Schlangen für die Beichte geben wird – ich habe die Schlangen gesehen! Sie werden Schutz und Hilfe brauchen. Bitte bereiten Sie den Priestern ein paar Butterbrote! Ich versichere Ihnen, wenn die Leute in der Schlange nicht anhalten, werden wir nicht auf die Toilette gehen können! Erinnern Sie sich an den Pfarrer von Ars, den hl. Johannes Vianney, der zeitweise vierzehn Stunden im Beichtstuhl saß.

Wenn jemand noch nicht getauft ist, bringen Sie ihn zur Taufvorbereitung, die schnell erfolgen wird, weil die Zeit knapp ist. Wir taufen in Massen, wie es die Apostel taten, indem wir die Menge mit Wasser besprengen und den Spruch sprechen: „Ich taufe euch im Namen des Vaters, des Sohnes und des Heiligen Geistes". Ich versichere Ihnen, dass ich das auch gesehen habe.

Wenn der Teufel nach etwa sechseinhalb Wochen zurückkehrt, wird er über die Medien, Handys, Fernseher usw. eine Botschaft in der Welt verbreiten. Die Botschaft lautet wie folgt: An diesem Datum fand eine kollektive Illusion statt. Unsere Wissenschaftler haben dies analysiert und festgestellt, dass zur gleichen Zeit eine Sonneneruption von der Sonne in das Universum entlassen wurde. Sie war so stark, dass sie den Verstand der Menschen auf der Erde beeinflusste und alle eine kollektive Illusion hatten.

Der Teufel täuscht uns auch jetzt noch durch die neuen „Priester" der Welt: Fernsehjournalisten, die wollen, dass wir denken, was sie denken und deshalb Nachrichten präsentieren, die ihrer Meinung entsprechen. Sie verdrehen die Wahrheit und man wird hypnotisiert und manipuliert, ihnen zu glauben.

Andere haben über diese Zeiten gesprochen, aber ich bin dafür verantwortlich, nur das weiterzugeben, was der Vater mir offenbart hat. Ich werde mich vor Gott verantworten müssen wenn ich sterbe, deshalb möchte ich Ihm treu sein."[CII]

„Christine Watkins hat das gründlichste Verständnis der Seelenschau gegeben, das ich je gelesen habe. Obwohl ich mit vielen der Prophezeiungen über die Seelenschau vertraut bin, vermittelte mir die Lektüre ihres Buches ein tieferes Verständnis durch die Erfahrungsberichte von Menschen, die bereits eine Seelenschau erfahren haben. Sie stellt jede Person in den Kontext ihrer eigenen persönlichen Reise und ihres geistlichen Kampfes, so dass ich beim Lesen dieser Zeugnisse das Gefühl hatte, stellvertretend an ihren Erfahrungen teilzuhaben. Einige der Menschen, von denen in diesem Buch die Rede ist, sind mir persönlich bekannt. Alle Geschichten haben das Potenzial, das Leben derjenigen zu verändern, die sie lesen.

Viele glauben, dass wir diese Seelenschau oder Erkenntnis des Gewissens noch zu unseren Lebzeiten erleben werden. Um sich darauf vorzubereiten, wird dieses informative und inspirierende Buch eine große Hilfe sein. Es ist schwer, es aus der Hand zu legen. Ich empfehle es sehr."

~P. John Struzzo, Ph.D., C.S.C.,
Kongregation vom Heiligen Kreuz

„Wenn Sie, anstatt in Angst und Verzweiflung in Glaube, Hoffnung und Liebe leben wollen, dann lesen Sie dieses prophetische Buch und glauben Sie den göttlich inspirierten Worten dieser zeitgenössischen Heiligen und Mystiker. Sie fordern uns auf, unser Gewissen zu läutern und unser Leben Jesus anzuvertrauen, der die Wahrheit und der Weg zum ewigen Leben ist. Hören wir im Gebet auf Gottes mächtigen Geist [in Englisch: God's Powerful Spirit (GPS)], der uns begnadet und leitet, um Heilige zu werden, indem wir anderen als Jünger der Hoffnung und Heilung dienen."

~Msgr. Ralph J. Chieffo
Nationaler geistlicher Leiter der Liebesflamme
Pfarrer, St. Mary Magdalene Church, Media, Pennsylvania

„Für unsere Welt kommt der Moment des ‚verlorenen Sohnes'. Es ist ein Moment des Erwachens, der Erleuchtung, der Seelenschau, wenn jeder lebende Mensch seine Seele im Licht der göttlichen Wahrheit sehen wird – und wie wir bis zu den Knien in der Schweinegülle der Sünde stecken. Es ist der Höhepunkt der Göttlichen Barmherzigkeit: der „Tag der Barmherzigkeit", bevor Gott die Welt am „Tag der Gerechtigkeit" reinigt. Christine Watkins hat eine enorme Arbeit geleistet, indem sie die Stimmen in der Kirche zusammengetragen hat, die diesen Faden des Lichts und der Seelenschau gewoben haben, der die Welt früher als wir denken heimsuchen könnte. Die Seelenschau ist ein unschätzbares und zeitgemäßes Handbuch, um zu verstehen was kommen wird und wie man sich darauf vorbereitet."

~Mark Mallett

Katholischer Evangelist und Autor von *The Final Confrontation*

„Ich wünschte, jeder würde dies lesen! Es gibt so viele abgefallene Katholiken, so viele, die leben, als gäbe es Gott nicht mehr. Unsere Zeit ist tausendmal schlimmer als die Zeit von Sodom und Gomorra. Doch unser barmherziger Gott gibt uns nicht auf, und Seine Barmherzigkeit währt ewig. Er ist im Begriff, der Menschheit die stärkste Warnung zu geben, nämlich die Erkenntnis des Gewissens. Diese Seelenschau mag schmerzhaft sein, aber sie wird viele Menschen vor der Macht Satans bewahren, der stärker als je zuvor am Werk ist. Dies wurde von Jesus und Seiner lieben Mutter Maria offenbart. Lesen Sie dieses Buch, geben Sie es an alle weiter, die Sie kennen. Lassen Sie uns alle auf den Weg Gottes zurückkehren, bevor es zu spät sein kann."

~Pater Bernardin Mugabo

Pfarrer der St. John the Evangelist Church, Sacramento, CA

„*Die Seelenschau* ist ein faszinierendes Buch, das sich mit einem selten diskutierten und immens wichtigen Thema in der Geschichte der christlichen Mystik beschäftigt: der Erkenntnis des Gewissens. Es war bemerkenswert zu entdecken, wie viele Christen, von Mystikern und Visionären über gewöhnliche Männer und Frauen bis hin zu einigen berühmten Namen in der Welt des Mainstream-Katholizismus diese mystische Gnade erfahren haben. Es erinnerte mich an den berühmten Fall von Alphonse Ratisbonne, der bei einer Erscheinung der Jungfrau Maria in Rom eine Erkenntnis des Gewissens erfuhr, die ihn von einem antikatholischen Atheisten zu einem gläubigen katholischen Priester werden ließ. Der Fall Ratisbonne inspirierte unzählige Menschen, darunter auch den jungen Maximilian Kolbe, zu einem tieferen Glauben.

Dieses Buch hat das gleiche Potenzial. Die kraftvollen Geschichten dieses schönen Werkes können den Verstand und die Seele vieler Menschen auf ihrer Suche nach Antworten erhellen und ihnen das Geschenk der Wahrheit anbieten."

~Pater Daniel-Maria Klimek, T.O.R.
Assistenzprofessor für Theologie,
Franziskanische Universität von Steubenville
Autor von Medjugorje and the Supernatural: Science, Mysticism, and Extraordinary Religious Experience

„Was für ein Segen ist dieses Buch für die Kirche und die Welt. Selbst als jemand, der die Seelenschau seit Jahren studiert und verkündet hat, erhielt ich eine Fülle von neuem Material, das sowohl erbaulich als auch inspirierend war. Dass so wenige Menschen – und sogar so wenige Katholiken – sich dieses bevorstehenden und gewaltigen Ereignisses bewusst sind, ist eine Tragödie, aber eine, die Christine Watkins' neues Buch schnell beenden sollte. Denn wenn es nicht der Wille Gottes wäre, dass wir von diesem beispiellosen, weltweiten Wunder der Seelenschau wissen und uns darauf vorbereiten, dann hätte uns der Himmel nicht so viele Offenbarungen darüber gegeben. Es jetzt tatsächlich nichts dringender, als dass wir uns alle darauf vorbereiten, die große Seelenernte einzubringen, die dieses große Ereignis möglich machen wird. Wenn wir jedoch den Kopf in den Sand stecken und so tun, als sei alles wie immer", dann werden wir – wie die Weltlichen, die durch dieses Ereignis in eine völlig neue Realität gestoßen werden – die Zeit nach der Seelenschau damit verbringen, unsere Wunden zu pflegen, anstatt die Arbeiter in dieser Ernte zu sein, zu denen Gott uns auffordert.

Dieses Buch wird Ihnen helfen, den Kopf aus dem Sand zu ziehen. Auf den Seiten dieses Buches erfahren Sie, wie die Seelenschau aussehen wird, wie sie in den Offenbarungen beschrieben wird. Sie werden auch die persönlichen Zeugnisse vieler heiliger Seelen kennen lernen, die bereits ihre eigene persönliche Seelenschau vor der festgesetzten Zeit der allgemeinen Seelenschau erhalten haben, die noch nicht offenbart wurde, aber zweifellos unmittelbar bevorsteht. Vor allem aber werden Sie in diesem Buch sehen, wie wir aufgerufen sind, uns auf dieses einmalige Ereignis vorzubereiten."

~Daniel O'Connor

Professor für Philosophie an einem College der State University of New York Autor von

The Crown of Sanctity:

On the Revelations of Jesus to Luisa Piccarreta und

The Crown of History: The Imminent Glorious Era of Universal Peace

ÜBER DIE AUTORIN

Christine Watkins (www.Christine-Watkins.com) ist eine inspirierende katholische Rednerin und Autorin. Zu ihren Büchern gehören die hochgelobten Amazon-Bestseller: *Of Men and Mary: How Six Men Won the Greatest Battle of Their Lives (Hombres Junto a María: Así Vencieron Seis Hombres la Batalla Más Ardua de Sus Vidas); Transfigured: Patricia Sandoval's Escape from Drugs, Homelessness, and the Back Doors of Planned Parenthood (Transfigurada: El Escape de las Drogas, de la Calle y de la Industria del Aborto, de Patricia Sandoval), und dieses Buch, Die Seelenschau (El Aviso: Testimonios y Profecías sobre la Iluminación de Conciencia). Watkins ist auch Autorin des katholischen Bestsellers Full of Grace: Miraculous Stories of Healing and Conversion through Mary's Intercession. Ihre jüngsten Werke sind Winning the Battle for Your Soul: Jesus' Teachings through Marino Restrepo, a St. Paul for Our Century; She Who Shows the Way: Heaven's Messages for Our Turbulent Times; und In Love with True Love: Die unvergessliche Geschichte von Schwester Nicolina.*

Darüber hinaus hat Watkins eine uralte und kraftvolle Marienweihe wieder in die Welt gebracht, die den Gemeinden und Menschen, die sie vollziehen, außerordentliche Gnaden einbringt: *Mary's Mantle Consecration: A Spiritual Retreat for Heaven's Help, with the accompanying Mary's Mantle Consecration Prayer Journal (El Manto de María: Una Consagración Mariana para Obtender Ayuda Celestial y El Manto de María: Diario de Oración para la Consagración).*

Früher eine antichristliche Atheistin, die ein Leben in Sünde führte, begann Watkins nach einer wundersamen Heilung durch Jesus, die sie vor dem Tod bewahrte, ein Leben im Dienst der katholischen Kirche. Ihre Geschichte ist in dem Buch *Full of Grace* nachzulesen. Vor ihrer Bekehrung tanzte Watkins professionell bei der San Francisco Ballet Company. Heute verfügt sie über zwanzig Jahre Erfahrung als Hauptrednerin, Leiterin von Einkehrtagen, spirituelle Leiterin und Seelsorgerin – davon zehn Jahre als Trauerbegleiterin in einem Hospiz und weitere zehn Jahre als Leiterin für Heilung nach einer Abtreibung. Frau Watkins lebt mit ihrem Mann und ihren drei Söhnen in Sacramento, Kalifornien.

DANKSAGUNGEN

Besonderer Dank gilt denjenigen, die mutig ihre bemerkenswerten Geschichten von der Seelenschau erzählt haben, sowie William Underwood, Dan Osanna, Anne Manyak, Linda Kline und Judy Dayton, die mit ihrem scharfen Auge und ihrem goldenen Herzen an der Entstehung dieses Buches beteiligt waren.

ENDNOTEN

I Sowohl biblische Autoren als auch weltliche Historiker berichten, dass Judas Iskariot eine Summe von dreißig Silberstücken bezahlte, um Jesus zu verraten, und sie geben an, dass das Geld für den Kauf eines „Töpferackers“ verwendet wurde, auf dem arme Ausländer begraben wurden (Matthäus 27:3-10).

II Hugh Ross, *„Fulfilled Prophecy: Evidence for Reliability of the Bible,“* August 22, 2003, *Reason to Believe,* abgerufen am 12. Juli 2019, https://www.reasons.org/explore/blogs/todays-new-reason-to-believe/read/tnrtb/2003/08/22/fulfilled-prophecy-evidence-for-the-reliability-of-the-bible.

III Mark Mallett, „Prophecy Properly Understood,“ May 2, 2014, The Now World: Reflections on Our Times, abgerufen am 12. Juli 2019, https://www.markmallett.com/blog/2014/05/02/prophecy-properly-understood. Message of Fatima, Theological Commentary by Pope Benedict XVI.

IV Schon Jahrhunderte vor Jesu Geburt hat Gott Seinem Volk von Seinem kommenden Messias erzählt. Das Alte Testament wurde zwischen 1450 v. Chr. und 430 v. Chr. geschrieben, und darin teilt der Herr in außergewöhnlichen Details mit, was geschehen wird, wenn Er auf die Erde kommt.

In der Genesis wird zum ersten Mal erwähnt, dass der Messias ein Nachkomme der Frau (Eva) und ein Nachkomme von Abraham und Juda sein wird. Im Deuteronomium steht, dass Er ein Prophet wie Mose sein wird.

Die Psalmen offenbaren, dass Er der Sohn Gottes sein wird, verspottet und verhöhnt, von einem Freund verraten, von falschen Zeugen angeklagt und ohne Grund gehasst. Sie sprechen davon, dass der Messias gekreuzigt, an Händen und Füßen durchbohrt, aber Sein Gebein nicht gebrochen werden wird; man wird Ihm Essig und Galle zu trinken geben, und die Menschen werden um Seine Kleidung würfeln; Er wird der „Stein, den die Bauleute verworfen haben“ sein, der zum „Eckstein“ wird, der in den Himmel aufsteigen wird.

Der Prophet Jesaja spricht davon, dass der Messias von einer Jungfrau geboren werden wird, dass Sein erstes geistliches Werk in Galiläa sein wird, dass Er Blinde sehend und Taube hörend machen wird, dass Er verworfen, geschlagen, verspottet und bespuckt werden wird und dass

Er vor Seinen Anklägern schweigen wird. Er wird getötet, mit den Verbrechern gekreuzigt, mit den Reichen begraben und, wie auch der Prophet Jeremia erwähnt, Teil eines neuen und ewigen Bundes sein.
Der Prophet Daniel sagt, dass Er zu einer bestimmten Zeit kommen wird; Micha kündigt an, dass Er in Betlehem geboren wird; Sacharja erwähnt, dass Seine Jünger Ihn verlassen werden, Er wird auf einem Esel reitend in Jerusalem einziehen und für dreißig Silberstücke verkauft werden; und Malachias erklärt, dass der Messias den Tempel mit Vollmacht betreten wird.
Entnommen aus *„Messianische Prophezeiungen: The Bible's predictions about Jesus, written centuries before He was born*, abgerufen am 13. Juli 2019, http://www.clarifyingchristianity.com/m_prophecies.shtml

V Apostolado de Garabandal, *„Conchita's Trip to Rome,"* https://www.apostoladodegarabandal.com/en/a-viagem-de-conchita-a-roma and home page: https://www.apostoladodegarabandal.com/en, abgerufen am 4. Juli 2020.

VI YouTube: „Kisah Nyata Priest Has Near Death Experience and Almost Goes to Hell," abgerufen am 6. Mai 2020 https://www.youtube.com/watch?v=o9pbvu3BGrQ
YouTube: „Father Steven Scheier's Judgment Experience," https://www.youtube.com/watch?v=9VFE8ToVatI, abgerufen am 23. Juli 2019, ausgestrahlt am 15. April 1997 on „Mother Angelica Live" on EWTN.
Persönliches Interview der Autorin mit Fr. Steve Sheier, 20. August 2012.
Joseph Pronechen, „Wake-Up Call Changes Priest," National Catholic Register, 28. August – 10. September 2011, Volume 87, No. 18, pp. B1 and B4.
Rev. Stephen Scheier, „God's Merciful Judgment: Father Steve Scheier's Story," Signs and Wonders for Our Times, Summer 2002, Vol. 14, No. 2, S. 50-55.
„God's Merciful Judgment: A Priest," a recording of a talk by Fr. Steven Scheier at the Arizona Mir Conference, 2009. Glorious Sounds Network, P.O. Box 37854, Phoenix, AZ 85069

VII Das Buch Daniel ist das wichtigste apokalyptische Buch des Alten Testaments, denn in den Kapiteln 7-12 wird die Endzeit vorausgesagt. Die Prophezeiung in Daniel 12:1 spricht von einer Zeit der großen „Bedrängnis", die in der Geschichte unübertroffen ist und in der Michael aufstehen wird. Diese Zeit wird von Jesus in Mt 24:21 als „Große Drangsal" bezeichnet und wird in Offenbarung 7:14 weiter erwähnt. Die großen Nationen der Welt haben sich gegen den Herrn erhoben; aber Gott wird Sein Volk beschützen, und Sein Reich wird sich durchsetzen und für immer bestehen.

VIII „See Drawing Heaven-Akiane Kramarik," https://www.youtube.com/watch?v=md4cMFVniZY, abgerufen am 23. Juli 2019, „Did Akiane Kramarik and Colton Burpos See Yeshua (Jesus)?", abgerufen am 6. Mai 2020, https://www.youtube.com/watch?v=NNx0kbNuqBg

IX Mit Erlaubnis verwendet und aus dem Buch entnommen: *Now I Walk on Death Row* (Chosen Books: 20110), der wahren Geschichte eines hochrangigen Anwalts, dem Prestige, Macht und unvorstellbare Gehaltszahlungen zur Verfügung standen und der ein bescheidener Laienseelsorger wurde.

X Verwendet mit Genehmigung von Thomas Petrisko's *The Miracle of the Illumination of All Consciences* (St. Andrew's Productions: 2000), S. 105-114.ding

XI Eine aktualisierte Übersicht über die offizielle Position der Kirche zu Medjugorje finden Sie unter https://www.tektonministries.org/timeline-of-churchs-response-to-medjugorje-2/

XII Siehe http://www.marinorestrepo.com/about-us.html

XIII Jak 3:1-12

XIV Siehe KKK Nr. 1446:
Christus hat das Bußsakrament für alle sündigen Glieder seiner Kirche eingesetzt, vor allem für jene, die nach der Taufe in schwere Sünde gefallen sind und so die Taufgnade verloren und die kirchliche Gemeinschaft verletzt haben. Ihnen bietet das Sakrament der Buße eine neue Möglichkeit, sich zu bekehren und die Gnade der Rechtfertigung wiederzuerlangen. Die Kirchenväter stellen dieses Sakrament dar als „die zweite [Rettungs]planke nach dem Schiffbruch des Verlusts der Gnade".

XV Ex 34:6-7, Deut 5:8-10, Lev 26:39

XVI Offb 12:7-12

XVII Wo das Fegefeuer in der Bibel vorkommt:
„Da ließ ihn sein Herr rufen und sagte zu ihm: Du elender Knecht! Deine ganze Schuld habe ich dir erlassen, weil du mich angefleht hast.

Hättest nicht auch du mit deinem Mitknecht Erbarmen haben müssen, so wie ich mit dir Erbarmen hatte? Und in seinem Zorn übergab ihn der Herr den Peinigern, bis er die ganze Schuld bezahlt habe. Ebenso wird mein himmlischer Vater euch behandeln, wenn nicht jeder seinem Bruder von Herzen vergibt.“ (Mt. 18:32-35)

„Schließ ohne Zögern Frieden mit deinem Gegner, solange du mit ihm noch auf dem Weg zum Gericht bist! Sonst wird dich dein Gegner vor den Richter bringen und der Richter wird dich dem Gerichtsdiener übergeben und du wirst ins Gefängnis geworfen. Amen, ich sage dir: Du kommst von dort nicht heraus, bis du den letzten Pfennig bezahlt hast.“ (Mt 5:25)

„Denn einen anderen Grund kann niemand legen als den, der gelegt ist: Jesus Christus. Ob aber jemand auf dem Grund mit Gold, Silber, kostbaren Steinen, mit Holz, Heu oder Stroh weiterbaut: Das Werk eines jeden wird offenbar werden; denn der Tag wird es sichtbar machen, weil er sich mit Feuer offenbart. Und wie das Werk eines jeden beschaffen ist, wird das Feuer prüfen. Hält das Werk stand, das er aufgebaut hat, so empfängt er Lohn. Brennt es nieder, dann muss er den Verlust tragen. Er selbst aber wird gerettet werden, doch so WIE DURCH FEUER hindurch.“ (1 Kor 3:11-15)

Jesus lehrt uns: „Schließ ohne Zögern Frieden mit deinem Gegner, oder du wirst dem Richter überantwortet und ins Gefängnis geworfen. Du wirst nicht eher herauskommen, bis du den letzten Pfennig bezahlt hast.“ (Mt 5:26; 18:34; Lk 12:58-59) Das Wort „Gegner“ (antidiko) ist wahrscheinlich eine Anspielung auf den Teufel (siehe dasselbe Wort für Teufel in 1 Petr 5:8), der ein Ankläger gegen den Menschen ist (vgl. Hiob 1:6-12; Sach 3:1; Offb 12:10), und Gott ist der Richter. Wenn wir uns in diesem Leben nicht angemessen mit Satan und der Sünde auseinandergesetzt haben, werden wir in einem vorübergehenden Zustand festgehalten, der Gefängnis genannt wird, und wir kommen erst wieder heraus, wenn wir unsere gesamte Schuld gegenüber Gott beglichen haben. Dieses „Gefängnis“ ist das Fegefeuer, aus dem wir nicht eher herauskommen, als bis der letzte Pfennig bezahlt ist.

Jesus sagt: „Seid vollkommen, wie euer himmlischer Vater vollkommen ist.“ Wir werden nur durch Läuterung vollkommen, und nach der katholischen Lehre wird diese Läuterung, wenn sie auf der Erde nicht abgeschlossen ist, in einem Übergangszustand fortgesetzt, den wir Fegefeuer nennen. (Mt 5:48)

Jesus sagt: „Auch wer ein Wort gegen den Menschensohn sagt, dem wird vergeben werden; wer aber etwas gegen den Heiligen Geist sagt, dem wird nicht vergeben, weder in dieser noch in der zukünftigen Welt.“ (Mt 12:32) Jesus sagt also eindeutig, dass es Vergebung nach dem Tod gibt. Die Formulierung „im Jenseits“ (aus dem Griechischen

„en to mellonti") bezieht sich im Allgemeinen auf das Leben nach dem Tod (siehe z. B. Mk 10:30; Lk 18:30; 20:34-35; Eph. 1:21 für ähnliche Formulierungen). Im Himmel ist keine Vergebung nötig, und in der Hölle gibt es keine Vergebung. Das beweist, dass es einen anderen Zustand nach dem Tod gibt, und die Kirche nennt diesen Zustand seit 2.000 Jahren Fegefeuer.
Lk 12:47-48 – Wenn der Meister kommt (am Ende der Zeit), werden einige leichte oder schwere Schläge erhalten, aber sie werden leben. Dieser Zustand ist weder Himmel noch Hölle, denn im Himmel gibt es keine Schläge, und in der Hölle werden wir nicht mehr mit dem Meister leben.
1 Kor 15:29-30 – Paulus erwähnt, dass Menschen im Namen der Toten getauft werden, um für ihre Sünden zu sühnen (Menschen werden im Namen der Toten getauft, damit die Toten auferweckt werden können). Diese Menschen können nicht im Himmel sein, weil sie noch in der Sünde sind, aber sie können auch nicht in der Hölle sein, weil ihre Sünden nicht mehr gesühnt werden können. Sie befinden sich im Fegefeuer. Diese Verse stimmen direkt mit 2 Makk 12:44-45 überein, wo ebenfalls für die Toten gebetet wird, damit ihnen ihre Sünden vergeben werden.
Phil 2:10 – Jedes Knie beugt sich vor Jesus, im Himmel, auf der Erde und „unter der Erde", dem Reich der rechtschaffenen Toten, dem Fegefeuer.
2 Tim 1:16-18 – Onesiphorus ist tot, aber Paulus bittet um Gnade für ihn „an jenem Tag". Die Verwendung von „an jenem Tag" durch Paulus zeigt, dass es sich um eine eschatologische Verwendung handelt (s. z. B. Röm 2:5.16; 1 Kor 1:8; 3:13; 5:5; 2 Kor 1:14; Phil 1:6,10; 2:16; 1 Thess 5:2,4,5,8; 2 Thess 2:2,3; 2 Tim 4:8). Natürlich gibt es im Himmel keinen Bedarf an Barmherzigkeit, und in der Hölle wird keine Barmherzigkeit gewährt. Wo ist Onesiphorus? Er ist im Fegefeuer.
Hebr 12:14 – ohne Heiligkeit wird niemand den Herrn sehen. Wir brauchen die endgültige Heiligung, um wahre Heiligkeit vor Gott zu erlangen, und dieser Prozess vollzieht sich während unseres Lebens und, wenn er nicht während unseres Lebens abgeschlossen wird, im Übergangszustand des Fegefeuers.

[XVIII] Röm 5:20

[XIX] Ps 90:4, 2 Petr 3:8–9

[XX] Mt 16:26, Mk 8:36

[XXI] Evelyn Waugh, *Edmund Campion* (Ignatius Press; First edition, 2012).

XXII Francis Johnston, Fatima: The Great Sign (Rockford, Illinois: Tan Books and Publishers, 1980), S. 54-66.
Gale Thomson, „Campion, Edmund," Encyclopedia.com, 2007, abgerufen am 27. Juli 2019, https://www.encyclopedia.com/humanities/news-wires-white-papers-and-books/campion-edmund
„St. Edmund Campion, SJ (1540-1581)," IgnatianSpirituality.com: A Service of Loyola Press, abgerufen am 27. Juli 2019,
https://www.ignatianspirituality.com/ignatian-voices/16th-and-17th-century-ignatian-voices/st-edmund-campion-sj/
Todd Aglialoro, „Edmund Campion," Catholic Answers, September 1, 1994, abgerufen am July 27, 2019, https://www.catholic.com/magazine/print-edition/edmund-campion

XXIII Evelyn Waugh, *Two Lives: Edmund Campion und Ronald Knox* (Continuum; 2005), S. 113. Anmerkung: Ein gewisser katholischer Gelehrter hat argumentiert, dass der hl. Campion hier vom Endgericht und nicht von der Seelenschau spricht. Das kann nicht sein, denn das Endgericht ist nicht einfach ein Tag der Veränderung in der Welt. Es ist das Ende der Welt. Außerdem würden Edmunds Zuhörer, seine Verfolger, bereits mit dem Endgericht in der Schrift vertraut sein, weshalb der hl. Edmund ihnen nichts Neues verkünden würde, wie er es in diesem Zitat zu tun scheint.

XXIV Mark Regis, „*Blessed Anna-Maria Taigi*," Garabandal Journal, January-February 2004, S. 6-8.
Albert Bessieres, SJ, übersetzt aus dem Französischen by Rev. Stephen Rigby, *Wife, Mother and Mystic* (Tan Books, 1970).

XXV Thomas W. Petrisko, *The Miracle of the Illumination of All Consciences* (St. Andrew's Productions, 2000; second printing 2002), S. 27.

XXVI Fr. Joseph Iannuzzi, *The Antichrist and the End Times* (Saint Andrew's Productions, 2019), S. 36.

XXVII Fr. Gaudentius Rossi, Missionary priest, *The Christian Trumpet: Impending General Calamities, The Universal Triumph of the Church, the Coming of Antichrist, The Last Judgment, and the End of the World* (Thomas Richardson and Sons; London, 1875) abgerufen am 27. Juli 2019, https://archive.org/details/TheChristianTrumpetOr/page/n5/mode/2up?%2Fq=taigi

XXVIII Alec R. Vidler, *The Church in an Age of Revolution* (Penguin Books, 1962), S. 146, 153.

XXIX Donald R. McClarey, *„Pio Nono: First Pope to be Photographed,“* The American Catholic: Politics and Culture from a Catholic Perspective, 30. September 2013, abgerufen am 27. Juni 2019, https://www.the-american-catholic.com/2013/09/30/pio-nono-first-pope-to-be-photographed/

XXX Holland, Joe, *Modern Catholic Social Teaching: The Popes confront the Industrial Age* 1740-1958 (Paulist Press, 2003), S. 57.

XXXI Papst Pius IX. führte die Lehre von der päpstlichen Unfehlbarkeit ein, die dazu führte, dass das Erste Vatikanische Konzil den römischen Pontifex für unfehlbar erklärte, da seine Definitionen „aus sich selbst heraus und nicht durch die Zustimmung der Kirche unabänderlich sind“; Seine Unfehlbarkeit war jedoch auf die Fälle beschränkt, in denen er „ex cathedra“ spricht, ein lateinischer Ausdruck, der „vom Stuhl aus“ bedeutet, d. h. wenn er in seiner Eigenschaft als Oberhirte der Kirche offiziell eine Lehre über eine Frage des Glaubens oder der Moral verkündet und sich an die ganze Welt wendet.

XXXII Jason Berry, *Render Unto Rome: The Secret Life of Money in the Catholic Church*
(Broadway Books, 2012), S. 48.

XXXIII Ebenda

XXXIV „Peter‘s Pence.“ Washington: United States Conference of Catholic Bishop, abgerufen am 27. Juli 2019, http://www.usccb.org/catholic-giving/opportunities-for-giving/peters-pence/ index.cfm

XXXV Rev. R. Gerald Culleton, *The Prophets and Our Times* (Tan Books and Publishers, 1941), S. 206, abgerufen am 29. Juli 2019, http://ia800200.us.archive.org/2/items/TheProphetsAndOurTimes/TheProphetsAndOurTimes.pdf

XXXVI Rev. Michael Sopoćko, *„My Memories of the Late Sister Faustina,“* 27. Januar 1948,
The Congregation of the Sisters of Our Lady of Mercy, abgerufen am 1. Juli 2019,
https://www.faustyna.pl/zmbm/en/blessed-fr-michal-sopocko/

XXXVII „Maria Faustyna Kowalska, 1905-1938, Vatican News Services, abgerufen am 1. Juli 2019, https://www.vatican.va/news_services/liturgy/saints/ns_lit_doc_20000430_faustina_ge.html

XXXVIII Hl. Faustyna Kowalska, Tagebuch der Heiligen Maria Faustyna Kowalska (Misericordia Verlag, Krakau), Nr. 36

XXXIX Ebenda Nr. 83

XL „Grete Ganseforth," Visions of Jesus Christ, abgerufen am 13. Juli 2019, http://www.visionsofjesuschrist.com/weeping1790.html

XLI John Carpenter, „Queen of the Universe, Heede, Germany, 1937-1945, 12. August 2016, abgerufen am 30. Juni 2019, http://www.divinemysteries.info/queen-of-the-universe-heede-germany-1937-1945/

XLII D. Alfonso Cenni, I SS. Cuori di Gesu e di Maria. La Salvezza del Mondo. Le Loro Apparizioni, Promesse e Richieste. Nihil Obstate Ex Parte Ordinis Il P. Generale D. Pier-Damiano Buffadini, 24. Februar 1949. Imprimatur Sublaci. Simon Laurentius O.S. B. Ep, tit. Abb. Ord. 3. Juni 1949. abgerufen am 23. Juni 2019, https://gloria.tv/like/uaZeA21Rv8dW4nTWH4kAWfMQQ

XLIII D. Alfonso Cenni, I SS. Cuori di Gesu e di Maria. La Salvezza del Mondo. Le Loro Apparizioni, Promesse e Richieste. Nihil Obstat Ex Parte Ordinis Il P. Generale D. Pier-Damiano Buffadini, 24. Februar 1949. Imprimatur Sublaci. Simon Laurentius O.S.B. Ep, tit. Abb. Ord. 3. Juni 1949. abgerufen am 23. Juni 2019, https://gloria.tv/like/uaZeA21Rv8dW4nTWH4kAWfMQQ

XLIV Kindelmann, *The Flame of Love of the Immaculate Heart of Mary*, S. 205.

XLV Kindelmann, *The Flame of Love* (Children of the Father Foundation; 2015-2018), S. 44-45.

XLVI Elizabeth Kindelmann, La Flamme d'Amour, S. 79. http://www.salvemaria.ca/en-pdf/flame10-book-p78-121-toblindsatank.pdf, abgerufen am 19. September 2019.
See also https://www.theflameoflove.org/spiritual_diary.html, abgerufen am 19. September 2019.

XLVII Kindelmann, The Flame of Love (Children of the Father Foundation; 2015-2018), S. 87.

XLVIII Ebenda, S. 110

XLIX Fr. Adof Faroni, SDB, Garabandal—Conchita's Diary: A Tale of Innocence translated from the Spanish, 101 Foundation, S. 7.

L Ebenda, S. 30

LI „Four Messages of Our Lady Carmel of Garabandal, St. Michael's Garabandal Center for Our Lady of Carmel, Inc., abgerufen am 2. Juli 2019, http://www.garabandal.org/News/Message_7.shtml

LII „Garabandal Film 08—Second Message 18. Juni 1965.“ YouTube, abgerufen am 2. Juli 2019, https://www.youtube.com/watch?v=uNmCB_j3Vhg

LIII F. Sanchez-Ventura y Pascual, *The Apparitions of Garabandal* (San Miguel, 1966), S. 171.

LIV Albrecht Weber, *Garabandal Der Zeigefinger Gottes* (Weto-Verlag Meersburg; Auflage), 2000.

LV „The Four Seers These Days,“ Apostolado de Garabandal: Lingue Portuguesa, abgerufen am 2. Juli 2019, https://www.apostoladodegarabandal.com/en/as-quatro-videntes-nos-dias-de-hoje/

LVI Colin B. Donovan, STL, „Garabandal,“ EWTN Expert Answers, abgerufen am 4. Juli 2019, https://www.ewtn.com/expert/answers/garabandal.htm

LVII Michael O'Neill, „Exploring the Miraculous,“ 7. Dez. 2015, Our Sunday Visitor, S. 224.

LVIII Die hl. Mutter Teresa von Kalkutta, die berühmte Gründerin der Missionarinnen der Nächstenliebe, schrieb:
„Im Jahr 1970 hörte ich zum ersten Mal von den Erscheinungen von San Sebastian de Garabandal … Von Anfang an spürte ich, dass die ‚Ereignisse‘ authentisch waren …“ (Brief vom 10. November 1987 an Msgr. Del Val). Während ihrer häufigen Reisen in die Vereinigten Staaten, vor allem nach New York, hatte Mutter Teresa die Gelegenheit, Conchita zu treffen, die seit 1972 auf Long Island lebt. Dies war der Beginn einer engen menschlichen und geistlichen Freundschaft mit Conchita und ihrer Familie, die nie abriss. Mutter Teresa wurde Patin der dritten Tochter von Conchita, Anna Maria.

LIX Das Bulletin der peruanischen Legion Blanca vom 7. November 1968, unter dem Imprimaturzeichen von Mgr. Alfonso Zapana Belliza, Bischof von Tacna, Peru, zitiert den verstorbenen Papst Paul VI., der bei einer Privataudienz diese inspirierenden Worte sagte: „Garabandal ist die schönste Geschichte der Menschheit seit der Geburt von Jesus Christus! Es ist auch der zweite Aufenthalt der Heiligsten Jungfrau auf dieser Erde, und wir haben keine angemessenen Worte, um unsere Dankbarkeit auszudrücken."

Papst Paul VI. hatte die ganze Zeit über ein ganz besonderes Interesse an den Erscheinungen gezeigt. Bei einer Audienz bei Pater José Escalda SJ erwähnte dieser, dass es selbst in seinem Volk viele Gegner der Erscheinungen gebe. Seine Heiligkeit erwiderte daraufhin: „Das macht nichts; sagen Sie diesen Herren, dass es der Papst ist, der gesagt hat, dass es das Wichtigste und Dringendste ist, diese Botschaften in der Welt bekannt zu machen."

Die Seherin Conchita hatte eine Privataudienz bei Papst Paul VI. und Seine Heiligkeit sagte zu ihr: „Conchita, ich segne dich und mit mir segnet dich die ganze Kirche." Abgerufen am 3. Juli 2019, http://www.garabandal.org/church.shtml.

LX Die Verbindung zwischen dem hl. Josemaría Escrivá de Balaguer und den Erscheinungen von Garabandal ist nicht sehr bekannt. Im Sommer 1962 verbrachte der Heilige einige Urlaubstage in Suances (Kantabrien) und besuchte Garabandal in Begleitung mehrerer junger Männer, die Mitglieder des Opus Dei waren. Er sprach fröhlich und tiefgründig zu den Mädchen. Die Nachricht von diesem Besuch kam Jahre später zufällig ans Licht, als jemand den Mädchen ein Gebetsbildchen zeigte, auf dem um die Fürsprache des hl. Josefmaría Escrivá de Balaguer gebeten wurde, das anlässlich seiner Heiligsprechung gedruckt worden war. Damals erzählten die Mädchen freudig von der Begegnung. Er hätte seinen Ruf nicht riskiert, wenn er nicht an die Erscheinungen geglaubt hätte, indem er anderen von seiner Reise und dem Gespräch mit den Mädchen erzählt hätte. Dies wurde auch von Mutter Nieves bestätigt.

Video mit Mutter Nieves (auf Spanisch) auf You Tube, „Testimonio de la presencia de San Josefmaría Escriva de Balaguer en GARABANDAL", abgerufen am 3. Juli 2019, https://www.gloria.tv/video/jPSe82pAqv8P2arkSMTbzqMe4

LXI Der hl. Pater Pio schrieb (tippte) den folgenden Brief auf Italienisch an die vier Seher von Garabandal. Zu dieser Zeit wussten sie nicht, wer Pater Pio war. Ein Foto des Briefes finden Sie auf dieser Webseite abgerufen am 3. Juli 2019, Garabandal News, „The Original Letter of Padre Pio to the Seers of Garabandal" von Juan Hervás, November 2,

2108, https://garabandalnews.org/2018/11/02/the-letter-of-padre-pio-to-the-seers-of-garabandal/:
Liebe Mädchen,
Heute Morgen um neun Uhr hat mir die Heilige Jungfrau Maria von euch erzählt, liebe Mädchen, von euren Visionen, und sie hat mir aufgetragen, euch zu sagen:
„Oh gesegnete Mädchen von San Sebastian de Garabandal, ich verspreche euch, dass ich bis zum Ende der Jahrhunderte bei euch sein werde, und ihr werdet bis zum Ende der Welt bei mir sein und dann mit mir in der Herrlichkeit des Paradieses vereint sein."
Zusammen mit diesem Schreiben sende ich Euch eine Kopie des Heiligen Rosenkranzes von Fatima, den die Heilige Jungfrau mir aufgetragen hat, Euch zu schicken. Die Heilige Jungfrau hat diesen Rosenkranz diktiert, und sie möchte, dass er zur Rettung der Sünder und zur Bewahrung der Menschheit vor den schrecklichen Strafen, mit denen der gute Gott droht, verbreitet wird.
Ich gebe euch eine Empfehlung: Betet und bringt andere zum Beten, denn die Welt ist auf dem Weg ins Verderben.
Sie glauben nicht an Euch oder an Eure Gespräche mit der Weißen Frau, aber sie werden glauben, wenn es zu spät ist.
3. März 1962

1967 wurde Conchita von Kardinal Ottaviani, dem Präfekten des Heiligen Offiziums, das heute Kongregation für die Glaubenslehre heißt, nach Rom gerufen. Zu dieser Zeit hatte Conchita eine Privataudienz bei Papst Paul VI. Da Conchita einen Tag warten musste, bevor sie mit Kardinal Ottaviani zusammentreffen konnte, wurde beschlossen, dass sie, begleitet von ihrer Mutter und den anderen Mitgliedern der Gruppe, Pater Pio in San Giovanni Rotondo besuchen würde.
Eine der Prophezeiungen der Muttergottes bezüglich des Wunders war, dass der Heilige Vater es sehen würde, wo auch immer er zu dieser Zeit sein würde, und Pater Pio würde es auch sehen. Nach dem Tod von Pater Pio besuchte Conchita Lourdes auf Bitten von Pater Cennamo OFM, dem Oberen des Kapuzinerordens, der Pater Pio gut kannte. Conchita fragte Pater Cennamo: „Wie kommt es, dass die Jungfrau mir gesagt hat, dass Pater Pio das Wunder sehen sollte, und er ist gestorben?"
Er antwortete: „Er hat das Wunder gesehen, bevor er starb. Er hat es mir selbst gesagt."
Ein weiteres wichtiges Ereignis betrifft den Schleier, der das Gesicht von Pater Pio nach seinem Tod bedeckte. Pater Cennamo wurde von Pater Pio vor seinem Tod gebeten, den Schleier Conchita zu geben. Als Pater Cennamo ihr den Schleier überreichte, sagte er ihr, dass er nicht

an die Erscheinungen von Garabandal glaubte, bis Pater Pio ihm sagte, er solle ihr den Schleier geben.
„Pater Pio und Garabandal," Garabandal, www.garabandal.ie, abgerufen am 4. Juli 2019, http://www.garabandal.ie/padre-pio-and-garabandal/
Conchita erzählt: „Ich hatte den Schleier vor mir, während ich später am Abend schrieb, als plötzlich der ganze Raum mit Duft erfüllt wurde. Der Duft war so stark, dass ich zu weinen begann."
Barry Hanratty, „Pater Pio in Garabandal: Die Verbindung zwischen dem berühmten Stigmatiker und den Ereignissen in Garabandal ist real", Garabandal: The Message of Our Lady of Mount Carmel, Juli/ September 1997, S. 10-13, abgerufen am, 3. Juli 2019,
https://www.garabandal.us/wp-content/uploads/2013/02/padre_pio.pdf

LXII Michael Brown, *The Final Hour* (Queenship Publications, 1997) S. 141.

LXIII Ramon Pérez, Garabandal: *The Village Speaks*, übersetzt aus der Französischen von Matthews, Annette I. Curot, The Workers of Our Lady of Mount Carmel, 1981, S. 50-51.

LXIV Ramon Pérez, Garabandal: *The Village Speaks*, übersetzt aus der Französischen von Matthews, Annette I. Curot, The Workers of Our Lady of Mount Carmel, 1981, S. 51-52.

LXV Garabandal International Magazine, Oktober-Dezember 2014, abgerufen am 4. Juli 2019, http://www.garabandal.org.uk/magazine.html

LXVI Barry Hanratty, „The Warning," Garabandal Journal, Vol. 3. No. 1, Januar-Februar, 2004, S. 5-6.

LXVII Interview mit Jacinta conducted by Barry Hanratty 16. April 1983, St. Michael's Garabandal Center for Our Lady of Carmel, Inc., abgerufen am 4. Juli 2019, http://www.garabandal.org/News/Interview_with_Jacinta.shtml

LXVIII Für eine wirkungsvolle Marienweihe bestellen Sie das Buch *Mary's Mantle Consecration: A Spiritual Retreat for Heaven's Help*" (Exerzitien für die Hilfe des Himmels), das von Erzbischof Salvatore Cordileone und Bischof Myron J. Cotta unterstützt wird, und das dazugehörige Gebetsbuch „Mary's Mantle Consecration". Siehe www.MarysMantleConsecration.com.

LXIX Colin B. Donovan, STL, „*Marian Movement of Priests,*" EWTN Expert Answers, abgerufen am 4. Juli 2019, https://www.ewtn.com/expert/answers/MMP.htm

LXX Für eine wirkungsvolle Marienweihe bestellen Sie das Buch und die Zeitschrift: *Mary's Mantle Consecration: A Spiritual Retreat for Heaven's Help,* unterstützt von Erzbischof Salvatore Cordileone und Bischof Myron J. Cotta. Siehe www.MarysMantleConsecration.com.

LXXI Nationales Hauptquartier der Marianischen Priesterbewegung in den Vereinigten Staaten von America, Our Lady Speaks to Her Beloved Priests, 10. Auflage (Maine; 1988) S. xiv.

LXXII Ebenda, S. xii.

LXIII Kardinal Bernardino Echeverría Ruiz OFM, Kardinal Ignatius Moussa Daoud und Kardinal John Baptist Wu haben ihr Imprimatur für das Buch von Gobbi erteilt.

LXIV Die Verantwortlichen der Kirche baten darum, die folgenden Worte an den Anfang des Buches der MPB, *An die Priester, die vielgeliebten Söhne der Muttergottes, zu setzen:* „Die in diesem Buch enthaltenen Botschaften sind nicht als direkt von der Muttergottes gesprochene Worte zu verstehen, sondern als innere Einsprechungen, die Don Stefano Gobbi erhalten hat."

LXXV Marianische Priesterbewegung, *An die Priester die viel geliebten Söhne der Muttergottes,*
11. deutschsprachige Ausgabe, zu beziehen: Blumenfeld, Schloßstr. 8, 78250 Tengen, S. 1270-1271.

LXXVI Ebenda, S. 1343-1344

LXXII www.dynamiccatholic.com

LXXIII Matthew Kelly, *Worte von Gott*, Miriam-Verlag, Jestetten, S. 76-78.

LXXIX Diese Informationen werden von Pater Neil Buchlein, Pfarrer von St. Mary Queen of Heaven, Madison, WV, und von St. Joseph the Worker, Whitesville, WV, bestätigt. Ein Radiointerview mit Janie Garza bei „As the Spirit Leads", WTMR Radio in Pennsylvania, finden Sie unter: Our Blessed Mother's Children, „Janie Garza's Silver Anniversary of Messages from the Blessed Mother", abgerufen am 18. Juni 2019, http://www.blessedmotherschildren.com/daily-ramblings/janie-garzas-silver-anniversary-of-messages-from-the-blessed-mother.

LXXX Pater Joseph Amalfitano, emeritierter Pfarrer der Pfarrei Immaculate Conception in Marcus Hook, Pennsylvania, und geistlicher Leiter des National Centre for Padre Pio in Barto, PA, kennt Janie Garza persönlich und bestätigte dem Autor, dass Janie die Passion an ihrem Körper erleidet, insbesondere am Karfreitag.

LXXXI Janie Garza, *Heaven's Messages for the Family, Vol. II: Messages from St. Joseph and the Archangels*, (St. Dominic Media, 1999) S. 45-46.

LXXXII Janie Garza, *Heaven's Messages for the Family: How to Become the Family God Wants You to Be* (Saint Dominic Media, 1998), S. 329.

LXXXIII Für eine wirkungsvolle Marienweihe bestellen Sie das Buch *Mary's Mantle Consecration: A Spiritual Retreat for Heaven's Help*" (Exerzitien für die Hilfe des Himmels), das von Erzbischof Salvatore Cordileone und Bischof Myron J. Cotta unterstützt wird, und das dazugehörige Gebetsbuch „*Mary's Mantle Consecration*". Siehe www.MarysMantleConsecration.com.

LXXXIV Garza, *Heaven's Messages*, S. 201-202.

LXXXV „Maria Esperanza: *Modern-Day Mystic and Messenger of Hope,*" *Mystics of the Church,* Abgerufen am 4. Juli 2019, http://www.mysticsofthechurch.com/2010/10/maria-esperanza-modern-day-mystic-and.html

LXXXVI Erzbischof Pio Bello Ricardo, „*Pastoral Instruction on the Apparitions of the Blessed Virgin in Finca, Betania,*" https://www.ewtn.com/catholicism/ library/pastoral-instruction-on-the-apparitions-of-the-blessed-virgin-in-finca-betania-3647, abgerufen am 4. Juli 2019.

LXXXVII Quellen: Michael Brown, *The Bridge to Heaven*—Interviews mit Maria Esperanza von Betania (Betania Publications: 2003).
„*Mrs. Maria Esperanza: Messenger of Reconcilation,*" Maria Esperanza, Servant of God, abgerufen am 4. Juli 2019, http://mariaesperanza.org/mrs-maria-esperanza-messenger-of-reconciliation/
„*Maria Esperanza: Modern-Day Mystic and Messenger of Hope,*" Mystics of the Church, abgerufen am 4. Juli 2019, http://www.mysticsofthechurch.com/2010/10/maria-esperanza-modern-day-mystic-and.html

LXXXVIII Michael Brown, „*Esperanza's Recent Sun Prophecies Fulfilled? Great*

Seer's Health Also Improves," Spirit Daily, abgerufen am 14. Juli 2019, https://www.spiritdaily.org/Prophecy-seers/Esperanza/esperanzaira-qafter.htm

LXXXIX Michael Brown, „*Sit in Venezuela Accents Mystery of Why Certain Spots are Specifically Chosen,*" Spirit Daily, abgerufen am 4. Juli 2019, https://www.spiritdaily.org/betaniaspot.htm

XC Michael Brown, „*The Incredible Story of Maria Esperanza,*" Spirit Daily, abgerufen am 7. Juli 2019, https://www.spiritdaily.org/Prophecy-seers/Esperanza/Esperanza_story.htm

XCI The Appeals of Our Lady: Apparitions and Marian Shrines in the World. „*Apparition of the Virgin Mary at Betania.*" http://www.therealpresence.org/eucharst/misc/BVM/91_BETANIA_96x96.pdf, abgerufen am 16. September 2019.

XCII *Signs and Wonders for Our Times*, Volume 15-n.2, Featured Article from www.sign.org, S. 37.

XCIII „Revelamos Quen Es la Vidente Luz de María," Foros de la Virgen María, abgerufen am 13. Juli 2019, https://forosdelavirgen.org/118869/luz-de-maria-reportaje/

XCIV Ebenda

XCV Estelí, Nicaragua, Jahr des Herrn, 19. März 2017
Hochfest des Heiligen Patriarchen Josef

Die Bände mit der „PRIVATEN OFFENBARUNG" des Himmels, die Luz de María vom Jahr 2009 bis heute geschenkt wurden, sind mir zur kirchlichen Genehmigung übergeben worden. Ich habe diese Bände mit dem Titel THY KINGDOM COME durchgesehen und bin zu dem Schluss gekommen, dass sie ein Aufruf an die Menschheit sind, auf den Weg zurückzukehren, der zum ewigen Leben führt, und dass diese Botschaften eine Ermahnung des Himmels in diesen Zeiten sind, in denen der Mensch darauf achten muss, nicht vom göttlichen Wort abzuweichen.

In jeder Offenbarung, die Luz de María gegeben wird, zeigen Unser Herr Jesus Christus und die Heilige Jungfrau Maria die Schritte, die Arbeit und die Handlungen des Volkes Gottes in diesen Zeiten, in denen die Menschheit zu den Lehren der Heiligen Schrift zurückkehren muss. Die Botschaften in diesen Bänden sind ein Traktat der Spiritualität, der

Göttlichen Weisheit und der Moral für diejenigen, die sie mit Glauben und Demut aufnehmen, daher empfehle ich sie Ihnen zum Lesen, zum Nachdenken und zur Umsetzung in die Praxis.
ICH ERKLÄRE, dass ich keinen lehrmäßigen Irrtum gefunden habe, der gegen den Glauben, die Moral und die guten Gewohnheiten verstößt, wofür ich diesen Veröffentlichungen die IMPRIMATUR gewähre. Zusammen mit meinem Segen drücke ich meine besten Wünsche aus, dass die hier enthaltenen „Worte des Himmels" in jedem Geschöpf guten Willens Widerhall finden mögen. Ich bitte die Jungfrau Maria, die Mutter Gottes und unsere Mutter, für uns einzutreten, damit der Wille Gottes erfüllt wird
„... auf Erden wie im Himmel (Mt 6:10)".
IMPRIMATUR
Juan Abelardo Mata Guevara, SDB
Oberster Bischof von Estelí, Nicaragua

XCVI Bonilla, Venga, Imprimatur von Bischof Guevara, Botschaft vom 3. März 2013, from the Blessed Virgin Mary, S. 56, Revelaciones Marianas, https://www.revelacionesmarianas.com/libros/en/2013.pdf, abgerufen am 17. September 2019.

XCVII Ebenda, S. 175, https://www.revelacionesmarianas.com/libros/en/2014.pdf, abgerufen am 17. Sept. 2019.

XCVIII Ebenda

XCIX Luz de María de Bonilla, „*The Great Warning of God to Humanity: Prophecies and Revelations Given to Luz de María de Bonilla,*" Revelaciones Marianas, abgerufen am 13. Juli 2019, https://www.revelacionesmarianas.com/en/warning.html

C Die Vorträge von Pater Rodrigue (2 CD-Sets) können über Peter Frank unter missionangelshq@gmail.com erworben werden. Der gesamte Erlös kommt dem Bau der neuen Klöster zugute, die nach Aussage von Pater Rodrigue für die Zukunft der Kirche wichtig sind: Fraternité Apostolique Saint Benoît-Joseph Labre (Apostolische Bruderschaft des hl. Benedikt Joseph Labre).

CI Aus den folgenden live aufgezeichneten Vorträgen von Pater Michel Rodrigue: „Der barmherzige Vater" in Dominique du Rosaire, Amos, Quebec am 23. Oktober 2017; „Die Zeiten sind dringend für die Kirche" in Barry's Bay am Donnerstag, 12. und 13. Juli 2018; „Wenn der

Heilige Geist zur Kirche spricht“ in Bancroft am Donnerstag, 11. Oktober 2018; „Der Heilige Geist spricht zur Kirche“ in North Brunswick, 27. Oktober 2018, Kanada. Vorträge am 22. und 24. Februar 2019 im Gospa House in North Hills, Kalifornien, Vereinigte Staaten.

CII Mehr über P. Michel Rodrigue:
P. Michel ist der Generalobere der Apostolischen Bruderschaft des hl. Benedikt Joseph Labre in Quebec, Kanada, und ein Priester in gutem Verhältnis zur Kirche. Im Internet wird fälschlicherweise behauptet, zwei Bischöfe hätten die Botschaften von P. Michel verurteilt. Sie haben sie nicht verurteilt, sondern sich persönlich von ihnen „distanziert“, was eine persönliche Meinungsäußerung ist, zu der sie berechtigt sind. Ein Bischof schrieb, dass er persönlich nicht an die Warnung, die Strafe, die drei Tage der Finsternis und das Zeitalter des Friedens glaube, die von vielen Mystikern in der Kirche auf der ganzen Welt und im Laufe der Zeit prophezeit worden seien. In den von der Kirche anerkannten Erscheinungen von Fatima zum Beispiel prophezeite die Gottesmutter eine Zeit des Friedens. Bei den von der Kirche anerkannten Erscheinungen in Akita, Japan, prophezeite die Gottesmutter eine Züchtigung. Bei den von der Kirche anerkannten Erscheinungen in Betania, Venezuela, prophezeite die Gottesmutter die Seelenschau, usw. Die Kirche widerspricht sich jetzt nicht selbst und sagt, dass sie diese von der Muttergottes erwähnten Realitäten aufgrund eines Briefes eines Bischofs über einen anderen Boten ablehnt. Selbst ein Bischof muss laut der Kirche nicht an die authentischen Worte und anerkannten Erscheinungen der Gottesmutter glauben. Im Fall der Botschaften von P. Rodrigue hat es keine kirchliche Untersuchung gegeben, um eine offizielle Entscheidung zu treffen.
Ein Beispiel für eine ordnungsgemäße kirchliche Untersuchung der mystischen Phänomene von Einsprechungen und Erscheinungen, im Gegensatz zur persönlichen Meinung eines Bischofs, ist die von Bischof Pio Bello Ricardo von Betania, Venezuela, der anfangs persönlich skeptisch gegenüber den Erscheinungen in seiner Diözese war. Er glaubte nicht an sie und wollte nicht zu ihnen stehen. Das war seine persönliche Meinung, aber er war offen dafür, mehr zu erfahren. Nach einer ausführlichen Untersuchung der Erscheinungen, gefolgt von drei Jahren weiterer Überlegungen, Prüfungen und Unterscheidungen, gab er den Erscheinungen eine positive kirchliche Beurteilung.
Ein bekannterer Fall der persönlichen Ablehnung eines Bischofs gegenüber einem authentischen übernatürlichen Ereignis, das von der Kirche nach einer ordnungsgemäßen kirchlichen Untersuchung gebilligt wurde, sind die Botschaften der Göttlichen Barmherzigkeit der

hl. Faustyna Kowalska. Nicht jeder in Rom billigte diese Verehrung. Der Leiter des Heiligen Offiziums, Kardinal Alfredo Ottaviani, bat Papst Pius XII. um die Unterzeichnung einer Verurteilung der Arbeit und der Visionen der hl. Faustyna, was ihm jedoch verweigert wurde.